Andriessen · Psychologie des Erwachsenenalters

# Herman Andriessen
# Psychologie des Erwachsenenalters

Ein Beitrag
zur Lebenslaufpsychologie

Verlag J. P. Bachem in Köln

Aus dem Niederländischen übersetzt von Willy Leson.

Die Originalausgabe ist unter dem Titel „Groei en grens in de Volwassenheid.

Inleiding in de psychologie van de volwassen levensloop" erschienen.

© 1970 Dekker & van de Vegt, Nijmegen.

1972

Alle Rechte der deutschen Ausgabe

bei J. P. Bachem Verlag GmbH in Köln

Gesamtherstellung J. P. Bachem KG in Köln

Printed in Germany

ISBN 3 7616 0171 9

# Inhalt

*Vorwort* .................................................. 7

I. *Zur Einführung* ...................................... 9

II. *Hauptthemen des menschlichen Lebenslaufes* ............. 19
    *Das Werk von Charlotte Bühler* ....................... 19
    Lebenslauf und Zielsetzung 19 - Grundtendenzen im Lebenslauf 21 - Befriedigung von Bedürfnissen 23 - Anpassung in Selbstbeschränkung 25 - Bewahren der inneren Ordnung 26 - Kreative Expansion 27 - Vitalität und Mentalität 29 - Lebenserfüllung und Lebenssinn 31 - Das Leben als Ganzes 33 - Selbstbestimmung und Erfüllung 34

III. *Erwachsensein* ...................................... 36
    1. Erwachsensein als dynamische Bestimmung ............ 36
       Entwicklungsaufgaben ............................... 38
    2. Erwachsensein und Kultur ........................... 43
       Kriterien der psychischen Gesundheit ............... 44
    3. Erwachsensein und Selbständigkeit .................. 50
    4. Erwachsensein: Lernen und Reifen ................... 53
       Das Lernen als Entwicklungsprinzip 55 - Die Entwicklung der Person 59 - Das Reifungsgeschehen 60

IV. *Zeitabschnitte im Lebenslauf* ........................ 66
    Das Einteilungsprinzip ................................ 66
    Die Person als lebendiges Zentrum ..................... 66
    Die Entwicklungsaufgabe ............................... 70
    Dominante Werte ....................................... 73
    Möglichkeiten und Schwierigkeiten ..................... 79
    Charakteristische Züge ................................ 86
    Konnaturale Abweichungen .............................. 89
    Unbewältigte Dinge .................................... 93

V. *Die Lebensabschnitte des Erwachsenenalters* ........... 96
    Das frühe Erwachsenenalter ............................ 96
    Die Reife ............................................. 102
       Der mündige Mensch 103 - Der Lebensplan 104
    Die Lebenswende ....................................... 111
       Stellung im Lebenslauf 111 - Die Lebenswende 113
       Lebenswende als Personwerden 121 - Konklusion 125

Das mittlere Alter .................................... 127
   Allgemeine Beschreibung 127 - Entwicklungsaufgaben 132 (Verantwortlichkeit 132 - Rollenveränderung 133) - Dominante Werte 142 (Ausreifende Mentalität 142 - Dominante Werte 144 - Leiblichkeit 144 - Sexualität 145 - Persönliche Beziehungen 148 - Religion und Lebensanschauung 149 - Die eigene Lebenssicherheit 152 - Konvergenz von Werten 153) - Möglichkeiten und Schwierigkeiten 154 (Kreativität 156 - Das Lernen und die Veränderung 157 - Die Arbeit 160 - Die Frau und ihre Rolle 161 - Veränderung der Beziehungen 161 - Das Älterwerden 163) - Charakteristische Züge 165 (Neuorientierung auf verschiedenen Gebieten 168 - Individualisierung und weiteres Personwerden 168 - Erfüllung 169) - Konnaturale Abweichungen 172 - Unbewältigte Dinge 175 - Die Bewertung des Lebens 179 (Bewertung und Lebenserfüllung 182 - Lebensbewertung und Älterwerden 185 - Integration 186) - Das mittlere Alter und andere Lebensabschnitte 187

Das frühe Alter ...................................... 189
   Bejahung und Übergang 193 - Entspannung und Vertiefung des Lebensplans 195 - Der Übergang zum Alter 197 (Unbewältigte Dinge 199 - Konnaturale Abweichungen 201)

Das Alter ........................................... 204
   Zwei Phasen des Alters 205 - Psychisches Altsein 206 - Das Endstadium 208 - Zeiterleben, Zeitrichtung, Zeitbewußtsein 211 - Alter und Erfüllung 213 - Altersbilder 216 - Die konstruktive Form 218 - Die abhängige Form 220 - Die verteidigende Form 221 - Die feindliche Form 222 - Selbstablehnung 225

Literaturverzeichnis .................................. 229

# Vorwort

Dieser Beitrag zur Lebenslaufpsychologie will in der Auseinandersetzung mit der vorhandenen Literatur neue Einsichten so darstellen, daß sie auch für die Praxis verwendbar sind. Die Literatur zu diesem Thema ist vor allem im angelsächsischen Sprachraum, aber auch in den Niederlanden in den letzten zehn Jahren beachtlich angewachsen. Dabei haben sich in Problemstellung und Behandlungsweise ziemliche Unterschiede ergeben. Wer sich einen Überblick über die verschiedenen Ansichten zur Entwicklung der Person verschaffen will, tut sich schwer. Ihm soll diese Einführung helfen.

Die Lebensperiode des Erwachsenenalters wird sehr ausführlich behandelt, weil ein geraffter Überblick über die Weiterentwicklung der Person gerade in dieser Periode für die in der Erwachsenenarbeit Tätigen sehr wichtig ist. Für sie ist dieses Buch denn auch in erster Linie geschrieben. Das praktische Handeln wurde dabei ständig im Auge behalten; darum ist der Ausgangspunkt der Darstellung möglichst immer die Person, die in der Periode des Erwachsenenalters ihr weiteres Leben gestaltet.

Zielstrebiges praktisches Handeln setzt aber auch theoretische Einsicht und Verständnis für die Ausgangspunkte dieses Handelns voraus. Darum wurde versucht, die Entwicklung der Person an Hand einiger Hauptbegriffe darzustellen, die für jede Phase des Erwachsenenalters gültig sind. Dadurch läßt sich für die sehr unterschiedlichen Phänomene ein gewisser Zusammenhang aufzeigen, und die einzelnen Perioden können deutlicher beschrieben werden (Kapitel IV). Das ließ sich jedoch nicht bei allen Perioden des Erwachsenenalters gleichmäßig durchhalten, weil sonst der Umfang dieses als Einführung gedachten Buches zu groß geworden wäre. Nur das mittlere Alter wurde als Beispiel und wegen seiner geringen Differenzierung an Hand dieser Kernbegriffe ganz ausgearbeitet. Aus demselben Grund wurden auch einige theoretisch relevante Begriffe eingehender behandelt und im Hinblick auf ihre Bedeutung für die praktische Psychologie besprochen, die von der Person ausgeht (Kapitel III, Lernen und Reifen).

Auf die Funktion der Kontinuität im menschlichen Lebenslauf wurde besonderer Wert gelegt, weil sie in der Lebensführung der Person und beim Gelingen oder Mißlingen des Lebens eine sehr wichtige Rolle spielt. Es wurde auch versucht, die psychologischen Fakten so zu verwenden, daß sie zu einer erweiterten Perspektive von Anthropologie, Lebensanschauung und Religion beitragen können. Der erwachsene Mensch selbst rückt sie oft in eine solche Perspektive, und auch in manchen Veröffentlichungen zum Thema der psychischen Gesundheit wird auf die positive Funktion eines umfassenderen Lebensbildes gerade für die psychische Gesundheit nachdrücklich hingewiesen. Im praktischen Umgang mit Erwachsenen sind diese Dinge einfach nicht zu umgehen.

Die Literatur über das Erwachsenenalter ist so umfangreich, daß nur eine Auswahl getroffen werden konnte. Dabei sollten die Hauptgedanken auf diesem Gebiet der Psychologie in Form einer Einführung zugänglich gemacht werden. Für die deutsche Übersetzung wurde die sehr umfangreiche niederländische Originalausgabe aus Gründen der praktischen Verwendbarkeit in Übereinstimmung mit dem Autor um einige mehr theoretische Passagen gekürzt.

Die Anmerkungsziffern im Text verweisen auf die Nummern des Literaturverzeichnisses und die Seite des betreffenden Werkes, auf der das Erwähnte oder Zitierte zu finden ist.

# I. Zur Einführung

In der Lebenslaufpsychologie, die von der Person des Menschen ausgeht, stehen im Mittelpunkt die Erfahrungen, Strebungen und Erlebnisse und das Verhalten der Person, deren Bedeutungen den Lebenslauf verstehbar machen. Menschen leben im Feld der Bedeutungen. Sie erleben nicht rein äußere Umstände, sondern sie haben ständig mit Situationen „zu tun", von denen sie umgeben sind und von denen sie angesprochen werden. Der Mensch erfährt die Umstände in dem, was sie für ihn bedeuten, was sie an Möglichkeiten und Beschränkungen, an Anziehung und Abstoßung für ihn mit sich bringen. Das gilt nicht nur für bestimmte vorübergehende Situationen. Auch ein gewisses Lebensalter oder das Leben als Ganzes kann zu einem für die Person bedeutsamen Umstand werden. Der Schriftsteller H. Teirlinck läßt in seinem Roman ‚Selbstporträt' die Hauptgestalt, den unglücklichen alten Mann, zu sich selbst sagen: „Du siehst den Schaum, der ziellos davontreibt. Zum erstenmal bist du bereit, der Wahrheit ins Auge zu schauen. Du erkennst diese Wahrheit an. Du bist ein alter Mann. Du kannst deinen Blick nicht mehr von dem Gerippe abwenden, das sich unter deiner Haut verbirgt. Du trägst den Tod in deinem verkalkten Skelett mit dir herum." Und bald darauf sagt er: „Du schüttelst die unwürdige Besessenheit von dir ab. Und du entschließt dich unumwunden, im Leben auszuharren" (1, 186-187).
Das ist ein Beispiel der Sinngebung für den letzten Abschnitt des persönlichen Lebens und damit des gesamten Lebenslaufes. So sieht in diesem Fall der alte Mann sein eigenes Alter und damit seine eigene Person. So gibt er sich selbst einen Sinn. Zwar ist es eine unentschlossene, erzwungene, keine echt akzeptierte Sinngebung; später schüttelt er diese unwürdige Besessenheit von sich ab.
Der alte Mann ringt um den Abschluß seines Lebens. Er will nicht Schaum sein, der ziellos dahintreibt. Dieses Ringen ist ein Bedeutungskonflikt. Er findet in der Beschäftigung mit den Bedeutungen statt. Einerseits kann er der Besessenheit nicht entrinnen, anderseits empfindet er sie als unwürdig, und er schüttelt sie ab. Gerade das ist sehr aufschlußreich. Das Würdige und das Unwürdige spielen eine wichtige Rolle, wenn die Person ihrer Lebenssituation, ihrem Lebensalter oder ihrem Lebenslauf einen Sinn verleiht. Das unterscheidet auch die menschliche Person vom Tier.
Wenn wir über den Lebenslauf oder die Lebensalter des Menschen sprechen, sofern es sich dabei um die menschliche Person handelt, sprechen wir immer auch über eine menschliche Lebensform, und dieser Lebensform verleihen wir gleichzeitig einen Sinn. Das ist auf verschiedene Arten möglich: von der Weltanschauung her, von der Wissenschaft her, aus der täglichen Erfahrung, aus der persönlichen Erfahrung. Dabei geht es immer um einen konkreten Sinn, also um einen Sinn, um eine Bedeutung, die in konkreten Situationen zutrifft. Der Mensch spricht von sei-

nem Leben nie so, als spräche er über etwas rein Objektives; er berichtet stets von einer bestimmten Situation in einer bestimmten Bedeutung. Diese Bedeutungen bewirken Verhaltensweisen, Empfindungen, Erlebnisse, Pläne, Sicherheiten und Unsicherheiten. Sie beeinflussen konkret den Lebensablauf, und so ergibt sich aus solchen Sinngebungen ein konkreter Lebenslauf. Die Person tritt also in Beziehung zu ihrem eigenen Leben, ihren Entscheidungen, Gedanken, Gefühlen, Beziehungen und Möglichkeiten. Das hängt mit einem Grundgesetz der menschlichen Entwicklung zusammen. Es besagt, daß wir unsere Entwicklung selbst erleben können, und das bedeutet wiederum, daß wir etwas damit anfangen, uns dagegen auflehnen, es für wertvoll oder wertlos erklären, es würdig oder unwürdig finden können (2, 589). Hinnahme und Ablehnung z. B. ziehen sich wie ein roter Faden durch unser Leben. Sie stellen das individuell gefärbte Hauptmotiv dar, wie A. Adler es nennt, das das gesamte Leben färbt. Sie drücken dem Ganzen, oft unbewußt, einen Stempel auf. Die Person wird bisweilen gezwungen, sich dieser Lebenshaltungen bewußt zu werden, nämlich dann, wenn es zu einer Lebenskrise kommt. Dann drängt das Leben selbst zum Erkennen. Es kommt notgedrungen zu einer ‚näheren Bekanntschaft' mit sich selbst, weil die Wirklichkeit mit den Motiven der Person nicht in Übereinstimmung gebracht werden kann. Dann muß jeweils die Person sich einer Selbstprüfung unterziehen, denn die Wirklichkeit läßt sich in der Regel nicht verändern. Das einzige, was die Person unter solchen Umständen tun kann, ist, daß sie einen anderen Standpunkt finden muß. Sie muß lernen, die Situation oder ihr Leben anders zu sehen (vgl. 3).

Wenn wir auf diese Weise dem Lebenslauf eine Bedeutung beimessen, gehen wir ganz selbstverständlich davon aus, daß das Leben etwas Kontinuierliches ist. So sprechen wir von dem Lebensweg, der vom Anfang bis zum Ende verläuft. Es handelt sich bei der Person um dasselbe Leben und um dieselbe Person. Man spricht bisweilen vom ‚vorgerückten Lebensalter', vom ‚unvollendeten Leben', vom Leben, das ‚seine Erfüllung gefunden hat', vom ‚sinnlosen Leben'. In diesen Redewendungen aus dem Alltag kommt spontan das Erlebnis der Kontinuität zum Ausdruck. Sie lassen grundsätzliche Fragen aufkommen und müssen unbedingt ernstgenommen werden. Sie sind Formen der Sinngebung, die unser spontanes Verhältnis zum Lebenslauf ausdrücken und unser Verhältnis zu uns selbst und zu anderen bestimmen. Daraus geht hervor, daß wir das Leben als ein Ganzes ansehen, als ein Unternehmen, das gelingen oder fehlschlagen kann, und als etwas, von dem wir hoffen, daß es ein gutes Ganzes sein wird. Psychologisch ausgedrückt besagt das, daß wir bei der Untersuchung des Lebenslaufes mit Bedeutungen arbeiten, die tief in das individuelle Leben der Person hinein wirken und auch in der Art und Weise ihren Niederschlag finden, auf die wir über das Leben der Person sprechen und denken. Wie konkret diese Dinge sind, zeigt sich in den Glückwünschen, die die Menschen zu Neujahr oder zum Geburtstag austauschen. In ihnen wird die Auffassung erkennbar, daß das Leben ein

Ganzes ist. Ähnlich ist es mit den guten Vorsätzen. Sie wollen sagen, daß es ‚von nun an' anders sein soll; gerade durch dieses zeitliche Attribut wird die Kontinuität zwischen Vergangenheit und Zukunft zum Ausdruck gebracht. Der besorgte Erzieher, der sich fragt, ‚was daraus werden soll', beschäftigt sich sehr intensiv mit dem Zusammenhang zwischen Gegenwart und Zukunft. Das tun auch die enttäuschten Eltern, die das Leben ihrer Kinder nicht so verlaufen sehen, wie die Vergangenheit es hatte erwarten lassen. Auch die Person selbst faßt ihr Leben als ein Ganzes auf. Man möchte fast sagen: sie tut es notgedrungen. Sträubt sie sich dagegen, wird sie von ihrer Umgebung dazu gedrängt, denn die Umgebung sieht die Person stets als dieselbe Person - gestern, heute und morgen. So ist die Kontinuität aus der Selbsterfahrung und aus der Erfahrung anderer heraus eine unumgängliche Bedeutungsgebung. Wenn sie unterbleibt, wie etwa bei bestimmten Formen psychischer Krankheiten, verlieren wir den Kontakt mit der Person. In der echten Lebenskrise geht es der Person immer gerade um diese Kontinuität; sie fragt sich, wie sie *nun* mit *ihrem* Leben *weiter*kommen soll. Das verdeutlichen besonders gut die Pubertätskrise, die Identitätskrise an der Schwelle zum Erwachsenenalter und die Krise an der Lebenswende. Auch die Krisen, die im persönlichen Leben durch nebensächliche Ereignisse hervorgerufen werden, wecken stets diese Kontinuitätsfrage.

Der Person bieten sich für ihre Beurteilung des Lebensganzen viele Möglichkeiten. Sie kann es als Schicksal sehen, als Verantwortung, als Organismus oder als Produkt des Einflusses anderer. Auch das kommt in manchen Redewendungen zum Ausdruck: ‚Du hast dein Leben nicht in der Hand', ‚ich bin nun einmal so', ‚wenn deine Stunde gekommen ist, mußt du gehen', ‚ich muß selbst etwas daraus machen, denn die anderen tun es nicht für mich' oder ‚du bist ein Kind deiner Zeit'.

Ch. Bühler spricht hier von zwei äußersten Grenzen, innerhalb deren es verschiedene Zugangsmöglichkeiten gibt. Da ist auf der einen Seite der Lebenslauf als Schicksal eines Menschen, der sich in einem bestimmten Augenblick der Weltgeschichte, unter bestimmten geographischen und lokalen Umständen, in einem bestimmten Kultur-, Rassen- und Lebenszusammenhang abspielt. Auf der anderen Seite ist der Lebenslauf Aufbau und Abbruch eines Organismus. Dazwischen liegt der Lebenslauf als Lebensgeschichte einer *Person*, aufgebaut aus einer Reihe von Geschehnissen, Erlebnissen und Lebensresultaten. Es gibt aber auch die Lebensgeschichte als Entwicklung einer *Persönlichkeit*, die durch ihre eigenen Gegebenheiten und durch psychische und soziale Einflüsse bedingt ist. Und es gibt den Lebenslauf als funktionalen Lern- und Reifungsprozeß und als Motivationsprozeß eines psycho-physischen Systems, der sich auf verschiedenen Ebenen abspielt (13. 10.). Alle diese Bedeutungen begegnen einem tatsächlich im Gespräch mit anderen Menschen. So sagte z. B. jemand: „Ich stelle fest, daß ich eigentlich schon sehr früh begonnen habe, das Leben als ein organisches System anzusehen, das fünfundsiebzig Jahre lang in irgendeiner Ecke des Kosmos Sauerstoff ein- und ausatmet. Noch eine kurze Zeitspanne, und dann ist es vorbei. Dann ist in Wirklichkeit nichts geschehen."

Daraus ergibt sich zweierlei: Wir können nicht aufhören, dem Lebenslauf der Person einen Sinn zu geben, und wir sehen diesen Lebenslauf fast zwangsweise als ein Ganzes. Besonders im Hinblick darauf ergeben sich echte Lebensfragen. Man sagt manchmal, man müsse ‚neu' anfangen. Ein wirkliches ‚Neu' ist aber nicht möglich; es steht immer zwischen einer Vergangenheit und einer Zukunft, zwischen *unserer* Vergangenheit und *unserer* Zukunft.

Wir bringen dieses Lebensganze in den Worten ‚Lebensdauer' und ‚Lebensalter' zum Ausdruck. Die Lebensdauer beschreiben wir durch die Anzahl der Jahre, die wir zu leben haben, und das Lebensalter durch die Anzahl der Geburtstage, die hinter uns liegen. Hier wird unsere Kultur bis in den Kern der Sache hinein spürbar. Denn weil wir mit dem Jahr als ‚Lebenseinheit' rechnen, werden wir soundsoviele Jahre älter, und weil wir unsere Lebensdauer in Jahren ausdrücken, ‚haben wir noch eine Reihe von Jahren zu leben'. Es ist eine psychologisch interessante Frage, was es bedeutet, wenn jemand sagt, er habe noch einige Jahre zu leben. Was bedeutet dieses ‚Haben'? Zunächst einmal ist es etwas, das ihm noch ‚übrigbleibt'. Es ist ein Hinweis auf seine Begrenztheit. Aber dieser Hinweis ist selbst sehr begrenzt. Man kann mit Recht behaupten, daß der Begriff ‚Kalenderalter' einer der aussageschwächsten Begriffe ist, die die Lebenslaufpsychologie verwendet. Die Vorstellung greift um sich, man könne an Hand von Untersuchungen zu einem ‚biologischen Lebensalter' kommen, wie es auf einem anderen Gebiet gelungen ist, ein ‚Entwicklungsalter' herauszufinden, womit die relative Entwicklungsposition in einer bestimmten Altersgruppe gemeint ist. Das Schwierige ist dabei wieder, daß beim Entwicklungsalter das Kalenderalter eine sehr wichtige Rolle spielt. Die geistige und die körperliche Verfassung eines Menschen werden überdies nur zum Teil durch sein biologisches Alter bestimmt. Die Einstellung der Person selbst zu ihrem biologischen Alter ist von großer Bedeutung. Auch das macht wiederum die Person nicht allein aus. Sie steht unter dem Einfluß der Kultur, die Einstellungen zum Lebenslauf und zu den Lebensaltern entwickelt.

Wenn wir von den Jahren sprechen, die wir noch zu leben haben, so ist damit auch ein Raum gemeint, den wir noch ausfüllen müssen. In diesem Raum wirken eine Reihe von ‚Kraftlinien', die das Verhalten des Menschen bestimmen. V. von Weizsäcker zählt fünf dieser Kraftlinien auf: das Dürfen, das Können, das Wollen, das Müssen und das Sollen. Er ist der Ansicht, daß durch dieses Pentagramm die großen Dimensionen, innerhalb deren das Leben der Person sich bewegt, gut verdeutlicht werden. Sie sind für jede Lebensperiode unterschiedlich, und es hängt vom Lebenszeitpunkt, von der Situation und von der Person ab, welche dieser Dimensionen vorherrschend sind. An Hand dieser fünf psychologischen Grundtatsachen könnte man eine Skizze des Lebenslaufes zeichnen. Sie sind Quellen der Bedeutung für die Person, die ihrem Leben eine Form geben will. Sie bestimmen nicht nur ihr Verhalten, sondern sie bilden auch den inneren Raum, innerhalb dessen die Person ihre eigene Entwicklung erfährt. Denn Entwicklung ist nicht nur ein Prozeß, der von außen her wahrgenommen werden kann, sondern auch eine innere Erfahrung. Entwicklung wird als Fortschritt, Erfolg, Mißlingen, als Können und Nicht-Können erfahren. Darum ist es gut, vom *Sich*-entwickeln zu sprechen (4, 11). Die Person füllt ihren Lebensraum intentional aus. Ja nachdem was sie vom Leben verlangt, kommt ihr zum Bewußtsein, wie begrenzt dieser Raum ist. C. Jung stellt fest, daß bei den meisten Menschen zwischen dem 35. und dem 40. Jahr oft unbewußt etwas vom Übergang zur ‚zweiten Lebenshälfte' deutlich wird. Damit gerät der ‚Rest des Lebens' in das Blickfeld der Person. Man sagt auch, daß der Lebensrest für das Empfinden der Person um so rascher abnimmt, je weiter sie in die zweite Lebenshälfte hineinkommt. Das scheint tatsächlich bei vielen Menschen der Fall zu sein. Obschon bei dieser Erfahrung des ‚Restes' auch innere Ursachen mitwirken, darf der Einfluß der Kultur dabei nicht unterschätzt werden. Was uns in einem bestimmten Alter noch zu tun bleibt, hängt zum guten Teil von den Einrichtungen der Kultur ab, und die Anzahl der uns verbleibenden Lebensperioden ist größer, vielfältiger und nuancierter in dem Maße, in dem die Spannweite des Lebens sich unter dem Einfluß der Kultur auch in biologischer Hinsicht deutlicher abzeichnen kann. Soviel wir wissen, ist die Kultur bis heute die Mutter der Lebensdauer: sie verkürzt oder verlängert das Leben derer, die an ihr teilhaben. Was in biologischer Hinsicht möglich ist, vermag man noch nicht zu ermessen. Schätzungen der durchschnittlichen Lebensdauer liegen bei 18 Jahren im Bronze-Zeitalter (Griechenland), bei 33 Jahren im Mittelalter (England) und bei etwa 70 Jahren in der Gegenwart (1960). Das sagt an sich wenig über die wirklichen Lebensmöglichkeiten des Menschen aus. 1922 wurde die durchschnittliche Lebensdauer für die Zukunft auf 64,75 geschätzt, 1941 auf 70,8. In den Niederlanden rechnet man jetzt schon mit einem durchschnittlichen Lebensalter von 74,8 Jahren für die Frau. Die Lebenskraft der Frau ist im Durchschnitt größer als die des Mannes. Während der letzten hundert Jahre hat sich unter dem Einfluß der kulturellen Faktoren die Lebenserwartung (life expectation) fast verdoppelt.

Diesen Zahlen liegt ein völlig verändertes und sich immer noch veränderndes Modell des Lebenslaufes zugrunde. Der Lebensraum wird von jeder Kultur anders ausgefüllt. Wenn der Mensch länger lebt, erhält damit auch sein Leben eine andere und offensichtlich nuanciertere Form. Der Volksmund hat schon immer behauptet, daß ein Mensch so alt ist wie er sich fühlt. Wie alt ein Mensch sich aber fühlt, ist in starkem Maße von der Anzahl der Jahre abhängig, die er noch zu leben hofft, und von der Einstellung der Kultur zu diesen Jahren. Ob man sich alt fühlt oder nicht, ist nicht nur eine intrapsychische, sondern auch eine sozial-gesellschaftliche Angelegenheit. Vor hundert Jahren, in der Welt des Dichters Balzac, geriet die Frau von 30 Jahren in eine kritische Lebensphase. In bestimmten Kreisen war sie dann eigentlich schon ‚passée', und wenn es ihr nicht gelang, sich in der Lebensform einer Frau von mittleren Jahren zurechtzufinden, die in diese Umgebung paßte, geriet sie nicht nur sozial in Schwierigkeiten, sondern es ergab sich auch für sie persönlich eine komplizierte Situation. S. Freud äußerte in bezug auf die Frau in ihrer Umgebung die Überzeugung, daß ein weibliches Wesen von 30 Jahren seine endgültige Form gefunden habe. Ihre Vitalität (libido) ist nach seiner Meinung in eine bestimmte Richtung kanalisiert und damit für den Rest des Lebens festgelegt. Fairerweise muß jedoch gesagt werden, daß Freud hier in Wirklichkeit mehr von dem Bild der Frau spricht, das sich unter dem Einfluß der Kultur des fin de siècle gebildet hatte, als von den tatsächlichen Möglichkeiten der Frau (vgl. 4). In unserer Gesellschaft hat die Frau von 30 Jahren noch ein ganzes Leben vor sich, und offensichtlich bieten sich ihr für den ‚Rest des Lebens' noch so gut wie alle Möglichkeiten.

Der (kulturell bestimmte) Blick der Person auf ihr eigenes Leben oder Lebensalter ist eine wichtige Determinante für den persönlichen Lebenslauf. Es ist etwas typisch Menschliches, daß wir, das eigene Leben betrachtend, dieses Leben schon durch die Art des Blickes verändern, den wir ihm zukommen lassen. Diese Veränderung kann sich bisweilen plötzlich und mit großer innerer Kraft vollziehen. W. James greift in seinem Buch über die Vielgestaltigkeit der religiösen Erfahrung (6, 180 ff.) die Geschichte von Henry Alline auf, einem eifrigen Evangelisten, der gegen Ende des 18. Jahrhunderts in Neu-Schottland wirkte (6, 137). Er zitiert aus seinem Tagebuch, aus dem hervorgeht, daß Alline unter dem Bewußtsein seiner eigenen Schuld und seines Versagens litt. In einer plötzlichen Anwandlung nimmt er die Bibel zur Hand, liest den Text, auf den er zufällig stößt, und erfährt in einem überwältigenden Erlebnis, wie sein Kummer von ihm abfällt. Von diesem Augenblick an sieht er sein eigenes Leben und das seiner Mitmenschen mit anderen Augen.

In irgendeiner Form betrachtet die Person ihr eigenes Leben stets wertend. Die Menschen prüfen ihr Leben optimistisch, skeptisch, ahnungslos, zynisch, mißtrauisch oder vertrauensvoll - und so halten sie es auch mit den einzelnen Lebensphasen, in denen sie sich befinden. Dabei werden von den Menschen zwischen 30 und 60 die Jahre des mittleren Lebensalters bevorzugt (7). Die klinische Kinderpsychologie kennt das beunruhigende Bild des Kindes, das nicht groß werden will, weil es die Welt der Erwachsenen nicht attraktiv findet. Unsere Kultur hat für die 10- bis 20jährigen eine eigene Welt geschaffen, deren Grenzen bewußt überschritten werden und die von manchen sogar abgelehnt und verlassen wird. Erikson entwirft ein Verhältnis zum eigenen Lebenslauf, das er mit dem Begriff Ego-Integrität bezeichnet. Dabei erkennt die Person den eigenen Lebensweg als etwas an, das so sein mußte und nicht anders hätte sein dürfen. Sie ist bereit, den Wert ihres eigenen Lebensstils gegen jede physische oder ökonomische Bedrohung zu verteidigen (8, 208). Die an viele

alte Menschen gerichtete Frage, ob sie ihr Leben anders gestalten würden, wenn sie noch einmal von vorne anfangen könnten, ist eigentlich die Frage nach dieser Integrität. Das sind Beispiele für eine wertende Einstellung zum eigenen Leben. Bei dieser Einstellung ist die Person mit sich selbst beschäftigt. Manche Menschen wünschen sich dann den Tod herbei, andere möchten gerne noch einmal neu anfangen, wieder andere schauen auf bestimmte Jahre zurück, die als ideal empfunden werden, oder sie blicken in die Zukunft oder fragen sich, wie es nun weitergehen soll.
Solche Einstellungen zum eigenen Lebenslauf sind nicht zufällig. Sie sind das Ergebnis von Lebenserfahrungen und haben auch eine Funktion im Leben der Person. Sie ist nicht zufällig skeptisch, oder zynisch, oder zuversichtlich. Das sind gewissermaßen nur Formen eines Übereinkommens, das die Person mit ihrem eigenen Leben trifft. Wer die Bedeutung seines Lebenslaufes kennenlernen will, muß die Gründe für das Entstehen gerade dieses Übereinkommens erkennen.
Im täglichen Leben ist die Person sich solcher Haltungen oft nicht bewußt. Sie machen sich meistens bemerkbar, wenn etwas Ungewöhnliches geschieht. A. Adler meint, daß wir nur dann explizit mit der Bedeutung unseres Lebens beschäftigt sind, wenn wir in irgendeiner Form eine Niederlage erlitten haben (10). Das erscheint uns einseitig. Es sagt vielleicht mehr über Adlers eigenes Lebensbild aus als über das Lebensbild des Menschen. Die Person bezieht ihre Lebenshaltung ebensosehr aus ihren Siegen wie aus ihren Niederlagen. Es ist möglich, eine Beschreibung der Psychologie des Lebenslaufes zu geben, in deren Mittelpunkt die Entwicklung der Kompetenz der Person steht. Allerdings ist es für das Bewußtsein unserer Lebenshaltung erforderlich, daß ungewöhnliche Ereignisse eintreten. Es ist eine psychologische Gesetzmäßigkeit, daß das Bewußtsein sich mit Hilfe dessen bildet, was nicht selbstverständlich ist und woran es sich stößt. Dadurch entdeckt die Person sich selbst.
Eine der wichtigsten Gelegenheiten, bei denen die Person ihren eigenen Lebenszeitraum gewahr wird, und ihm gegenüber eine Haltung einnimmt, ist die Begegnung mit dem Lebensalter anderer Menschen. Von Knigge wies schon 1788 darauf hin, daß der Umgang mit Menschen verschiedener Altersstufen dringend notwendig sei. Er berichtet von der Stadt Bern, daß dort fast jedes Lebensalter seine eigene gesellschaftliche Gruppe hatte und daß ein 40jähriger nicht mit einem 25jährigen verkehren konnte. Die Gespräche, die die Jugendlichen in Bern miteinander führten, seien nicht gerade sehr moralisch, weil sie beständig sich selbst überlassen seien. Alte Menschen verrieten in ihrem Egoismus einen Mangel an Toleranz. Sie würden schon mürrisch, wenn sie nur Menschen begegneten, die die guten alten Zeiten preisen und die jetzigen Zustände beklagen wollten (10.85). Es geht beim Lebenslauf natürlich um mehr als um die nicht allzu moralische Sprache der jungen Leute und die Intoleranz der Alten. Wir legen überall, wo wir mit Menschen in Berührung kommen, einen Maßstab an das Lebensalter der anderen. In der Lebenslaufpsychologie wird theoretisch darüber diskutiert, ob man es verantworten könne, von

Lebenszeitaltern zu sprechen. Es ist nämlich nicht leicht, dafür vernünftige Kriterien zu nennen. Die Praxis des Alltags hat diese Frage in jeder Hinsicht positiv beantwortet. Es gibt Babys, Kleinkinder, Schulkinder, Teenager, Jugendliche, ältere und alte Leute. Diese Abstufungen nach Lebensaltern funktionieren im Kontakt. Wir erwarten von einem dreijährigen Kind nicht, daß es den Telefonhörer aufnimmt und sich mit seinem Familiennamen meldet. Zu jeder Lebensphase gehört ein Erwartungsbild, ein Verhaltensmodell, eine Gesamtheit von Verpflichtungen und eine bestimmte Anzahl von Dingen, die sein dürfen oder nicht sein dürfen. Jungsein ist *auch* eine Rolle, nicht die alleinige; Altsein ist *auch* ein Bild, dem entsprochen werden muß. Auf diese Weise setzen wir selbst Lebensabschnitte fort, verändern sie, beschwören neue herauf oder lassen alte verschwinden, natürlich nicht absichtlich und bewußt. So scheint die Kindheit heute tatsächlich kürzer zu werden; man fragt sich, ob das Jugendalter im Schwinden begriffen ist, und das Lebensalter nach 40 hat sich infolge der früheren Eheschließung und der geringeren Kinderzahl völlig verändert. Die Festlegung der Pensionsgrenze auf 65 bewirkt nach diesem Datum eine eigene Lebensform, die sich beim Mann bereits in der kritischen Periode um 62 ankündigt. Diese Veränderungen sind in unserem Umgangsbild mit wirksam, während das Bild seinerseits wieder neue Veränderungen bewirkt.

Natürlich ist es zum großen Teil aus Stereotypen zusammengesetzt. Das sind vereinfachte Vorstellungen von anderen Menschen oder Gruppen. Sie werden uns von der Gruppe, in der wir selbst leben, vorgehalten, oder sie gehen auf persönliche Erfahrungen zurück. Ihre Funktion besteht durchweg darin, unseren Umgang mit anderen auf klare, einfache und leicht anwendbare Ausmaße zurückzuführen und uns selbst bei diesem Umgang Sicherheit zu verschaffen. Es sind starre Umgangsbilder mit unverrückbaren Merkmalen. Sie ermöglichen ein deutliches und beständiges Kontaktmodell, das uns von der Mühe einer weiteren Nuancierung befreit. Sie vereinfachen die komplizierte soziale Wirklichkeit und führen sie auf anwendbare, wenn auch falsche Maße zurück.

Das gegenseitige Anziehen und Abstoßen zwischen den Generationen beruht zum Teil auf Klischeevorstellungen, die der eine vom anderen hegt: der Jugendliche, der frisch Verheiratete, der Fünfziger, die alte Jungfrau, der Junggeselle. Sie können den individuellen Lebenslauf tiefgreifend beeinflussen. Das kann so weit gehen, daß die Person sich dem eigenen Leben gegenüber nach der Stereotype verhält, die für dieses Lebensalter gilt. Das hat dann etwas von der Prophetie an sich, die sich durch die Tatsache erfüllt, daß sie ausgesprochen und ernstgenommen wird. Von Eltern erwartet man, daß sie starr und altmodisch sind; dementsprechend verhalten sich die Kinder, und dadurch wird das Modell der Starrheit und das Altmodischseins tatsächlich hervorgerufen. Der ältere Arbeiter wird als weniger produktiv angesehen (trotz aller empirischen Untersuchungen), als weniger elastisch und als weniger veränderungsbereit. Darum ist er bei Neuerungen oder bei Entlassungen oft das erste Opfer. Manch einer gerät dann in Widerspruch zum Neuen und hält tatsächlich am Alten fest. Damit ist nicht gesagt, daß jedes Lebensalter nicht ein besonderes Charakteristikum, eine eigene Funktion im Lebensganzen und damit auch einen eigenen Sinn hätte. Sinn muß in diesem Zusammenhang so konkret wie nur eben möglich verstanden werden. Eine der Aufgaben der Lebenslaufpsychologie scheint uns zu sein, für jedes Lebensalter konkret anzugeben, wo dieser Sinn liegt. Sogar um normativ festzustellen, welcher Sinn konkret zu erfüllen ist, will das Leben in seinem Ablauf nicht gestört werden. Der Sinn ist in hohem Maße von dem kulturellen Raum abhängig, in dem das Leben der Person sich abspielt. Er kann nicht von den konkreten Aufgaben, Möglichkeiten und Schwierigkeiten losgelöst werden, die die Kultur an jedes Lebensalter heranträgt. Aber innerhalb dieses Raumes hat der Sinn Wirklichkeitscharakter, er fordert die Erfüllung. Daher konnte K. Jaspers eine alte Vorstellung Voltaires übernehmen: Wer nicht den eigentümlichen Sinn seines Lebensalters verwirklicht, hat nur die Leiden dieses Alters zu spüren (2, 588). Mehrere amerikanische Psychologen sprechen über diese Dinge konkreter: sie formulieren den Begriff der ‚Entwicklungsaufgabe', um den Auftrag zu bezeichnen, den das Wachsen, die Gesellschaft und die Kultur jedem Lebensalter erteilen. ‚Sinn' kann zwar nicht ganz in der Richtung dieses Auftrages verstanden werden, aber er führt uns doch auf eine gute Fährte bei der Suche nach einem konkreten Inhalt für den Begriff. Dieses Thema wird noch öfters zur Sprache kommen. Vorerst sehen wir Sinn, Lebenserfüllung, Glück, Lebensplan und Lösung der Entwicklungsaufgabe als identisch an.

Sinn und Glück sind keine statischen Begriffe; sie haben im Leben der Person eine Geschichte. Sie verwirklichen sich durch Höhen und Tiefen hindurch in den verschiedenen Lebensabschnitten, und sie haben auch in jedem Zeitraum eine andere Bedeutung. Sie stehen anderseits in engem Zusammenhang mit der Kontinuität, die den Ausgangspunkt unserer Überlegungen darstellt. Echte Kontinuität setzt voraus, daß während der verschiedenen Lebensabschnitte der Person eine Kontinuität von Bedeutungen für sie besteht. Das macht diese Kontinuität verletzlich. Im Menschen kann sich vieles ereignen, wodurch die Bedeutungen getrübt oder verändert werden oder gar verschwinden. Neue Bedeutungen können entstehen, die der Vergangenheit oder der Zukunft, für die man sich entschieden hat, nicht entsprechen. Hiermit hängt zusammen, daß nicht alle Lebensalter der Person gleichbewertet werden. In jedem Lebenslauf gibt es Perioden, in denen die Person nicht mehr recht weiß, wie es weitergehen soll. Das ist eine Krise in der Kontinuität, die unmittelbar mit dem Gelingen oder Mißlingen der Entwicklungsaufgabe oder des Lebensplans zusammenhängt, und mit der Frage, ob ein Sinn erfahren wird oder nicht. Bisweilen kommt es dann zu einem Bruch im Lebenslauf. Die Kontinuität wird dann durchbrochen, und man geht einen anderen Weg. Oder ist es vielleicht doch kein Bruch? War vielleicht früher schon eine verborgene Thematik im Spiel, die erst jetzt voll zum Tragen kommt? Es ist schwer, darüber etwas allgemeines zu sagen. Sicher ist jedoch, daß in einer solchen Krise die Person stets um ihre Kontinuität ringt. Es muß dabei nicht immer zu einem Bruch kommen. Bei manchen zeigt sich nach einer Periode der Unsicherheit, in der die Stabilität des eigenen Lebens angefochten wird, ein ‚vitales Wiedererkennen' (11). Es besteht in der deutlichen Erfahrung, daß man nicht nur nach, sondern gerade auch durch die Krise tatsächlich derselbe ist, der *diesen* bestimmten Lebenslauf erneut als den seinen akzeptiert. Dann steht die Person der Integrität näher, von der Erikson spricht.

Wenn wir zusammenfassen, kommen wir zu folgenden Punkten: Das Leben der Person vollzieht sich in Bedeutungen; hieraus ergibt sich ihr Lebenslauf. Diese Bedeutungen funktionieren in konkreten Situationen, aber sie beziehen sich auf das Leben als Ganzes. Wir unterscheiden beim Lebenslauf eine Dauer, ein Lebensalter und eine Anzahl von Lebensabschnitten, die von der Kultur äußerst abhängig sind. Der Lebenslauf selbst unterliegt damit in starkem Maße dem Einfluß der Kultur; sie schreibt die Rollen für jeden Lebensabschnitt zum großen Teil vor. Nichtsdestoweniger ist das Verhältnis der Person zu ihrem Lebenslauf entscheidend für die konkrete Form, die ihr Leben annimmt. Die Auffassungen anderer von einem bestimmten Lebensabschnitt spielen bei dieser Lebensform eine ebenso wichtige Rolle. Es gibt ein stark von Klicheevorstellungen bestimmtes Umgangsbild. All das ändert nichts daran, daß jeder Lebensabschnitt einen eigenen Sinn und eine eigene Funktion hat, und diese müssen zu ihrem Recht kommen, wenn sich im Leben eine Glückerfahrung einstellen soll. Der Sinn und die Funktion der jeweiligen Lebensalter stehen in wechselseitigem Zusammenhang. In ihm vollzieht sich die Kontinuität des Lebenslaufes. Sie ist verletzlich, und diese Verletzbarkeit zeigt sich besonders in Lebenskrisen.

## II. Hauptthemen des menschlichen Lebenslaufes

*Das Werk von Charlotte Bühler*

Ausgangspunkt dieser Einführung in die Psychologie des Lebenslaufes ist der Mensch als Ganzes. Die Entwicklung der speziellen Funktionen, wie etwa der Intelligenz in all ihren Formen, des Gedächtnisses, der motorischen Geschicklichkeit, der Sprache, des Tastsinns, des Geschmacks, des Körperbaues usw., wird dabei weniger berücksichtigt. Darum bietet sich das Werk von Ch. Bühler als guter Ausgangspunkt an.

*Lebenslauf und Zielsetzung*

1933 schrieb sie bereits ein Buch mit dem Titel ‚Der menschliche Lebenslauf als psychologisches Problem' (12). 1959 griff sie dieses Thema unter demselben Titel wieder auf (13). Ein Vergleich der beiden Ausgaben zeigt, daß in ihrer Auffassung inzwischen eine wichtige Entwicklung stattgefunden hat. Daneben hat sie verschiedene Aspekte des menschlichen Lebenslaufes in größeren oder kleineren Einzelveröffentlichungen behandelt, wie etwa ‚Das menschliche Leben und seine Zielsetzungen' (14), ‚Betrachtungen über die Grundtendenzen des Lebens' (15) und ‚Der Lebenslauf, an Hand von Biographien untersucht' (16). Das zentrale Thema ist dabei stets, daß die Person im Verlauf ihres Lebens auf irgend etwas gerichtet ist. Sie lebt nicht nur schlechthin. Man kann natürlich die Frage stellen, was es denn überhaupt mit der Wissenschaft vom Menschen auf sich hat, wenn es notwendig ist, diese Tatsache so sehr zu betonen. Diese Betonung der Intentionalität des Handelns der Person finden wir aber nicht nur bei Bühler. In der Psychologie ist deutlich eine Strömung festzustellen, die die Dynamik der Person und ihr Streben nach Ziel und Sinn stark in den Vordergrund rückt. Dieser Strömung wird oft vorgeworfen, sie führe damit philosophische Auffassungen vom Menschen in eine empirische Wissenschaft ein. Dem widerspricht aber, daß Zielsetzung und Sinnbedürfnis im Verhalten der Person deutlich nachweisbar sind. Außerdem scheint eine These von G. W. Allport immer wichtiger zu werden: „Philosophie der Person ist nicht zu trennen von Psychologie der Person. Wer studiert, tut gut daran, sich diese Warnung vor Augen zu halten" (17, 567).
Aus der Art und Weise, auf die Bühler diesen Ausgangspunkt behandelt, geht hervor, daß sie sich der Risiken bewußt ist, die sie eingeht, wenn sie die Zielsetzung als eine der Grundvoraussetzungen des menschlichen Lebenslaufs in den Vordergrund rückt. Der Begriff ‚Ziel' verweist deutlich auf den ‚Homunkulus' in unserem Verhalten. Darunter versteht man eine Art kleiner Person *in* der Person, die mit allem ein Ziel verfolgt und als

Erklärungsursache für all das fungiert, was die Person tut. In Wirklichkeit wird dadurch das Problem nur verschoben, und nichts wird verständlich gemacht. Viele Strebungen ‚wirken' einfach in uns, ob wir wollen oder nicht. Die Psychoanalyse hat das unmißverständlich nachgewiesen. Bühler zeigt selbst, daß alles Leben zunächst einmal nur *sein* will; es will die Möglichkeiten, die ihm verliehen worden sind und die angesprochen werden, wirken lassen. Subjektiv ausgedrückt bedeutet das, daß wir gerne ‚funktionieren', daß es eine Lust ist, Augen, Hände und Füße zu beschäftigen, und daß es ein Vergnügen ist, Geist und Gefühl ihre Funktion ausüben zu lassen. Bühler spricht von „Funktionslust"; es ist eine vitale Freude, die in unserer Aktivität selbst steckt. Objektiv bedeutet das, daß es zu einem der Grundmerkmale des Lebens gehört, sich auszudrücken. Alles, was in und mit seinen Möglichkeiten beschäftigt ist, drückt sich aus. So sind Lust und Ausdruck zwei Grundmerkmale des Lebens, die der Zielsetzung vorangehen. Die Person, die diese Lust nicht mehr empfindet, wird vom Leben nicht mehr getragen; sie zwingt sich mühsam dazu, ihre täglichen Verrichtungen zu erledigen, und das Leben wird ihr zur Last. Ihr droht ständig das, was man im Altertum das ‚taedium vitae' nannte: der Widerwille gegen das Leben. Dieser Person ist die Lust am Leben vergangen. ‚Sinn' ist *auch* Lust. Wer den Sinn nur sieht, aber nicht empfindet, und wer nicht wahrnimmt, daß dieser Sinn in ihm wirksam ist, muß einen Weg gehen, den zu gehen er nicht aufgefordert worden ist; er muß diesen Weg völlig ‚selbst' gehen.

Der Lebenslauf umfaßt somit viel mehr als nur Zielsetzungen. Das trifft für alle Formen des Lebens zu. Buytendijk bemerkt, daß die Vögel viel mehr singen, als nach Darwins Meinung sinnvoll ist. Das Kleinkind plappert und zappelt viel mehr, als für ein zielstrebiges Sich-einrichten im Leben notwendig (und wünschenswert!) ist. Der spielende Mensch hat keine Absichten. Darauf weist auch Bühler nachdrücklich hin, und nach unserer Meinung versteht G. W. Allport sie nicht richtig, wenn er kritisch bemerkt, daß Zielsetzung als Grundtendenz des Lebens in der Anfangsgeschichte der Person nicht festzustellen ist (17, 126). Gewiß, hier handelt es sich noch nicht um zielbewußte Planung, aber das Leben, wie es sich in der kleinen Person zeigt, ist doch schon auf etwas gerichtet.

Bühler sieht die Person einerseits als ein biologisches Wesen, aber gleichzeitig auch als ein Wesen, dem sein hochentwickeltes Gehirn noch nicht genügt. Darum entfaltete sie, die Person, nichtbiologische Kommunikations- und Aktionsmöglichkeiten. Um zu verhindern, daß der Lebenslauf der Person als etwas dargestellt wird, das sich aus den Grundstrukturen des ‚bios' loslöst, oder als etwas, das mit ihnen identisch ist, arbeitet Bühler mit Kernkategorien, die für jede Lebensform gültig sind und doch für jede Lebensform mit einem anderen Inhalt ausgefüllt werden müssen. Mit anderen Worten: sie wählt interdisziplinäre Begriffe, um das Leben in seinen Grundstrebungen zu charakterisieren. Diese Grundstrebungen oder Grundtendenzen sind: die Befriedigung von Bedürfnissen; Anpassung an äußere Umstände, und zwar durch eine Selbstbestimmung von innen heraus; Aufrechterhaltung der inneren Struktur und Ordnung; und schließlich: schöpferische Ausdehnung.

## Grundtendenzen im Lebenslauf

In Wirklichkeit sind diese vier Grundtendenzen vier Bedeutungsquellen. Es sind vier Faktoren der ‚stillschweigenden Organisation', die das Lebensfeld und das Situationsfeld auf eine ganz bestimmte Weise kartographieren. Bühler sieht in ihnen das Grundschema, auf dem jede Person ihren Lebenslauf entwirft. Wenn man Bühlers Werk in seiner Gesamtheit untersucht, stellt sich heraus, daß sie in diesem Zusammenhang folgende Aspekte für die Psychologie des menschlichen Lebenslaufes für wichtig hält:
1. Die Grundtendenzen sind in jeder Lebensperiode wirksam. In einer bestimmten Lebensperiode kann und wird auch meist die eine Tendenz vor den anderen dominieren, während diese ein wenig zurücktreten. In einer anderen Lebensperiode liegen die Dinge dann wieder anders. So ist nach Bühlers Meinung die Befriedigung von Bedürfnissen charakteristisch für die erste Lebensphase der Person; die schöpferische Ausdehnung ist das besondere Merkmal der folgenden Periode und der Hochblüte des Erwachsenenalters; die innere Ordnung überwiegt im Lebensabschnitt des Übergangs zum Alter; Bedürfnisbefriedigung und Entspannung tauchen im Alter als Dominanten wieder auf. Ebenso wie in der Periode des Jugendalters stellen dann auch wieder Anpassungen durch Selbstbeschränkungen einen wichtigen Aspekt dar.
2. Im Laufe des Lebens kann eine bestimmte Tendenz unterentwickelt bleiben, eine andere dagegen in starkem Maße vorherrschend sein. Dadurch entsteht ein bestimmter persönlicher Lebensstil, der das Individuum charakterisiert. So überwiegt bei bestimmten Personen die schöpferische Ausdehnung; sie sind - bis ins hohe Alter hinein - ständig damit beschäftigt, mit und in ihrem Leben etwas anzufangen. Andere sind empfindlicher und mehr in sich gekehrt. Sie legen sich selbst starke Beschränkungen auf und haben es einfach nötig, ständig um die Aufrechterhaltung ihrer inneren Ordnung besorgt zu sein. Wieder andere leben vor allem für Bedürfnisse und schränken sich nur ein, wenn noch wichtigere Bedürfnisse zu kurz zu kommen drohen.
3. Von der Anlage her ist es möglich, daß bestimmten Tendenzen nicht in ausreichendem Maße als echtes Können mitgegeben worden sind. Das hat gleichzeitig Folgen für die Art und Weise, auf die andere Tendenzen zu ihrer Form finden. Das eine drückt wie das andere der Lebensgeschichte einen deutlichen Stempel auf. Dennoch sind in jeder menschlichen Lebensform, auch in der unzulänglichsten, alle Tendenzen auf diese oder jene Weise wirksam. Man kann hier z. B. an Menschen denken, deren Gefühlsleben nicht in Ordnung ist, deren Intelligenz den Anforderungen der Gesellschaft nicht genügt oder deren Triebleben eine ausreichende

innere Beschränkungsfähigkeit fehlt. Die Mängel sind hier in erster Linie im biologischen Bereich zu suchen. Ein harmonisches Miteinander der vier Grundtendenzen ist dann nicht möglich und muß durch die verschiedensten Maßnahmen und Ordnungen von außen her zustande gebracht werden.
Vor allem hier wird deutlich, daß Bühler von der Person als Ganzheit spricht. Selbstverständlich lassen sich bei Personen, denen die Grundtendenzen nicht in ausreichendem Maße als echtes Können mitgegeben worden sind, mancherlei Mängel im funktionalen Bereich feststellen: im Denken, im Sehen, im Gedächtnis, in der Motorik usw. Aber dieser Aspekt interessiert Bühler nicht in erster Linie. Es geht ihr um einen Mangel in der Lebensfähigkeit insgesamt. Es erweist sich tatsächlich als sehr fruchtbar, die Lebenssituation von Menschen, die mit solchen Mängeln zu kämpfen haben, im Lichte dieser Grundtendenzen zu betrachten.
4. Ein letzter Aspekt, der einen beachtlichen Einfluß auf die Gestaltung des Lebenslaufes durch die Grundtendenzen ausübt, ist die Einwirkung der Kultur. Bühler versteht unter Kultur die spezifisch menschliche Welt, die der Mensch selbst ins Leben gerufen hat und noch immer ruft, indem er den Dingen, denen er begegnet, mit denen er fertigwerden muß und auf die er gerichtet ist, einen menschlichen Sinn, einen ‚Geistesgehalt' gibt. Diese Kultur ist eine Schöpfung des Menschen. Sie beginnt dort, wo das Bewußtsein beginnt, wo sich Sprache und andere Symbole entwickeln, wo der Mensch Werkzeuge entwirft, die vorhandene Natur umgestaltet und ihr Form verleiht. Die einmal in Gang gebrachte Kultur wirkt auch auf den Menschen zurück: er wird in ihr geboren und verwirklicht seine Zielsetzungen innerhalb des Raumes, der ihm angeboten wird (13, 26). Er selbst schaut mit von der Kultur bestimmten Blicken auf die Natur, mit der er arbeitet. Im Lichte seiner Strebungen nimmt er einen Standpunkt ein, auch gegenüber den großen menschlichen Wirklichkeiten von Zeit, Umgebung und Welt (13, 30). So kann er auch in Konflikte geraten, und dann trifft er seine Entscheidungen bewußter; in diesen Entscheidungen sind die erwähnten Grundtendenzen ebenso wirksam (13, 27-28). So erleben diese Tendenzen unter dem Einfluß der Kultur in jedem persönlichen Leben eine individuelle Geschichte, nicht nur, weil die Person mit ihnen arbeitet und weil sie in der Person wirksam sind, sondern auch, weil der Person im Verlauf ihrer Erziehung und Bildung eine von ihrer Gruppentradition geformte Welt dargeboten wird (163, 195). Kulturtraditionen sind das Ergebnis von Gruppeninterpretationen des Lebens und der Welt (163, 197). Bei ihrer Weitergabe spielt die Schule eine wichtige Rolle (163, 201). Durch diese und andere Faktoren (s. u. a. 163, 257-277) wird die Kultur auch von der Person aufgenommen und beeinflußt auf diese Weise sehr konkret die Wirkung der Grundtendenzen. Die Zielsetzungen der Person sind damit einerseits von ihr selbst, anderseits wesentlich von der Kultur abhängig. (Wegen dieses In-sich-aufnehmens der Kultur kommen andere Autoren zu Kulturdefinitionen, nach denen die Kultur mehr *in* der Persönlichkeit situiert ist.)

So nehmen die vier Tendenzen unter dem Einfluß der Kultur in jedem Leben eine eigene Gestalt an, nicht nur auf Grund der Selbstbestimmung der Person, sondern auch der Möglichkeiten und Begrenzungen, die die Kultur im allgemeinen und besonders die Kultur der Subgruppe schafft. Bestimmte Bedürfnisse stehen unter einem Tabu; Anpassung kann zum Leitsatz einer ganzen Erziehung gemacht und mit geistiger Gesundheit gleichgestellt werden; Kreativität kann zur Mode werden; die Art des Wohnens (Stadt, Land) übt einen wesentlichen Einfluß auf die Entwicklung der Grundtendenzen aus; die Form, die innere Ordnung und inneres Gleichgewicht in der Person annehmen, sind sehr von der Geschichte ihrer Grundtendenzen abhängig. Unter dem Einfluß von Kulturnormen und Erwartungen *lernt* die Person auch, sich auf eine ganz bestimmte Weise bei der Befriedigung ihrer Bedürfnisse, ihrer Selbstbeschränkung, ihrer schöpferischen Ausdehnung und ihrer inneren Ordnung zu verhalten. Die Grundtendenzen stellen also das Material dar, mit dem das Leben der Person von innen heraus Gestalt gewinnt und mit der die Person lebendig arbeitet.

An sich gelten diese Grundstrebungen für alles Leben, sagt Bühler; darum sind sie interdisziplinär. Sie können in allen Wissenschaften, die sich mit dem Lebendigen beschäftigen, auf eine spezifische Weise angewandt werden.

### *Befriedigung von Bedürfnissen*

Bei der Person werden die natürlichen Bedürfnisse kulturell gestaltet, und außerdem wird ein Vielzahl von neuen Bedürfnissen geweckt. Einige von ihnen sind so spezifisch, daß sie nicht befriedigt werden können. Diese Gruppe von Bedürfnissen hält den Menschen ständig in Bewegung. Sie sind auch ein konkreter Beweis dafür, daß eine Psychologie, die die Person und ihren Lebenslauf verständlich machen will, bei einem Modell der Bedürfnisspannungen, die wieder abnehmen (Reduktion), sobald sie befriedigt werden, die mehr spezifische Seite der Person außer acht läßt. G. W. Allport betont denn auch sehr die, wie er sie nennt, ‚person-eigenen Strebungen' (pro-priate strivings). Das sind Strebungen in der Person, die in einem tiefen Zusammenhang mit dem Bild stehen, das die Person von sich selbst hat und die das ganze Leben hindurch wirksam bleiben; je mehr Gelegenheiten zur Entfaltung sich ihnen bieten, desto aktiver äußern sie sich. Der Lebenslauf vieler Menschen bietet dafür ein anschauliches Beispiel. Maslow unterscheidet in diesem Zusammenhang zwischen Wachstumsmotiven und Bedürfnismotiven, die im Lebenslauf wirksam sind. Diese Unterscheidung führt zu etwas, weil sich von ihr her eine gewisse Möglichkeit bietet, zu beurteilen, wie es in einer bestimmten Lebensphase oder Situation um eine Person steht - mit anderen Worten: ob es um eine momentane Bedürfnisbefriedigung oder um wirkliche Entwicklung geht.

Als Merkmale der Wachstumsmotive zählt Maslow auf: das entstehende Bedürfnis wird gern akzeptiert; wird es befriedigt, so wird auch die Motivation größer und stärker; gleichzeitig entsteht dann die angenehme Erfahrung von Produktivität und Kreativität. Charakteristisch ist auch, daß diese Bedürfnisse nie vollauf befriedigt werden; sie machen außerdem die Person weniger abhängig von anderen, so daß sie immer mehr auf eigenen Beinen steht. Sie trüben auch nicht die Wahrnehmung - im Gegenteil, sie regen zum objektiven und uneigennützigen Wahrnehmen an. Ihre Wirksamkeit zeigt sich außerdem in dem Wunsch, Probleme so selbständig wie möglich zu lösen. Bezeichnend für Bedürfnis- oder Unterlassungsmotive ist, daß sie eigentlich nicht akzeptiert werden, wenn sie sich einstellen. (Die Erfahrung lehrt, daß dieser Widerstand von der Person selbst oft kaum erkannt wird.) Wenn diese Bedürfnisse befriedigt werden, nimmt die Motivation ab; hier findet also tatsächlich eine Reduktion von Bedürfnisspannungen statt. Die Person wird durch das Eingehen auf diese Bedürfnisse nicht frei, im Gegenteil, sie wird noch mehr gebunden. (Dabei ist zu bedenken, daß das an sich nicht ungesund sein muß; es geht hier vor allem um die Merkmale dieser Bedürfnisse.) Wenn sie wirklich auf die Dauer befriedigt werden, bekommt die Person ‚genug' davon. Durch diese Bedürfnisse wird die Person mehr abhängig von anderen; die Bedürfnisse machen auch die Wahrnehmung zu einem Stück Selbstinteresse und verzeichnen die Wirklichkeit durch die eigene egozentrische Intentionalität. Die Person wird dadurch nicht selbständiger, sondern sie ist eher geneigt, sich an andere zu wenden.

Um beurteilen zu können, was in den Relationen des Helfens vorgeht und von welchen Motiven die Personen dabei bewogen werden, findet man in der Unterscheidung von Maslow ein nützliches Instrument.

Man könnte zusammenfassend sagen: Wachstumsmotive erhalten die Spannung aufrecht, statt sie aufzuheben; sie bringen die Person weiter und führen zu kreativer Expansion, zu einer Vermehrung der inneren Ordnung und zum Widerstand gegen eine zu starke Anpassung. Man hat den Eindruck, daß die Kultur, je weniger sie die mehr personalen Bedürfnisse im Leben der Person befriedigt, diese in Kunst und Literatur um so mehr zur Diskussion stellt. Beispiele für Wachstumsmotive sind: die Untersuchungslust des Menschen, die im Kleinkind schon früh erkennbar ist; das Bedürfnis, zu anderen Personen zu gehören (need to belong) und so eine persönliche Anerkennung und einen eigenen Platz zu finden; das Bedürfnis, auf authenische Weise zu lieben (21, 667). Man kann hier auch an das Bedürfnis der Person denken, mit sich selbst ins reine zu kommen, an ihr Bedürfnis nach dem Sinn großer Fragen, die sie selbst betreffen, und nach der Antwort auf diese Fragen, und schließlich an das Bedürfnis der Person, so erkannt zu werden, wie sie in Wirklichkeit ist. Auffällig ist folgendes: Je mehr diese spezifisch menschlichen Bedürfnisse in Schwierigkeiten geraten, desto mehr werden sie in der psycho-hygienischen, psychologischen und psychiatrischen Literatur behandelt.

*Anpassung in Selbstbeschränkung*

Die Anpassung in Selbstbeschränkung vollzieht sich bei der Person in Form der Regulierung des eigenen Lebens, der eigenen Bedürfnisse und der eigenen Wünsche, in Übereinstimmung mit der Wirklichkeit, und zwar könnte man sagen: wohl oder übel. Denn wenn die Bedürfnisse der Person nicht mehr mit der Wirklichkeit übereinstimmen, stößt die Person sich an der Wirklichkeit. Auf die Dauer bekommt jedermann genug davon, und er wird genötigt, Maßnahmen zu treffen. So wird die Person oftmals von der Wirklichkeit in die Verteidigungsstellung gedrängt. Freud und Adler haben darauf mit Nachdruck hingewiesen (Verteidigungsmechanismen), wenn auch vielleicht zu einseitig. Denn die Wirklichkeit spricht auch unser Können an, vor allem dann, wenn die Situation uns nicht zu sehr verängstigt und uns nicht völlig in die Enge treibt. Außerdem ist in uns ein Bedürfnis nach ‚Kraft' vorhanden, nach dem Erleben eines Resultats (achievement), nach dem Erlebnis, gegen etwas an gewachsen zu sein (mastery) und nach Fähigkeit (competence), nach Selbstvertrauen, Unabhängigkeit und Freiheit (20, 90). Der Lebenslauf der Person ist nicht nur Verteidigung; er ist auch eine Form von Selbstbeschränkung und Anpassung, um besser weiterzukommen. Das Konstruktive an Bühlers Auffassung ist, daß sie diese Möglichkeit der Selbstbeschränkung *in* der Person fundiert; die Selbstbeschränkung ist ihr als Grundtendenz mitgegeben. Das ermöglicht es der Person auch, zu einer *inneren* Übereinstimmung mit den Beschränkungen zu kommen, die das Leben ihr auferlegt.

So stellt diese zweite Grundtendenz den Kompromiß im Lebenslauf dar. Sie führt zu einem Kompromiß zwischen der Person mit ihren Strebungen und Bedürfnissen und der Wirklichkeit mit ihren Forderungen. Diese Gerichtetheit auf die Wirklichkeit ist nach Ansicht von Bühler dem Leben selbst eigen: Pflanzen und Tiere machen es dem Menschen vor. Auch Freud spricht vom „Realitätsprinzip", das *in* der Person wirksam ist.

Vielleicht ist es besser, nicht von Kompromiß zu sprechen, sondern von einem wechselseitigen Angebot, aus dem im Verlauf des Lebens ein Bündnis zwischen Person und Wirklichkeit entsteht. Die Art dieses Bündnisses variiert entsprechend der Unterschiedlichkeit des Angebotes, und dadurch unterscheidet sich der Lebenslauf der einen Person von dem Lebenslauf anderer. So liegt auch ein großer Unterschied darin, ob die Person sich in ihren Bedürfnissen und Strebungen einer offenen oder einer geschlossenen Familie anpassen muß, und ob die Personen, mit denen man lebt, in ihrem Verhalten ausgeglichen sind oder jeden Augenblick und unerwartet ganz anders sein können. Im ersten Fall kann sich eine feste Lebensform herausbilden, im zweiten wird soviel wechselnde Anpassung gefordert, daß man gezwungenermaßen in eine Verteidigungshaltung gedrängt wird.

## Bewahren der inneren Ordnung

Die Beibehaltung der inneren Struktur und Ordnung nimmt bei der Person ganz spezifische Formen an. Die Grundtendenz scheint bei ihr im echten Gewissen zu kulminieren, das Bühler deutlich von manchen verinnerlichten sozialen Normen unterscheidet. Das echte Gewissen wurzelt nach ihrer Meinung nicht primär in den Normen und sozialen Regeln der Umgebung, wie oft behauptet wird. Es geht aus der Grundtendenz in der Person hervor, sich entsprechend ihrer menschlichen Art zu verhalten. Bühler verweist hier auf das ‚wahre Selbst', von dem auch K. Horney spricht. Dieses ‚Selbst' oder diese ‚Art' ist nicht erworben, sondern stellt eine ursprüngliche und spezifisch menschliche Voraussetzung dar, die sich von selbst meldet, wenn die Person in einer menschlichen Welt aufwächst (15). Bühler schätzt, daß der Ansatz zu diesem echten Gewissen zwischen dem zweiten und dem vierten Lebensjahr liegt, seine Entwicklung ist eine Sprosse auf der Entwicklungsleiter zu einer persönlichen inneren Lebensrichtung hin (Intentionalität, 163, 284). Es drückt auf normative Weise das Bedürfnis der Person aus, für das Leben eine Form zu wählen, die mit dieser Intentionalität übereinstimmt. Hier ist Bühler nicht weit von der Auffassung entfernt, die von Autoren wie Calon und anderen nach unserer Meinung mit Recht vertreten wird (vgl. 86, 266; 102); Im echten Gewissen drückt sich also die Selbstbeschränkung der Person schon sehr früh aus; es geht hier um ‚Selbstbeschränkung' im strengen Sinne des Wortes: die Person tendiert von innen her dahin, dem Verhalten und dem Leben eine Form zu geben, die mit dem übereinstimmt, was als das ‚wahre Selbst' erfahren wird. Auf die Bedeutung dieses ‚wahren Selbst' werden wir noch in einem anderen Zusammenhang zurückkommen (Kapitel III, Absatz 4). So kann die Person an einem Punkt anlangen, wo sie, allen sozialen Forderungen nach Anpassung zum Trotz, sich mit ihrem eigenen Lebensstil nach vorne drängt und sagt: ‚Hier stehe ich, ich kann nicht anders', vielleicht sogar auf die Gefahr des sozialen Selbstverlustes hin. In der Integritätskrise (Erikson) zeigt sich diese Grundtendenz ebenso auf eine spezifisch menschliche Art und Weise. Sie kommt aber auch auf einer niedrigeren Ebene zum Zuge. Das wird uns jedoch oft weniger bewußt, weil das Stückchen geformtes Leben, das jeder Mensch *auch* ist, von selbst oder, wie man sagt, ‚instinktiv' seine eigene Ordnung bewahrt und von dem ‚Es' gelenkt wird, das in manchen Redewendungen als Subjekt auftaucht. Um dieses ‚Es' geht es bei der inneren Ordnung. ‚Es' ist vorausgesetzt, ist Bedingung bei allem, was wir tun. Uns liegt daran, es zu behüten. Die Person will verhindern, daß sie ‚nirgendwo mehr ist'. Aber auch umgekehrt beschützt ‚es' uns und hält uns an einer bestimmten Stelle in der Situation oder im Leben fest. Wenn wir uns vor Lachen ‚schütteln', geben wir einen Teil dieser inneren Ordnung auf und übergeben uns dem Körper, der uns schüttelt. Wer weint, läßt die Dinge Herr über sich werden; er behauptet sich nicht mehr und gibt seine innere Ordnung auf.

Jung hat festgestellt, daß etwa zwischen dem 30. und dem 40. Lebensjahr eine tiefgreifende Veränderung in der Person beginnt. Meist wird ihr das selbst nicht einmal klar bewußt. Bisweilen äußert sich das im Traum. Oft widersetzt sich die Person dieser Veränderung, indem sie sich an die gewachsene Ordnung in ihrem Leben und in sich selbst festklammert. „In dem Maße, in dem die Person sich der zweiten Lebenshälfte nähert und es ihr besser gelingt, den persönlichen Status und die soziale Position zu konsolidieren, scheint sie den normalen Lebenslauf wiedergefunden zu haben. Man vergißt dabei aber einen wesentlichen Punkt: dieses *soziale* Ziel wird nur auf Kosten der Totalität der Person erreicht"(22, 49). Auch in dieser Feststellung von Jung ist angedeutet, daß so etwas wie eine innere Struktur in uns wirksam ist, und auch, daß diese Struktur - wie auch Bühler ausdrücklich feststellt - entwicklungsfähig ist und im Laufe des Lebens immer wieder andere Formen annehmen kann; und schließlich, daß diese Ordnung und Entwicklung nicht völlig von uns selbst als bewußten Personen ausgeht, sondern daß sie aus tiefergelegenen Quellen in uns entsteht. Daher spricht Bühler von diesen Dingen als von ‚Grundtendenzen'. Psychotherapie ist ein Versuch, eine gestörte innere Ordnung wiederherzustellen. K. Menninger beschreibt das psychische Kranksein an Hand von fünf Ebenen. Je tiefer das Kranksein die Person trifft, desto tiefer liegt die Ebene der Lebensschwierigkeit (29). Er beschreibt auch, wie jeder psychisch kranke Mensch sich auf seine Weise zum eigenen Leben verhält. Auf jeder Ebene versucht er, seine innere Ordnung aufrechtzuerhalten und sich selbst nicht den vernichtenden Kräften auszuliefern, die in ihm freiwerden. Nach Ansicht von Menninger ist die Krankheit ein fehlgeschlagener Versuch der Person, sich selbst nicht ganz zu verlieren. Diesen Versuch bezeichnet er mit dem Begriff ‚dyscontrole': ‚controle', weil das Leben sich gegen den Untergang wehrt und sich zusammenzieht, zur Not auf einen ganz kleinen Bezirk, um besser Widerstand leisten zu können; ‚dys', weil es in der Tat zum Schlimmsten führen kann, wenn nicht der circulus vitiosus mit Hilfe anderer durchbrochen werden kann.
Auch Philosophie und Theologie sind Versuche der Person, im Kern ihres Daseins Ordnung zu schaffen.
Bühler berührt mit dem Begriff der ‚inneren Ordnung' einen sehr wichtigen Bereich der Person und des menschlichen Lebenslaufes. Das Thema wird auch von ihr nicht zu Ende geführt. Der Begriff bleibt noch zu allgemein. Die Auffassung von der Person als einer Struktur (24), als einem innerlich geordneten System bietet offenkundige Anknüpfungspunkte für weitere Ausführungen.

*Kreative Expansion*

Als letzte der vier Grundtendenzen soll nun die schöpferische Ausdehnung, die kreative Expansion besprochen werden. Jede Lebensform ist expansiv. Das Lebendige drängt zu neuen Formen. Eines der Kriterien, die für das Vorhandensein von Leben unerläßlich sind, ist die Fähigkeit, neue Formen hervorzubringen. Wo eine innerlich zusammenhängende und nach außen hin wirkende Form vorgefunden wird, spricht man von Leben. Darin *demonstriert* sich das Leben in allererster Linie. Der erste Sinn der Lebensform ist nicht ihre Zielgerichtetheit; diese ist primär Ausdruck der Möglichkeiten, die das lebende Wesen in sich trägt. Buytendijk spricht hier etwas poetisch von der ‚demonstrativen Seinsfülle', und zwar bei der Behandlung der Grundprobleme des tierischen Lebens. Um einen Einblick in den Lebenslauf der Person zu gewinnen, ist ein Verständnis dieses Ausdrucksbedürfnisses unbedingt erforderlich. Die Person ist nicht in erster Linie und hauptsächlich ein zielgerichteter Arbeiter. Ihre Zielsetzungen sind eher eine Demonstration der in ihr lebenden Möglichkeiten und Gerichtetheiten und dessen, was sie dabei als reizvoll empfindet. Man kann sagen, daß die Person sich mit Vorliebe die Zielsetzungen zu eigen macht, mit denen sie sich ausdrücken kann und in denen das, was sie mitbekommen hat, funktionieren kann. Das ist jedenfalls ihr Ausgangspunkt. Denn wie bei allen Demonstrationen muß dann alles mögliche geschehen, sobald sie einmal in Gang gekommen sind. Dann treten wichtigere und untergeordnete Zielsetzungen auf, und es gibt immer eine konkrete Situation, die herausfordert und beschränkt. *Innerhalb* dieser Situation kann die Person dann ziemlich leicht die Frage nach dem Warum und dem Wozu ihres Verhaltens beantworten. Die Frage nach diesem Warum und Wozu selbst ist oft viel weniger leicht zu beantworten. Das führt uns zu den Grundtendenzen, von denen Bühler spricht, und dazu gehört die schöpferische Ausdehnung, die jedem lebenden Wesen eigen ist. Diese Kreativität erhält bei der Person eine ganz besondere Form. Das ist an sich klar und bedarf keiner weiteren Erörterung. Der menschliche Lebenslauf ist großenteils die Geschichte dieser Expansion - der Aufmerksamkeit, die sie verlangt, der Mühe, die sie mit sich bringt, und der Freude, die sie hervorruft. Wenn wir die Lebensabschnitte im einzelnen besprechen, werden wir immer wieder darauf zurückkommen.

Bühler nennt drei Merkmale dieses Ausdehnungsdranges. Er ist vor allem selektiv; darum resultiert er in einer spezifischen Lebensform, die von anderen Lebensformen unterschieden werden muß. Er ist außerdem einträglich; deshalb reizt jeder gelungene Schritt zu einem weiteren Schritt. White spricht in diesem Zusammenhang von einer spezifisch menschlichen motivierenden Erfahrung: dem Gefühl des Sachverständnisses (feeling of efficacy, 25). Und schließlich richtet er uns auf ein Endziel aus. Wenn das erreicht ist, tritt eine (vorläufige) Entspannung ein. Diese Merkmale sind so einfach und auf der Hand liegend, daß es unnötig erscheint, sie zu erläutern. Es zeigt sich aber immer wieder, daß sie im Lebenslauf der Person nicht genügend zu ihrem Recht kommen können. Bisweilen ergeben sich nämlich verschiedene psychische und soziale Probleme, weil die freie Wahl, die zur Person gehört, nicht getroffen oder nicht beendet

werden konnte, oder weil, durch die Umstände bedingt, der Anreiz schaffende ‚lohnende' Effekt des Gelingens nicht bewirkt werden konnte. Auch tritt immer wieder der Fall ein, daß die Person nicht ausreichend feststellen konnte, worauf ihre Tendenzen eigentlich gerichtet waren oder worauf sie sie richten wollte; solche Ziel-Undeutlichkeiten können im Lebenslauf ernste Störungen hervorrufen.
Außerdem sind die von Bühler aufgezählten Merkmale wichtig, wenn man einen Überblick über die Kontinuität des Lebensplanes und damit des Lebenslaufes der Person gewinnen will. Selektion, Selbstgefühl aufgrund von Ergebnissen und Gerichtetheit auf Zielsetzungen, die sich daraus wieder ergeben, spielen bei dieser Lebenskontinuität eine wichtige Rolle.

*Vitalität und Mentalität*

Bühler hat sich besonders mit zwei Entwicklungslinien bei der Entfaltung dieser Grundtendenzen befaßt: mit der biologischen und der psychologischen. Die Begriffe, mit denen die Grundtendenzen bezeichnet werden, sind an sich weder biologisch noch psychologisch. Sie sind interdisziplinär oder, wenn man so will, überdisziplinär.
Bei der biologischen Entwicklungslinie kommt Bühler zu einer Einteilung in fünf Lebensphasen, und zwar mittels zweier Kriterien: mittels des Wachstums, des Konstantbleibens und des Verfalls des Organismus einerseits - und des Beginns und des Schwindens der Geschlechtsfunktion. Daraus resultieren fünf biologische Lebensalter: das Wachstumsalter von 0 bis 25 Jahren mit zwei Unterabschnitten, die durch das Eintreten der Geschlechtsfunktion gebildet werden, nämlich dem Jugendalter anderseits und Pubertät und Adoleszenz, beginnend bei ungefähr 15 Jahren, anderseits.
Die Periode der relativen Konstanz liegt zwischen 25 und etwa 45 Jahren. Von da an bis zum Tod macht sich ein Verfall des Organismus bemerkbar. Auch in diesem Zeitabschnitt wird durch das Nachlassen der Geschlechtsfunktion eine Zweiteilung vorgenommen: in eine Übergangsperiode von etwa 45 bis 65 Jahren und die restliche Lebensperiode.
Das ist zweifellos eine sehr globale Einteilung, die man mit kritischen Bemerkungen kommentieren könnte. Die Geschlechtsfunktion macht sich z. B. in technisierten und industrialisierten Ländern immer früher bemerkbar; ihr Schwinden ist nach den Angaben von Kinsey und anderen beim Mann nicht mit Sicherheit nachweisbar; bei der Frau stellt sich jedoch die Menopause ein, aber Kinseys Untersuchungsergebnisse machen deutlich, daß damit keineswegs ein Nachlassen der sexuellen Vitalität verbunden sein muß. Die Einteilung ist kein gutes Hilfsmittel zur Bestimmung des biologischen Alters eines Menschen, weil die Kriterien viel zu dürftig sind. Diese biologische Einteilung ist auch nicht der wichtigste Beitrag Bühlers zu unseren Auffassungen vom menschlichen Lebenslauf. Wichtiger ist die Schlußfolgerung, die sie in bezug auf den Lebenslauf aus

der ungefähren Identität dieser biologischen und der psychologischen Entwicklungskurve zieht.
Bei der psychologischen Entwicklungslinie betont sie vor allem die Entwicklung der Motive der Person. Die Gesamtheit der Beweggründe, die sich aus den vier Grundtendenzen ergibt, nennt sie ‚Mentalität'. Sie ist eine Art Parallele zu der Vitalität, die besonders im biologischen Bereich wirksam ist. Durch diese Mentalität kann eine ganz andere Entwicklungsbewegung hervorgerufen werden als die, die sich lediglich vom Entstehen zum Verfall hin bewegt. Wenn wir den persönlichen Lebenslauf verstehen wollen, müssen wir die Spur dieser Mentalität durch den ganzen Lebenslauf hindurch verfolgen. Sie läßt sich in den tatsächlichen Ereignissen, den Erlebnissen und den Lebensresultaten der Person feststellen. Bühler meint, der Lebenslauf müsse vor allem vom ‚Motivationslauf' her verstanden werden. Ihre Analyse von ungefähr 200 Lebensgeschichten macht deutlich, daß jedes Leben auf die Verwirklichung bestimmter Zielsetzungen gerichtet ist. Diese Zielsetzungen hängen eng mit der Motivation zusammen, die sich durch das Leben der Person hinzieht. Jedes Leben scheint eine Hauptintention zu haben, die die Gesamtheit des Alltags ordnet. Es scheint auch, daß das Leben unerträglich wird, wenn nichts da ist, was die Person motiviert und wofür sie leben kann. Mentalität und Zielsetzungen drücken sich im Lebensplan der Person aus.
Diese Annäherung von Biologie und Psychologie, von Vitalität und Mentalität her resultiert bei Bühler in Biographie. Sie spricht von einem biographischen Lebenslaufschema. Dieses Schema hat verschiedene Phasen. Jede Phase kann beschrieben werden an Hand von entscheidenden Ereignissen, an Hand der Erlebnisse der Person und der von ihr geleisteten Arbeit. Wenn man den Lebenslauf von der Kombination der beiden Entwicklungslinien her untersucht, scheint er im allgemeinen eine feste Struktur zu haben: das Leben nimmt einen Anlauf, es macht eine Periode des Suchens und Versuchens durch, landet auf einem endgültigen Pfad und bei einem deutlichen Höhepunkt und nimmt dann - nach einer labilen Periode des ‚Bilanzziehens' - ab, sowohl an Umfang als auch an Intensität. Die biographischen Entwicklungsphasen scheinen, was ihre Zieleinteilung betrifft, ungefähr mit den biologischen übereinzustimmen.
Es geht hier um die Struktur des durchschnittlichen menschlichen Lebenslaufes. Nicht bei jeder Person verläuft das Leben auf diese Weise. Bei manchen gibt es mehrere deutliche Höhepunkte; der Höhepunkt kann sehr früh, aber auch sehr spät eintreten. Die Entwicklung ist tatsächlich abhängig von der Entwicklung der Mentalität. Die Entwicklung kann auch verzögert oder sogar völlig abgebremst werden. Aus der weiteren Behandlung des Lebenslaufes wird außerdem hervorgehen, daß die von Bühler verwendeten Kategorien zu global sind, um die jeweiligen Lebensabschnitte treffend charakterisieren zu können. Ihr Schema ist jedoch ein guter Umriß, der als Rahmen für unsere weiteren Untersuchungen dienen kann.
Bei der Entfaltung der Grundtendenzen sind am wichtigsten die Selbstbe-

stimmung der Person und die Phasen, in denen sie sich vollzieht. In der Betonung der Selbstbestimmung der Person und in der Art und Weise, auf die Bühler das ausgearbeitet hat, scheint uns ihr wichtigster Beitrag zur Psychologie des Lebenslaufes zu liegen. Bei der Selbstbestimmung spricht sie vor allem den Aspekt der Mentalität an, der die Person dazu bewegt, den Ausbau ihres Lebens in persönlicher, relationaler und sozialer Hinsicht selbst in die Hand zu nehmen. Dadurch kann ein ganz anderes Entwicklungsgeschehen bewirkt werden, als es innerhalb des Bereichs der Vitalität möglich ist. Bühler zählt die Phasen der Kindheit und des Alters nicht mehr zu diesen Selbstbestimmungsphasen. Ob das richtig ist, soll jetzt außer Betracht bleiben. Ihr geht es vor allem um folgende Abschnitte: die Phase der Vorläufigkeit, der ‚tentativen Selbstbestimmung' vor dem Eintreten in das Erwachsensein (in ihrem Sinne); die Phase der definitiven Selbstbestimmung, die beginnt, wenn die Person sich definitiv in einer bestimmten Lebensform engagiert (Erwachsenheit im Sinne von Bühler); schließlich die Phase, in der die Person mit sich selbst und mit ihrem Lebenslauf beschäftigt ist, um die Resultate abzuwägen. Bei der letzten Phase spricht Guardini von der ‚Krisis der Grenzen', die einen ‚ernüchterten Menschen' zurückläßt. Bühler bezeichnet diese Selbstbestimmung als ‚Bestimmung'. Wir möchten sie ‚Wahl und Verwirklichung des Lebensplanes' nennen. Bühler sagt selbst, daß es sich hier um einen Begriff handelt, der viele Mißverständnisse verursacht hat. Erst in der zweiten Ausgabe ihres Buches hat sie zu einer guten Definition dieses Begriffes gefunden. Rümke ließ seine Formulierung ‚Bestimmung' in den Neuauflagen seines Buches über die Lebensalter des Mannes unverändert. Der Lebensplan wird aus der Mentalität der Person heraus durchgehalten, verändert oder aufgegeben. Diese Mentalität im Leben ist nicht zufälliger Natur. Sie ist die Gesamtheit der Motive, die die Person dazu bringen, ihr Leben so einzurichten, daß es einen für ihr Empfinden möglichst positiven Verlauf nimmt. Die Mentalität ist nach einem Wort von Bühler „die Hinbewegung auf oder die Motivation zu Erfüllungen" (13, 44).

*Lebenserfüllung und Lebenssinn*

Der letzte der Bühlerschen Begriffe, die wir besprechen wollen, ist der der ‚Erfüllung'. Für die Autorin ist dieser Begriff wohl der fundamentalste; im Register ihres Buches hat er sehr viele Verweisungen. Erfüllung ist die menschliche Erfahrung, die wir mit dem Wort Glück umschreiben. Für Bühler hat Glück nicht die Bedeutung von ‚problemlos' oder ‚ohne Leiden'; es bedeutet für sie eine vom Gefühl als gelungen empfundene Selbstbestimmung. Bei der Erfüllung handelt es sich um einen ‚geglückten Lebensplan' (13, 158). Glück und glücken hängen miteinander zusammen. Bühler weiß, wie riskant es ist, mit diesem Begriff zu arbeiten. Sie stellt fest, daß zur Zeit überall an der Erzwingbarkeit des menschlichen Glücks gezweifelt wird (13, 158). Sie selbst spricht selten von ‚Glück'. Sie hat eine Vorliebe für das Wort Erfüllung. Das ist verständlich, denn mit diesem Begriff bleibt der Kontakt zu allen anderen Grundbegriffen der Mentalitätsentwicklung erhalten. Möglichkeiten, Grundtendenzen, Mentalität, Lebensplan, Sinn und Erfüllung stehen in engem Zusammenhang. Die Erfüllung ergibt sich vor allem aus den Möglichkeiten, die sich einem Menschen anbieten (13, 44), weil er dann nämlich *selbst* mitwirken konnte. Charakteristisch für das Erfüllungserlebnis ist, daß die Person im guten Sinne des Wortes mit dem zufrieden ist, was sie getan hat und tut. Die Erfüllung umfaßt ihre Bedürftigkeit, die notwendigen und von innen her akzeptierten Selbstbeschränkungen, die Probleme der inneren Ordnung und die Freuden und Sorgen, die mit der schöpferischen Ausdehnung zusammenhängen. Somit ist das Erfüllungserlebnis eng mit dem Zustandekommen sichtbarer Ergebnisse verbunden.

Erfüllung wird ebensowenig wie ihr Gegenteil, die Sinnlosigkeit, nur am Lebensende erlebt. Sie ist auch dann festzustellen, wenn sich Ergebnisse zeigen. Dann fühlen die Menschen sich glücklich. Sinnlosigkeit droht dann, wenn diese Ergebnisse echt bedroht sind, wenn also jemand sagt: ‚Was soll ich nun anfangen? Ich bin zweiunddreißig, habe zwei Kinder. Ich habe ein gutgehendes Geschäft aufgebaut. Und nun will sie sich scheiden lassen.' Wenn wir einem Menschen Glück wünschen, meinen wir damit fast immer dieses Gelingen des Lebensplans und eigentlich auch das Erlebnis der Erfüllung. Wir wünschen ihm diese Erfüllung, oder wir erleben sie mit ihm. Viele Menschen durchdenken diese Erfüllung nicht explizit und nicht vollständig. Das gleiche gilt für den Lebensplan. Aber auch dann haben wir dieses Erlebnis, wenn auch mehr in Form einer Grundbestimmung, die das Handeln trägt, nicht so sehr als explizites Erlebnis. Das Erfüllungserlebnis hängt notwendigerweise mit den erwähnten Grundtendenzen zusammen, so wie diese in der Person zu einer eigenen Lebensform gelangen. Man könnte sagen: Die Erfüllung ist der Glanz, der das Leben überstrahlt, wenn die Person innerlich zufrieden ist. Fehlt dieser Glanz, so kann man sagen, daß die Grundtendenzen aus irgendeinem Grunde nicht ganz zur Entfaltung gekommen sind oder kommen, oder daß ihr Gleichgewicht unbefriedigend ist.

Das ‚Sinn'-Erlebnis hängt psychologisch sehr eng mit der Erfüllungserfahrung zusammen. Sinn ist für die Person mit großen Lebensereignissen verbunden, die für sie unersetzliche Werte darstellen: Die Begegnung mit dem Lebenspartner, eine gute Arbeit, Freiheit, ein Projekt, für das man sich einsetzen kann usw. Wenn solche Werte fehlen, erhebt sich zunächst heimlich, dann aber immer deutlicher die Frage nach dem Sinn ‚meines' Lebens; sind aber solche Werte vorhanden, dann entsteht die Sinnerfahrung. Je tiefer der Wert ist und je tiefer die Bedürfnisse sind, die er befriedigt, desto tiefer geht die Erfahrung und desto persönlicher ist die Bedeutung, die ihr zukommt (13, 37).

Das Werk von Bühler macht deutlich, wie sehr das, was wir beim Menschen feststellen, von der Richtung unserer Aufmerksamkeit bestimmt ist. Wer hauptsächlich die Entwicklung von Funktionen im Lebenslauf beobachtet, wird vor allem Funktionen vorfinden und ihre Entwicklung beschreiben. Wer hauptsächlich einen Blick für die Verteidigungsmechanismen hat, dem werden vor allem diese begegnen. Wer sich hauptsächlich der Übereinstimmung mit dem tierischen Verhalten widmet, wird darauf auch im Lebenslauf besonderen Wert legen. Bühler schenkt dem Ganzen und der in ihr wirkenden Dynamik besondere Aufmerksamkeit. Sie hält sich eng an die Erfahrungen, Pläne, Erlebnisse und Entscheidungen der Person, und dabei stößt sie auf eine Reihe von Phänomenen, die sich mehr auf großen Linien des Lebenslaufes beziehen, aber keineswegs von geringer Bedeutung für das Verständnis des Lebenslaufes der Person sind. In ihrem frühen Werk befaßte Bühler sich vor allem mit der Lebensgeschichte großer Gestalten. Im weiteren Verlauf ihrer Arbeiten stellte sie fest, daß das Analyse-Schema, das für diese großen Gestalten entwickelt worden war, auch für den Durchschnittsamerikaner Gültigkeit hat. Im Leben von ‚Bill' begegnen ihr genau die gleichen Themen, die den Lebenslauf bestimmen. Bühlers Werk ist für unsere Absicht sehr brauchbar, weil es die Möglichkeiten bietet, einige wesentliche Haltungen und Erfahrungen der Person zu verstehen und in ihren Gesamtlebenslauf einzuordnen. Es gestattet uns, eine Person in ihrem Lebensweg ‚unterzubringen', d. h. festzustellen, ob sie ihrem Alter entspricht, ihm voraus oder hinter ihm zurückgeblieben ist. Dazu wird im folgenden noch manches genauer erklärt werden müssen.

*Das Leben als Ganzes*

In Bühlers Werk kommt einigen Fragen besondere Bedeutung zu, die für den Verlauf und die Einrichtung des Lebens der Person wichtig sind. Ihre zentrale Frage im Zusammenhang mit der Kontinuität des Lebenslaufes lautet: ‚Gibt es durch alle wechselnden Zielsetzungen hindurch ein Gesamtziel für das Leben?' Sie meint an Hand der von ihr untersuchten Lebensgeschichten diese Frage positiv beantworten zu müssen. Damit stellt sie uns vor die neue Frage, was von dem zerbröckelten Lebenslauf zu halten ist, in dem die Person von einem Lebensplan auf den anderen umsteigt. Bisweilen sieht man, daß akute Bedürfnisse - oft infolge einer unerfüllten Vergangenheit - so vorherrschend sind, daß keine beständige Ausdehnung nach einer bestimmten Richtung hin möglich ist. In einem solchen Fall kommt die Person mit dem Leben nicht zurecht; sie findet keine deutlich erkennbare Lebensrichtung. Aufgrund der Ergebnisse von Bühler scheinen Kontinuität und Erfüllung in engem Zusammenhang zu stehen. Wenn dem Leben diese Kontinuität fehlt und wenn es nicht vom Ansatz her allmählich zu einem Höhepunkt hinwachsen kann, der sich in Erlebnissen, Verhaltensweisen und Ergebnissen manifestiert, ist die Frage berechtigt, ob Erfüllungserlebnis und Glück in einem solchen Lebenslauf überhaupt möglich sind. Wenn dann Bilanz gezogen wird und wenn diese

Bilanz negativ ausfällt, kann man befürchten, daß die zweite Lebenshälfte auch in psychologischer Hinsicht ein Niedergang sein wird. Bühler sagt darüber nicht viel. Hier ist weitere Forschung erforderlich, denn es geht hier um eine Lebensfrage, deren Beantwortung von vornherein Folgen für die Art der Lebensführung hat. Wahrscheinlich wird die wirkliche Erfüllung gefährdet, und das Leben verliert an Tiefe, wenn durch die Umstände oder durch eine zu rasche Entscheidung Brüche in der Lebenslinie entstehen.

Damit erhebt sich die Frage, wie dann die Haltung der Integrität (Erikson) zustande kommen kann. Erikson versteht darunter die höchste Blüte der psychischen Gesundheit. Er beschreibt sie folgendermaßen:

„Integrität ist die Geisteshaltung, in der man den eigenen und einmaligen Lebenslauf und die Menschen, denen darin eine Bedeutung zukam, als etwas anerkennt, das wirklich sein mußte und unersetzbar ist. Damit ist zugleich eine neue, andere Liebe zu den Eltern verbunden, eine Liebe, die frei ist von dem Wunsch, daß sie anders hätten sein sollen, als sie in Wirklichkeit waren. Damit ist auch die Anerkennung der Tatsache verbunden, daß der Mensch für sein Leben selbst verantwortlich ist. Es ist ein Gefühl der Kameradschaft mit Männern und Frauen aus anderen Zeiten und mit anderen Lebensaufträgen, die auf ihre Weise Formen, Pläne und Worte gefunden haben, mit deren Hilfe menschliche Würde und Liebe weitergegeben werden können. Obwohl der Mensch, der aus dieser Geisteshaltung heraus lebt, sich der Relativität der verschiedenen Lebensstile bewußt ist, ist er nichtsdestoweniger bereit, den Wert seines eigenen Lebensstils gegen jede physische und ökonomische Bedrohung zu verteidigen. Denn er weiß, daß ein individuelles Leben das zufällige Zusammentreffen nur *eines* Lebenslaufes mit *einem* Abschnitt der Geschichte ist und daß für ihn alle menschliche Integrität mit dem einen Integritätsstil steht oder fällt, dessen er sich selbst befleißigt" (8, 210).

Dieser Text lohnt eine gründliche Überlegung. Unsere Frage dazu ist, wie diese Geisteshaltung entstehen kann, wenn die Kontinuität im Lebenslauf fehlt und die Person es nicht fertigbringt, ihr Leben als ein Ganzes zu sehen, in dem sie in zunehmenden Maße auf ihre Weise einen eigenen Lebensstil verwirklicht. Zusammenhänge mit anderen Formen der Untersuchung des Menschen bieten sich hier an. G. W. Allport bemerkt: „Wenn die Psychologie uns in zunehmendem Maße lehren kann, wie die Struktur der Persönlichkeit (d. h. die Struktur des Lebenslaufes und der Integrität) entstanden ist, dürfen wir an Philosophie und Theologie appellieren, diese Angaben, soweit es in ihren Kräften steht, mit einer kosmischen Ordnung zu verbinden" (17, 571).

*Selbstbestimmung und Erfüllung*

Die folgende Frage hängt mit dem Begriff der definitiven Selbstbestimmung und damit auch mit der Kontinuität im Lebenslauf zusammen. Der

Begriff der definitiven Selbstbestimmung wird von Bühler vor allem dann benutzt, wenn es um den Zeitpunkt im Lebenslauf geht, zu dem die Person sich konkret und definitiv für die eigene Stellung in der Gesellschaft engagiert, für die Richtung, die ihr Leben bis dahin genommen hat und für die Konsequenzen, die sich daraus für sie ergeben. Dieses Engament findet nach Bühlers Meinung nach der tentativen Phase in der Adoleszenz statt. In diesem Zeitraum wird das Leben auf die eigenen, individuellen Möglichkeiten hin überprüft. Die Person kann aber - so Bühler - nicht nur immer ausprobieren; sie gelangt an einen Punkt, an dem sie sich für einen bestimmten Weg endgültig entscheiden muß. Damit beginnt das Erwachsensein im Sinne von Bühler. Äußere Umstände spielen dabei oft eine große Rolle, aber der Kernpunkt ist trotzdem, daß die Person *innerlich* ‚ja' dazu sagt. Das ist die definitive Selbstbestimmung. Sie bezieht sich auf ganz konkrete Verpflichtungen hinsichtlich der Arbeit, des Lebenspartners, der finanziellen Möglichkeiten und Grenzen, des Wohnstils, der Lebensgestaltung usw.

Wenn man die Lebensgeschichten von Menschen untersucht, stellt man fest, daß die definitive Selbstbestimmung und die Lebenserfüllung in engem Zusammenhang stehen. Damit stellt Bühler uns vor die Frage, ob es gut ist, die Bedeutung definitiver Lebensentscheidungen so zu relativieren, wie es im Augenblick manchmal geschieht. Ob der Weg zu einer tiefen Erfüllung auf diese Weise nicht eher blockiert statt freigemacht wird? Die definitive Bindung hat offensichtlich - wie sich im folgenden noch herausstellen wird - für die Entwicklung der Person typische Folgen, besonders für die Entwicklung ihrer Mentalität (im Sinne von Bühler). Dadurch können sehr tiefe und persönliche Motivationen hervorgerufen werden, die mit dem höchst persönlichen Material arbeiten, über das die Person verfügt. Fraglich ist auch, ob ohne eine solche definitive Selbstbestimmung eine Geisteshaltung entstehen kann, bei der die Person bereit ist, den eigenen Lebensstil auf Biegen oder Brechen zu verteidigen.

Die erwähnten Fragen beziehen sich auf das Risiko und die Eigenverantwortlichkeit, die jedes persönliche Leben mit sich bringt. Sie stellen uns vor, der Lebenslauf könne bis in seine Wurzel hinein berührt werden, wenn es der Person nicht gelingt, bestimmte Voraussetzungen zu erfüllen. G. W. Allport hält es für wichtig, „um das Schlechteste im Leben zu wissen, damit man das Beste daraus machen kann" (17).

## III. Erwachsensein

Wer erwachsen ist, kann auf eigenen Beinen stehen. Dieses Bild verdeutlicht, um was es im vorliegenden Kapitel geht. Wenn wir auf eigenen Beinen stehen können, sind wir noch nicht am Ziel; hier beginnt eigentlich erst der Weg. Wenn jemand das Erwachsenenalter erreicht hat, setzt man voraus, daß er die Verantwortung für sich selbst übernehmen kann. Er wird jetzt für sein Leben verantwortlich gemacht. So sieht es auch das Gesetz.
Es geht hier um das Erwachsensein im psychologischen Sinne, also um die Frage, was es für einen Menschen bedeutet, in jenem Stadium seines Lebens zu stehen, in dem er als erwachsen bezeichnet wird. Damit ist zugleich gefragt, was das Leben für einen solchen Menschen beinhaltet. Das ist auf keinen Fall wenig. Das Thema beschäftigt in zunehmendem Maße die Erwachsenen selbst wie auch die Erzieher. H. Muchow gehört zu den vielen, die auf folgendes hinweisen: „Diese Unsicherheit der Erwachsenen im Umgang mit der Jugend vermehrt wiederum die Schwierigkeiten der Jugend, klare Konturen zu gewinnen und geprägte Form zu werden" (27, 79-80). Die einzige Lösung besteht für ihn darin, „daß die Erwachsenen beschließen, die wesentlichen Positionen und Rollen des Erwachsenenalters wieder zu besetzen. Jetzt ist diese Rolle schlecht besetzt. Ihr fehlt die konkrete Form, sie ist nicht anschaulich und kann darum nicht nachempfunden und nachgelebt werden" (27, 80).
Das Erwachsenenalter wird hier unter vier Gesichtspunkten besprochen:
1. Erwachsensein als dynamische Bestimmung;
2. Erwachsensein und Kultur;
3. Erwachsensein und Selbständigkeit;
4. Erwachsensein als Lernen und Reifen.

### 1. Erwachsensein als dynamische Bestimmung

Wer erwachsen geworden ist, steht an einem neuen Anfang. So sieht es die betreffende Person selbst, so sieht es aber auch ihre Umgebung. Das Charakteristikum dieses Anfangs ist die sogenannte ‚psychische Selbständigkeit', dank derer man in das Leben mit ‚einstimmen kann'. Das bedeutet, daß man seine Sache selbst in die Hand nehmen kann und will. Das bedeutet auch, daß man im Prinzip das Orchester und die Melodie, die gespielt wird, akzeptiert. Den Gedanken der Selbstbejahung, den Van Wijngaarden in seinem Buch (28) ausgeführt hat, hat auch Bühler schon zur Diskussion gestellt. Zu dieser Idee des psychischen Erwachsenseins findet man in der Literatur eine Reihe von Gedanken, die wir hier kurzgefaßt wiedergeben.
Mit der Bejahung des eigenen konkreten Lebens ist eine Stellungnahme verbunden. Jede Stellungnahme bringt es mit sich, daß man sich an die

Werte bindet, die man als gültig erkennt oder erkennen lernt. Es handelt sich dabei um eine persönliche Stellungnahme (17; 28; 29; 64). Diese Gedanken und ihre Ausarbeitung gewähren einen guten, aber relativ abstrakten Einblick in das, was unter Erwachsensein zu verstehen ist. Sie wollen uns in gewissem Sinne davon überzeugen, daß Erwachsensein eine Art statischer Zustand ist. Wenn aber dessen Dynamik betont wird, fehlt meist eine konkrete Ausarbeitung dieser Behauptung. Entsprechend den Forderungen des Lebens nimmt das Erwachsensein jetzt andere Formen an und bezieht sich auf andere Dinge. Man sieht das im Lebenslauf mancher Menschen, und man sieht auch, daß Erwachsene sich dann verändern. Die weit verbreitete Auffassung, daß ein Mensch sich nach seinem dreißigsten Lebensjahr nicht mehr verändert, kann durch empirische Untersuchungen nicht bestätigt werden, geschweige denn durch das praktische Handeln von Werbefachleuten, Psychotherapeuten und Pastoren. Sie gehen alle davon aus, daß der Mensch sich noch verändern kann. J. B. Watson behauptet: „Wenn Sie ein adäquates Bild von einem etwa 30jährigen haben, können Sie dieses Bild, unbeschadet geringfügiger Veränderungen, für den Lebensrest dieses Individuums beibehalten" (30, 223). Nun, wer wie Watson die Innerlichkeit der Person bei der Untersuchung ihres Lebens außer acht läßt, hat sich selbst zu einem guten Teil der Möglichkeit beraubt, noch wesentliche Veränderungen feststellen zu können. W. James geht noch weiter. Er meint, mit etwa 20 Jahren habe sich der Charakter wie Zement verhärtet und könne nicht mehr weich werden (31, 121).
E. Kelly jedoch beschließt seine Befragung von etwa 180 Ehepaaren mit der Bemerkung, ein intensives Studium eines jeden Wachstums- und Entwicklungsaspektes könne unsere Achtung vor dem Integrierungsvermögen des Menschen nur vergrößern. Seine Untersuchungsergebnisse zeigen deutlich, daß wichtige Veränderungen im Laufe des Erwachsenenalters möglich sind. Diese Veränderungen sind anderseits durchweg nicht so groß, und sie treten nicht so plötzlich auf, daß sie die Kontinuität des Selbstverständnisses stören würden. Sie greifen jedoch so tief ein, daß sie die Hoffnung auf eine weitere psychologische Entwicklung in den Jahren des Erwachsenenalters wecken (32, 659-681; 32).
Eine spätere und zusammenhängendere Untersuchung macht deutlich, daß man nuancierter über die Stabilität und die Veränderlichkeit menschlicher Eigenschaften sprechen kann (34). Bloom legt dar, daß es bei der Frage, ob die Person veränderlich ist oder nicht, keineswegs nur darum geht, ob sich bestimmte Züge an ihr verändern oder nicht. Man muß ebenso die relative Voraussagbarkeit eventueller Veränderungen beachten. Eine bestimmte Eigenschaft ist, mit anderen Worten ausgedrückt, noch nicht deswegen veränderlich, weil sie sich verändert. Intelligenz z. B. oder Leibesumfang müssen auch dann noch als stabil bezeichnet werden, wenn sie sich zwar zu verschiedenen Zeitpunkten des Lebenslaufes verändern, in dieser Veränderung jedoch bis zu einem gewissen Grade voraussagbar sind (34, 3). In diesem Sinne ist weniger Veränderung

möglich als Kelly behauptet. So scheinen nicht nur die Form und die Art der Intelligenz und des leiblichen Wachstums, sondern auch der Persönlichkeitseigenschaften im weiteren Verlauf des Lebens in hohem Maße Übereinstimmung mit der Form und der Art aufzuweisen, die sie früher im Leben hatten. Auch der Lebensstil der Person scheint sich durchweg in späteren Lebensphasen mit dem früherer Phasen zu decken (34, 214 ff.).

Das alles schließt natürlich eine Veränderung und besonders eine weitere Entwicklung der Person nicht aus, nicht einmal bei der Bedeutung, die sie ihrem Leben beimißt.

Man stellt sich allgemein die vierziger Jahre als eine Lebensperiode vor, in der die Erstarrung deutlich zum Vorschein kommt. Vor allem die jüngeren Generationen sehen in den Vierzigern die behäbig werdenden Bürger, eine Generation, die an dem festhält, was sie zur Kultur beigetragen hat, Menschen, die wirklicher Veränderung und Erneuerung nicht mehr zugänglich sind. Das ist jedoch eine Klischeevorstellung. Soddy führt triftige Gründe dafür an, daß dem Mann in diesen Jahren kaum etwas anderes übrigbleibt, als den status quo beizubehalten. Es ist nicht übertrieben, wenn man behauptet, daß in vielen Kulturen, und sicherlich dort, wo die Industrialisierung weit fortgeschritten ist, das gute Funktionieren der Gesellschaft auf der Stabilität (der relativen Starrheit) und dem Mangel an Motivation zur Veränderung bei Menschen des mittleren Lebensalters beruht (33, 43). Die Gesellschaft selbst bewirkt dieses Verhalten. Auch die Verantwortung für die Familie bringt notgedrungen eine gewisse Regelmäßigkeit mit sich (33, 49). Vielleicht trifft es zu, daß in diesem Alter ein leiser Widerstand gegen das Altwerden eine Rolle spielt, und auch ein Bedürfnis, die Dinge im wesentlichen nicht mehr zu verändern (33, 105). Das Empfinden, daß es nicht mehr so viel zu lernen gibt, mag es mit sich bringen, daß man sich von jüngeren Generationen zurückzieht, die der Meinung sind, daß das Neue jetzt erst anfängt (33, 277). Aber das alles läßt mehr darauf schließen, daß die Starrheit im Leben des Menschen in den mittleren Jahren eine Funktion hat, als daß das mittlere Lebensalter selbst der Grund dafür wäre.

Für den alten Menschen liegen die Dinge wahrscheinlich anders. Hier ist bestimmt eine gewisse Trägheit im Reagieren mit im Spiel, und außerdem eine Neigung, beim Augenblicklichen zu verweilen, sowie ein geringeres Umschaltungsvermögen. Auch findet man eine Beschränkung des psychischen Feldes und eine Tendenz, die Dinge mehr nach innen zu verarbeiten.

Entwicklungsaufgaben

Da Erwachsensein kein statischer Begriff ist und erwachsene Menschen sich weiterentwickeln, muß konkret dargelegt werden, wie dieses ‚Stehen auf eigenen Beinen' immer wieder andere Formen annimmt und andere

innere Haltungen voraussetzt. Dazu bieten sich verschiedene Wege an, von denen wir zwei herausgreifen möchten.
Soddy sagt in seiner Studie über die psychische Gesundheit, daß der Lebenslauf an Hand von vier Lebenskurven beschrieben werden kann: der biologischen, der kulturellen, der objektiven und der subjektiven. Die biologische Kurve befaßt sich mit der Entwicklung der Vitalität.

Die kulturelle Kurve muß im Prinzip mit denselben Voraussetzungen arbeiten wie die biologische, aber sie muß mit Begriffen der sozio-kulturellen Erwartungen arbeiten, die damit im Laufe des Lebens in Verbindung gebracht werden. Die objektive Kurve muß sich vor allem auf den individuellen Entwicklungsgang richten, während die subjektive Kurve besonders die Selbsterfahrung und Selbstauffassung der Person erfassen muß (33, 20). Soddy stellt fest, daß Erwachsensein (maturity) nicht an sich definiert werden kann, sondern relatives Phänomen ist. Will man dem Begriff Inhalt verleihen, dann muß man ihn mit dem Lebensalter der Person und mit den sozialen Normen in Zusammenhang bringen, die der Person in einem bestimmten Lebensalter gesetzt werden (33, 62). Außerdem muß man ihn mit den Beziehungen in Zusammenhang bringen, die die Person in einem bestimmten Lebensalter unterhält, und die sind ja in den verschiedenen Lebensphasen sehr unterschiedlich (33, 135). Aus all diesen Dingen ergeben sich Verhaltensmodelle, die in jeder Lebensphase einen jeweils anderen Charakter haben.

Ein weiteres Verfahren zur konkreten Beschreibung der Dynamik in der Lebensperiode des Erwachsenen ist die Herausarbeitung des Begriffs der ‚Entwicklungsaufgabe' (developmental task), den Havighurst in die Lebenslaufpsychologie eingeführt hat. Damit ist der Auftrag gemeint, der in einer bestimmten Kultur der Person in den jeweiligen Lebensabschnitten erteilt wird. Es ist ein wirklicher Auftrag, den jeder erfüllen muß. Geschieht das nicht, so bleibt der Betreffende hinter dem Lebensschema seiner Kultur zurück. Die Entwicklungsaufgabe ist damit zugleich eine Beurteilungsnorm. Man kann an ihrer Durchführung erkennen, wie es mit dem Leben des Betreffenden bestellt ist. Havighurst umschreibt sie als eine Aufgabe, die in einem bestimmten Lebensalter oder im Zusammenhang mit einer bestimmten Lebensperiode auf uns zukommt. Wenn es gelingt, sie zu lösen, führt das zum Glück (happiness) und auch zum Erfolg bei späteren Lebensaufgaben. Mißlingen macht das Leben beschwerlich (unhappiness) und führt zu schwierigen Problemen bei der Lösung späterer Lebensaufgaben (35, 2). Einige Entwicklungsaufgaben ergeben sich aus dem physischen Reifwerden; ein Beispiel dafür ist das Laufenlernen. Andere sind mit dem kulturellen Druck verbunden, der von der Gesellschaft ausgeübt wird. Wieder andere entstehen aus persönlichen Werten und Strebungen des Individuums. Hier können Berufswahl und Erziehung als Beispiele genannt werden. Diese drei Kräfte sind meist miteinander wirksam.

Havighurst begibt sich mit diesen Überlegungen auf das Gebiet des ‚Lebensplans', wie Ch. Bühler ihn sieht. Für sie liegen die von Havighurst

| Baby / Kleinkind | Schulkind | Jugend (Pubertät, Adoleszenz) |
|---|---|---|
| laufen lernen | | |
| feste Nahrung essen lernen | | |
| sprechen lernen | | |
| Kontrolle über den Körper | physische Geschicklichkeit | |
| physiologische Stabilität | gesunde Haltung gegenüber sich selbst als wachsendem Organismus | Akzeptieren der Leiblichkeit |
| Geschlechtsunterschiede und -regeln lernen Gefühlskontakt mit Eltern, Familie und anderen | Erlernen der Geschlechtsrolle Kontakt mit Altersgenossen Erlernen der Haltung gegenüber Gruppen und Institutionen | Akzeptieren der Geschlechtsrolle Vorbereitung auf Ehe und Familie Erlernen emotionaler Unabhängigkeit gegenüber den Eltern Erlernen der Beziehung zu Gruppen von Jungen und Mädchen |
| einfache Begriffsbildung: zur physischen Wirklichkeit zum Sozialen | lesen, schreiben, rechnen lernen Lernen von Begriffen aus dem Alltag | Erlernen bürgerlicher Verantwortung Wunsch, sozial verantwortliches Verhalten zu erreichen |
| lernen, was gut und schlecht ist Entwicklung eines Gewissens | Gewissen Entwicklung von Moralität Wertskala | Entwicklung einer bewußten Wertskala Entwicklung eines adäquaten Weltbildes |
| | | Vorbereitung auf ökonomische Unabhängigkeit Berufswahl und -erziehung |

Entwicklungsaufgaben nach Havighurst, bearbeitet von H. Andriessen

| frühes Erwachsenenalter | mittleres Alter | späteres Erwachsenenalter |
|---|---|---|
| | Bejahung einer Anpassung an leibliche und physiologische Veränderungen | Anpassung an abnehmende Körperkraft |
| Wahl eines Lebenspartners lernen, mit Ehepartner zu leben Familie gründen Kinder erziehen Familie soziale Gruppe finden | Partner als Person sehen Teenagern helfen, erwachsen zu werden | mit Tod des Ehepartners fertigwerden Beziehung zur Altersgruppe finden |
| Übernahme bürgerlicher Verantwortung | vollwertige bürgerliche und soziale Verantwortung erreichen | bürgerlichen und sozialen Verpflichtungen nachkommen |
| Start in einem Beruf | Festigung und Behauptung eines ökonomischen Lebensstandards | Anpassung an vermindertes Einkommen und Ruhestand |
| | als Erwachsener Entspannung realisieren | |
| | | angepaßte physische Lebensumstände realisieren |

betonten Dinge jedoch mehr in der Perspektive der Motivation und der Selbstbestimmung. Die von Havighurst aufgezählten Entwicklungsaufgaben sind hier in Form einer Tabelle zusammengefaßt. Dazu wäre noch dreierlei zu bemerken:
1. Die Lebensabschnitte werden durch diese Entwicklungsaufgaben mit konkretem Inhalt erfüllt. Damit wird wirklich ein dynamischer Aspekt des Erwachsenseins erreicht.
2. Hier wird auch ein gewisser Zusammenhang zwischen den Lebensphasen aufgezeigt. Die Lösung der einen Entwicklungsaufgabe setzt die Durchführung einer anderen voraus. Damit stellt dieses Entwicklungsschema auch eine gewisse Norm dar.
3. Für einen wirklichen Einblick in die Lebensgeschichte eines Menschen scheint das nicht ausreichend zu sein. Die Feststellung, daß dieser Mensch jetzt unglücklich ist, weil er in einer voraufgegangen Lebensperiode eine Entwicklungsaufgabe nicht lösen konnte, führt uns noch nicht zum Verständnis der Situation dieser Person. Dazu ist eine tiefere Einsicht in die Faktoren notwendig, die zu dem Mißlingen beigetragen haben. Hier spielen Innerlichkeit und Reifung eine Rolle. Darüber äußert sich Havighurst auch selbst; sie kommen jedoch in dem Schema nicht ganz zu ihrem Recht.

Auf diese Weise können allgemeine Begriffe wie psychische Selbständigkeit, Übereinstimmung mit dem Leben, Selbstbejahung, persönliche Stellungsnahme und Bindung an Werte mit einem konkreteren Inhalt erfüllt werden. Wenn das nicht geschieht, tragen sie wenig dazu bei, den Lebenslauf des Individuums wirklich zu verstehen.

Die Sorge für ein Kleinkind verlangt von einem Erwachsenen ein anderes Verhältnis zu sich selbst und zum Leben als die Sorge für ein Schulkind. Während der Schuljahre z. B. muß das Kind ein wirklich durchlebtes eigenes ‚Können‘ entwickeln, in den Jahren vorher müssen sich ein Grundvertrauen, ein Selbstvertrauen und ein gewisses Maß an Gefühlen bilden, die einen offenen Kontakt mit der Umgebung und den darin lebenden Personen ermöglichen. In den Jugendjahren sollte die Gelegenheit gegeben sein, sich in der männlichen oder weiblichen Rolle, aber auch in einer gewissen eigenen Verantwortlichkeit zurechtzufinden. Im frühen Erwachsenenalter ist es erforderlich, daß man dem Leben einen eigenen Inhalt geben kann. Das verlangt vom Erwachsenen immer wieder ein fortschreitendes inneres Wachsen. Dasselbe gilt auch für die Beziehung zwischen Mann und Frau, für das Verhältnis zur Arbeit, zur Entspannung und zu weltanschaulichen und religiösen Werten.

Wenn das Lebensbild auf diese Weise erfaßt wird, zeigt sich deutlicher, was ‚Erwachsensein in der Entwicklung‘ bedeutet. Dabei wird auch klar, wie wichtig es ist, was die Dinge für einen Menschen in diesen Jahren bedeuten, und zugleich auch, wie engagiert und flexibel man leben muß, wenn man die Rolle des Erwachsenen wirklich ausfüllen und erfüllen will, nicht nur um der anderen, sondern auch um seiner selbst willen. Denn die Person lebt für sich selbst und stirbt für sich selbst. Allport bezeichnet als einen der Grundzüge der Reife (maturity) die Ausbreitung des ‚sense of self'. Erwachsensein bedeutet, daß man die Grenzen des Selbst ausgeweitet hat: für neue Strebungen, neue Ideen, durch die Zugehörigkeit zu neuen Gruppen und Zusammenschlüssen, für neue Entspannungsmöglichkeiten und vor allem durch die Aufnahme der eigenen Bestimmung (vocation, 17, 283) in das eigene Daseinsgefühl. Mit anderen Worten: Das Kriterium des Erwachsenseins verlangt eine authentische Partizipation an einigen wichtigen Bereichen menschlicher Unternehmungen. Partizipation bedeutet dann viel mehr als Aktivität. Die Ausdehnung des Selbst auf diese Bereiche ist genau das, was Partizipation von Aktivität unterscheidet (17, 283-284). Das erste ist die Beteiligung eines Menschen selbst (‚ego-involved'), das zweite ist, die Dinge als solche zu tun (‚task-involved').

Wirkliche Partizipation gibt dem Leben Richtung, sie befreit den Menschen aus der Sphäre seiner unmittelbaren Bedürfnisse und befreit ihn so von sich selbst. Erwachsensein kann gesehen werden als progressive Partizipation und als unablässiger Appell an die inneren Kräfte des Menschen. Man kann hier an den Begriff der ‚Erfüllung' denken, wie er im Werk von Bühler verwandt wird. Auch die Verbindung zu weltanschaulichen und religiösen Systemen drängt sich hier unweigerlich auf.

## 2. Erwachsensein und Kultur

H. Fortmann sagt, daß die Definition der psychischen Gesundheit in hohem Maße davon abhängig ist, was die Kultur darüber denkt, und außerdem von dem Wertsystem, dem die Forscher sich verpflichtet fühlen (36, 42). Ein Beispiel dafür ist die von Guardini ausgearbeitete Definition der Gesundheit. Dort wird als Grundlage aller Gesundheit die Beziehung angesehen, die der Mensch zu dem ‚Du' unterhält, das Gott ist (37). Man kann diesen Ausspruch auch für die Definitionen des Erwachsenseins gelten lassen. Erwachsensein und psychische Gesundheit dürfen nicht gleichgesetzt werden. Man hat den Eindruck, daß das noch ziemlich oft geschieht. Das Kind ist ausgesprochen unerwachsen, aber es kann trotzdem psychisch völlig gesund sein. Wenn es sich aber um Erwachsene handelt, besteht eine Neigung dazu, Erwachsensein und psychische Gesundheit zusammenzufassen. Dann wird Erwachsensein in einem sehr bestimmten Sinne verstanden, der sicher mehr wertbestimmt ist und etwas anderes meint als etwa das Erwachsensein, wie es im Auftragsschema von Havighurst vorkommt. Diese Aufträge setzen psychische Gesundheit voraus, und psychische Gesundheit zeigt sich in der Art der Durchführung. Über diese Dinge kann man unseres Erachtens nicht sprechen, ohne die Innerlichkeit des Menschen zu berücksichtigen. Nicht was außerhalb des Menschen ist, läßt ihn in erster Linie psychisch gesund oder krank sein, sondern das, was in ihm ist.

Ein Gespräch über das Erwachsensein erweist sich als schwierig, wenn man keinen Standpunkt hinsichtlich der Frage findet, was eigentlich ein Mensch ist. Es ist besser, sich darüber im klaren zu sein, als ein Scheingespräch zu führen. Dasselbe gilt für das Gespräch über die Kultur. Manch ein Begriff im Zusammenhang mit dem Erwachsensein bezieht bestimmte Akzente genau von dem Urteil, das der Betreffende sich über die starken oder schwachen Seiten der Kultur gebildet hat. Wer der Meinung ist, daß in unserer Kultur der Tod verdrängt wird, soll das Fertigwerden mit dem Tod in seinem Begriff des Erwachsenseins stärker betonen. Wenn sich zeigt, daß Menschen dieser Zeit besonders empfindlich sind für das, was ‚man' von ihnen erwartet, soll in bezug auf das Erwachsensein die persönliche Kreativität stark betont werden. Und wenn man glaubt, daß Religion unvermeidlich zu geistiger und psychischer Infantilität führt, soll man bei der Mündigkeit der Unabhängigkeit von den durch die Religion empfohlenen Werten mehr Gewicht beimessen. Allerdings ist nicht ganz klar, wie Wissenschaft hier wertfrei sein kann. Es ist nötig, sich dessen bewußt zu sein. Daß solche Werturteile in jedem Standpunkt impliziert sind, der in bezug auf das menschliche Erwachsensein eingenommen wird.

Es ist nicht zu umgehen, daß Erwachsensein von zentralen Werten her definiert wird, die in einer Kultur wirksam sind. Wer das nicht einsieht, nimmt sich selbst die Möglichkeit, etwas über konkretes Erwachsensein auszusagen. Tut er es dennoch, so ist seine Aussage für Erwachsene oder Heranwachsende nicht mehr relevant.

### Kriterien der psychischen Gesundheit

G. W. Allport bietet eine Zusammenfassung dessen, was bedeutende abenländische Autoren über ‚maturity' in unserer Kultur gesagt haben. Er zählt sechs Kriterien auf, hinsichtlich deren man sich im allgemeinen einig ist (17, 307; 38):
1. ein Engagement der Person in einem der wichtigen Bereiche, in denen eine Kultur wirkt: Arbeit, Ehe und Familie, Religion, Kunst, Wissenschaft;
2. die Möglichkeit eines innigen Kontaktes in funktionalen und nichtfunktionalen Beziehungen;
3. eine innere, fundamentale Stabilität im Gefühlsbereich, auch hinsichtlich der Selbstbejahung;
4. wahrnehmen, denken und handeln mit einem Gefühl für Relativität und in Fühlungnahme mit der Realität;
5. die Möglichkeit, sich selbst so zu sehen wie man ist, und Humor zu haben;
6. eine Lebensform, die mit einem Lebensbild (philosophy of life) harmoniert, das das Leben zu einer Einheit macht.

Es ist nicht schwer einzusehen, daß sich in diesen Kriterien für die reife Persönlichkeit eine Reihe von Werten ausdrücken, die in unserer Kultur einen zentralen Platz einnehmen. In diesen Kriterien hat die Geschichte der Persönlichkeitspsychologie seit Freud in etwa ihren Niederschlag gefunden. Sie stellen zugleich eine Bewertung unserer Kultur dar, insofern sie den Erwachsenen Möglichkeiten bot und Grenzen setzte. Allport sieht in ihnen die sechs Hauptgebiete des individuellen menschlichen Lebenslaufes. Er bemerkt, daß es eine *besondere* Ethik und eine *besondere* Psychologie geben würde, wenn die Entwicklung der menschlichen Möglichkeiten in all diesen Richtungen bis zum Lebensende angeregt würde (17, 307). Hier wird zwar ausdrücklich ein Werturteil ausgesprochen, was uns jedoch nicht daran hindern muß, sich mit diesem Urteil zu identifizieren.

Einige Bemerkungen noch zu den erwähnten Kriterien.

Wir haben den Begriff ‚Entwicklungsaufgabe' eingeführt, um zu verdeutlichen, daß das Erwachsensein dynamisch zu verstehen ist. Außerdem macht dieser Begriff klar, daß Selbständigkeit je nach der Lebensphase, in der man sich befindet, einen anderen Inhalt gewinnt. Derselbe Begriff kann auch hier wieder dazu dienen, den Einfluß der Kultur auf die Form deutlich zu machen, die das Erwachsensein annimmt. Wenn Allport von einem *Engagement* auf einem der wichtigen Gebiete spricht, auf denen die Kultur wirksam ist, dann fügt er etwas hinzu, das für ein gutes Verständnis der Entwicklungsaufgabe wichtig ist. Die Erfüllung der Aufgabe an sich genügt nicht. Wenn man das tut, was verlangt wird, so äußert sich darin noch nicht das Erwachsensein. Erforderlich ist, daß man sich selbst davon berührt fühlt; mit anderen Worten: Man muß durch diese Gebiete und von ihnen innerlich angesprochen werden und sein Möglichstes tun; erst dann kann man von Erwachsensein reden. G. Marcel sagt, man könne stundenlang mit jemandem sprechen, ohne sich selbst in einem solchen Gespräch zu geben, oder sich in einem solchen Gespräch zu engagieren. Es gibt dann zwar Worte, und auch Inhalte, aber ein echtes Gespräch kommt nicht zustande. Ebenso kann man alle Dinge tun, die von der Entwicklungsaufgabe verlangt werden. Wenn man sich aber dabei nicht selbst investiert - Freud würde sagen: wenn die Aufgabe nicht als libidinös empfunden wird -, kommt während des Erwachsenenalters keine wirkliche Entwicklung zustande. Man macht dann zwar die entsprechenden Gebärden, aber die Rolle gewinnt kein Leben. Motivationen, Selbstbestimmung, Lebensplan und Lebenserfüllung - die großen Begriffe, die für Bühler im Zentrum des Lebenslaufes stehen - kommen dann nicht zustande. Es gibt kein wirkliches Reifen und kein wirkliches Lernen, weil die Person selbst nicht beteiligt ist und ihre inneren Möglichkeiten nicht geweckt werden. Erwachsensein verlangt, daß man *selbst* lebt.

Das macht auch die Hilfsbedürftigkeit verständlich, der wir bei Erwachsenen, vor allem in unserer Kultur, oft begegnen. Das braucht nicht im Widerspruch zum Erwachsensein zu stehen, wenn die hilfsbedürftige Person der angebotenen Hilfe wirklich entgegenkommt. Ein solches Engagement findet man in spontaner Äußerung schon sehr früh beim Kind. Es weckt die innersten Kräfte der Person und hält die Dynamik in Gang. Auf welchem Gebiet das Engagement stattfindet, hängt von den Interessen und den Lebensumständen der Person ab. Es handelt sich dabei nicht primär um eine Willensentscheidung. Die ‚Funktionslust', also das Vergnügen, das jemand durch die Ausführung konkreter Dinge erfährt, die von der Entwicklungsaufgabe gefordert werden, ist eine der wichtigen Quellen für die Beständigkeit bei der Arbeit auf einem der erwähnten Gebiete. In dieser Lust kommt die Vitalität zum Ausdruck, die im Erwachsensein frei wird, um dem Leben eine eigene Form zu verleihen. Wenn diese Lust fehlt, fehlt das Verbindungsstück zwischen der ‚Aufgabe' und dem ‚Ich'. Die Lust an der Lebensaufgabe ist das stützende Fundament, auf dem das ganze Erwachsensein ruht. Sie macht das Erwachsensein aus. In der Lebenskrise wird diese Lebenslust zuerst angetastet.

Allport spricht von einer fundamentalen Stabilität im Gefühlsbereich, auch hinsichtlich der Selbstbejahung. Damit kommt er dem, was Van Wijngaarden vertritt, sehr nahe. Auch das muß dynamisch verstanden werden: Diese Stabilität ist eine Entwicklungsvoraussetzung und eine sich entwickelnde Voraussetzung. Sie wird nicht ein für allemal gefunden, zumal das Leben des Erwachsenen diese Stabilität zutiefst erschüttern kann. Bisweilen wird von einem Menschen das Äußerste verlangt. Nicht umsonst sieht Rümke in der Posodynie, der Kraft zum Leiden, eine der Grundvoraussetzungen für den ‚Charakter' (39). Ferner wird die Selbstbejahung nicht für immer vollzogen. Der Mensch ist jemand, ‚der aus seiner Schatzkammer altes und neues zum Vorschein bringt', geradeso, wie das Leben es verlangt. Was wir selbst sind – und also auch, was wir von uns selbst zu halten haben –, wird erst allmählich in den Entwicklungsaufgaben deutlich. Es muß stets aufs neue wiedererkannt, erkannt und anerkannt werden. Dadurch kommt es zu Perioden von beachtlicher Unstabilität. In diesen Perioden geht es weniger um das, was ein Mensch ‚lernt', als um das, was in ihm ‚reift'. Die verschiedenen Formen der Katharsis, der Reinigung des Gefühls, die sich im Leben ergeben, beziehen sich im Grunde immer auf die Anerkennung, die Bejahung unser selbst.

Es gehört zu den bemerkenswerten Dingen des Menschen, daß eine solche Selbstbejahung zustande kommen kann. In dieser Übereinstimmung mit der Wirklichkeit, als die wir uns selbst immer wieder erleben, begegnet uns hauptsächlich das Erwachsensein des Menschen. Darin wird das tatsächliche Versagen der Person überwunden, und auch die Perspektive auf Lebensanschauung und Theologie wird erkennbar.

Die Möglichkeit, sich selbst so zu sehen, wie man ist, ist damit eng verbunden. Man kann auch von einem realistischen Selbstverständnis sprechen. Das ist um so notwendiger, je mehr eine Kultur die Eigenart eines jeden Individuums anspricht und das Bewußtsein dieser Eigenart weckt, je mehr auch sie weniger kollektive Strukturen entwickelt, in denen diese Eigenart gleichsam von selbst einen Platz finden kann. Darum ist in unserer Kultur ein realistisches Selbstverständnis dringend erforderlich. Wir können darüber nicht reden, ohne die Innerlichkeit des Menschen zu berücksichtigen. In der behavioristisch orientierten Psychologie hat diese Innerlichkeit keine große Chance. In einer Psychologie, in der vor allem der Bedeutung Wert beigemessen wird, kann man die Innerlichkeit des Menschen in den Bedeutungen antreffen, die er sich selbst und seinem Leben beimißt. Zwar muß auch dann noch darauf geachtet werden, wie die Person mit diesen Bedeutungen umgeht. Immer wenn die Person über die Ereignisse ihres Lebens, sofern diese sie selbst betreffen, spricht - entweder mit sich selbst oder mit einem anderen -, wird der Zusammenhang zwischen der Innerlichkeit des Menschen und seinem Selbstverständnis deutlich. Das ist dann stets ein Gespräch, das eine innere Weite voraussetzt, ein ‚Ich', das sich selbst kennt, fühlt und erlebt, das sich selbst so zu sehen versucht, wie es ist. In einem solchen Gespräch zeigt sich, wie jemand *sich* fühlt, warum er sich so fühlt, was andere von ihm halten, was er kann und was er nicht kann, was er möchte, aber nicht wagt, ob er innerlich im Frieden oder im Unfrieden lebt, was das Leben und was andere ihm angetan haben. Diese Selbsterfahrungen bilden das Material, durch das jemand den Umgang mit sich selbst pflegt. In unserer Kultur sind Innerlichkeit und Selbstverständnis offensichtlich unzertrennbar miteinander verbunden. Rogers stellt die Hypothese auf, daß das Verhalten des Menschen nicht *direkt* von organischen oder kulturellen Faktoren beeinflußt oder bestimmt wird, sondern primär von den Bedeutungen, die die Person ihnen verleiht (41). Im folgenden Beispiel begegnen uns diese Dinge sehr konkret.

H. Haasse schreibt in ‚Selbstporträt als Mosaik': „Die tägliche Wirklichkeit der Frau: Essensreste, fettige Schüsseln, schmutziges Waschwasser, Haarknäuel, Staubflocken, Kleidungsstücke, nasse Windeln, Ofenruß, Krümel und Schalen, zerwühlte Betten, unaufgeräumte Zimmer, Berge von benutztem Geschirr, die Zutaten für die nächste Mahlzeit: ungeputztes Gemüse und ungeschälte Kartoffeln, rohes Fleisch; die Gewißheit einer endlosen Reihe von unvermeidlichen, zeitraubenden Handlungen und Beschäftigungen. Bedrückender aber als all das die Notwendigkeit, leiblich und geistig Transformator für ein mit den unterschiedlichsten Spannungen geladenes Stromnetz zu sein. Die Bereitschaft, zu jeder Tages- und Nachtzeit in Milde und mit Überzeugung zu sagen: ‚Was es auch sein mag, komm nur zu mir, ich werde dir helfen - wenn auch schweigend, aber ich tue es doch.'

Immer mehr beginne ich zu verstehen, daß man, um ein solches Leben mit unermüdlicher Hingabe und innerer Befriedigung bis an sein Ende zu ertragen, über eine große Arglosigkeit, eine fast pflanzenhafte Heiterkeit oder eine ungewöhnlich starke Fähigkeit verfügen muß, sich selbst unter allen Umständen zu behaupten. Der ruhelose Verstand und der wißbegierige, eroberungslustige Geist widersetzen sich von Natur aus dem hemmenden Einfluß, den die endlose Wiederholung von Handlungen ausübt, die an sich bis ins letzte vervollkommnet werden können, aber nie neue Perspektiven eröffnen.

Wie soll man die Einsicht, daß all diese Dinge notwendig sind und gut getan werden müssen, mit der Sehnsucht nach einem weiteren Horizont in Einklang bringen? Wie kann man sich ungefährdet zwischen Scylla und Charybdis hindurchlavieren: den Tagträumen und der Neurose?" (429)

Dieses Zitat ist in Wirklichkeit eine Passage aus dem Lebenslauf der Autorin, ein Stück Selbstporträt, das noch undeutlich ist und während des Schreibens aus verschiedenen Teilen zusammengesetzt wird. Auffallend ist die negative Bewertung aller Einzelheiten im Tageslauf der Frau. Sie bestehen nur aus Resten, Fett, Schmutz, Haarknäueln, Stoff, zerbrochenen Gegenständen, Urin, Ruß, Essensresten und Abfällen, Unordnung, Sand und rohem Fleisch. Diese Dinge sind natürlich wahr, und sie kommen auch im Leben vor. Aber es werden hier keine anderen Dinge genannt. In dem Film ‚Le Bonheur', den ebenfalls eine Frau gemacht hat, werden die Dinge in der Alltagswirklichkeit der Frau in einer ganz anderen Gefühlsstimmung beschrieben. Dort wird Brot zubereitet, Blumen werden angeordnet, Kleider werden gestrickt, der Körper wird geduscht, das Bett wird gemacht, und man spielt mit den Kindern, statt sich vor ihren nassen Windeln zu ekeln. Hier wirkt die durch das ein wenig problematische Gefühl gefärbte Auffassung der Autorin. In diesen so wahrgenommenen Dingen vollzieht sich der Umgang mit ihrem eigenen Leben in der Gegenwart. In diesem Augenblick schrumpft die Entwicklungsaufgabe zu diesen aussichtslosen und grauen Dingen zusammen. Daraus entsteht ein Konflikt. Er erwächst gerade aus dem Engagement mit einem bestimmten Lebensbereich, das Allport im Hinblick auf das Erwachsensein für so wichtig hält. Denn es ist für die kreative Expansion der Person ein zu einseitiges Investitionsgebiet. Die schöpferische Ausdehnung verlangt neue Perspektiven; also das Gegenteil von Handlungen, die an sich bis zum Äußersten vervollkommnet werden können.

Eine solche Situation drängt uns zwei Fragen auf, die die Person betreffen, die uns aber zugleich zum Nachdenken über den eigenen Lebenslauf anregen. Die erste lautet: Wie kann ein Mensch das ertragen, was für eine Haltung muß er sich dazu aneignen? Auch die Antwort ist wieder von der Einstellung der Frau zur Alltagswirklichkeit in diesem Augenblick geprägt: Sie verlangt eine große Arglosigkeit, eine fast pflanzenhafte Heiterkeit. Die kann sie nur aufbringen, wenn sie keine Fragen stellt, wenn sie wie eine Pflanze dort stehenbleibt, wo sie steht, und hinnimmt, was die Natur ihr antut.

Die zweite Frage lautet: Wie kann ich das aushalten, ohne daß die Wirklichkeit dabei zu kurz kommt? Damit berührt die Autorin eines der Kriterien, die Allport für das Erwachsensein nennt: das Fühlunghalten mit der Wirklichkeit. Sie fragt: Wie kann ich das durchstehen, ohne mich in Tagträume zu flüchten oder neurotisch zu werden?

Hier sehen wir konkret, wie das Verhältnis der Person zu ihrem eigenen Leben ist und wie diese besonders problematischen Erlebnisse ihr dazu dienen, sich mit sich selbst zu befassen. Die zerwühlten Betten und die unaufgeräumten Zimmer sind eigentlich Selbsterfahrungen. Von ihnen wird das gegenwärtige Verhalten primär bestimmt, und erst in zweiter

Linie von der Kultur, die in unserer Zeit den Lebenslauf der Frau so gründlich verändert, daß ein solches Problem für Frauen mit einer bestimmten Erziehung und gewissen Qualitäten fast unlösbar erscheint. Es handelt sich hier um ein Problem des Erwachsenseins, und wer würde eine Frau für unerwachsen halten, die, um einen Weg zwischen Scylla und Charybdis hindurch zu finden, einen anderen um Rat fragt?
Eine wichtige Frage bleibt jedoch unbeantwortet. Wenn wir davon sprechen, daß jemand ‚sich selbst so sieht wie er ist', und daß ein realistisches Selbstverständnis notwendig ist, was verstehen wir dann unter ‚selbst' und unter ‚realistisch'? Die Psychologie schneidet damit Fragen an, die sie nicht voll beantworten kann und will. Eine Antwort lautet: Das, was andere an mir erleben, ist ein Prüfstein für den Realismus meiner Selbstkenntnis und meines Selbstverständnisses. Wenn das Verständnis beider übereinstimmt, könnten wir von einer realistischen Selbstkenntnis und einem realistischen Selbstverständnis sprechen. In der Psychiatrie wird oft mit diesem Kriterium gearbeitet. Aber auch im Alltag ist es von großem Wert. Ebenso schwerwiegend ist, was jemand im Hinblick auf sich selbst ‚findet', und zwar in beiden Bedeutungen dieses Wortes. Und außerdem hängt es von den Menschen ab, mit denen wir in Berührung kommen, wie wir uns geben und von welcher Seite wir uns zeigen. Die Selbstkenntnis besteht also nicht aus der Kenntnis einer Reihe von Persönlichkeitszügen und Persönlichkeitsstrukturen, und ebensowenig aus der Kenntnis des anderen.
Die Frage nach dem Prüfstein für die Richtigkeit der Selbsterfahrung ruft Fragen auf, die wir hier nicht zu beantworten brauchen, auf die wir aber hinweisen müssen. Dann wird verhindert, daß bestimmte Kriterien allzu leicht für eine Antwort auf die Frage benutzt werden, ob jemand erwachsen ist oder nicht.
Zum Teil auch durch die Spannung zwischen dem, was man bei sich selbst als wirklich ansieht, und dem, was andere an einem als wirklich ansehen, wird die Innerlichkeit angesprochen. Mit ihr kommt eine neue Komponente in die Frage nach dem Wirklichkeitswert des Selbstverständnisses. Diese Frage kann nicht nur aus der Erfahrung anderer heraus beantwortet werden.
Angeregt durch Allports Betonung des Wahrnehmens, Denkens und Handelns mit Gespür für die Wirklichkeit als Kriterium für das Erwachsensein erwähnen wir noch eine Forderung, die die Kultur augenblicklich stellt: Die Möglichkeit der Veränderung. Schon jetzt wird erkennbar, daß gerade der Erwachsene in unserer Kultur in der Lage sein muß, sich zu verändern und immer wieder neue Positionen einzunehmen. Und das wird in Zukunft in noch stärkerem Maße der Fall sein. Der Erwachsene trägt seine Verantwortung ja in einer sich rasch wandelnden Kultur. Soddy behauptet, in der heutigen Situation der raschen Veränderungen sei es für die psychische Gesundheit äußerst wichtig, daß das Individuum fähig ist, mit Veränderungen leben zu können. Er macht dabei zwei Bemerkungen, die uns wichtig erscheinen. Aus den Untersuchungen von

M. Mead (43) geht hervor, daß diese Fähigkeit am ausgeprägtesten bei Kulturen zu finden ist, die nicht zu raschen Veränderungen gezwungen werden und in denen die Kinder von ihren eigenen Eltern aufgezogen werden. Diese müssen so jung sein, daß sie selbst noch in einer Entwicklungsphase stehen. Bühler würde sagen: Sie müssen sich noch im Aufstieg des Lebens befinden, so daß das Lebensbild noch nicht vom Ende geprägt wird. Weiterhin bemerkt Soddy, daß in Situationen, in denen die gesamte Gesellschaft in eine Stromschnelle geraten ist, die Großeltern vielleicht die geeignetesten Personen sind, um die Jüngeren das Leben mit Veränderungen zu lehren. Die Eltern haben in einer solchen Gesellschaft ja viel weniger Veränderungserfahrung als die Großeltern. Sie sind außerdem meist dermaßen damit beschäftigt, in all diesen Veränderungen für sich selbst und für ihre Kinder eine Perspektive zu finden, daß sie den Veränderungen gegenüber noch nicht die nötige Freiheit besitzen. Dadurch würden sie den Kindern eher ein problematisches Bild vom Leben mit Veränderungen zeigen. Das gilt um so mehr für Kulturen, in denen man früh heiratet und in denen die Zahl der Kinder beschränkt bleibt. Dort können die Eltern schon sehr früh Großeltern werden (33, 237-239).
Jedenfalls erscheint die Möglichkeit, mit Veränderungen zurechtzukommen, und damit die Möglichkeit, das, was jetzt ist, relativieren zu können, unter dem Einfluß unserer Kultur als eines der Kriterien für Erwachsensein und psychische Gesundheit. Die Kontinuität des Lebenslaufes darf dabei nicht beeinträchtigt werden. Unter diesem Aspekt ist die - kulturell bestimmte - Betonung der eigenen Kreativität verständlich. Vielleicht gibt es im Menschen mehr Konstanten, als wir im Augenblick vermuten möchten. Vielleicht wird die Kultur gezwungen werden, bei all ihren Veränderungen immer wieder ergänzende Maßnahmen zu treffen, um die Folgen all dieser Veränderungen aufzufangen, weil der Mensch sich als weniger veränderbar erweist, als sie es vom ihm verlangt.

### 3. Erwachsensein und Selbständigkeit

Obwohl Erwachsensein in jeder Kultur etwas anderes bedeutet, gibt es hier auch gewisse Konstanten. Eine von ihnen ist die Selbständigkeit. Satir (44) sieht im Erwachsensein den Zustand, in dem ein menschliches Wesen ,,fully in charge is of himself". Es lebt ‚funktional', d. h. es ist in der Lage, mit der Welt, in der es lebt, auf kompetente und konkrete Weise fertigzuwerden. Das scheint eine brauchbare Definition zu sein. Man könnte sagen, daß sie für jede Kultur gilt. Dabei ist es allerdings wichtig herauszufinden, was dieses ‚fully' bedeutet. Denn nicht in allen Kulturen und sogar in jeder Subkultur kommen ganz andere Dinge auf ihn zu. Schematisch begegnete uns das bereits für unsere Kultur an Hand der Entwicklungsaufgaben von Havighurst. Daraus ergibt sich, daß ein Erwachsener allerlei können muß, und darum ist in unserer Kultur auch immer mehr von der sogenannten ‚Erwachsenenbildung' die Rede. Sie soll die Last tragen helfen, die offensichtlich für viele Menschen zu schwer geworden ist. In Schriften, die sich mit der ‚geistigen Volksgesundheit' befassen, wird immer wieder von ‚psychischen Störungen des gesunden Menschen' gesprochen (45, 46). Die Hilfe, die in solchen Fällen erforderlich ist, wird dabei als normale Hilfe angesehen. Offensichtlich verlangt unsere Gesellschaft nicht, daß ein Erwachsener alles allein tun können muß, mit anderen Worten: daß jemand ‚fully in charge of himself' sein kann und trotzdem der Hilfe bedarf.

Auffallend ist, daß in einfacheren Kulturen als der unseren die Menschen nicht nur früher erwachsen sind, sondern das Erwachsensein dort auch ein weniger komplizierter Auftrag ist. Gerade darum kann jemand früher als erwachsen bezeichnet werden. Biologische Entwicklungskriterien verlaufen dort viel deutlicher parallel zum psychologischen Entwicklungsauftrag, der mit jedem Lebensalter verbunden ist. Der Übergang von der einen Phase zur anderen wird dort, für jeden sichtbar und auch von jedem anerkannt, mit gewissen Riten verbunden (‚rites de passage'). Damit werden die wechselseitigen Erwartungen deutlich ausgesprochen. Die Person weiß nun, wo sie steht. Das Werk, das von ihr erwartet wird, ist deutlich umrissen. Hurlock erwähnt, daß mit dem Aufkommen der technisch-industriellen Gesellschaft die kulturell anerkannte Erwachsenheitsgrenze immer weiter verschoben wird. Die Pubertät bedeutet in unserer Kultur noch kein Erwachsensein, und das Klimakterium noch kein Alter. Das Ergebnis ist eine lange und schwach differenzierte Periode des Erwachsenenalters (33, 373) und eine Periode des Jugendalters, die immer länger wird und sich augenblicklich immer mehr verselbständigt. Inwieweit mag bei uns die Forderung der Jugend nach mehr Verantwortung ein Protest gegen diese Entwicklung sein?

Die lange und undifferenzierte Periode des Erwachsenenalters bringt in unserer Kultur für den Erwachsenen in mancher Hinsicht eine unklare Position mit sich. Er selbst muß diese Position bestimmter einnehmen, gestalten und durchdenken, oft ohne nennenswerte Unterstützung durch kulturelle Einrichtungen. Eine gewisse Hilfe kann dabei von den Angehörigen der gleichen Altersgruppe kommen. Hurlock (47) betont, daß es sehr wichtig ist, zusammen mit anderen in jeder Phase mit den Lebensschwierigkeiten fertigzuwerden. Konopka (48) greift daher diesen Lebenslaufaspekt bei der Behandlung der Gruppenarbeit sehr bewußt auf. Wir würden gerne das ‚fully in charge of himself' folgendermaßen übersetzen: Wer die jeweiligen Rollen, die die Kultur mit dem Erwachsenenalter verbindet, übernehmen kann, ist erwachsen. Dazu gehören sehr viele Rollen: Mann, Frau, Ehegatte, Vater, Mutter, Familienmitglied, verschiedene soziale Kontakte, eine geeignete allgemeine Entwicklung, eine Rolle als Gläubiger, Kamerad, Reisender, Urlauber, Käufer usw. Die Kultur kann dabei nicht unbegrenzt Forderungen stellen, Rollen vervielfältigen und Aufträge erteilen. Vor allem dann, wenn rasche Veränderungen im Lebensschema vor sich gehen, sind die Grenzen deutlich erkennbar. Wenn jemand zu nahe an sie heranrückt oder sie überschreitet, kommt er nicht

mehr ohne fremde Hilfe aus, mag diese nun von sozial-kulturellen, pädagogischen oder religiösen Institutionen ausgehen.
Der Beruf eines ‚Lebensberaters' wird immer mehr notwendig. Wer jedoch solche Formen der Hilfe braucht, kann deswegen noch lange nicht als unerwachsen angesehen werden. Im Gegenteil: es kann sogar sein, daß gerade sein Gespür für die Anforderungen, die die Aufgabe des Erwachsenen in unserer Kultur stellt, ihm zu der Einsicht verhilft, daß er Unterstützung braucht, um ihnen genügen zu können. Dennoch schämen sich manche Erwachsenen, um eine solche Hilfe zu bitten, oder sie reden sich ein, ohne sie auskommen zu können. Das hängt offenbar mit einer statischen Auffassung vom Erwachsensein zusammen. Es ist doch keineswegs eine Lebensphase, auf die man restlos vorbereitet ist und die man völlig aus eigener Kraft zu bewältigen vermag. Eine solche Haltung kann auch mit einem Mangel an *wirklicher* Einsicht in die Bedeutung der menschlichen Entwicklung zusammenhängen. Niemand wird der Redensart widersprechen wollen, daß der Mensch nie fertig wird und daß er sich immer weiter entwickeln kann und muß. Doch scheint es manchen sehr schwer zu fallen, das auch auf sich selbst zu beziehen, besonders jenen, deren Rolle es ist, anderen bei den Problemen des Erwachsenenalters zu helfen. Hilfsbedürftigkeit ist also offensichtlich kein Kriterium des Unerwachsenseins und kein Zeichen von Unselbständigkeit. Jemand kann ‚fully in charge of himself' sein, obwohl ihm andere dabei helfen. Wo aber liegt hier das Kriterium? Dafür gibt es zwei Gesichtspunkte: Zunächst ist wichtig, wozu die Hilfe gebraucht wird, und dann die Art und Weise, auf die sie angewandt wird. Darüber werden wir später noch sprechen.
Erwachsensein ist in unserer Kultur zu einem immer breiter und länger werdenden Lebensbereich geworden, den die Kultur nur unzureichend ausfüllt. Immer wieder, wenn der Erwachsene sich darin wichtigen neuen - und oft unerwarteten - Aufgaben und Umständen gegenübersieht, muß eine innere Veränderung stattfinden. Dann muß eine Bereitschaft entstehen, auf dieses Unvorhergesehene einzugehen, und es muß auch eine neue Lebenskompetenz entwickelt werden. In solchen Lebenssituationen ist oft Hilfe und eine Aussprache mit anderen erforderlich. Um diese Hilfe zu bitten, ist erwachsener als zu glauben, daß man sie nicht nötig habe. Sie in das Bild des Erwachsenseins aufzunehmen, ist nicht mehr und nicht weniger als die Konsequenz eines dynamischen Verständnisses des Erwachsenseins.
„Gesunde Menschen sind nicht immer glücklich und frei von Problemen" (17, 281). Das Unerwachsensein beginnt dort, wo deutlich wird, daß der eigentliche Grund für das Festgefahrensein in einer konkreten Lebensschwierigkeit nicht in der Gegenwart liegt, sondern in unbewältigten Dingen der Vergangenheit oder in einer Unreife, die auf bestimmten Gebieten den Lebenslauf bis zur Gegenwart charakterisierte (s. auch ‚Erwachsensein: Lernen und Reifen', sowie 49, 60). Das Durchhalten des ehelichen Treueversprechens im Verlauf des Erwachsenenalters ist für viele Menschen eine schwierige Aufgabe, ebenso die Aufnahme einer

wirklichen Kommunikation zu den Menschen, mit denen man täglich zusammen ist. Das Verhältnis zum eigenen Gefühlsleben oder gar zum eigenen „Schatten" (Jung) bereitet noch mehr Schwierigkeiten. Dazu bedarf es *vom Wesen der Sache her* oft einer Unterstützung. Dazu lese man etwa die Erziehungsgeschichte eines körperlich und geistig behinderten Kindes (50, 511). Damit das *in unserer Kultur* auf angemessene Weise geschehen kann, so daß Menschen *unserer Kultur* damit fertigwerden, ist in vielen Fällen wirkliche Hilfe nötig. Aber oft ist der Blick für diese Aufgaben durch mancherlei Faktoren in dem betreffenden Erwachsenen getrübt, etwa dadurch, daß er nicht realistisch genug wahrnehmen kann, daß er nicht genügend Abstand von sich selbst hat - kurzum dadurch, daß in seiner Lebensgeschichte eine Reihe von Dingen ungenügend zum Ausdruck gekommen sind. Wo das zutrifft, kann man tatsächlich von Unerwachsensein sprechen. Das bedeutet konkret, daß jemand im Laufe des Erwachsenenalters unerwachsener werden kann, weil auch in dieser Lebensperiode das Leben noch zum Stillstand kommen kann. Was für den noch jungen Erwachsenen als erwachsen gelten darf, kann beim Vierzigjährigen schon unerwachsen sein. Die Hilfe, die dann angeboten wird, ist aber auf die unbewältigten Dinge von früher abgestellt. Die wirkliche Schwierigkeit ist dann ein Symptom für etwas anderes. Eine Bekämpfung des Symptoms hat wenig Sinn. Wenn man das Feuer löscht, verschwindet der Rauch von selbst.

Durchweg zeigt sich ein solches Unerwachsensein in der Art und Weise, auf die die angebotene Hilfe genutzt wird. (Es kann sich aber auch das Unerwachsensein des Helfenden darin verraten, wie er die Hilfe anbietet.) Das Unerwachsensein offenbart sich für gewöhnlich in der Beziehung, die sich zwischen Hilfesuchendem und Helfendem anbahnt. Man kann auf erwachsene Weise helfen und sich helfen lassen. Kriterium dafür ist wiederum, ob man den Helfer in seiner eigenen Wirklichkeit sehen kann und ihn nicht zu dem Bild verformt, das den eigenen Bedürfnissen entspringt. Man kann dann ‚Hilfe holen' und selbst ‚fully in charge of himself' weitermachen, oder man kann dieser Hilfe bedürfen und dann doch nicht weiterkönnen. In der Beziehung zwischen Helfer und Hilfsbedürftigem und in der Anwendung der gebotenen Hilfe zeigt sich, wo das Problem wirklich steckt. Wer sich - ob mit oder ohne Hilfe - hinsichtlich des Entwicklungsauftrags behauptet, ist in der ‚Position des Besitzenden'. Er hat Willenskraft im Sinne der römischen Tradition.

## 4. Erwachsensein: Lernen und Reifen

Bei der Behandlung des Erwachsenseins stellt sich auch die Frage, *wie* sich die Entwicklung zum Erwachsensein hin und *wie* sich die Entwicklung während der Lebensperiode des Erwachsenenalters weiterhin vollzieht. Das ist vor allem dann wichtig, wenn man nicht nur von außen her beobachten will, wie der Lebenslauf sich abspielt und welche Faktoren darin eine Rolle spielen, sondern wenn man sich auf den Standpunkt der Person stellt, die *ihren* Lebenslauf lebt.

Die Fragestellung konzentriert sich dann vor allem auf drei Begriffe: auf das Wachsen, das Lernen und das Reifen.

Vom Wachsen sagt S. Strasser, daß „moderne Psychologen den biologischen Begriff der Entwicklung im Sinne von ‚Wachstum' nicht mehr gerne verwenden" (52, 15). Dabei liegt das Schwergewicht auf dem ‚biologischen Begriff'. Denn in den Arbeiten über Entwicklung und besonders über die psychische Gesundheit und die psychisch gesunde Persönlichkeit wird der Begriff (‚growth') noch oft, ja sogar in zunehmendem Maße gebraucht. Wachstum bezieht sich dann vor allem auf das Werden der Person. Man denkt dabei nicht so sehr an das Entstehen und die Entwicklung besonderer Funktionen, Haltungen, Erlebnisse und Verhaltensweisen, sondern eher an das Individuum als Ganzes, das ‚sich' entwickelt. Für gewöhnlich wird dabei zwischen einem mehr leiblichen und einem mehr psychischen Aspekt des Wachstums unterschieden. Ein Beispiel: Die Wachstumskurve des Menschen kann man physiologisch oder psychologisch betrachten. Trotz aller individuellen Verschiedenheiten kann man sagen, daß - physiologisch gesehen - die zwischen 18 und 21 Jahren erreichte Körperkraft nach der Periode des maximalen Wachstums allmählich abnimmt. Das psychologische Wachstum geht im allgemeinen das ganze Leben hindurch weiter, obwohl einzelne Funktionen einen Höhepunkt erreichen und dann nachlassen (49, 63).

Uns geht es hier vor allem um die psychologische Seite der Sache. Das psychische Selbsterleben der Person muß tatsächlich als eine eigene Dimension erkannt werden, will man den Lebenslauf des Individuums verstehen.

Dabei erhebt sich die Frage, wie dieses Wachstum sich vollzieht, genauer gesagt, welche Entwicklungsprinzipien wirksam sind, wenn die Person einem weiteren Stadium des Erwachsenenalters entgegenwächst. Die Antwort ist wichtig, und zwar aus zwei Gründen. Zunächst einmal hängt davon ab, wie man sich die Lebensgeschichte der Person in ihrem Entstehen und in ihrem Fortgang vorstellt. Sodann ist die Antwort auf diese Frage mitbestimmend für die Art und Weise, auf die man Menschen Hilfe anbietet, wenn sie deren im Verlauf ihres Erwachsenenalters bedürfen. Für die ‚Wissenschaft der sozialen Agogie' z. B., und besonders da, wo es ihr darum zu tun ist, „wertvolle Eigenschaften im Subjekt zu realisieren" (53, 28), ist eine Auseinandersetzung mit diesen Entwicklungsprinzipien unentbehrlich.

Wachstum beruht auf dem Doppelprinzip des Lernens und des Reifens (49, 64). Beide Prinzipien erfordern im Zusammenhang mit dem Lebenslauf der Person eine ausführlichere Besprechung. Dazu zwei Bemerkungen.

Erstens: Lernen und Reifen dürfen nicht einander gegenübergestellt werden. Nicht umsonst spricht man von ‚Zwillings-Prinzipien'. „Man kann aus guten Gründen behaupten, daß ein neues Verhaltensmodell, das auf

Reifung beruht, gleichzeitig erlernt ist, und zwar auf der Basis des Reifungsprozesses" (54, 18). Ein Beispiel dafür ist die Sprachentwicklung. Nach der entsprechenden Funktionsreifung stellt sie einen echten Lernprozeß dar (55, 15).

Zweitens müssen sowohl das Lernen als auch das Reifen als Entwicklungsprinzipien ernstgenommen werden. Wenn man das Lernen zu sehr relativiert und das Reifen überbetont, kommt man leicht zu der Auffassung, daß das heranwachsende Wesen die Welt nach seinen eigenen, ihm immanenten Gesetzen benutzt. „Die umgebende Welt ist dann nur Material, mit dem in der Entwicklung gearbeitet wird" (52, 14). Das steht im Widerspruch zu dem tiefgreifenden Einfluß der Kultur auf die Entwicklung der Person. Außerdem geht eine zu einseitige Betonung des Reifens unter Vernachlässigung des Lernens das Risiko ein, bestimmte Entwicklungsphasen inneren Entwicklungsfaktoren zuzuschreiben, wogegen sie doch eher als Folge des Einflusses der Umgebung anzusehen sind.

Wenn man jedoch das Reifen zu sehr relativiert, drohen andere Einseitigkeiten. Einmal führt das leicht zu der vielverbreiteten Auffassung, das Reifen beziehe sich nur auf einen Wachstumsprozeß des Organismus. Psychische Reifung ist aber ein Entwicklungsgeschehen, das viel mehr umfaßt und sich das ganze Leben hindurch fortsetzen kann. Außerdem beschwört eine zu exklusive Betonung des Lernens die Gefahr herauf, daß das menschliche Lernen auf dieselbe Weise gesehen wird wie das tierische. „Die Tatsache, daß unsere Einsicht in die Evolution in biologischer Hinsicht uns vermuten läßt, daß irgendein Zusammenhang zwischen dem einfachen tierischen Lernen und dem komplexen menschlichen Lernen bestehen muß, schließt nicht aus, daß wir ebenso vermuten, daß der Mensch doch viel mehr ist als der sprichwörtliche ‚höhere Affe', und daß er wenigstens einige Lerngesetze benötigt" (56, 3). Man könnte mit Allport sagen, daß in der Auffassung eines Menschen vom menschlichen Lernen auch seine Auffassung vom Menschen zum Ausdruck kommt.

### Das Lernen als Entwicklungsprinzip

Dem Lernen wird in der Psychologie sehr viel Beachtung geschenkt. Dabei werden vor allem die formalen Aspekte des Lernprozesses betont. Man sucht nach formalen Lernmodellen, mit denen der Prozeß in Gang gebracht werden kann, und nach den nötigen Voraussetzungen für das Zustandekommen eines Lernprozesses. Weniger Beachtung kommt dabei dem *Verlauf* des Lernprozesses zu. Um die vieles umfassende und oft noch unklare Materie für die Absicht dieses Buches zugänglich zu machen, ist es notwendig, bei der Behandlung des Lernens als Entwicklungsprinzip von dem auszugehen, *was gelernt werden muß*. Gordon W. Allport, nach dessen Meinung das Problem der Persönlichkeitsentwicklung im Grunde zur Psychologie des Lernens gehört (17, 108), fordert uns auf zu überlegen, wieviele *Arten* des Lernens im Laufe des

Lebens an uns herantreten. „Wir lernen laufen, sprechen, tanzen, Auto fahren, schwimmen und Klavier spielen; wir lernen buchstabieren, schreiben und lesen; wir lernen Ereignisse, Telefonnummern und Gedichte auswendig. Wir lernen, was man essen kann, was man meiden und wovor man sich fürchten muß, welche Objekte man in sexueller Hinsicht verlangen darf. Wir eignen uns moralische Grundsätze, Werte und Interessen an. Wir kommen zu bestimmten religiösen Auffassungen, Überzeugungen und Ideologien. Wir entwickeln Vorlieben, Vorurteile und Bräuche. Wir lernen neue Begriffe, Bedeutungen und Übereinkünfte, und wir lernen auch fremde Sprachen. Wir erlernen neue Motive, Ambitionen und Erwartungen. Wir lernen Zeichen, Signale und Symbole. Allmählich gewinnen wir die typischen Züge unserer Persönlichkeit, entwickeln wir ein persönliches Gewissen und eine mehr oder weniger umfassende Lebensphilosophie. Wir lernen sogar zu lernen" (17, 84).

Es braucht nicht betont zu werden, daß er bei seiner Aufzählung von Arten des Lernens vor allem an das gedacht hat, *was* gelernt werden muß. Seine Grundidee ist mit Recht, daß die Unterschiedlichkeit von Lernprozessen mit der Verschiedenheit dessen zusammenhängt, was gelernt werden muß. Eine eindeutige Theorie reicht nicht aus, um diese Verschiedenheit verständlich zu machen. Der Gedanke ist nicht neu, daß die Handlung u. a. durch ihr Objekt spezifiziert wird. Das gilt auch für die Handlung des Lernens.

Im Zusammenhang mit unserer Absicht kann man von drei Formen des Lernens sprechen. Bei der ersten verschafft sich jemand allmählich einen Platz in dem Milieu, in dem er aufwächst. Man spricht hier vom ‚sozialen Lernen' (social learning). Im Anschluß an die Aufzählung von Allport denken wir dabei zuerst an das Soziale, das gelernt werden muß. Das kann natürlich nicht losgelöst werden von dem Milieu, in dem es gelernt wird, von den Voraussetzungen, unter denen es gelernt, und von den Personen, von denen es gelehrt wird.

Weiterhin gibt es eine Form des Lernens, die sich besonders in der Unterrichtssituation ergibt. Man spricht hier vom ‚student-learning', das man auch ‚Unterrichts-Lernen' nennen könnte. Es geht hier um die Aneignung von ‚Lernstoff', den die Kultur für ihre Angehörigen für notwendig erachtet. Hier wie auch im ersten Fall variiert das, was gelernt werden muß, je nach Kultur und Subkultur.

Schließlich gibt es noch eine Form des Lernens, bei der man Lehren für sich selbst annimmt. Hierbei muß folgendes berücksichtigt werden: Auch in den beiden erstgenannten Lernformen nimmt man für sich selbst Lehren an. Van Parreren weist darauf hin, daß im Englischen ‚to learn' auch ‚vernehmen' bedeuten kann. Das Gleiche gilt für das französische ‚apprendre'. Wo die Person in ihre Umgebung hineinwächst, deren Normen aufzunehmen und anzunehmen lernen muß, sich deren Werte aneignet, vernimmt sie ständig etwas über sich selbst. Sie vernimmt nicht nur, wie sie sein soll, sondern auch, wie sie tatsächlich ist. Sie vernimmt nicht nur, wo für sie Grenzen gesetzt sind, sondern auch, wo es für sie konkrete Entfal-

tungsmöglichkeiten gibt. Das Milieu, in dem sie aufwächst, hält eine Reihe von Kanälen bereit, durch die ihre Verhaltensimpulse fließen können und durch die sie gleichzeitig zu einem spezifisch eigenen Ganzen geformt werden. Auch im Unterrichts-Lernen vernimmt sie ständig etwas über sich selbst, über den historischen, kulturellen, wissenschaftlichen, geographischen und volkskundlichen Zusammenhang, in dem ihr Leben steht. Das Ergebnis dieses Lernens über sich selbst ist ein bestimmtes Bild von sich selbst, das in der Person wirkt und ihr Verhalten in den verschiedenen Situationen mitbestimmt. S. M. Jourard faßt die vorhandene Literatur über dieses Bild sehr nutzbringend zusammen (57). Er unterscheidet darin drei Komponenten: das Selbst-Verständnis, das Selbst-Ideal und verschiedene Formen des öffentlichen Selbst (57, 161 ff.). Charakteristisch für alle diese Formen ist, daß sich darin ausdrückt, was jemand von sich selbst hält, oder besser noch: von sich selbst zu halten *gelernt* hat, in Interaktion mit seiner Umgebung (s. dazu auch 17, 100).
Diese Formen des Lernens über sich selbst sind mit der dritten Form des Lernens nicht gemeint. Diese letztere bezieht sich auf das, was - vor allem in Arbeiten, die sich auf die psychische Gesundheit beziehen - mit der wahren Art eines Menschen umschrieben wird, seinem wirklichen Selbst (‚real self', vgl. 57, 160). K. Horney sagt, das sei „der tiefe Quell des Wachstums" (58, 17). Die deutsche Psychologie bezeichnet diesen Bereich der Person mit dem Wort ‚Mitte'.
Diese Begriffe versuchen eine schon lange empfundene, aber schwer formulierbare Realität in der Person aufzuzeigen. Sie bleiben rätselhaft und eigentlich unverwendbar, aber sie sind deswegen nicht weniger wichtig. Jourard schlägt vor, sie etwas nüchterner zu definieren, weil sie dadurch an Verwendbarkeit gewinnen (57, 350). Er meint, das wirkliche Selbst eines Menschen beziehe sich zunächst auf eine subjektive Erfahrung. Nur die Person selbst hat einen echten Zugang dazu. Diese Erfahrung besteht aus Gefühlen, Erkenntnisinhalten, Wünschen und Strebungen.
Das bringt uns auf eine Spur. Es macht konkreter feststellbar, worauf die erwähnten Begriffe sich beziehen. Aber es weckt zugleich auch Fragen. Zunächst einmal ist in uns manches vorhanden, was (noch) nicht für eine aktuelle Erfahrung in Betracht kommt. Es gibt verborgene Strebungen und Thematiken, die in unserem Verhalten zwar wirken, die wir aber als solche nicht erkennen. Wenn das der Fall ist, sprechen wir mit Recht von Selbst-Verfremdung. Diese verfremdeten Elemente müssen aber nach Jourard auch zum wirklichen Selbst eines Menschen gerechnet werden. Folglich scheint die Weise, auf die Jourard (und andere; wir haben ihn wegen der guten Zusammenfassung der vorliegenden Literatur gewählt) die Idee von Horney übersetzt, der Realität, die sie anzielt, nicht ganz gerecht zu werden. Wenn sie vom ‚Quell des Wachstums' spricht, geht es um mehr als Gefühle, Strebungen und Inhalte. Es geht tatsächlich um dessen Ursprung, d. h. das psychische Potential, das jemand besitzt und das sich im Laufe seines Lebens in einer bestimmten Form teils schon verwirklicht hat und teils noch nicht verwendet wurde. Es geht um

„bereits gekannte und noch unbekannte Reserven" (59).
Man könnte hier vom Unbewußten sprechen. Es geht aber bei der Bestimmung dieses wirklichen Selbst nicht in erster Linie darum, ob dieses Selbst seiner bewußt ist oder nicht. Die Bestimmung muß sich zunächst mit der Sache selbst befassen. Diese ist nun das psychische Potential, das in der Person, bewußt oder unbewußt, vorhanden und wirksam ist. Sie kann nicht von der konkreten Lebensgeschichte eines Menschen losgelöst werden, die - allein von der Erbanlage her - diesem Potential auf ganz bestimmte Weise Form verleiht. Im Verlauf der Lebensgeschichte werden ja ganz bestimmte Möglichkeiten angesprochen; andere werden nicht geweckt; wieder andere werden einseitig wirksam und bestimmen das gesamte Persönlichkeitsbild, und noch andere werden so in ihrer Entfaltung behindert, daß ein echtes persönliches Auswachsen nicht mehr möglich ist. Es kann anderseits auch nicht mit dem identifiziert werden, was jemand subjektiv an sich selbst erfährt. Es gibt ja im Lebenslauf eine ständige Weiterentwicklung, und je nachdem wie die Lebensaufgaben und Lebensumstände sich verändern, zeigen sich neue Möglichkeiten und Beschränkungen der Person.
Das Selbst, von dem hier die Rede ist, hat also eine höchst individuelle Geschichte, die einem Menschen allmählich oder plötzlich deutlich werden kann; er kann aber auch die subjektive Erfahrung verpassen.
Es ist auffallend, daß dieses psychische Potential der Person in seiner Wirkung und seiner Entwicklung gewisse Regelmäßigkeiten aufweist. Dadurch läßt es sich wissenschaftlich untersuchen. Die Auffassungen der Tiefenpsychologie, verschiedene Motivationstheorien, mehr auf das Erkennen gerichtete Verhaltenstheorien und Auffassungen vom ‚inneren Verhalten' der Person sind Versuche, diese Regelmäßigkeiten in ihrem wechselseitigen Zusammenhang festzustellen und vorstellbar zu machen. Beratung, Psychotherapie und das agogische Gespräch arbeiten mehr oder weniger mit diesen Gesetzmäßigkeiten und einer gewissen Vorausschaubarkeit, die diesem psychischen Potential eigen ist.
Das Selbst in diesem Sinne ist tatsächlich der Ursprung allen psychischen Wachstums. Wo es versagt, ist weder Lernen noch Reifen möglich. Daß es sich - der Wirklichkeit getreu - so vollkommen wie möglich aktualisiert, ist oberstes Ideal unserer abendländischen Kultur. Wo das der Fall ist, spricht man von der sich selbst aktualisierenden Person. Was damit genau gemeint ist, kann nicht ein für allemal festgelegt werden, weil diese Selbstverwirklichung ein ständiger Prozeß ist, in dem sich immer neue Möglichkeiten in konkreten Verhaltensweisen, Gedanken, Gefühlen, Wünschen, Einsichten und Entscheidungen offenbaren. So ist die Person stets aus ihrem wirklichen Selbst heraus im Werden begriffen. Wenn dieser Prozeß durch Erfahrung in seinem Zusammenhang deutlich wird, ‚kommt eine Person zu sich selbst'. In dem Maße nimmt sie dann auch hinsichtlich ihrer selbst Lehre an. Aber dem ist viel vorausgegangen, was sie zu dieser Einsicht gelangen ließ.
Diese Form des Lernens ist gemeint, wenn wir im strengen Sinne vom

Lernen über sich selbst sprechen. In der Atmosphäre dieses Lernens realisiert sich das Entwicklungsgeschehen, das psychische Reife genannt wird.

Die Entwicklung der Person

Wie aus dem Bisherigen wohl deutlich geworden ist, hat der Begriff Reifen Implikationen für unsere Auffassung von dem, was unter Entwicklung zu verstehen ist. Das kann nicht nur als Entfaltung dessen verstanden werden, was in der Anlage vorhanden ist, aber auch nicht als unmittelbares Resultat von Einflüssen, die von der Umgebung her auf die Person einwirken. Es kann nicht als ein Geschehen beschrieben werden, das durch eine innere Zweckmäßigkeit festgelegt ist, und ebensowenig als ein Prozeß, mit dem die Umgebung willkürlich Zielsetzungen verbinden kann. Ein Versuch, das zu definieren, was unter menschlicher Entwicklung zu verstehen ist, muß auf jeden Fall folgende Punkte berücksichtigen. Bei der Entwicklung handelt es sich um das Werden der Person, die in ein Verhältnis zu ihrer Umgebung tritt. Dabei gibt es einen zweifachen Ausgangspunkt: was die Person mitbringt und was die Umgebung dazutut einerseits, was die Person damit anfängt und was die Personen der Umgebung ihr antun andererseits. Je nachdem ob die Person in ihrem Leben weiterkommt oder nicht, finden die Voraussetzungen der Person durch Selbstbestimmung einerseits und durch Abhängigkeit andererseits allmählich zu einer Form. In dieser Formgebung verwirklichen sich die Grundvoraussetzungen eines jeden menschlichen Lebens auf individuelle Art. Wenn die Person von ihrer Anlage her gesund ist und die Umgebung das Entwicklungsgeschehen gut versteht, nimmt die Entwicklung einen positiven Verlauf. Damit ist gemeint, daß die Person in den jeweiligen Lebensphasen und auf den Lebensgebieten, die dazu gehören, sie selbst sein kann. Dieses Selbstsein gilt für das Schulkind, das auf seine Art die Gesinnung der Klasse verändert, wenn die Lehrerin Geburtstag hat, aber auch für die Jungen in dem Alter, in dem sie allein draußen ihre Entdeckungen machen, für die junge Frau, die ihr Kind versorgt, und für den Mann, der feststellt, daß seine Kollegen ihn viel weniger mögen, als er angenommen hatte.

Bei einer guten ‚wechselseitigen Regulierung' zwischen der Person und ihrer Umgebung kommen in ihr die schöpferischen Kräfte zum Zuge, die es ihr ermöglichen, auf *ihre* Weise mit den (kulturell bestimmten) Gegebenheiten umzugehen, die sie in ihrer Umgebung und auf ihrem Lebensweg vorfindet. Gleichzeitig wird sie dadurch befähigt, mit den Grundvoraussetzungen des menschlichen Lebens und von ihnen her zu leben und die Konfrontation mit ihnen in entscheidenden Reifungskrisen durchzustehen. Diese wechselseitige Regulierung ist für die Entwicklung wesentlich. Diejenigen, mit denen man zusammen aufwächst und an denen man wächst, müssen selbst gereifte Menschen sein und ein Verhältnis zu sich selbst und zu den Grundvoraussetzungen des Menschlichen gefunden haben (Erikson). So entwickelt die Person sich an anderen Personen, und so entsteht Individualität an Individualität. Das Reifen ist also ein Geschehen, das sich in der „persönlich-sozialen Reihe von Entwicklungsereignissen" (89, 239) abspielt. Dieses Soziale determiniert die Person nicht, aber es ist eine wesentliche Voraussetzung für ihre Entwicklung. Auffallend ist, daß, wenn diese wechselseitige Regulierung nicht sehr gut verläuft, d. h. wenn die Verbindung zwischen Entwicklungsangebot und Umgebung schwerer zustande kommt, die determinierende Kraft des Sozialen größer zu sein scheint. Das Ergebnis einer gut verlaufenden Entwicklung ist in diesem Sinne nicht vorauszusehen. Je gründlicher die Person Kontakt zu dem findet, was zu ihr gehört und durch ihren Lebenslauf ihr zugehörig wird, auf desto persönlichere Weise geht sie mit den Möglichkeiten um, die sie in sich selbst und im Leben entdeckt. Dazu gehört auch, daß sie sich nicht auf ein Entwicklungsschema festlegt, sondern stets aufs neue bereit ist, die Zukunft offenzuhalten und die Angst durchzustehen, die jede weitere Reifung mit sich bringt (87, 20).

Im Begriff der Entwicklung ist also die Begegnung mit dem anderen Menschen eingeschlossen. Der andere Mensch erhält dadurch Verantwortung. Er muß nämlich die Gegebenheiten und Konditionen berücksichtigen, die den sich entwickelnden Menschen konkret betreffen. Konkret heißt hier: so wie sie in einer individuellen Lebensgeschichte eine mehr oder weniger gelungene Form gefunden haben. „Jede (psychotherapeutische) Behandlung steht unter dem Ernst der Grundbedingungen für beide Beteiligten" (73, 311). Für agogische und pädagogische Beziehungen gilt dasselbe. Das bedeutet unter anderem, daß für die Reifung mit allen neuen Möglichkeiten, die sie eröffnet, und allen kritischen Situationen, die sie mit sich bringen kann - genügend Raum vorhanden sein muß, und auch, daß Reifungsprozesse angeregt werden müssen, wenn die Person selbst sie nicht deutlich genug erkennt. Die soziale Komponente der Entwicklung hat auf irgendeine Weise stets Einfluß auf die sich entwickelnde Person. Dieser Einfluß kann verschiedene Formen annehmen: vom unbewußten Einfluß durch das Angebot eines Lebensmodells und eines Milieus bis zum stets bewußten Einfluß von Rat, Urteil, Kritik, Appell oder Unterstützung. Das hat immer den Sinn, dem anderen Hilfe anzubieten, damit er sich selbst so erfährt wie er ist, mit seinen Gegebenheiten, in seiner ‚condition humaine', in dem Maße, wie er es verarbeiten kann - damit er seine Entwicklung zu verfolgen vermag. Die Entwicklung der Person ist ja nicht das Zurücklegen eines vorgeschriebenen Weges, sondern „eine zu realisierende Möglichkeit" (52, 18).

Das Reifungsgeschehen

Das Reifen besteht in der Veränderung der Person, durch die sie, im Kontakt mit anderen und ihren Lebensauftrag erfüllend, sich selbst so erfährt wie sie ist. Das Ergebnis dieser Veränderung ist immer ein neues oder besseres ‚Selbst-Können'. Diese höhere Kompetenz kann nicht nur von früheren Erfahrungen her verstanden werden. Sie ist zugleich und vor allem in inneren Reifungsfaktoren begründet, die es der Person ermöglichen, es wirklich *selbst* zu können. Je reifer die Person wird, desto mehr kann sie über ihre eigenen Möglichkeiten verfügen, um sich in ihrem Leben, wie es in einer bestimmten Lebensphase verlaufen soll, zu engagieren.

Die Phänomene, die mit dieser persönlichen Veränderung zusammenhängen, werden manchmal wahrgenommen, manchmal aber auch nicht. Bisweilen handelt es sich um ein allmähliches Wachsen, das der Person und ihrer Umgebung nicht bewußt wird. Oft merkt zwar die Person nichts davon, wohl aber die Umgebung, und manchmal fällt die Veränderung erst auf, wenn sie schon abgeschlossen ist. Beispiele für solche erkannten oder nicht erkannten Veränderungen findet man überall in der Lebenslaufpsychologie.

Eines davon ist die in der Literatur oft beschriebene Trotzphase beim Kleinkind. Im Kind entwickelt sich allmählich die Möglichkeit eines mehr autonomen Auftretens, auch den Erwachsenen gegenüber. Wenn die wechselseitige Regulierung in dieser Zeit sich etwas schwer tut, reagiert das Kind mit Auflehnung und starrem Festhalten an seinem eigenen Standpunkt. Darin zeigt sich konkret die Autonomie, die von innen her entstand; die Umgebung findet das Kind ‚schwierig'; das Kind selbst ist launisch und unbeständig.

Ähnliches gilt für die Übergangsperiode etwa im fünften oder sechsten Lebensjahr (90). In den folgenden Jahren entwickelt sich die echte gerichtete Bereitschaft zur Zusammenarbeit mit anderen. Diese Entwicklung bleibt oft unbemerkt, ist aber in Wirklichkeit eine sehr wichtige Erhöhung der eigenen Kompetenz und eine neue innere Möglichkeit, sich im Leben einen Platz zu erobern. Für manche Jugendliche ist die Pubertät eine stürmische Reifungsphase, in der sie sowohl für sich selbst als auch für andere deutlich wahrnehmbare Veränderungen durchmachen. Bei einigen beginnt die Innerlichkeit dabei eine mehr äußere Rolle zu spielen. Bei anderen verläuft der Prozeß einfacher und weniger explizit. Zu Beginn des Erwachsenenalters, wo für die Arbeit und für das Zusammenleben mit einem Partner eine Form gefunden werden muß, zeigt sich, was aus dem Jugendlichen geworden ist. Dann lassen sich auch die inneren Möglichkeiten und Grenzen der Person erkennen. Sie findet dann mehr äußerlich zu sich selbst, weil es dringend notwendig ist, mit einer Reihe von Dingen ins reine zu kommen. Der junge Erwachsene wird dann auch gezwungen, ein Verhältnis zu sich selbst zu finden. In dem Maße, in dem ihm das gelingt, reift er und wird reif für die Aufgaben, die diese Lebensphase mit sich bringt.

Das Reifen ist also ein Geschehen, das sich während des ganzen Lebenslaufes vollzieht und in jeder Lebensphase andere Formen annimmt. In den folgenden Kapiteln dieses Buches wird das für die jeweiligen Phasen des Erwachsenenalters ausführlich dargestellt werden. An dieser Stelle

sind einige Komponenten zu besprechen, die ganz allgemein im Reifungsprozeß eine Rolle spielen.
Folgende mehr allgemeinen Phänomene verdienen im Zusammenhang mit Reifungsprozessen während des Erwachsenenalters unsere Beachtung:
- das Personalisieren der eigenen Möglichkeiten und Beschränkungen;
- die persönliche Beteiligung an der Situation, in der das Reifen sich vollzieht (ego-involvement);
- das Entstehen innerer Voraussetzungen, die weiteres Lernen ermöglichen.

Diese Phänomene sollen nun behandelt werden.
In jedem Reifungsprozeß personalisiert die betreffende Person ihre konkreten Möglichkeiten und Beschränkungen. Personalisieren bedeutet hier, daß die Gegebenheiten, mit denen man tatsächlich zu tun hat, sowohl in sich selbst als auch in der Situation als zum eigenen Leben gehörend akzeptiert werden. Die Person gelangt zur Übereinstimmung mit dem, was sie in sich selbst und in ihrem Leben tatsächlich vorfindet. Sie macht es zu dem Ihrigen und zu einem integrierten Teil ihres Lebens. Diese Personalisierung steht im Gegensatz zum Gezwungensein. Keineswegs immer ist dieses Geschehen mit großen inneren Spannungen verbunden. Man kann beobachten, daß Menschen während ganzer Perioden ihres Lebens allmählich in die Dinge hineinwachsen, die das Leben ihnen bringt. Sie erfahren ihre Möglichkeiten und die daraus sich ergebenden Verantwortlichkeiten als selbstverständlich und planen ihre Beschränkungen unbefangen in ihren Lebensplan und in ihr tatsächliches Handeln mit ein. W. Bitter stellt fest, daß jede Reifung mit Angst verbunden ist. Er beruft sich auf E. Neumann, wenn er sagt, daß das Reifen eine spezifische Angst, „die Entwicklungsangst", bewirkt (87, 20). Er meint, das Reifen sei unausweichlich mit Einsamkeit verbunden, und mit dem Wagnis, sich von der Kollektivität loszulösen. Diese Dinge treffen aber eher für die Reifungskrise zu als für das Reifen im allgemeinen. Über lange Strecken des Lebenslaufes hinweg verläuft die Entwicklung ruhig. Sie vollzieht sich an den großen und kleinen Dingen des Alltags. An ihnen verändert sich die Person auch innerlich. In ihr bilden sich dadurch die Möglichkeiten zu weiterer Entfaltung, die die Psychologie in mancherlei (hypothetischen) Konstruktionen zu beschreiben und zu ergründen versucht. Man mag sich diese innere Veränderung systematisch genau vorstellen und ihr mit irgendwelchen Begriffen beizukommen suchen: sicher ist, daß das Verändern selbst sich im Aufgreifen der Möglichkeiten und Grenzen realisiert, die die Person betreffen, und in ihnen resultiert. Auch die Verantwortlichkeit, die darin mit gegeben ist, spielt dabei eine große Rolle. Diese Verantwortlichkeit kann bedeuten, daß man neue Dinge auf sich nimmt; sie kann aber auch bedeuten, daß man von Dingen absieht, die bis jetzt gültig waren. Darüber kann man nicht allgemein sprechen. Zwar stimmt es, daß Reifen stets impliziert, daß man einzustehen lernt für das, was man ist, und für das, was man tut oder läßt. In diesem Sinne macht Reifung frei für Verantwortlichkeit.

In dieser Personalisierung ist auf besondere Weise das persönliche Engagement wirksam. Wo es fehlt, kann man jahrelang dieselben Dinge tun und dabei noch eine Reihe neuer Dinge lernen, aber eine Veränderung der Person kommt dann nicht zustande. In Reifungsprozessen geht es um die Person. Darum ist sie daran auch selbst beteiligt. Das zeigt sich vor allem sehr deutlich bei Krisen. Aber auch in alltäglicheren Lebenssituationen ist diese Beteiligung wesentlich, wenn die Person sich tatsächlich verändern will. Ch. Bühler meint mit Recht, daß engagierte Bindungen eingegangen werden müssen, wenn der Entwicklungsprozeß nicht stagnieren soll. G. W. Allport nimmt in seine Zusammenfassung der Merkmale des Erwachsenseins (maturity) ausdrücklich die persönliche Beteiligung an dem auf, was man im Leben tut.

In einem Reifungsprozeß ist die Person nicht nur an der Sache beteiligt, mit der sie sich beschäftigt. Eine einseitige Hinwendung zu dieser Sache hemmt die Reifung. Für eine innere Veränderung ist es erforderlich, daß die Person auch sich selbst sieht und für das empfänglich wird, was in ihr vorgeht, aber auch für die allgemein menschlichen Bedingungen, die sie in ihrem Leben auf ihre eigene Weise verarbeiten muß. Wenn das nicht geschieht, verliert sie die Fähigkeit, produktiv auf die Forderung dieser Grundbedingungen zu antworten (73, 20). J. Herzog-Dürck nennt diese Fähigkeit „die existentielle Aufmerksamkeit". Das macht die Person fähig, in bezug auf sich selbst Lehre anzunehmen. Diese Lehre wirkt motivierend auf ihr weiteres Tun und Lassen. Der Begriff der ‚inhärenten Motivation' bekommt hier einen sehr prägnanten Sinn. Alle Motivation zeichnet sich durch Beständigkeit, Richtung und Selektivität aus, die in diesem Zusammenhang einen besonderen Sinn erhalten. Es geht hier um eine Beständigkeit, die innerlich fundiert ist und darum oft als unabwendbare persönliche Aufgabe von innen her erfahren wird. Es geht dabei um eine Richtung für das persönliche Handeln, die mehr die gesamte Lebensrichtung betrifft als einzelne zufällige Zielsetzungen. Charakteristisch ist dabei die Erfahrung, daß diese Zielsetzungen als mit der gesamten Lebensrichtung zusammenhängend aufgefaßt werden. Auch die Selektivität hat bei Reifungsprozessen eine besondere Färbung. Die Wahl der Mittel zur Erreichung des Zieles ist an eine innere Norm gebunden. Die Menschen sagen dann, sie müßten es so und nicht anders machen. Es gibt Wege, die sie nicht gehen zu können glauben, ohne sich selbst untreu zu werden.

Wo diese Fähigkeit der Kommunikation mit sich selbst abnimmt, entfremdet die Person sich von ihren inneren Ursprüngen und Bedingungen; sie entwickelt sich nicht weiter. Dann tritt leicht Konformismus an die Stelle der Lebensformung. Man könnte auch sagen, daß dort, wo die Personalisierung der Lebenssituation, die persönliche Beteiligung daran und die Kommunikation mit sich selbst ungenügend zu ihrem Recht kommen, das Entstehen der persönlichen Identität gehemmt wird. Identität hat hier eine tiefere Bedeutung als bei E. Erikson. Er betont nachdrücklich die sozialen Implikationen der Identität. Identität ist bei ihm vor allem die Verbindung des Selbstverständnisses der Person mit dem Verständnis, das andere von ihr haben, mit der Nuancierung, daß die Person begreift, daß sie auf ihre Weise das ist, was die anderen auf ihre Weise sind. Identität im hier gemeinten Sinne hat einen mehr persönlichen Charakter. Sie ist die Seinsweise der Person, insofern diese darin Fühlung mit der eigenen psychischen ‚Ausrüstung' und mit den Grundvoraussetzungen des Menschlichen in sich selbst hat. Ihre Lebensgeschichte geht weiter. Darum kann sich auch das Reifen das ganze Leben hindurch fortsetzen, und die persönliche Identität gewinnt immer deutlicher Gestalt, wenn dies der Fall ist.

Die Lehren, die die Person hinsichtlich ihrer selbst annimmt, sofern sie in verschiedene Lebenssituationen verwickelt ist und sich daran weiter entwickelt, resultiert in einer Erkenntnis, die durch das ‚Erkennen' gewonnen wird. Darin steckt das ‚Schmecken', ‚Erleben', ‚Vernehmen', aber auch das ‚Einsehen' und ‚Begreifen'; der Bezug zu ‚Geist' und ‚Gemüt' ist ebenfalls darin enthalten. Dieses Erkennen ist eine ‚offene' Kenntnis, die alle Möglichkeiten für ein weiteres Anfüllen offenläßt. Das Erkennen wird aus dem Interesse an der persönlichen Vergangenheit und in der Situation des Augenblicks gewonnen. Es zeichnet sich durch Überzeugung aus und hat eine gewisse Stabilität, ohne jedoch die Zukunft festzulegen. Im Erkennen drückt sich auch die Erfahrung der Kontinuität des eigenen Lebenslaufes aus, d. h.: die Erfahrung, daß man trotz aller Veränderung dieselbe Person ist, die mit dem eigenen und zusammenhängenden Leben beschäftigt ist. Menschen erkennen, was es für *sie* bedeutet: verheiratet zu sein, Kinder zu haben, einen Lebensplan auszuarbeiten. Sie ‚erkennen, wie alles überhaupt gekommen ist', wo ihre Verdienste liegen, ihr Versagen und ihr Schicksal, und auch, ‚wie es nun weitergehen soll'.

Die Veränderung der Person, die sich im Reifen vollzieht, schafft die Voraussetzungen, die ein weiteres Entwicklungslernen ermöglichen. Das Erwachsenenalter bringt zahlreiche Lernaufträge mit sich, von denen in den folgenden Kapiteln noch die Rede sein wird. Hier nur einige Beispiele: der junge Erwachsene muß ‚lernen', seinen Platz in der Gesellschaft zu finden; der Mann muß ‚lernen', seine Frau als Person zu sehen; im mittleren Lebensalter muß man ‚lernen', sich von einer Reihe von Wünschen zu distanzieren und mit hilfsbedürftigen Eltern zu leben. Dieses Lernen setzt voraus, daß die Person im Laufe ihres Lebens in sich selbst Voraussetzungen verwirklicht hat, um dieses Lernen auch wirklich vollbringen zu können. Wenn die ödipale Situation nie ganz deutlich geworden ist, kann man erwarten, daß die Sorge für hilfsbedürftige Eltern zu großen Schwierigkeiten führen wird. Wenn die Person sich nicht so verändert hat, daß sie die Wirklichkeit akzeptieren kann, wächst sich die Erfahrung ihrer zunehmenden Beschränktheit in den fünfziger Jahren zu einem inneren Konflikt aus. Diese innere Veränderung der Person ist eine Frucht der Reifung, d. h. der psychischen Entwicklung. Natürlich kann das Leben jemand unter Druck setzen und ihm Aufträge aufzwingen, denen er tatsächlich nicht gewachsen ist. Dann wird die Person sofort lernen müssen, dennoch damit fertig zu werden. Will sie es aber wirklich können, also so, daß sie selbst weitere Entfaltungsmöglichkeiten darin entdeckt und zugleich den Auftrag *selbst* ausführt, dann bedeutet das tatsächlich einen Reifungsprozeß. Haben sich dann in ihr die Voraussetzungen für die Lösung der Aufgabe entwickelt, dann muß die tatsächliche Ausführung trotzdem noch erlernt werden.

Wie die inneren Voraussetzungen, von denen hier die Rede ist, zu bezeichnen sind, und welche Voraussetzungen es sind, kann noch nicht eindeutig festgelegt werden. Die vier Grundtendenzen von Bühler sind ein Beispiel dafür. Mit aller Vorsicht könnten diese vier Voraussetzungen als ‚hypothetische Konstruktionen' bezeichnet werden.

## IV. Zeitabschnitte im Lebenslauf

*Das Einteilungsprinzip*

Die Person als lebendiges Zentrum

Der Sprachgebrauch und das tägliche Leben gehen davon aus, daß das Leben in mehreren unterschiedlichen Zeitabschnitten verläuft. Im Tun und Lassen der Menschen miteinander gibt es eine unausgesprochene Verstandeshaltung gegenüber dem Rollenverhalten, den Eigenarten und den ‚Gebrauchsanweisungen' von Menschen aus unterschiedlichen Lebensphasen.
Die Sprache hat für die verschiedenen Gruppen jeweils eigene Begriffe geprägt: Es gibt Neugeborene, Kleinkinder, Schulkinder, Pubertierende, Jugendliche, Heranwachsende, junge Männer und junge Frauen, Erwachsene, Menschen im mittleren Lebensalter, Menschen, die ‚noch nicht alt sind', ältere Leute und Greise. Dementsprechend gibt es auch die Kindheit, die Schulzeit, die Jugend, das reife Alter, das Übergangsalter und das Alter.
Alle diese Ausdrücke beziehen sich auf bestimmte, nicht genau umschriebene, aber für jedermann klare und verwendbare Bilder von Lebensaltern. Diese Bilder enthalten den Niederschlag mancher Erfahrungen, halbe Wahrheiten und Unwahrheiten, Klischees, weise Einsichten und Auffassungen, die die Menschen im Hinblick auf die betreffende Lebensperiode zusammengetragen haben. Sie können nicht leicht ausgewechselt werden, sie dienen als Norm zur Beurteilung, als Erklärung für das Verhalten oder als bequemes Klassifikationsmittel in der Praxis des Alltags. Manche Nuancierungen der Bezeichnungen für das Kindesalter sind interessanterweise jüngeren Datums; dagegen haben die Grundworte Kind und Jugendlicher schon ein beträchtliches Alter. Der Begriff des Pubertierenden ist noch sehr jung, der des Teenagers entstand erst in letzter Zeit. Offensichtlich nuanciert das tägliche Leben seine Erfahrungen und prägt dabei neue Worte, die diesen neuen Erfahrungen entsprechen. Die Lebenslaufpsychologie hat sich unter anderem als Aufgabe gestellt, zu einem verläßlichen Urteil darüber zu kommen, wonach solche Zeitabschnitte im Leben unterschieden werden können. Sie versucht herauszufinden, an Hand welcher Kriterien die eine Phase von der anderen unterschieden werden kann. In den letzten Jahren lag das Schwergewicht immer mehr auf der Frage, ob eine Aufteilung in Phasen den Tatsachen entspricht.
Wir befinden uns hier auf einem noch sehr umstrittenen Gebiet, wo eine definitive Deutlichkeit vorläufig noch nicht erwartet werden kann.
Bei der Besprechung des Problems werden wir auf jeden Fall von der Person in ihrer Gesamtheit ausgehen. Wir wollen „die Person als lebendiges Zentrum" festhalten (91, Vorwort).

Es geht uns vor allem um eine Reihe von zuverlässigen und praktisch brauchbaren Einsichten, die außerdem dem Leben des Erwachsenen, wie es konkret gelebt werden muß, möglichst nahekommen. Dazu ist es erforderlich, daß wir der Person als lebendigem Zentrum ihres eigenen Lebens so nahe wie möglich bleiben, der Person, die erfahrend, denkend und abwägend ihrem Leben eine Form gibt. Am besten wäre eine Beschreibung des Ablaufs des Erwachsenenalters, in der die Person sich in großen Linien wiedererkennen könnte. Das verlangt auch, daß die Beschreibung eine mehr philosophische und lebensanschauliche Betrachtung zulassen würde. Ebenso müßte das Innere der Person im Zusammenhang mit seinem äußeren Verhalten darin enthalten sein. Unter dem Inneren verstehen wir hier das, was die Person als in sich selbst wirksam entdeckt und erkennt. Auch dadurch gewinnt das Leben Form - in Worten, Gedanken, Wünschen, Konflikten, Enttäuschungen und Entscheidungen.

Hierunter fällt besonders auch das Reifen. Unser Interesse geht also weiter, als H. Thomae es formuliert: „Im Erwachsenenalter aber, ist es ausschließlich die Fülle der sich zeigenden Anpassungen an umweltbedingte Probleme, die interessiert" (65, 9).

Wenn man aber die Person als lebendiges Zentrum in der Beschreibung ihrer Lebensperiode des Erwachsenenalters festhalten will, ist es außerdem nötig, sie im Bereich der Anforderungen zu beschreiben, die unsere Gesellschaft an sie stellt, und innerhalb der Möglichkeiten, die ihr von unserer Gesellschaft geboten werden. Dabei ist die Periode des Erwachsenenalters sehr ausgedehnt. Allgemein wird die Undifferenziertheit in dieser langen Periode beklagt. Die großen Entwicklungstheorien, mit Ausnahme der von Havighurst und seinen Mitarbeitern, unterteilen sie kaum. Doch sind zweifellos 20-, 30-, 40-, 50-, 60- oder 70jährige in mancher Hinsicht jeweils andere, veränderte und sich verändernde Menschen. Wenn man diesen Veränderungen einigermaßen gerecht werden und sie einer praktischen Einsicht zugänglich machen will, ist es notwendig, das Erwachsensein zu nuancieren. Dadurch kann das von diesen Veränderungen hervorgerufene Bild wenigstens in seinen Grundzügen skizziert werden, zumal eine Reihe von Fakten den Eindruck erweckt, daß *doch* bestimmte Perioden zu erkennen sind, vor allem unter dem Einfluß der Gesellschaft, die ganz eindeutig mit bestimmten Zeitabschnitten rechnet. Pressey und Kuhlen bemerken dazu: „Wir halten es für nützlich, im Hinblick auf manche psychologischen Phänomene zwischen Perioden und Subperioden zu unterscheiden. Der Entwurf von Entwicklungsperioden ist von der Kinder- und Jugendlichenpsychologie aufgegriffen worden; für den Lebenslauf als Ganzes ist er von größerem Wert, als heute angenommen wird" (26, 62). Brauchbarkeit ist ein Aspekt der Fruchtbarkeit, die ihrerseits mit Recht als eines der Kriterien der Wahrheit bezeichnet wird. Das bedeutet, daß wenn hier nun die Wörter Phase, Periode, Zeitabschnitt gebraucht werden, diesen keine Bedeutung zukommt, die spezielle theoretische Implikationen hätte. Wo das dennoch der Fall ist, wird es immer aus dem Zusammenhang heraus deutlich werden.

Da es uns um die Person als lebendiges Zentrum geht, die während der Perioden des Erwachsenenalters ihrem Leben selbst eine Form gibt, sind die Auffassungen von Ch. Bühler und auch die der Egopsychologie für uns wichtige Anknüpfungspunkte. Die Selbstbestimmung der Person wird in der Besprechung der Lebensphasen ständig wiederkehren. H. Thomae meint, Ch. Bühlers Ansicht dehne das Gebiet der Entwicklungspsychologie ins Uferlose aus, aber wir sind nicht dieser Ansicht. Thomae meint ferner, wenn man die Entwicklung als Resultat des Zusammenwirkens von Anlage und Umgebung, von Reifung und Lernen sehe, spreche man eigentlich über Merkmale, die allen psychischen Geschehnissen eigen sind, und nicht über ein bestimmtes Gebiet der Psychologie. Dazu ist es erforderlich, daß der Aspekt, unter dem Lernen und Reifen eingeführt werden, spezifischer umschrieben wird (65, 7). Ch. Bühler wählt nun absichtlich interdisziplinäre Begriffe, also solche, die für eine breitere Anwendung brauchbar sind, nicht nur auf dem Gebiet der Psychologie. Wir halten diese Methode für fruchtbar, weil dadurch die Person, wie sie konkret ist, zu ihrem Recht kommt. Zum mehr spezifisch Psychologischen wäre zu sagen: Es geht Bühler um die individuelle Form, die die von ihr beschriebenen Grundtendenzen im Laufe des Lebens annehmen. Sie spricht wenig vom Zusammenwirken von Anlage und Umgebung, von Reifen und Lernen im allgemeinen. Sie werden immer mit der Entwicklung der Mentalität im individuellen Leben und in zunehmendem Maße mit dem Leben des normalen Mannes in Zusammenhang gebracht. Bühlers Werk ist von Grund auf aus Studien an individuellen Personen zusammengesetzt.

Wenn man die Selbstbestimmung ausdrücklich in die Lebenslaufbeschreibung aufnimmt, bedeutet das, daß die Person, *gerade insofern sie sich selbst* entwickelt, beachtet werden muß. Der Erwachsene ist damit beschäftigt, sein Leben zu gestalten; das ist der Entwicklungsaspekt, der im Hinblick auf unsere Zielsetzung besondere Aufmerksamkeit verdient.

Mit Recht wird oft behauptet, der heutige Zeitpunkt der Entwicklung könne nur von der Fortsetzung her verstanden werden. Petzelt verlegt das eigentliche psychische Moment der Entwicklung in die Beziehung der Person zur verbindlichen Fortsetzung ihres Lebens. Will man an der Person als lebendigem Zentrum festhalten, dann ist es notwendig, zu sagen, wie sie jetzt aus ihrer Vergangenheit heraus lebt, und zwar mit einer näheren oder ferneren Zukunft vor Augen. Dabei ist das wichtigste Moment das Vorangehen selbst; dadurch kommt man dem konkreten Augenblick der Gegenwart am nächsten. Kontinuität und Diskontinuität werden in diesem konkreten Augenblick von der Person ständig aufgenommen, gefördert oder abgelehnt. Mit Recht wird behauptet, daß für eine wirkliche Entwicklung beide notwendig sind.

Diskontinuität bedeutet dann in diesem Zusammenhang, daß der Lebenslauf in der Erfahrung der Person für eine bestimmte Periode seine Gleichmäßigkeit und Selbstverständlichkeit verliert; der Person fehlt für eine

Weile ihr vertrauter Lebensstil. Diese Diskontinuität kann in Form einer tiefgreifenden Krise auftreten; sie kann aber auch die Form eines langen Abwägens vor einer wichtigen Entscheidung annehmen, oder des Aufschiebens von Entscheidungen, weil man noch nicht weiß, wie es weitergehen soll. Diskontinuität kann auch durch tatsächliche Ereignisse entstehen, wie etwa die Geburt eines Kindes, einen Umzug oder ein Unglück. Die Begegnung mit einem alten Freund oder einer Freundin kann uns plötzlich erkennen lassen, was sich in unserem eigenen Leben verändert hat; auch das ist ein Durchbrechen der Gleichmäßigkeit und Vertrautheit des Lebenslaufes und kann für die Selbstbestimmung und das Selbsterleben von Bedeutung sein. Wenn bei der Besprechung der Lebensabschnitte von dieser Diskontinuität die Rede sein wird, soll dadurch hauptsächlich zum Ausdruck gebracht werden, daß solche Unterbrechungen des Lebenslaufes in bestimmten Perioden oft vorkommen. Angesichts des noch ziemlich hypothetischen Charakters der Entwicklungstheorie distanzieren wir uns vorläufig von dem zwingenden, entwicklungsgebundenen Charakter solcher Krisen oder Diskontinuitätsphänomene, zumal bei einer guten wechselseitigen Regulierung zwischen der Person und ihrer Umgebung solche Krisen oft gar nicht eintreten.

Die hier skizzierte Entwicklungsvorstellung setzt voraus, daß die Person intensiv und ständig an ihrer eigenen Entwicklung beteiligt ist. Wenn sie jung ist, zwingt ihre Umgebung sie, sich damit zu beschäftigen, und wenn sie älter ist, die Gesellschaft, die Lebenspartner und die Gruppen, zu denen sie gehört. Das macht die Entwicklung zu einer Aktivität der Person selbst. Sie ist damit beschäftigt, ihre Neigungen zu verwirklichen, verfügt dabei über wechselnde Möglichkeiten, ist an innere Bedürfnisse und äußere Umstände gebunden, begegnet wechselnden Schwierigkeiten und ist auch der Gefahr von Irrtümern ausgesetzt. Dieser Lebensprozeß geht an der Person nicht spurlos vorüber. Sie entwickelt einen eigenen Lebensstil; eine Lebensbetrachtung ist eventuell ein persönlicher Ausdruck derjenigen Aspekte, die am tiefsten in die Person eingewirkt haben. Aus dieser persönlichen Beteiligung an der eigenen Entwicklung ergeben sich große individuelle Unterschiede, auch innerhalb der Altersgruppe, die eine bestimmte Periode umfaßt, und das um so mehr, je mehr das Leben fordert: der Unterschied an Möglichkeiten, Umständen, Erfahrung, Zielsetzung und Werten wirkt kumulativ. Das schließt nicht aus, daß alle letztlich doch so unterschiedlichen Individuen während des Erwachsenenalters auf ihre Weise mit übereinstimmenden Dingen beschäftigt sind. Sie sind ja alle menschliche Personen, in derselben Gesellschaft und unter dem Einfluß derselben Kultur einer Reihe übereinstimmender Lebensaufgaben gegenübergestellt. Weil die Aufgaben, die sie zu erfüllen haben, von der Gesellschaft zu einem wesentlichen Teil mit bestimmten Lebensaltern verbunden werden, weil die wichtigen biologischen Veränderungen ebenfalls an bestimmte Lebensperioden gebunden sind und weil bei der Kommunikation zwischen Menschen ständig vom Generationsunterschied ausgegangen wird, ist es sinnvoll, auch das Lebensalter in die jeweiligen Phasen des Erwachsenenalters einzubeziehen. Insofern es um Phänomene geht, die mit diesen drei Faktoren zusammenhängen, spielt das Lebensalter eine wirkliche Rolle in der *Psychologie* des menschlichen Lebenslaufes. Ein Beispiel aus dem Bereich der Entwicklungsaufträge ist die Aufgabe der Erziehung von Teenagern. Auch die berufliche Altersgrenze von 65 Jahren ist ein Beispiel für den Einfluß der Gesellschaft auf die Selbstbestimmung der Person. Im mehr biologischen Bereich sind die vitalsten Jahre zwischen 20 und 40 Jahren und auch die Übergangsphase ein markantes Beispiel. Aus dem Bereich der Generationsverhältnisse erwähnen wir die Lebensalter von 21, 29 (für unverheiratete Männer und Frauen), 40, 65 und 70 Jahren. Die Bedeutung dieser Jahre für die betreffenden Personen darf nicht überschätzt werden.

Über den panphasischen Einfluß bestimmter Ereignisse, Personeneinflüsse und Erfahrungen haben wir bereits gesprochen. Panphasisch ist ein Einfluß dann, wenn er das ganze Leben hindurch wirkt und nicht nur während bestimmter Zeitabschnitte.

Um nun zu einer Reihenfolge von Zeitabschnitten in der Periode des Erwachsenenalters zu kommen, nennen wir einige beschreibende Kategorien. Sie bilden ein Einteilungsstatut für das Erwachsenenalter, das versucht, den hier besprochenen Anforderungen zu genügen und eine Charakteristik der aufeinanderfolgenden Phasen des Erwachsenenalters in ihrem wechselseitigen Zusammenhang zu bieten.
1. Die Entwicklungsaufgabe
2. Die dominanten Werte
3. Die typischen Möglichkeiten und Schwierigkeiten
4. Die charakteristischen Züge
5. Die konnaturalen Abweichungen
6. Die unbewältigten Dinge
Diese Begriffe werden nun nacheinander untersucht.

*Die Entwicklungsaufgabe*

Der Begriff der Entwicklungsaufgabe bezieht sich auf den Auftrag, den die Person während der verschiedenen Perioden ihres Lebens zu erfüllen hat. Diese Aufgabe ist von Periode zu Periode unterschiedlich. Die Aufgaben, die die Person übernehmen muß, bestehen im allgemeinen aus den Dingen, „die ein gesundes und befriedigendes Wachsen in unserer Gesellschaft verwirklichen" (35, 2). Havighurst, der den Begriff einführte, spricht von einer Aufgabe, die in einem bestimmten Lebensalter oder im Zusammenhang mit einer bestimmten Periode im Leben des Individuums auftaucht. Die geglückte Lösung dieser Aufgabe führt zu Glück und Erfolg bei späteren Lebensaufgaben; Versagen bringt dem Individuum ein unglückliches Leben, Ablehnung seitens der Gesellschaft und Schwierigkeiten bei der Durchführung späterer Aufträge ein (35, 2).

Dem Begriff liegt zugrunde, daß „Leben Lernen ist und daß Wachsen Lernen ist". Das Individuum lernt seinen Weg durch das Leben zu gehen. In der ‚case history' des Begriffs berichtet Havighurst, daß der Begriff ‚Entwicklungsaufgabe' in der Absicht formuliert wurde, einen mittleren Weg zwischen der ‚Theorie der Freiheit' und der ‚Theorie des Zwanges' zu finden. Nach der ersteren entwickelt sich das Kind am besten, wenn ihm möglichst viel Freiheit gelassen wird; nach der zweiten wird es zu einem verantwortungsbewußten Erwachsenen, wenn es sich den Beschränkungen fügt, die die Gesellschaft ihm auferlegt. „Die Entwicklungsaufgabe hält die Mitte zwischen einem individuellen Bedürfnis und einer Anforderung der Gesellschaft" (35, 332). Dem Bedürfnis wird dadurch entsprochen, daß man dem Rechnung trägt, was zu einem bestimmten Zeitpunkt vom Kind her gesehen gut ist; die Gesellschaft kommt dadurch zu ihrem Recht, daß im ‚teachable moment' dem Kind Aufgaben gestellt werden, denen es gewachsen ist und die als Anregung wirken. Dieses ‚teachable moment' ist der Entwicklungszeitpunkt, zu dem das Kind für das Lernen bestimmter Aufgaben am aufnahmefähigsten ist (35, 5).
Die Vorstellung, daß die Entwicklung als das Aufnehmen und Ausführen-lernen aufeinanderfolgender Lebensaufgaben beschrieben werden kann, wurde seit den dreißiger Jahren von amerikanischen Wissenschaftlern verbreitet, die sich mit der Entwicklungspsychologie und mit Fragen der Erziehung beschäftigten (35, 328). Auch E. Erikson war an der Entwicklung dieses Begriffes beteiligt (35, 329). Die Idee stammt ursprünglich nicht von Havighurst selbst; jedoch wurde sie durch die Art der Verwendung von ihm und anderen verbreitet und praktikabler gemacht. Anfangs wurde die Idee nur im Zusammenhang mit den Entwicklungsjahren bis zum Erwachsensein angewendet, später jedoch auch auf die Lebensabschnitte nach der Erreichung des Erwachsenenalters. Dort ist die Auswirkung viel beschränkter. Dem Erwachsenenalter ist in ‚Human Development and Education' (35), dem Buch, das auf der Entwicklungsaufgabe aufbaut, nur ein Zehntel des Gesamtumfangs gewidmet. Dieser Studie zufolge gibt es drei Quellen der Entwicklungsaufgaben: die körperliche Reifung (laufen lernen, ein angemessenes Rollenverhalten gegenüber dem anderen Geschlecht lernen, Anpassung an die Menopause); den Druck der Kultur (lesen lernen, als vollwertiger Bürger am Leben teilnehmen lernen); die persönlichen Werte und Neigungen der Person (Berufswahl, Entwickeln einer Wertskala und einer Lebensanschauung). Zur Verdeutlichung könnte man zwischen biologisch, kulturell und persönlich begründeten Entwicklungsaufgaben unterscheiden. Durchweg spielen die drei Faktoren gemeinsam eine Rolle beim Entstehen einer Aufgabe, und zwar in der Form, die sie annimmt und in der Art und Weise, auf die sie ausgeführt wird.
Folgende Gründe regen uns dazu an, im Hinblick auf die Charakterisierung der jeweiligen Zeitabschnitte die Idee der Entwicklungsaufgabe zu berücksichtigen:
Zunächst einmal wird dadurch eine praktikable Übersicht über das mög-

lich, was im Lebenslauf der Person tatsächlich auf sie zukommt. Da behauptet wird, die Aufgabe sei an das Lebensalter gebunden, kann die Dynamik im Erwachsenenalter präziser aufgezeigt werden (s. dort). Außerdem bietet der Begriff die Möglichkeit, den Zusammenhang der Lebensabschnitte zu demonstrieren. Havighurst bemerkt, daß das Gelingen oder Mißlingen einer Entwicklungsaufgabe Folgen für das Glück und das Unglück der Person hat, für ihr Verhältnis zur Gesellschaft und für die Durchführung weiterer Lebensaufgaben. Letztere bewirken wiederum Glück oder Unglück, ein positives oder ein problematisches Verhältnis zur Gesellschaft. Auf diese Weise wird die Bedeutung der Kontinuität im menschlichen Lebenslauf konkretisiert. Das bedeutet zugleich, daß eine Norm geliefert wird, an Hand deren bis zu einem gewissen Grad festgestellt werden kann, inwieweit die Entwicklung der Person gut verläuft oder bedroht ist, inwieweit und wo ‚eine Kurskorrektur vorgenommen' werden muß. Außerdem verhilft uns bei einer normalen Entwicklung die Idee der Entwicklungsaufgabe zu einem Einblick in die Dinge, die von vielen Menschen in einem bestimmten Lebensabschnitt für das Wichtigste gehalten werden, und in die Probleme, mit denen sie hauptsächlich zu tun haben. Das ist eine wichtige Hilfe beim Umgang mit Menschen - sowohl in persönlicher als auch in funktionaler Hinsicht.

Die Entwicklungsaufgabe als Maßeinheit für den Lebenslauf beleuchtet auch zwei wichtige Phänomene, die wir noch besonders besprechen werden, die sogenannten ‚konnaturalen Abweichungen' und die ‚unbewältigten Dinge'. Konnaturale Abweichungen sind Irrtümer der Person auf ihrem Lebensweg, dadurch verursacht, daß sie sich zu einseitig und zu ausschließlich auf die Thematik eines bestimmten Lebensabschnittes einstellt. Jemand kann so sehr unter dem lastenden Druck des nahenden Alters stehen, daß er gleichsam darin stecken bleibt und die nötige Umstellung nicht vornimmt. So kann auch der Jugendliche dermaßen im Suchen nach sozialer Erkenntnis und im Studium aufgehen, daß es ihm Schwierigkeiten macht, seine Geschlechtsrolle zu finden. Konnaturale Abweichungen können zum Teil mit Entwicklungsaufgaben zusammenfallen, die zu einseitig ausgeführt und wobei andere Aufgaben übersehen werden. Als Folge davon geht die Verbindung mit dem Lebensganzen verloren, und in einer der folgenden Lebensperioden entstehen dann oft Schwierigkeiten, wie Havighurst bestätigt. Unter den unbewältigten Dingen versteht man die Lebensaufträge, in denen die Person steckenbleibt, obwohl es zu einem bestimmten Zeitabschnitt gehört, daß die Person damit zurechtkommt. Das Unabhängigwerden vom elterlichen Milieu z. B. ist eine notwendige Voraussetzung dafür, daß man als junger Erwachsener selbständig wird. Ist diese Voraussetzung nicht erfüllt, dann rächt sich das Unbewältigte etwa im Verhältnis der Verlobten zueinander, in einem zu großen Einfluß der Eltern auf die Erziehung der Enkelkinder. Die Idee der Entwicklungsaufgabe hilft beim Verstehen der Lebensschwierigkeiten in bestimmten Perioden und beim Erkennen des Bereiches, in dem eine Sanierung vorgenommen werden muß. Manche Krise im individuellen Lebenslauf wird dadurch auch besser verständlich und für die betreffende Person besser faßbar. Schließlich vermittelt die Gesamtheit der Entwicklungsaufgaben einen klareren Einblick in die Art und Weise, auf die die Grundtendenzen, wie Ch. Bühler sie beschreibt, sich tatsächlich auswirken. Der Begriff sucht den Mittelweg zwischen den Bedürfnissen der Person und den Forderungen der Gesellschaft. Darin kommen die Grundtendenzen von Bedürfnisbefriedigung und Selbstbeschränkung durch Anpassung zum Zuge. Die Entwicklungsaufgabe ergibt sich aus Reifung, Kultur und persönlichen Neigungen. Diese verweisen deutlich auf die Grundmöglichkeiten und die kreative Expansion, von der Bühler spricht. Durch die konkrete Weise, über diese Dinge zu sprechen, gewinnt das von Bühler aufgestellte Schema an Brauchbarkeit. Anderseits können die Grundlinien, die Bühler gezeichnet hat, verdeutlichen, was sich während der Durchführung einer Entwicklungsaufgabe an Selbstbestimmung im Leben der Person ergibt. Sowohl Havighurst als auch Bühler haben bei ihrer Arbeit das Glück und die Lebenserfüllung der Person vor Augen.

## Dominante Werte

Einen Wert stellt das dar, was in der Erfahrung der Person zu Lebenssinn und Lebenserfüllung beiträgt. Sinn und Erfüllung verstehen wir hier in der früher erwähnten Bedeutung. Man findet sie in fast jeder Situation, implizit verwirklicht oder explizit erfahren, aber auch bereits gemeinsam. Ch. Bühler sagt mit Recht, daß alle Beweggründe, die die Person antreiben, darauf gerichtet sind (13, 45). Menschen sind stets damit beschäftigt, Werte zu verwirklichen, weil sie darin einen Sinn für ihr Leben finden und weil ihr Leben dadurch einen Sinn behält. Der Begriff ‚Wert‘ darf in diesem Zusammenhang also nicht zu ‚hoch‘ veranschlagt werden. Alle Zielsetzungen, auch die sehr einfachen, sind damit gemeint, und ebenso alles, was zur Befriedigung führt, ethische Werte also genauso wie das, was unsere leiblichen Bedürfnisse befriedigt und darum von uns angestrebt wird, wobei letzeres stets eine Voraussetzung ist. Der Begriff des Wertes impliziert, daß die Person auf das ‚aus ist‘, was als wertvoll empfunden wird. Etwas kann von ihr hoch eingeschätzt werden, und trotzdem möchte sie ihm in ihrem Leben keinen Platz einräumen. Was nur kognitiv als Wert erkannt wird, aber das konkrete Verhalten der Person nicht motiviert, bezeichnen wir hier nicht als Wert.
Nicht alle Werte werden für gleich wichtig gehalten. Das Verhältnis zu ethischen Werten ist anders als das zu ästhetischen, religiösen oder politischen. Anderseits stehen Werte oft nicht voneinander unabhängig da. Ethische und ästhetische Werte können miteinander verbunden sein; politische Werte können für manche Menschen ethische Implikationen haben. Die Mentalität der individuellen Person ist vor allem durch eine be-

stimmte **Werthierarchie** gekennzeichnet.

Wenn wir einmal bei Ch. Bühlers Gedankengang bleiben, fungiert all das als Wert, was zu einem bestimmten Zeitpunkt des Lebenslaufes oder während eines bestimmten Zeitabschnittes am besten den vier Grundtendenzen entspricht. Diese Tendenzen sind: die Befriedigung von Bedürfnissen, die Anpassung durch Selbstbeschränkung, die schöpferische Ausdehnung und das Bewahren der inneren Ordnung. Es ist eine Aufgabe der Lebenslaufpsychologie, für jedes Individuum und für die Lebensabschnitte festzustellen, wie diese Grundtendenzen sich jeweils verhalten und welche anderen Werte dadurch jeweils in Erscheinung treten. So können auch die ‚dominanten Werte' festgestellt werden.

Dafür scheint Bühlers Schema geeignet zu sein. Es umfaßt ja alle Arten von Bedürfnissen, die dem Menschen als Person eigen sind, und ist für manche Bedürfnisse offen, die sich im Laufe des Lebens einstellen. Es enthält auch die Forderungen der Wirklichkeit und die Art, auf die jemand sich zu dieser Wirklichkeit verhält. Es hat Platz für alle Triebe und Strebungen, die sich im Laufe des Lebens einstellen. Und schließlich nimmt Bühler durch die ‚Bewahrung der inneren Ordnung' auch die Beziehung der Person zu sich selbst und ihrem Lebenslauf in ihre Überlegungen mit auf. Im Verlauf des Lebens verbinden diese Grund-Strebungen sich zu einer bestimmten, mehr oder weniger festen Struktur. Von hier aus werden stets die Werte gesucht, von denen die Person Erfüllung und Sinn erwartet. So entsteht eine „Überzeugungs- und Wertmatritze" (E. Tolman), die mit Hilfe von Erfahrung erworben wurde. Es ist leicht einzusehen, daß vor allem die Werte, die in einer bestimmten Kultur dominieren oder in einer bestimmten Gesellschaft vorherrschen, bevorzugt in dieses Modell aufgenommen werden. Anderseits arbeitet die Person auch mit diesen Werten und lebt auf ihre Weise und von ihren Möglichkeiten ausgehend auf dem Wege über die erwähnten Grundtendenzen auf diese Werte hin. So entwickelt jede Person ihre eigene Optik, die für das bestimmend wird, was für sie relevant ist, mit anderen Worten: für ihre ‚dominanten Werte'.

Die Lebenslaufpsychologie fragt, welche Werte in den jeweiligen Lebensabschnitten vorwiegend die Form bestimmen, die das Leben innerlich wie äußerlich annimmt. Ch. Bühler verwendet den Begriff des ‚Dominanz-Wechsels'. Damit meint sie das Umschlagen der Grundtendenzen in den jeweiligen Lebensabschnitten. Die Grundtendenzen sind ja nicht in allen Perioden gleich wirksam. So hält Bühler die Bedürfnisbefriedigung sowohl beim Kind und beim Jugendlichen als auch im Alter für dominant. Zwischen der Jugend und etwa dem 45. Lebensjahr dominiert die kreative Expansion. In der darauffolgenden Periode läßt die Körperkraft nach, aber auch die Aufmerksamkeit für das Leben ringsum. Das eigene Leben und seine Ergebnisse werden abgewogen und mehr in Verbindung mit dem „größeren Zusammenhang der Welt" (13, 103) gesehen und als ihm untergeordnet erfahren. In der jeweiligen Lebenskrise funktioniert vor allem die Aufrechterhaltung der inneren Ordnung. Das alles bedeutet, daß bestimmte Werte in bestimmten Lebensabschnitten dominieren. Damit ist noch nicht gesagt, welches diese Werte sind. Wohl aber ist damit ein brauchbares Einteilungsprinzip aufgestellt. Für ein wirkliches Verstehen der jeweiligen Lebensabschnitte ist eine genauere Kenntnis der altersgebundenen Werte notwendig. „Die Kategorie der Werte ist am brauchbarsten, wenn sie so spezifisch wie möglich formuliert wird, d. h. wenn ihr aktueller Inhalt so präzise wie möglich beschrieben wird" (89, 510). Außerdem zeigt sich, daß in den Lebensabschnitten, in denen der Abstand zur Welt zunimmt und die Person sich verinnerlicht, dieser von Werten gelenkte Entwicklungsprozeß besser an Hand induktiver Methoden und Beobachtungen in der Wirklichkeit als an Hand deduktiver und experimenteller Methoden untersucht werden kann (89, 199). Für eine Psychologie des Lebenslaufes bedeutet das zunächst, daß so genau wie möglich angegeben werden muß, welche Werte in einem Lebensabschnitt dominieren; weiterhin bedeutet es, daß für die späteren Lebensabschnitte sicherlich aus dem Leben bestimmter Menschen mehr zu erkennen ist als aus umfassenden statistischen Untersuchungen. Bühler mißt den subjektiven Gegebenheiten für die Erforschung des Lebenslaufes großen Wert bei (13, 95). Es ist aber schwierig, sie systematisch zu sammeln, so daß das Verhältnis eines Menschen zu bestimmten Werten daraus ersichtlich würde. In der Praxis läßt man bei der Suche nach Werten oft einzelne Menschen zwischen bestimmten Aktivitäten, Zielsetzungen und Überzeugungen wählen. Sie werden dann gebeten zu sagen, was sie bevorzugen. Außerdem ist nicht leicht zu erkennen, welche Werte nun wirklich altersgebunden sind. Zunächst geht es nur um die Anzahl der Lebensabschnitte, ja sogar um das Vorhandensein von Lebensabschnitten überhaupt. Zudem spielt das Einwirken der Kultur auf den menschlichen Lebenslauf hierbei eine wichtige Rolle. Die Normen, die von der Kultur her mit einem jeden Lebensalter verbunden sind, beeinflussen auch stark das Werterlebnis der jeweiligen Personen. Eine praktisch brauchbare Lösung kann gefunden werden, wenn man die Werte untersucht, die den meisten Menschen in einer bestimmten Lebensperiode tatsächlich etwas bedeuten. Diesen Weg werden wir gehen, wenn wir im folgenden die verschiedenen Lebensphasen besprechen. Dann werden auch vor allem diejenigen Werte behandelt, die für die Absicht dieses Buches von Bedeutung sind. Die vorherrschenden Werte können nicht mit den Entwicklungsaufgaben gleichgesetzt werden, die Havighurst mit den Lebensabschnitten verbindet. Die Entwicklungsaufgaben müßten in den dominanten Werten der Person einen Platz haben. Das ist aber oft nicht der Fall. Die Folge davon ist stets eine gewisse Problematik auf dem Lebensweg. Zwar spricht Havighurst in seiner Studie ständig von Werten. Sie sind bei ihm „mehr oder weniger erwünschte Objekte oder Weisen des Handelns" („more or less desirable objects or modes of action", 35, 36). Bei den Entwicklungsaufgaben *vor* dem Erwachsenenalter kommt das „Erlernen einer Wertskala, die eine stabile Wahl möglich macht", immer wieder vor. Leben ist ja ein ständiges Wählen (35, 36). Er spricht von Werten vornehmlich als von Normen, die das Verhalten regulieren müssen. In der Entwicklung entsteht bisweilen ein „redliches Gewissen" („rational conscience") also eine Wertskala, an Hand deren die Person die Mittel wählen kann, die am meisten geeignet sind, ihr zu dem Ziel zu verhelfen, das ihr als das höchste erscheint (35, 53). Lebensanschauliche Werte, die das Verhalten normieren, sind ein Teil dieser Wertskala (35, 153 ff.). Nach dem Erwachsenenalter spricht Havighurst nicht mehr von Werten. Zwar zeigt er in den Entwicklungsaufgaben während des Erwachsenenalters ständig „erwünschtere Handlungsweisen". Er verwendet das Wort Wert also deutlich im Sinne von ‚Norm'. Als Normen stellen die Werte in seinen Überlegungen einen Teil der Entwicklungsaufgabe dar.

Für den individuellen Lebenslauf ist es wichtig, zwischen der Entwicklungsaufgabe, wie Harvighurst sie umschreibt und in der die Person engagiert ist, und dem individuellen Lebensstil zu unterscheiden. Charakteristisch für den persönlichen Lebensstil ist es, daß man von einem individuellen Standpunkt aus - man könnte sagen: von einem individuellen Überzeugungs- und Wertmodell her - dem Leben eine Form verleiht, eventuell unabhängig von der Entwicklungsaufgabe, die die Gesellschaft dem Betreffenden auferlegt hat. Das ist nicht jedem gegeben. Aber es gibt ‚besondere Menschen', die, einen eigenen Weg gehend, deutlich demonstrieren, wie vorherrschend persönliche Werte das Leben bestimmen können.

Die Betrachtung der dominanten Werte im Lebenslauf kann nicht völlig von einem inneren Gesetz losgelöst werden, das dem Menschen eigen ist. Es gibt Bedürfnisse und Zielsetzungen, die befriedigt bzw. erreicht werden müssen, wenn jemand mit seinem Leben vorankommen will. Jede Person verfügt über Möglichkeiten, die realisiert werden müssen, wenn sie ein menschliches Leben führen will. Die Antwort auf solche Bedürfnisse, Zielsetzungen und Möglichkeiten fungiert im Lebenslauf als notwendiger Wert. Die Erforschung der psychischen Gesundheit des Menschen sucht unter anderem festzustellen, was notwendig ist, wenn ein Mensch gesund aufwachsen soll. Ein gutes Beispiel dafür ist die Studie von A. H. Maslow über die Motivationen des Verhaltens (20). Er unterscheidet darum zwischen höheren und niederen Bedürfnissen (needs). So gibt es Bedürfnisse, die eng mit unserer physiologischen Kondition zusammenhängen; Bedürfnisse, die mit unserer persönlichen Sicherheit verbunden sind; Bedürfnisse nach Liebe, Zuneigung und Geborgenheit; Bedürfnisse nach Achtung und Anerkennung; das Bedürfnis nach Selbstverwirklichung. Zu letzterem sagt er: „Selbst wenn alle sogenannten Bedürfnisse befriedigt sind, ist bald neue Unzufriedenheit und Ruhelosigkeit zu erwarten, bis das Individuum tun kann, was ihm paßt" („what he is fitted for", 20, 91).

In diesem Unterschied zwischen niederen und höheren Bedürfnissen kommt zum Ausdruck, daß der Organismus eine Hierarchie von Werten diktiert, die der Wissenschaftler mehr vorfindet und wiedergibt, als daß er sie schafft. Wenn man behaupten könnte, daß der Organismus zwischen

dem wählt, was zuerst sein muß und was danach kommt, zwischen stärker und schwächer, zwischen höher und niedriger, dann wäre die Behauptung nicht mehr haltbar, alles Gute sei von gleichem Wert, und es sei unmöglich, von einem prinzipiellen Standpunkt aus eine Wahl zu treffen (20, 146).
Es ist klar, daß der Begriff ‚Wert' hier eine etwas andere Nuance hat als vorher. Maslow spricht von Forderungen, die die ‚Art', zu der die Person gehört, stellt. In dem Wertbegriff, wie wir ihn vorhin skizziert haben, steht die altersgebundene Werterfahrung der Person im Vordergrund. Man kann aber das eine nicht völlig vom anderen trennen. Die ‚Vor-Werte' zeigen sich oft konkret in der Erfahrung der Person, wenn auch in einer mehr konkretisierten und eventuell sozialisierten Form. So gibt sich das Bedürfnis nach Selbstsicherung - nach Meinung von Maslow ein niederes Bedürfnis - in dem einen Lebensabschnitt anders als in einem anderen. Die Form, die diese Grundwerte annehmen, wird auch stark von dem Einfluß und dem Niveau der Kultur bestimmt. Jede Kultur weckt bestimmte Bedürfnisse und läßt dafür andere mehr in den Hintergrund treten. Von Anfang an werden bestimmte Erwartungen in der Person geweckt, und es kommt zu Zielsetzungen, die diesen Erwartungen entsprechen. Jede Kultur prägt Worte für die zentralen Werte, die sie entwickelt. Um diese Werte sammeln sich im Laufe des Lebens Bedürfnisse, Wünsche, Erwartungen, Zielsetzungen und Befriedigungen. Hier einige Beispiele für solche Worte in unserer Kultur: soziale Sicherheit, Urlaub, Selbstentfremdung, Pluriformität, Demokratie, Geborgenheit, Technik, Affektivität, Wissenschaftlichkeit.
Auch der Lebenssinn und die Lebenserfüllung sind kulturell modelliert. Wenn eine Kultur an Niveau gewinnt, werden nicht nur Bedürfnisse modelliert. Eventuell werden auch neue Bedürfnis-Möglichkeiten erschlossen, die bis jetzt noch nicht zu erkennen waren. In diesem Sinne ist die menschliche ‚Natur' ein unerschöpfliches Reservoir von Möglichkeiten, aus dem die Kultur experimentierend immer wieder alte und neue zum Vorschein bringt; sie verwirklichen sich dann im Leben der Person auf individuelle Weise.
Das bedeutet nicht, daß die Kultur bei diesem Experiment uneingeschränkt ihren Weg gehen kann. Durch die von ihr bewirkte Situation kann die Gesundheit der Person in leiblicher, psychischer oder geistiger Hinsicht bedroht werden. Dann ist Kulturkritik erforderlich. In diesem Sinne ist auch die Wissenschaft, die sich mit der Kultur beschäftigt, nicht wertfrei. Sie muß immer wieder den personenschädigenden Einfluß der Kultur feststellen und analysieren. Sowohl der Einfluß der Kultur als auch die Konzeption des Wissenschaftlers stehen hier unter einer Norm. Was auf diesem Gebiet als gültig und für einen *menschlichen* Lebenslauf in einem bestimmten kulturellen Zusammenhang als notwendig festgestellt wird, ist normativ für die Weise, auf die während dieses Lebenslaufes ‚Entwicklungshilfe' geboten wird.
Viele amerikanische Autoren definieren die Psychologie nicht zu Unrecht

als die Wissenschaft von der menschlichen Natur. Dabei bleibt jedoch manchmal offen, was unter dieser ‚human nature' zu verstehen ist. Der Begriff verweist sicher auch auf ein inneres Gesetz in der Person, das sich auf unumgängliche Bedürfnisse, spezifische Strebungen und unvermeidliche Zielsetzungen bezieht. Maslows Auffassungen sind ein Versuch, dieses Gesetz für die Person mit unserer Kultur in Einklang zu bringen. Neben den von ihm erwähnten Strebungen kann man in diesem Zusammenhang noch an den Wunsch der Person denken, ‚gekannt' und ‚beim Namen genannt' zu werden, an ihr Bestreben, mit sich selbst in Einklang zu sein, an ihr Verlangen, auf die Sinnfragen, die das Leben als Ganzes betreffen, eine Antwort zu finden.
Es gibt bestimmte Phasen im Lebenslauf, in denen die Person sich explizit mit den vorherrschenden Werten in ihrem Leben befaßt. Sie versucht dann, ihr Leben in seinem Wert zu bestimmen. Die Kulturpubertät ist eine Periode, die leicht dazu herausfordert, mit dem persönlichen Dasein allerlei Wertungen zu verbinden. Die Krise der Lebenswende und die Periode, in der im Hinblick auf das nahende Alter eine neue Lebensform gesucht werden muß, sind für viele Menschen ebenso wertende Lebensperioden. Gespräche über den bevorstehenden Tod sind oft ergiebige Beispiele für die Lebensbewertung, in denen die vorherrschenden Werte von der betreffenden Person knapp und einfach formuliert werden. Daneben regen die Lebenssituationen, in denen wesentliche Entscheidungen im Hinblick auf den eigenen Lebenslauf getroffen werden müssen, die Person dazu an, zu erwägen, was ihrer Lebenserfüllung am meisten dient. Sie fragt sich dann, welche Werte für sie dominant sind.

Der Wertbegriff, wie er hier im Hinblick auf die Zielsetzung dieses Buches verwandt wird, weicht in einigen Punkten von anderen Auffassungen vom Begriff ‚Wert' ab. Bisher haben wir unter Wert das verstanden, was für die Erfahrung der Person zu Lebenssinn und Lebenserfüllung beiträgt. Das ist eng mit dem verbunden, was die Person sich als Ziel setzt. In diesen Zielsetzungen gibt es selbstverständlich eine Hierarchie, und aus dieser Hierarchie ergibt sich auch eine Unterordnung von Werten. Aus manchem geht hervor, daß ‚Wert' als relativer Begriff aufgefaßt wird: Person und Wert sind stets aufeinander bezogen. Der Wert ist eine Qualität des Objekts oder der Situation, insofern die Person diese auf sich selbst bezieht. Durch diese Bezogenheit wirkt der Wert als Antriebskraft in der Person, während die Person erkennend, strebend, vermissend, verlangend, genießend in dem Wert eingeschlossen ist. Weil die Werte, um die es hier geht, mit bestimmten Lebens*abschnitten* der Person zusammenhängen, werden sie zugleich mit einer gewissen Beständigkeit angestrebt. So hat das Geld während der Aufbauphase des Lebens beim jungen Erwachsenen einen konstanten, speziellen Wert, gerade im Hinblick auf die Zielsetzungen, die diese Lebensperiode charakterisieren. Im weiteren Lebenslauf, wenn diese Zielsetzungen durch andere verdrängt werden, ändert sich auch der Wert des Geldes. Diese relativ-konstante Bezogenheit auf bestimmte Wer-

te läßt auch die Person selbst nicht unberührt. Meist entsteht in ihr zeitweilig eine Haltung (attitude) der Bezogenheit auf bestimmte dominante Werte. In der Kindheit, den Jugendjahren, beim jungen Erwachsenen, im mittleren Lebensalter und im Alter wechseln die Werte und damit die Haltungen der Person. Was der eine für sehr wichtig hält, ist für den anderen vielleicht noch verständlich, aber es berührt ihn nicht.
In anderen Auffassungen wird ‚Wert' eher als motivierende Haltung *in* der Person gesehen, die für ihre Ansicht von Welt und Menschen, Dingen und Situationen mitbestimmend ist, für ihr Urteil und ihre Gefühle in dieser Hinsicht und für ihr Verhältnis dazu, das sich in ihrem Verhalten äußert. Jede Person hat so ein inneres Wertsystem, das sie individuell charakterisiert; auch Gruppen verfügen über ein solches System und werden in ihrer Eigenart dadurch charakterisiert. Oft wird dabei erst dann von Wert gesprochen, wenn es sich um motivierende Auffassungen handelt, die von der Person erfahren und als richtig, als gut, als ‚geziemend' angewandt werden. Sie werden damit zu einer Norm, die das Verhalten und die Richtung des Lebens der Person lenkt. Sie wird auch in manchen Fällen versuchen, andere für dieses Wertsystem zu gewinnen, und diejenigen bekämpfen, die nicht mit ihr übereinstimmen.
Nach unserer Meinung ist der Begriff Wert auf diese Weise zu sehr verinnerlicht; er wird zu sehr von der Sache losgelöst, von der die Person eine motivierende Auffassung hat und an der sie eventuell auch ihre Auffassung nuanciert oder ändert. Und was das normative Moment angeht: Werte, die als normativ erfahren werden, stellen eine bestimmte Kategorie des Wertbegriffs dar, wie wir sie oben beschrieben haben. Sie stehen in der Werthierarchie durchwegs an höchster Stelle. Für einen Einblick in den individuellen Lebenslauf sind sie eminent wichtig, vor allem dort, wo sie als ein Aspekt des Gewissens fungieren.

*Möglichkeiten und Schwierigkeiten*

Ein Blick auf die Fakten des menschlichen Lebenslaufes rechtfertigt die Behauptung, daß jedes Lebensalter der Person spezifische Möglichkeiten bietet, ihrem Leben Gestalt zu verleihen, daß es aber auch spezifische Schwierigkeiten mit sich bringt. Es ist zwar nicht möglich, das für alle Zeitabschnitte schlüssig zu beweisen, aber die verfügbaren Daten überzeugen uns doch so sehr, daß wir darauf noch in einer Besprechung, die auf die Praxis ausgerichtet ist, eingehen müssen.
Wenn man von Möglichkeiten spricht, drängen sich einem die Begriffe ‚Kunde', ‚Vermögen' und ‚Fertigkeit' auf. In der Psychologie werden sie meist sehr konkret aufgefaßt, nämlich als das Vermögen, ganz bestimmte Arten von Handlungen vorzunehmen, wie etwa das Lösen mathematischer Fragen, das Behalten von Zahlen, die Einsicht in bestimmte soziale Situationen, die Fähigkeit zu bestimmten motorischen Handlungen. Solche Fähigkeiten spielen selbstverständlich im Lebenslauf der Person eine

wichtige Rolle. Sie sind mitbestimmend bei der Berufswahl, für die Position, die jemand in der Arbeitswelt einnimmt; ihrer Stärke oder Schwäche kommt im Arbeitsleben eine wesentliche Bedeutung zu. Die sozialen Konsequenzen aus den Fähigkeiten eines Menschen sind in jeder Gesellschaft groß. Auch wird das Bild, das jemand von sich selbst formt, in hohem Maße durch das bestimmt, was er kann und was er nicht kann. W. James unterscheidet für diesen Bereich der Kompetenz in mancherlei Hinsicht eine besondere Form des ‚Selbst‘, das ‚geistige‘ (spiritual) Selbst. Diese Art der menschlichen Ausstattung wird leicht zu sehr für sich allein betrachtet, als ob es sich um eine Reihe angeborener Eigenschaften handele, die sich zwar entwickeln können, aber doch als feste Eigenschaften angesehen werden, mittels deren die Person sich an ihre Umgebung wendet. Das berücksichtigt aber zu wenig zwei Faktoren, die jede Fähigkeit tiefgreifend beeinflussen, nämlich den Einfluß der Umgebung und die Entwicklungsrichtung, die die Person in ihrem Leben einschlägt.

Vieles läßt darauf schließen, daß eine Reihe von Milieufaktoren einen starken Einfluß darauf ausüben, ob die Fähigkeiten eines Menschen zum Zuge kommen oder nicht: die Wohnung, das Leben in einem anspruchsvollen oder einem lockeren Gruppenzusammenhang, unterschiedliche Erfahrungen auf den verschiedensten Gebieten, die Bedeutung, die die Umgebung bestimmten Fähigkeiten beimißt, die Sprachentwicklung, Traditionen, der sozio-ökonomische Status von Familie oder Wohngegend, das kulturelle Niveau usw.

Die Testverfahren, in denen solche Fähigkeiten meist festgestellt werden, wenn man die altersgebundene Entwicklung und den Verfall von Fähigkeiten untersucht, berücksichtigen diese Faktoren oft ungenügend. Darum ist es nicht leicht, die Entwicklungstrends der Fähigkeiten zu bestimmen. Ein aufschlußreiches Beispiel dafür führen Presley und Kuhlen an. Eine Gruppe von Männern über 65 lag beim Sortieren von Steinen anfangs weit hinter den Männern unter 25 zurück. Im Verlauf der Untersuchung wurde das Tempo der ersten Gruppe jedoch nicht nur schneller, sondern es stellte sich auch heraus, daß die Teilnehmer zwischen 45 und 64 am schnellsten arbeiteten. Ein Siebzigjähriger kam auf den dritten Platz (26, 49). Das zeigt nicht nur, wie groß die Unterschiede zwischen den Altersgruppen sein können, sondern auch, daß ungenutzte Fähigkeiten rasch wieder fruchtbar gemacht werden können, wenn sie gefordert werden. Die Richtung, die die Person im Laufe ihres Lebens einschlägt, ist für die Entwicklung bestimmter Fähigkeiten besonders günstig, für andere dagegen nachteilig. Darum strebt man Untersuchungsmethoden an, durch die „typische wertvolle Möglichkeiten etwa bei Technikern, Landwirten, Kaufleuten usw. erkannt werden können" (26, 111).

Dabei sollten wir folgendes noch beachten. Die Erforschung menschlicher Fähigkeiten befaßt sich vornehmlich mit Funktionen, die für das Arbeitsleben wichtig sind. Sie versucht die Arbeitsfähigkeit der Person in verschiedene Fähigkeiten aufzuteilen und dann festzustellen, wie diese sich entwickeln. Das ist für das Arbeitsleben von großer Bedeutung. Trotzdem scheint diese Methode für eine Psychologie des *Lebenslaufes* des Individuums zu sehr von der konkreten Person losgelöst zu sein, so wie sie in ihrem Leben den Weg zum und im Arbeitsleben findet. Dabei spielt die eingeschlagene Richtung eine wichtige Rolle; aber der ‚Arbeitsplan' - in Analogie zum ‚Lebensplan' - hat im Gesamtrahmen der Selbstbestimmung eine eigene Entwicklung, die Beachtung verdient. Wie im Plan für das gesamte Leben sind auch für den Arbeitsplan verschiedene Perioden festzustellen, der ja ein wichtiger Teil des Lebensplanes ist. Die konkreten Möglichkeiten eines Menschen funktionieren im Arbeitsplan, und darin wieder je nach der Phase, in der er sich befindet. D. Hershenson untersuchte die Literatur auf diese Frage hin und kam zu dem Ergebnis, daß „die Berufsentwicklung als eine Reihe von Phasen anzusehen ist, die einander voraussetzen" (99). Er faßt die Entwicklung auf diesem Gebiet in fünf Berufsfragen zusammen, die man im Leben nacheinander stellen kann und die auch einander voraussetzen. Diese Fragen lauten: ‚Bin ich?' - ‚Wer bin ich?' - ‚Was kann ich tun?' - ‚Was will ich und was werde ich tun?' - ‚Was hat das, was ich tue, für mich zu bedeuten?'

Den fünf Fragen entsprechen auch fünf Ebenen der Berufsentwicklung:
1. die sozial-amniotische; die pränatale Periode wird mit dazu gerechnet, weil der Vererbungsfaktor eine sehr wichtige Komponente für die Berufsentwicklung ist. Diese pränatale Periode wird auch ‚amniotisch' genannt, weil in ihr das vom Amnion zusammengehaltene Fruchtwasser für das Kind dieselbe Funktion ausübt wie das soziale Milieu nach der Geburt;
2. die Ebene der Sozialdifferenzierung, in der das Kind ein immer selbständigeres Individuum wird und sich auch in seinen eigenen Augen von der Umgebung und den anderen Personen unterscheidet; jetzt ist im gefühlsmäßigen Selbstverständnis des Kindes ein Vorausblick auf das künftige Berufsleben vorhanden - in den Haltungen und Werten, die in dieser Periode entwickelt werden;
3. die Ebene der Kompetenz; die Werte und Haltungen, die in der voraufgehenden Phase entwickelt wurden, sind nun richtunggebend für die Gebiete, auf denen bestimmte Fähigkeiten mit Vorliebe entwickelt werden; diese Phase fällt meist mit den Schuljahren zusammen;
4. die Ebene der Unabhängigkeit; die Energie, die auf zweckgerichtete Weise angewendet werden kann, wird nun auf ganz bestimmte Berufszielsetzungen hingelenkt; insofern gibt es nun eine Unabhängigkeit, weil zum erstenmal im Leben zwischen verschiedenen, tatsächlich vorhandenen Möglichkeiten gewählt werden kann; es gibt nun auch echte Berufsinteressen, im Gegensatz zu den vielen Dingen, die das Kind früher wollte, ohne sich um realistische Zielsetzungen und tatsächliche Alternativen zu kümmern;
5. die Ebene des Engagements (,commitment'); wenn eine echte Wahl getroffen werden kann oder getroffen worden ist, wird die Bezogenheit eines Menschen auf den Beruf, den er wählt, zum zentralen Punkt. „Soll eine Arbeit (occupation) wirklich zu einem Beruf (vocation) werden, dann ist Engagement erforderlich" (99, 28). Eriksons Phasen der Intimi-

tät, der Schöpferischkeit und der Integrität setzen auch ein solches Engagement voraus, entweder im Hinblick auf die andere Person, die Nachkommen oder das Leben. Interessant ist, daß der Autor als ‚Maß' oder ‚Kriterium' für die Feststellung, inwieweit diese Phase der Berufsentwicklung realisiert wird, den Begriff der ‚Befriedigung' (satisfaction) wählt. Er ist nicht weit von der ‚Erfüllung' entfernt, von der Ch. Bühler im Zusammenhang mit dem Leben als Ganzem spricht. Dieser Zusammenhang wird noch deutlicher, wenn er darauf hinweist, daß das Berufungsengagement im Leben so wichtig ist, daß es als eine existentielle Angelegenheit aufgefaßt werden kann. Er glaubt deshalb, daß das Verstehen dieser Phase nicht von einer mehr lebensanschaulichen Betrachtung losgelöst werden kann (vgl. 100).

Will man also die ‚Möglichkeiten' eines Menschen mehr im Zusammenhang mit dem Ganzen seines persönlichen Lebenslaufes sehen, dann kann das auf fruchtbringende Weise auf dem Wege über die Berufsentwicklungsprofile geschehen, von denen eines hier beschrieben wird. Die Untersuchungsergebnisse zur Entwicklung der menschlichen Fähigkeiten im Laufe des Lebens bleiben dann mehr in der Nähe der Person als lebendiges Zentrum. Ein solches Profil kann auch dabei helfen festzustellen, wie es tatsächlich mit den Möglichkeiten der Person beschaffen ist, d. h. was sie hier und jetzt angesichts der Anforderungen der Gesellschaft leisten kann. Hershenson weist darauf hin, daß eine Berufsberatung (vocational counseling) keinen Sinn hat, wenn die Person noch nicht in der Lage ist, eine Wahl zu treffen und sich zielgerichtet zu binden (vierte Berufsentwicklungsphase). So hat auch eine Arbeitsberatung (occupational counseling) keinen Sinn, wenn die Person nicht befähigt ist zu arbeiten und eine Reihe von Wahlmöglichkeiten wirklich zu erkennen (dritte Berufsentwicklungsphase; s. in diesem Zusammenhang 208).

Es geht aber beim Lebenslauf der Person noch um andere Dinge als nur um die Arbeit. Ein Blick auf die Entwicklungsaufträge macht deutlich, auf wie vielen anderen Gebieten die Person kompetent werden muß, um ihr Leben so leben zu können, daß es zur Erfüllung führt. G. W. Allport zählt in einer Literaturuntersuchung eine Reihe zentraler Aufträge auf, die in unserer Kultur von einem Erwachsenen verwirklicht werden müssen, wenn er psychisch gesund sein will. Neben der Betätigung auf einem großen Gebiete der Kultur (etwa Arbeit und Familie) erwähnt er u. a. die Erarbeitung eines angemessenen Selbstverständnisses, gefühlsmäßiger Stabilität und einer gewissen Lebensansicht. Es geht hier um ‚Fähigkeiten', d. h. um Formen des ‚Könnens' in bezug auf die gesamte Lebenseinrichtung, die weiter reichen und sich mit anderen Dingen befassen als die Fähigkeiten, die hier besprochen wurden. Das Verhältnis der Person zu ihren eigenen Fähigkeiten ist ein Teil dieser ‚Lebenskompetenz'. Sie kann ihre eigenen Möglichkeiten ausschöpfen, ihre Beschränkungen anerkennen, konstruktiv verarbeiten oder ignorieren. Sie kann durch die sozialen Konsequenzen ihres Könnens angeregt oder gebremst werden. Das ist ein entscheidender Faktor für den Verlauf, den das Leben nimmt. Teenager-Stars sind dafür ein treffendes Beispiel. Jemand kann das Gefühl haben, daß seine Fähigkeiten im Laufe seines Lebens durch die Umgebung, durch das ‚Schicksal', durch ‚Pech', durch den ‚Bericht des Psychologen' oder durch ‚eine Fügung Gottes' nicht zum Tragen gekommen sind. Dadurch ‚tut' er etwas mit seinen Möglichkeiten, das für sein konkretes Verhalten, für sein Gefühls- und Stimmungsleben und für seinen Lebenslauf ganz allgemein von schwerwiegender Bedeutung sein kann.

Uns interessiert ganz besonders diese Befähigung für das Leben in seinen verschiedenen Dimensionen, wenn wir Möglichkeiten und Schwierigkeiten heranziehen, um einen Einblick in die jeweiligen Lebensabschnitte zu gewinnen. Man könnte von „Befähigung für den Umgang mit Lebensproblemen in verschiedenen Lebensaltern' sprechen (26, 122). Dabei wird aber die problematische Seite des Lebenslaufes zu einseitig betont. Es geht ebenso um die positiven Dinge und um spezifische Perspektiven, die sich in den jeweiligen Phasen des Lebenslaufes besonders im Hinblick auf die Lebenserfüllung zeigen. So erweist sich, daß die Jahre zwischen 20 und 40 für eine schöpferische Arbeit auf künstlerischem Gebiet am produktivsten sind. Die produktive Periode tritt für intellektuelle Höhepunkte etwas später, für Führungsaufgaben auf hoher Ebene und in großen Zusammenhängen noch später ein. Die Untersuchung, die diese Ergebnisse brachte, bezieht sich auf die ‚Großen' unter uns, und außerdem auf sehr beschränkte Aspekte des menschlichen Lebenslaufes. Eine Psychologie der Lebensabschnitte darf sich nicht ausschließlich auf die fähigsten Vertreter der Menschheit stützen, sondern sollte über das normale Leben Aufschluß verschaffen. Auf diesem Gebiet verfügen wir aber über nicht viele genaue Angaben. Dennoch ist die Idee, auf diesem Wege das Besondere einer jeden Lebensphase herauszufinden und genauer zu umreißen, wichtig genug. Folgende Faktoren spielen hier eine konkrete Rolle:

1. Unmittelbar vor dem Beginn des Erwachsenseins tritt eine der wichtigsten körperlichen Veränderungen ein, die im Lebenslauf vorkommen. Die bis dahin aufsteigende Linie der Vitalität neigt sich dann und beginnt allmählich abzusteigen. Offensichtlich beginnt in unserer Kultur die Periode des Erwachsenenalters in einem Augenblick, da die Person schon nicht mehr über die ganze Fülle ihres Lebenspotentials verfügt. In den ersten zwanzig Jahren des Erwachsenenalters ist das kaum festzustellen; danach macht sich das Schwächerwerden der Lebenskraft jedoch bei den meisten auch in der Erfahrung bemerkbar. Das Verhältnis zur eigenen Leiblichkeit bringt so phasengebundene Möglichkeiten und Schwierigkeiten mit sich, die als wichtige Faktoren im Lebenslauf anzusehen sind.

2. Jede Periode hat ihre typischen Lern- und Entwicklungsmöglichkeiten (‚teachable moments'). Daraus ergeben sich für die Person spezifische Wahlmöglichkeiten, die den Ablauf ihres Lebens bestimmen. In bezug auf die kreative Expansion liegen die typischen Entwicklungsmöglichkeiten hauptsächlich zwischen 20 und 45 Jahren. Wo es - in unserer Kultur - um

die allgemeine Vorbereitung auf das Leben geht, liegen sie meist in den vitalen Jahren vor dieser Zeitspanne, hinsichtlich der Selbstverwirklichung in mehr lebensanschaulicher Richtung jedoch in den Jahren danach. Die Positionsbestimmung gegenüber dem Tod wird wahrscheinlich bei 40 Jahren und im frühen Alter besonders akut. Es ist wichtig, die Lebensabschnitte von hier aus zu untersuchen, zumindest nach Art einer vorsichtigen Fragestellung. Wenn in diesem Punkt größere Klarheit entsteht - und für eine Reihe von Aspekten ist sie ja schon vorhanden -, ergeben sich daraus wichtige Schlußfolgerungen für Bildung, Unterricht und Hilfeleistung. Das gilt nicht nur für die Jahre der Vorbereitung, sondern ebenso für das Erwachsenenalter selbst.

3. Die Gesellschaft übt einen großen Einfluß auf die Einteilung der Zeitabschnitte aus. Sie programmiert zu einem wesentlichen Teil den Lebenslauf. Damit weckt sie für die Person, deren Lebenslauf sich ja innerhalb der Gesellschaft vollzieht, zugleich eine Reihe von Möglichkeiten und Schwierigkeiten, die mit diesen Lebensabschnitten verbunden sind. Sie hängen durchweg mit den Entwicklungsaufgaben zusammen, die sie programmiert - mit den Konsequenzen, die sich daraus für die Person ergeben. Wenn Havighurst z. B. erkennt, daß das Entwickeln einer tieferen persönlichen Beziehung zum Lebenspartner eine Entwicklungsaufgabe ist, die in die zweite Lebenshälfte fällt, stimmt uns das in doppelter Beziehung nachdenklich. Sie tut das - in vielen Fällen mit Recht - weil erst in der zweiten Lebenshälfte mehr ‚Zeit' dafür zur Verfügung steht. Dazu sagt Rümke jedoch (im Hinblick auf den Mann), daß die Frau dieses Bewußtsein nie mehr gewinnt, wenn es nicht in diesen Jahren entsteht. Er sieht die Zeit, die Havighurst als die normale bezeichnet (unserer Meinung nach mit Recht), als eine letzte Chance an. Das bedeutet aber, daß diese Beziehung schon früher fehlt. Untersuchungen zum Lebenslauf des Mannes und der Frau scheinen das tatsächlich zu bestätigen. So wurden von der Gesellschaft in der voraufgehenden Periode Schwierigkeiten hervorgerufen, die diese Lebensperiode auf spezifische Weise charakterisieren. Die Folgen können im Selbstverständnis von Mann und Frau, in ihrer wechselseitigen Beziehung und in der Bedeutung, die ihre Arbeit für sie gewinnt, nachgewiesen werden. Das ist nur ein Beispiel dafür, daß der Einfluß der Gesellschaft auf das Entstehen spezifisch altersgebundener Möglichkeiten und Schwierigkeiten erkannt werden muß. Die Altersgruppe kann dabei eine wichtige Rolle spielen. Es gibt im Laufe des Lebens ein altersgebundenes gemeinsames ‚Lieb und Leid', das das Verhaltensmodell der Person merklich beeinflussen kann. Innerhalb der Altersgruppen wird - oft unbewußt - viel verglichen, nachgeahmt oder gerade nicht nachgeahmt. Personen werden leicht gegeneinander abgewogen oder ausgespielt; man beschäftigt sich mit den anderen. Darin drücken sich sowohl die Gemeinsamkeit der Lebenssituation als auch die großen individuellen Unterschiede der ‚Phasenpartner' aus. Die Bedeutung der Gruppenarbeit, die sich mit Menschen des gleichen Lebensalters und auch aus verschiedenen Lebensabschnitten beschäftigt, ist schon seit langem

erkannt worden.

**4. Positive und negative Klischeevorstellungen von bestimmten Lebensphasen können spezifische Schwierigkeiten hervorrufen.** Darüber haben wir bereits gesprochen. Sie beeinflussen das Selbstverständnis stärker, als oft erkannt wird. Vielfach werden die stereotypen Altersmerkmale auf Personen angewandt, die älter oder jünger aussehen, als sie sind. Das großgewachsene und verständig dreinschauende Kind wird von jedermann wie ein bereits älteres angesprochen; der Mann, der zu jung aussieht, wird alle damit verbundenen Klischees im Arbeitsleben zu seinen Ungunsten zu spüren bekommen; Menschen, die immer noch etwas kindlich aussehen, werden manchmal ihr Leben lang nicht für voll angesehen. Das hat Folgen für das konkrete Verhalten und für die Art, auf die die Person sich gibt. Solche Klischees können auch zum Anlaß für konnaturale Abweichungen oder für irreale dominante Werte werden (s. dort). Die Meinung vieler junger Frauen, das Ehefrau- und Muttersein könne den Rest ihres Lebens ausfüllen, bestimmt ihr Lebensmodell zu Beginn des Erwachsenseins zu einem beachtlichen Teil und ist in den darauffolgenden Jahren für viele die Ursache von Schwierigkeiten.

**5. Die Psychiatrie arbeitet schon lange mit der Vorstellung, daß tiefgreifende psychische Schwierigkeiten mit den Lebensabschnitten zusammenhängen.** Man denkt dabei oft an einen Zusammenhang mit körperlichen Veränderungen, wie z. B. bei den ‚Involutionspsychosen', den ‚Neurosen der absteigenden Lebenslinie' oder bei Altersschwachsinn. Es beginnt sich immer deutlicher abzuzeichnen, daß der Einfluß der Kultur auf psychische Schwierigkeiten - auch im Zusammenhang mit bestimmten Lebensabschnitten - nicht unterschätzt werden darf.

Doch man hat hier noch keine allzu große Gewißheit gewonnen; das Weiterverfolgen dieses Komplexes ist auch nicht Aufgabe unseres Buches. Es ist aber gewiß ein Aspekt, der beim Herausfinden des jeweiligen besonderen Charakters der Lebensabschnitte aufmerksam verfolgt werden muß, um so mehr, als dort der Bedarf an Pflege der psychischen Gesundheit in zunehmendem Maße zu verspüren ist, sowohl in präventiver Hinsicht als auch durch sachkundige Hilfeleistung.

**6. Als letzter Punkt muß die Entspannung berücksichtigt werde. Sie gewinnt in zunehmendem Maße Bedeutung für eine ausgeglichene und die Persönlichkeit vertiefende Lebenseinrichtung.** Die Verlängerung der Lebensdauer, die Verkürzung der Arbeitszeit in hochindustrialisierten Ländern, das Arbeitstempo und die vielen Vergnügungseinrichtungen wecken Möglichkeiten und Schwierigkeiten, die noch nicht ganz zu überschauen sind. Es ist jedoch gewiß, daß durch eine gute Entspannung eine Reihe von Möglichkeiten der Person aktiviert werden können, was dem Erfüllungserlebnis in hohem Maße dienlich sein kann. Das gilt für alle Altersstufen bis ins hohe Alter hinein. Sicher ist auch, daß durch den Mangel an einwandfreier Kenntnis der Möglichkeiten, die hier jede Lebensphase im einzelnen bietet, manch einer den geeigneten Weg auf diesem Gebiet nicht findet. Zwar kristallisieren sich bestimmte Modelle heraus, die richtungweisend sein können. So erwähnt Hurlock in einer Aufstellung unter dem Titel ‚Entspannung für den Zyklus des Erwachsenseins' vier Entspannungszyklen: beim jungen Erwachsenen, in den mittleren Jahren, in den ‚freien' Jahren (50 bis 65) und bei den Älteren (nach 65). Der Autor verbindet die Entspannungsformen eng mit den Verpflichtungen und Möglichkeiten, die die jeweiligen Zyklen charakterisieren. So sollte die erste Gruppe das Familienleben in seine Entspannungsformen mit aufnehmen, die zweite Gruppe die familiären Bindungen und die Welt der Teenager; die dritte steht einer breiteren Beziehung zur Gesellschaft offen, und die vierte sucht mehr die individuelle Erholung, Hobbytätigkeiten in der Gruppe und Gruppenkontakte (47, 396).

*Charakterische Züge*

Die Aufzählung von Eigenschaften, die für die jeweilige Phase des Erwachsenenalters charakteristisch sind, ist für einen guten Einblick in die einzelnen Phasen unerläßlich. Eine Schwierigkeit bietet dabei erneut das Problem des Phasenkriteriums. Das Aufzählen typischer Merkmale setzt ja eine Einstellung zur Einteilungsmethode des Lebens der Person voraus. Die Kriterien fungieren dann hauptsächlich als charakteristische Züge einer jeden Lebensphase. Der Strukturbegriff erschien uns an sich wertvoll für eine Beschreibung der Phasen in ihrer Eigenart; in Wirklichkeit ist er noch nicht leicht anzuwenden. Die ‚panphasischen' Elemente eignen sich nicht als Merkmale, die an besondere Phasen gebunden sind. Die Methode, von den Polen bewußt-unbewußt auszugehen, scheint für die Absicht dieses Buches nicht geeignet zu sein und ist auch zu wenig umfassend. Die Thematik der ethischen Werte ist zu einseitig, um der Person im Alltagsleben gerecht zu werden. Dasselbe gilt für den Ausgangspunkt der kognitiven Struktur. An sich müßte das Aussuchen charakteristischer Züge an Hand der Ich-Struktur, die das Leben der Person in einer bestimmten Phase kennzeichnet, in wesentlichem Maße unserer Absicht entgegenkommen. Die Schwierigkeit ist jedoch, daß diese für die jeweiligen Phasen des Erwachsenenalters noch sehr fragmentarisch ist und eher in Form eines Versuches angewandt werden kann. Die beste Art, zu unserem Ziel zu gelangen und das vorhandene Material brauchbar zu machen, dürfte sein, von der sich selbst bestimmenden Person auszugehen. Für jede Phase muß nach der phasengebundenen *Methode* gesucht werden, *nach der* die Person ihr Leben einrichtet. Sie kann nicht ganz losgelöst werden von dem, was in dieser Lebensphase für die Person eine wichtige Rolle spielt: Entwicklungsaufgaben, dominante Werte, konnaturale Ursprünge usw. Beispiele für eine solche *Methode der Selbstbestimmung sind:* der tentative Charakter des beginnenden Erwachsenseins; die definitive Wahl des Lebensplanes in der darauffolgenden Periode; das neue Verhältnis zu sich selbst während der Lebenswende. Im Hinblick auf die praktische Verwendbarkeit können auch Merkmale von Zeitab-

schnitten, die von einem anderen Blickpunkt her festgestellt worden sind, genannt werden. Doch scheint die Art und Weise, auf die die Person sich selbst bestimmt, einen dreifachen Vorteil zu bieten:
Zunächst einmal wird dadurch von der Person ausgegangen, wie sie selbst ihre Entwicklung vollzieht und ihr Leben lebt. Für sie bedeutet Entwicklung ja: in der Gegenwart konkrete Entscheidungen im Hinblick auf eine mehr oder weniger nahe Zukunft treffen. In der Gegenwart ist sie beschäftigt mit Dingen, die sie für wichtig hält, mit den Forderungen, die sie an sich selbst stellt und die an sie gestellt werden, kurzum: sie ist dabei, sich selbst zu bestimmen. Das ist das hauptsächliche Merkmal der menschlichen Entwicklung. Das soll nicht heißen, daß die Person sich dieser Art der Selbstbestimmung auch bewußt sein müßte. Sie zeigt sich in ihrem Verhalten und hat altersgebundene Merkmale. Ein Beispiel dafür ist der Einfluß der Altersgruppen, denen die Person im Laufe ihres Lebens angehört. Das Bedürfnis nach sozialer Anerkennung gerade durch die Gruppe, zu der man sich zählt und zu der man auch von der Gesellschaft gerechnet wird, ist ein wichtiges Motiv im Lebenslauf. Die Selbstbestimmung richtet sich zum Teil nach dieser Altersgruppe. Mit ihr hat die Person auch Interessen, Möglichkeiten, Probleme, Entwicklungsaufgaben und ein soziales ‚image' gemeinsam. Zunächst erwartet man die soziale Anerkennung von den Eltern. Während der Schul- und Erziehungsperiode ist die Altersgruppe eine Quelle des positiven oder negativen Selbstgefühls. Man kann feststellen, daß in Berufsausbildungen, für die sich noch wenige Bewerber melden, manche nach einiger Zeit ausscheiden, weil keine entsprechende Altersgruppe vorhanden ist. Die Erfahrung, daß so wenige Angehörige der eigenen Altersgruppe sich für eine solche Ausbildung entscheiden, ist ein beachtlicher Mitfaktor bei der Selbstbestimmung. Ob man zur Gruppe der ‚Verheirateten' gehört oder nicht, spielt bei den jungen Erwachsenen eine wichtige Rolle für das konkrete Verhalten. Junge Mütter beziehen von der ‚Gruppe der jungen Mütter' Normen, um ihr eigenes Leben danach einzurichten.
Zu den phasengebundenen Motiven, die die Selbstbestimmung beeinflussen, werden oftmals gezählt: psychologische Reaktionen auf physiologische Faktoren, Vitalität, die sich in wechselnder Intensität und Richtung äußert, Interessengebiete, soziale Bedürfnisse wie die der Anerkennung und des Lohnes, das Erleben der Zeit in den verschiedenen Phasen des Lebenslaufes, ökonomische Möglichkeiten und Beschränkungen (z. B. 26, 271-321). Der typisch phasengebundene Charakter dieser Motivationen ist in vielen Fällen jedoch nicht so leicht nachzuweisen wie oft behauptet wird.
Bei einer solchen Betrachtungsweise wird die Person meist in ihrer Totalität gesehen, nicht etwa nur von der kognitiven, affektiven oder menschlich-instinktiven Seite her, und auch nicht nur von dem, was sie bewußt oder unbewußt tut. Wenn man die Merkmale von der Art der Selbstbestimmung her auswählt, betrachtet man die konkrete Person als Ganzes. Die verschiedenen Aspekte, unter denen die jeweiligen Psychologien sie

sehen, werden bei dieser Methode nicht einzeln thematisiert. Wohl aber können Beiträge von dort her in die Selbstbestimmung aufgenommen werden.
Schließlich drückt sich in der Art der Selbstbestimmung der Person auch aus, in welches Verhältnis sie in jedem Lebensabschnitt zu den sie betreffenden Dingen tritt. Das ist ein wichtiger Aspekt für unsere Auffassung vom Menschlichen im Lebenslauf. Wir haben gesagt, daß die Person nicht nur ihr Leben führt, sondern auch in ihrem Leben einen Standpunkt gegenüber ihrem eigenen Lebenslauf oder bestimmten Perioden einnehmen kann. Wenn man untersucht, auf welche Weise die Person sich selbst bestimmt, kann dieses Verhältnis konkreter umschrieben werden. So bedeutet die definitive Selbstbestimmung im Hinblick auf die Entwicklungsaufgabe, daß zugleich eine Position gegenüber dem eigenen Leben bezogen wird. Wenn bei dieser Selbstbestimmung die Innerlichkeit der Person eine größere Rolle spielt, wird dadurch zugleich ein verändertes Verhältnis zum Lebenslauf möglich. So können Lebenskrisen - die stets einen Aspekt der Selbstbestimmung mit sich bringen - den Anstoß dazu geben, von den inneren Erfahrungen her, die während der Krise gemacht wurden, den gesamten Lebenslauf auf eine andere Weise zu sehen. Eine unverheiratete Frau von 40 Jahren sagt etwa: ‚Mit vierzig Jahren ist man - Gott sei Dank - in der Lage, eine Art Stoizismus zu entwickeln, der einen schützt. Ich habe mir einen gewissen Zynismus angeeignet. Das ist keine Verzweiflung. Es ist eher eine Tugend, die ruhige Entschlossenheit eines Menschen, der vom Leben und von der Welt enttäuscht worden ist' (101).
Einige Autoren teilen das Leben des Erwachsenen in zwei große Abschnitte ein. Im ersten ist die Person mehr mit dem Aufbau und der Expansion beschäftigt, im zweiten vor allem mit der Erhaltung des Erworbenen und dem Bewahren dessen, was ihr teuer geworden ist (26, 292-294). Auch darin drückt sich das Verhältnis der Person zum Lebenslauf und der daraus sich ergebenden Art der Selbstbestimmung aus.
Wir sprechen mit Absicht von charakteristischen Zügen und nicht von Strukturmerkmalen oder typischen Phaseneigenschaften. Der Begriff ist bescheidener. Die Erkenntnisse hinsichtlich des exklusiv Typischen der Lebensphasen des Erwachsenenalters sind noch sehr relativ. Klare und entschiedene Bestimmungen sind bei den heute vorliegenden Daten noch nicht möglich. In dieser Hinsicht steckt die Psychologie noch im Versuchsstadium; es besteht nicht einmal Einmütigkeit über die Richtung, die sie bei diesem Problem einschlagen soll. Hier ist sie noch ,,hope of a sciece" (W. James). Darum spricht man von charakteristischen Zügen. Es sind solche, die uns jetzt auffallen, aber man könnte auch andere aufzählen; der wechselseitige Zusammenhang wird unzureichend sein, weil es noch an einer schlüssigen Theorie fehlt, und der Zusammenhang mit der Phase ist nicht immer überzeugend nachzuweisen. Die charakteristischen Züge sollen Hinweise sein, die uns in der Praxis helfen können.

## Konnaturale Abweichungen

P. Calon hat gesagt: „Wenn man das Leben als ein Ganzes sieht, stellt man fest, daß jede Phase ihren eigenen Beitrag zur vollen Entwicklung der menschlichen Person liefert, daß aber jede Phase auch spezifische Abweichungsmöglichkeiten in sich trägt. Man kann den Ansatz zu Verhaltensweisen feststellen, die zunächst als konnatural erscheinen, in der ferneren Lebensperspektive jedoch den Sinn des Lebens frustrieren" (102, 31-32). Man könnte von **konnaturalen Abweichungen** vom Lebensweg sprechen. Unter ‚Abweichung' darf hier aber nicht primär ein pathologisches Verhalten verstanden werden. Es geht um **Verhaltensformen, die die Person von ihrer Lebensrichtung abdrängen. Sie schaden dem Lebensplan als Ganzem, weil die Person zu einseitig aus spezifischen Motivationen heraus lebt, die an ein bestimmtes Lebensalter gebunden sind. Sie hält sich dabei die Zukunft zu wenig offen.** Calon erwähnt das Beispiel des Mannes, der in den expansiven Jahren seines Lebens steht, der völlig im äußeren, momentanen Wirken aufgeht und dadurch von einer ‚Vorentwicklung' bedroht ist (102, 32). Der ungewöhnliche Begriff der Vorentwicklung steht im Zusammenhang mit der konnaturalen Abweichung. Das ist so zu verstehen, daß in jeder Lebensperiode die Person die Aufträge ausführt, denen sie sich gegenübersieht, und gleichzeitig sich in dieser Periode so entwickeln muß, daß eine bewegliche Weiterentwicklung möglich bleibt. Man kann die Person in diesem Fall mit jemand vergleichen, der so sehr im Straßenverkehr aufgeht, daß er das rote Signal nicht rechtzeitig bemerkt. **In jeder Lebensphase wird die voraufgegangene Periode abgeschlossen, und der Ansatz für die folgende Periode wird bereits ausgearbeitet.** Wenn das nicht geschieht, erlebt die Person Überraschungen. Sie ist dann unzureichend auf neue Motive vorbereitet, die aus ihr selbst oder aus der Umgebung heraus entstehen. Man kann hier an den Jugendlichen denken, der seine Berufsausbildung nicht ernst genug genommen hat, weil andere Dinge ihn stärker angesprochen haben. Als junger Erwachsener ist er dann ungenügend auf die Verwirklichung seiner ganz natürlichen Wünsche vorbereitet und eingestellt, wie etwa die Arbeit, die Freundschaft mit einem Mädchen oder eine eigene Wohnung.

Zwei Dinge gehören also zum Begriff der konnaturalen Abweichung: die **Überzeugung, daß die Kontinuität im menschlichen Lebenslauf ein bedeutender Wert ist, und die Notwendigkeit, sich auf die Anforderungen der Kultur und der Gesellschaft einzustellen.** Wenn man die Kontinuität für weniger wichtig hält und glaubt, die Person könne im Leben immer wieder von neuem anfangen, wird man auch den konnaturalen Abweichungen weniger Bedeutung beimessen. Auf dem Gebiet der familiären Beziehungen, der Sexualität und der definitiven Bindungen an Dinge und Personen scheint heute manch einer die Kontinuität für nicht so wichtig zu halten. Das bedeutet nach unserer Meinung: **Man nimmt die Tatsache nicht ernst genug, daß man die Entwicklung nicht mehr rückgängig machen kann.** Aber auch dann trifft es zu, daß Kultur und Gesellschaft an jede Lebensperiode eine Reihe von Anforderungen stellen, denen die Person nicht ausweichen kann. Sie betreffen vor allem die persönliche Lebenseinstellung eines Menschen. Sie gehen von einer ‚Vorentwicklung' in der voraufgegangenen Phase aus. Der noch jugendliche Erwachsene bedarf der Anleitung und der Fähigkeit, sich in der Gesellschaft zu orientieren, ungeachtet seiner vorherigen persönlichen Einstellung als Jugendlicher oder der seiner Erzieher. Gegen Ende der dreißiger Jahre erkennt man, daß die Stellung der Frau sich zu verändern beginnt. Das Ende der Mutterrolle kommt in Sicht, die die junge Frau bisher den ganzen Tag über ausgefüllt hat. Wenn es dann soweit ist, sind die Tage für sie leer, gleichgültig, ob sie das nun vorausgesehen hat oder nicht. Nach dem vierzigsten Lebensjahr ist es für Männer tätsächlich schwierig, sich noch einmal eine neue Position aufzubauen. Will jemand es dennoch versuchen, muß er sich darauf von vornherein eingerichtet haben. Auch im Zusammenhang mit dem persönlichen Leben ist es wichtig, auf konnaturale Abweichungen zu achten, von der Notwendigkeit der Kontinuität im Lebenslauf einmal ganz abgesehen. Der junge Erwachsene z. B., der zu rasch heiraten will, oder die Person in der Krise der Lebenswende, die sich überstürzt scheiden lassen will, handelt unter dem Druck der Situation oder unter dem Einfluß tiefgreifender, aber vorübergehender Gefühle. Das führt zu Entscheidungen, die einen schwerwiegenden Einfluß auf die aktuelle Situation der Person ausüben.

Unter Vorentwicklung ist also das Vorbereiten der Zukunft zu verstehen. Man ist mit den Aufgaben der Gegenwart so beschäftigt, daß auch in der Zukunft eine geschmeidige Entwicklung möglich bleibt. Vorentwicklung soll heißen, daß nicht alles auf die gegenwärtige Lebensphase gesetzt werden muß.

Für eine praktische Lebenslaufpsychologie ist deshalb der Begriff der konnaturalen Abweichungen nützlich und brauchbar. Er kann bei der Beschreibung der Lebensphasen wertvolle Dienste leisten. Er kann deutlich machen, wie notwendig es ist, den Sinn eines jeden Lebensabschnitts vom Ganzen her zu verstehen. Er kann verhindern, daß die Person die Gegenwart zu einseitig verabsolutiert, und sie lehren, ihr Lebensganzes als eine der Normen zur Beurteilung der Gegenwart zu verwenden.

Das Konnaturale von Abweichungen kann sich, wie die Beispiele zeigen, auf Dinge beziehen, auf die man zu sehr eingeht, aber auch auf Dinge, denen man zu sehr aus dem Wege geht. So können Eltern sich um ihre Kinder Sorgen machen, und ältere Menschen versuchen oft in einer gewissen Torschlußpanik das nachzuholen, was ihnen ihrer Meinung nach entgangen ist. Das sind Beispiele für Abweichungen bei denen man sich zu sehr auf die Dinge einläßt. Das Entstehen einer mißtrauischen Haltung bei alten Menschen oder einer zynischen Lebenshaltung, nachdem die Lebensbilanz gezogen worden ist, sind Beispiele von Abweichungen, bei denen man der Wirklichkeit des eigenen Lebens ausweicht. Im allgemeinen trifft es auch zu, daß jede Krise, ob sie nun altersgebunden ist oder durch zufällige Ereignisse hervorgerufen wird, Abweichungen bewirken

kann, wie sie hier aufgezählt wurden. Charakteristisch ist immer, daß die Entgleisung auf der Linie der Situation liegt. Für das Empfinden der Person ist das, was sie tut, richtig, oder es gibt dafür schwerwiegende Gründe, oder es ist der einzige Weg.
Calons Behauptung, solche Abweichungen „frustrierten in der ferneren Lebensperspektive den Sinn des Lebens", muß genauer untersucht werden. Über den Begriff ‚Sinn' haben wir bereits gesprochen, und zwar in Verbindung mit dem Lebensplan der Person und dessen Hauptkomponenten. Wenn diese bedroht sind oder ganz entfallen, kommt es zur Erfahrung der Sinnlosigkeit. Wo der Lebensplan in seinen wichtigsten Komponenten verwirklicht werden kann, entsteht eine Sinnerfahrung. Ch. Bühler nennt diejenigen Erfahrungen sinngebend, „die einen unersetzlichen Wert repräsentieren, auf den das Ganze oder Perioden des Lebens hinstreben" (13, 37); Beispiele dafür sind das Mißlingen einer aufwendigen Erziehung, das Streben eines Ehepartners oder die Erfahrung, von Menschen betrogen zu werden, auf die man großen Wert gelegt hat.
Sinn wird also erfahren in der Verbindung zwischen dem, wonach man innerlich verlangt und was man sein will, und dem, was das Leben tatsächlich ist. In dieser Erfahrung finden sowohl die Einsicht als auch das Streben Befriedigung in der erlebten Realität, nicht nur für den Augenblick, sondern auch im Hinblick auf die Zukunft, wie man sie jetzt sieht. Diese Sinnerfahrung hat in den verschiedenen Lebensabschnitten einen jeweils anderen Inhalt. Einsicht und Strebung der Person ändern sich ja jeweils entsprechend dem, was das Leben verlangt. Außerdem ändert sich oft im Verlauf des Lebens die Ebene, auf der ein Sinn gesucht wird. Mit der weiteren Verwirklichung und Entwicklung des Lebensplanes verwirklicht und entwickelt sich die Sinnerfahrung anders.
Wenn nun vom Sinn des Lebens gesprochen wird, bezieht sich das auf das Lebensganze, d.h. auf das, was *vor* der konnaturalen Abweichung liegt, und auf das, was danach kommen wird. Die Schwierigkeit im Ausdruck bezieht sich auf dieses Letzte, das der Person noch unbekannt ist. Der totale Lebenssinn ist in diesem Augenblick noch nicht feststellbar. Er wird während des weiteren Lebens gefunden und erfahren, abhängig vom Ausbau des Lebensplanes.
Bühler sieht nun als die große Motivation, die das ganze Leben durchzieht, die Ausführung dieses Lebensplanes, für den die Person sich als junger Erwachsener definitiv engagiert. Sie ist sich dessen bewußt, daß er als Ganzes nicht überschaubar ist. So beschreibt sie diese Motivation als ein schrittweises Realisieren der Werte, die die Person für die wichtigsten hält. Sie berücksichtigt dabei die tatsächliche Situation und ihre eigenen Möglichkeiten (13, 117). Unter der Frustration des Lebenssinnes ist hier auch das Setzen von Handlungen zu verstehen, die dem Lebensplan, wie die Person ihn bisher in Zufriedenheit verwirklicht hat, widerstreben. Konnaturale Abweichungen hemmen eine weitere Entfaltung in derselben Richtung, wenn auch in diesem Augenblick nicht genau vorauszu-

sehen ist, wie die konkrete Entwicklung aussehen wird.
Der Begriff der konnaturalen Abweichung hängt so mit der Idee der Kontinuität in der Motivation der Person zusammen. Bei der Abweichung macht die Person sich auf Grund eines einseitigen Motivs von dieser Kontinuität frei. Sie erschwert somit ihre weitere *Entwicklung*. Ob eine aus der Reihe fallende Entscheidung eine solche Abweichung ist oder nicht, kann nicht immer ohne weiteres festgestellt werden. Der Begriff macht damit deutlich, daß jeder menschliche Lebenslauf auch ein riskantes Unternehmen ist, weil er aus der äußerst empfindlichen Selbstbestimmung der Person hervorgegangen ist.
Für diesen Begriff gibt es viele Anwendungsmöglichkeiten. Man kann die konnaturalen Abweichungen mit den Entwicklungsaufgaben in Zusammenhang bringen, wie sie Havighurst und andere auffassen. Die Abweichung liegt dann in einer zu einseitigen Beziehung zu einem bestimmten Entwicklungsauftrag auf Kosten eines anderen. Oder sie besteht in einer zu geringen Beziehung zu einem bestimmten Entwicklungsauftrag, weil diese Beziehung zuviel Mühe macht. Man kann den Begriff auch mit dem von der Lebensphase verlangten Rollenverhalten in Verbindung bringen; die Abweichung liegt dann in einer zu einseitigen Beachtung bestimmter Rollen und der Vernachlässigung anderer, oder in einer ungenügenden Ausfüllung bestimmter Rollen, weil ihre Wahrnehmung zu schwierig ist. Man kann den Begriff auch mit den verschiedenen Phasen der psychischen Gesundheit in Verbindung bringen, wie sie z.B. von Erikson in seinem Entwicklungsmodell beschrieben worden ist. Dann liegt die Abweichung in einem zu exklusiven Auswachsen der neuen Möglichkeiten, die sich in jeder neuen Phase anbieten, oder in der - auf der Hand liegenden - negativen Lösung des Entwicklungskonfliktes(s. dort).
Verschiedene psychodynamische Phänomene, wie sie von psychoanalytisch ausgerichteten Autoren aufgefaßt werden, können leicht als konnaturale Abweichungen gesehen werden; Regression, Reaktionsbildung, Fixierung und Projektion bieten sich für eine solche Interpretation an. Sie erhalten einen Platz im Gesamten des Lebenslaufes. Dann ist es nötig, einen Zusammenhang zwischen diesen Phänomenen und einer bestimmten Lebensphase festzustellen.
Auch dort, wo jeder Lebensabschnitt von einer bestimmten Thematik und weniger von konkreten Entwicklungsaufträgen her beschrieben wird, ist der Begriff brauchbar. Die Abweichung liegt dann in einem zu einseitigen Ausbau der Thematik, die in diesem Lebensabschnitt dominiert. So sieht Bühler den Ausgleich zwischen Bedürfnisbefriedigung und Selbstbeschränkung als „das wesentliche Thema" der Kindheit und der Jugend. Die zunächst tentative und dann definitive Selbstbestimmung fällt zum großen Teil mit der mittleren Phase des Lebenslaufes zusammen, die zugleich die Hauptphase ist. Selbstbestimmung ist hier also das Hauptthema, und zwar unter dem Aspekt der schöpferischen Expansion. In der Phase, in der die innere Ordnung vorherrscht, bildet die kritische Selbsteinschätzung das Hauptthema. Die letzte Phase des Lebens bringt entweder

eine Synthese aller Thematiken oder eine Desintegration (13, 92). Wenn dieses Modell angewandt wird, entstehen konnaturale Abweichungen, sobald die Person sich zu ausschließlich mit diesen Thematiken beschäftigt. Aus diesen Gründen erscheint es uns fruchtbar, das Phänomen der konnaturalen Abweichungen in die Beschreibung der jeweiligen Lebensphasen zu übernehmen.

*Unbewältigte Dinge*

Um einen Einblick in die jeweiligen Lebensphasen zu gewinnen, wollen wir zum Schluß untersuchen, ob es Entwicklungsschwierigkeiten gibt, die in der Vergangenheit vernachlässigt wurden und die sich phasengebunden erneut einstellen: die ‚unbewältigten Dinge'. Auch hier ist der Ausgangspunkt die Bedeutung der Kontinuität im Lebenslauf. Der Begriff der unbewältigten Dinge bezieht sich besonders auf problematische Gegebenheiten, die in der Vergangenheit unzureichend geklärt wurden. Hier ist ein Unterschied zur Entwicklungsaufgabe vorhanden. Im weiteren Sinne könnte man auch von unbewältigten Entwicklungsaufgaben sprechen. Der Begriff Entwicklungsaufgabe hat aber durchweg eine präzisere Bedeutung, wie bereits angedeutet wurde und bei der Besprechung des Erwachsenenalters noch konkret dargelegt werden soll.
E. Erikson traut der menschlichen Natur soviel zu, daß nach seiner Meinung die Person selbst in der Lage ist, nachzuholen, was in der voraufgegangenen Periode liegengeblieben ist, unter der Voraussetzung, daß im übrigen die Entwicklungsaufgabe der Periode redlich ausgeführt worden ist. Das bedeutet, daß bei der Realisierung der neuen Entwicklungsaufgabe die Person von selbst gezwungen wird und auch in der Lage ist, sich in den Punkten weiter zu entwickeln, in denen sie in der vorhergegangenen Phase zurückgeblieben ist.
Diese Selbstheilung ist nicht immer möglich. Wenn die Person zuviel unbewältigt liegen lassen muß, zeigt sich, wie das gegenwärtige Leben immer mehr bedroht wird. Die psychische Reife setzt sich dann nicht durch, und damit fehlt auch die Möglichkeit, aus dem weiteren Leben Lehren zu ziehen. Die Psychotherapie versucht unter anderem, Personen, die in ihrem gegenwärtigen Lebenslauf von solchen unbewältigten Dingen wesentlich behindert werden, Hilfe zu leisten, damit sie sich in der Gegenwart behaupten und gleichzeitig die Vergangenheit in Ordnung bringen können.
Es geht bei den unbewältigten Dingen also um Probleme, die in der Vergangenheit nicht genügend beachtet wurden, während die Gegenwart voraussetzt, daß man mit ihnen fertig geworden ist. Das unterscheidet sie von den konnaturalen Abweichungen. Es sind Abweichungen in der Gegenwart. Unbewältigte Dinge beziehen sich auf die Vergangenheit, auch wenn sie die Gegenwart erschweren. Die Person hat sie nicht bewußt unbewältigt gelassen. Meist wurde sie zu einem Kompromiß genötigt. Die

Psychoanalyse könnte als eine Form der Psychologie umschrieben werden, die sich vornehmlich mit der Suche nach unbewältigten Dingen und entsprechender Hilfeleistung bei der Bewältigung beschäftigt. Traumatische Bedeutungen, die verdrängt werden, bieten dafür ein beredtes Beispiel. Zu den unbewältigten Dingen gehören auch die Schwierigkeiten, die der Person bewußt sind, die sie aber nicht überwinden konnte. Da die Person tut, was in ihren Kräften steht, ist oft nicht genau festzustellen, ob sie mit einer Lebensschwierigkeit wirklich fertiggeworden ist. Hier ist die Gegenwart der Prüfstein für die Vergangenheit. Manchmal zeigt sich erst im mittleren Lebensalter, wenn ‚Kinder' für ihre Eltern sorgen müssen, daß frühere Konfliktsituationen ungenügend bewältigt worden sind. Bei jungen Eltern, die sich vornehmen, ihre Kinder auf jeden Fall anders zu erziehen, als sie selbst erzogen worden sind, geht oft erst aus ihrem tatsächlichen Handeln hervor, ob sie die negativen Bedeutungen ihrer eigenen Erziehung wirklich verarbeitet haben. In einer deutlichen Abwendung von ihrer eigenen Vergangenheit äußert sich dann manchmal ein unbewältigtes Verhältnis zu einem Stück ihres eigenen Lebenslaufes.
Unbewältigte Dinge, die sich erneut aufdrängen, haben an sich eine positive Funktion im Lebensganzen. Sie machen erkennbar, wo ein Mangel vorliegt, sie konfrontieren die Person erneut mit sich selbst und verschaffen ihr damit die Möglichkeit des ‚Aufholens'. Der Mann, der mit seinen Vorgesetzten ständig in Konflikten lebt, kann so auf Konflikte in ihm selbst hingewiesen werden. Die Frau, die es nicht fertigbringt, bei ihren Kindern Ordnung zu schaffen, kann so auf etwas aufmerksam werden, das in ihr selbst in Ordnung gebracht werden muß. Tatsächlich wird das heutige Leben in vielen Fällen durch unbewältigte Dinge erschwert, vor allem dann, wenn sie bei bedrohlichen Krisen und Konflikten eine Rolle spielen. Dabei wirken sie erschwerend und verwirrend: erschwerend, weil in Wirklichkeit mehr vorliegt als das, wozu die Krisensituation Veranlassung bietet, verwirrend, weil die Person sich - oft unbewußt - nicht nur mit der Aktualität, sondern auch mit der noch immer aktiven Vergangenheit in Konflikt befindet. Die Gefahr, Entscheidungen zu treffen, die scheinbar mit der Gegenwart zu tun haben, in Wirklichkeit aber stark von der Vergangenheit mitbestimmt werden, ist dann nicht vorstellbar. Man kann ein Studium aus ‚Examensangst' aufgeben und in dieser Angst von unbewältigten Dingen aus der Vergangenheit abhängig sein. Es gibt eine Form der Treue, die hauptsächlich auf Schuldgefühlen beruht. In manche Formen von Gewissenskonflikten schleichen sich leicht unbewältigte Dinge aus dem früheren Leben ein (s. dazu u. a. 103).
Wenn unbewältigte Dinge unsere Einsicht in die jeweiligen Lebensabschnitte fördern sollen, muß erwähnt werden, inwieweit sie vornehmlich in bestimmten Lebensphasen auftreten. Es handelt sich hier ganz offensichtlich um eine eventuelle problemschaffende Funktion des Entwicklungsauftrages der Phase. Wenn durch günstige Umstände unbewältigte Dinge nicht angerührt werden, treten sie oft gar nicht in Erscheinung. Daher zeigen sich in Zeiten rascher Veränderungen, in denen der Person

unvorhergesehene Entwicklungsaufgaben aufgedrängt werden, unbewältigte Dinge eher als in stabileren Kulturperioden oder in einem stabileren Lebensschema. Wo es z. B. zum Entwicklungsauftrag gehört, ‚Teenager' zu erziehen, haben Eltern mehr Distanz gegenüber ihrer eigenen Vergangenheit und im Hinblick auf ihre Kinder mehr Gefühl für Relativität nötig als früher. In einer Zeit, in der auch die Frau außerhalb des Hauses arbeitet, Geld verdient und Verantwortung trägt, muß der Mann oft ein weniger selbst-gebundenes Bild von der Frau entwickeln als dann, wenn das nicht der Fall ist.

Wie diese Beispiele zeigen, äußern unbewältigte Dinge sich oft in den Beziehungen, die die Person in ihrem Leben unterhält, zu den Eltern, zum Lebenspartner, zum Arbeitgeber, zu den Familienmitgliedern, zu Kollegen und Bekannten, zu den eigenen Kindern, den Schwiegerkindern usw. Sie können aber auch bei zufälligen Ereignissen in Erscheinung treten, wie beim Tod eines Familienmitglieds, etwa eines Elternteils, eines Kindes oder des Lebenspartners, bei wichtigen Veränderungen im Leben, wie etwa einem Umzug, am Anfang einer neuen Karriere oder bei einer Änderung vertrauter Lebensgewohnheiten. Das Entstehen neuer Ideen zu Erziehung, Ehe, Religion usw. kann ebenso eine Reihe unbewältigter Dinge im Leben eines Individuums oder einer Gruppe ans Tageslicht bringen.

Wo es möglich ist, unbewältigte Dinge deutlich mit bestimmten Lebensabschnitten zu verbinden, ist das ein wichtiger Beitrag zum Unterscheiden des einen Lebensabschnitts vom anderen und zum Erkennen des tatsächlichen Sachverhalts in einem konkreten Fall. Es kann so dazu beitragen, daß man nicht bei einer ‚Symptombehandlung' stehenbleibt, sondern eine tiefergreifende Hilfe leistet; es kann aber auch zur Vorsicht mahnen, weil nicht alles, was im Leben unbewältigt geblieben ist, in einem späteren Alter nachgeholt werden kann.

## V. Die Lebensabschnitte des Erwachsenenalters

In diesem Kapitel werden die Perioden des Erwachsenenalters behandelt, die in dem erwähnten Einteilungsschema aufgeführt wurden.
Zuletzt haben wir den Begriff des Erwachsenenalters in seiner Gesamtheit untersucht. In der Besprechung der einzelnen Zeitabschnitte soll das Allgemeine mit konkretem Inhalt erfüllt und seine Dynamik sichtbar gemacht werden.
Eine Behandlung aller Phasen an Hand der sechs Merkmale des Einteilungsschemas würde den Rahmen dieser Einführung sprengen. Die Merkmale wurden deshalb in diese Darlegung eingearbeitet, ohne jeweils besonders erwähnt und systematisch unterschieden zu werden. Nur das mittlere Lebensalter wird - als Beispiel und angesichts der Kompliziertheit dieser Lebensperiode - an Hand der besonderen Merkmale systematischer dargestellt.

*Das frühe Erwachsenenalter*

Die erste Phase des Erwachsenseins ist die Periode des Ansatzes. Das kommt in den Worten zum Ausdruck, die die Wissenschaftler geprägt haben, um zu beschreiben, um was es in dieser Periode geht.
Da stehen zunächst die Entwicklungsaufgaben zur Diskussion, die wir zuletzt behandelt haben. Demnach ist es: „period of adjustment", „exploratory stage" (47, 374), „funktionierendes Sich-ordnen in festen Bindungen" (104, 86), „ein In-die-Wirklichkeit-Umsetzen von verschiedenen Vorstellungen, die man sich als Jugendlicher von der Zukunft gemacht hat" (102, 29). E. Stern stellt fest, daß der Mensch nun seine körperliche Größe erreicht hat, daß seine volle Geschlechtsreife eingetreten ist, die Körperfunktionen ganz entwickelt sind und daß auch sonst die Entwicklung vollendet ist. Psychologisch aber hat der Mensch seinen Weg noch nicht gefunden. Er steckt entweder noch in der Vorbereitung seines Berufes, oder er steht am Anfang seiner Berufstätigkeit und versucht hiermit sein Leben auf eine feste Grundlage zu stellen. Er hat seinen Lebenspartner noch nicht gefunden. Er hat auch seinen Platz in der Gemeinschaft noch nicht deutlich ins Auge gefaßt. Seine Auffassungen vom Leben und von den Dingen sind noch im Werden (105, 17). Es geht in diesen Jahren darum, zunächst die vier Grundtendenzen, die in uns wirken, in ein neues Gleichgewicht hinsichtlich einer neuen Wirklichkeit zu bringen (13, 74). Daraus ergibt sich das Bild einer Person, die gerade angekommen ist und nun beginnen muß. Der Anfang des frühen Erwachsenenalters ist ein Übergang. Das kommt auch im bürgerlichen Leben mit dem Zeitpunkt der Volljährigkeit zum Ausdruck. Unsere Gesellschaft kennt zwei solcher Übergänge, die ziemlich genau festgelegt sind: den einen am Beginn des Erwachsenenalters und den anderen zu dem Zeitpunkt, da die Gesell-

schaft den älter werdenden Menschen zwingt, sich zurückzuziehen. Sehr wahrscheinlich bewirkt die starre Festlegung dieser Übergänge zwei kritische Momente im Lebenslauf. Hier können sehr leicht verschiedene Formen von Stress auftreten. Soddy erwähnt das Beispiel der Wahlberechtigung. In vielen Ländern ist sie mit der Vollendung des 21. Lebensjahres verbunden, ohne Rücksicht darauf, ob die betreffende Person schon selbst ihren Lebensunterhalt verdient, noch studiert, verheiratet oder gar Vater oder Mutter ist oder für das Vaterland Dienste geleistet hat. „Man hat gesagt, daß in vielen Ländern junge Männer das Privileg erhalten, für ihr Vaterland auf dem Schlachtfeld sterben zu dürfen, drei Jahre bevor sie berechtigt sind, ihre Stimme abzugeben, um ihre Regierung zu wählen. In den Vereinigten Staaten dürfen junge Männer für ihr Vaterland sterben, lange bevor sie die Erlaubnis erhalten, eine Flasche Bier zu kaufen" (23, 355).
Einige dominante Züge charakterisieren diese Anfangsperiode. Es sind Schlüsselbegriffe, die den Einblick in die Thematik einer bestimmten Lebensperiode öffnen:
die *Vorläufigkeit* und im Zusammenhang damit das *Ausprobieren*, das auf *Selektion* gerichtet ist;
die *Notwendigkeit* im Leben einen eigenen Standpunkt zu finden;
die *Konfrontation mit dem Neuen*, das zum erstenmal *selbständig* aufgenommen werden muß.
So beginnt die Phase der Maturität (105, 17).
Diese Dinge gelten nicht für jeden Menschen in dieser Lebensphase in der gleichen Weise. Es besteht ein Unterschied zwischen dem jungen Erwachsenen von 21 und dem von 27 Jahren. Darum ist es nützlich, zu unterscheiden zwischen einem Ansatz, einer Periode der definitiven Bindung und einem Übergang zur folgenden Phase, die nach Soddy durch eine gewisse Unruhe um die dreißiger Jahre gekennzeichnet ist (23, 108).
Beim Ansatz überwiegt das Vorläufige. Hier muß ein Weg, ein Lebenspartner, ein neuer sozialer Platz gefunden werden, aber das alles ist noch nicht sehr zwingend. Das Terrain kann und muß noch erkundet werden. Wo arbeite ich am liebsten? Wer wird meine Liebste? So gehört denn auch zu dieser Periode ein Wechsel zwischen Leben, Lieben und Arbeiten. Die Beziehungen sind noch nicht festgelegt. Mancherlei Bindungen müssen eingegangen werden, aber noch besteht die Möglichkeit der Wahl. Niemand kann sofort definitiv beginnen. Alternativen sind der Weg zu einem Verhalten, das weiterbringt und verhindert, daß man zu rasch und zu einseitig eine bestimmte Richtung wählt. Die Zahl dieser Alternativen nimmt ab, je mehr Forderungen das Leben stellt und je festere Formen es annimmt. Jetzt ist noch vieles offen, aber man darf mit dem Wählen nicht allzu lange warten. Man kann jedoch Menschen nicht gegen ihren Willen glücklich machen. Havighurst warnt vor der raschen Anpassung an die Lebensfragen des Erwachsenenalters. Zunächst muß eine Vielzahl von Möglichkeiten untersucht werden (47, 375). In dieser Periode wird oft darüber entschieden, was aus dem Leben gemacht werden soll. Diese

Entscheidung muß wachsen. Von daher ist es verständlich, daß etwa bis zum 30. Lebensjahr viele junge Erwachsene in manchen Verhältnisbereichen noch unerwachsen, in anderen jedoch erwachsen sind. Erwachsensein ist kein absoluter Zustand des Alles-oder-Nichts. Lernen und Reifen gehen hier Hand in Hand, und die konkreten Umstände bestimmen das Tempo. Von daher ist es verständlich, wenn man erwartet, daß Menschen von 25 oder 26 Jahren eine endgültige Lebensentscheidung treffen: für eine konkrete Ehe oder einen konkreten Beruf.

Die Tatsache, daß jeder junge Erwachsene darum weiß, daß diese Jahre für das Leben entscheidend sind und daß in ihnen etwas Konkretes geschehen muß, macht diese Lebensperiode für viele Menschen viel schwieriger, als durchweg angenommen wird. Auch eine gewisse Ernüchterung spielt hierbei eine Rolle. Guardini spricht vom Fünfzigjährigen als dem ernüchterten Menschen. Diese Ernüchterung wird auch durch die Krise im Zusammenhang mit den persönlichen Grenzen verursacht. Hier ernüchtert vielmehr die erwachsene Wirklichkeit, oder besser noch: die begrenzte Wirklichkeit der Erwachsenen. Zwischen 18 und 23 Jahren sehen 23 % der jungen Menschen ihre Erziehung als unzureichend an, zwischen 24 und 30 Jahren 31 %. Zwischen 18 und 23 glauben 53 %, der Mensch habe die Möglichkeit, den Beruf zu finden, der ihm liegt, zwischen 24 und 30 Jahren jedoch nur noch 39 % (106, 107, 36). Nicht ohne Grund nennt Hurlock diese Periode „period of adjustment": Anpassung an die Arbeit, an die Arbeitsumstände, an eine viel gebundenere Freiheit, an den Lebenspartner und die familiären Verpflichtungen, an die eigene Familie und an die des Ehegatten, an den eventuell größeren Wohlstand früherer Freunde und Freundinnen, an begrenztere Entspannungsmöglichkeiten, an finanzielle Grenzen, an die Schwiegereltern, an einen anderen Wohnort. Geld wird in diesen Jahren zu einem fast dominanten Wert. Man muß es zum erstenmal selbst verdienen. In diesen Jahren zeigt sich auch konkret, wie Mann und Frau in früheren Jahren ihre Geschlechtsrolle aufzufassen gelernt haben. Das Abstimmen dieser Rollen aufeinander ist eine Entwicklungsaufgabe für sich. Nach Kinsey leiden viele Ehen von Vierzigjährigen, die er untersucht hat, noch deutlich an den Folgen ungelöster und unbewältigter Schwierigkeiten aus früheren Jahren. Kinsey spricht vor allem über Sexualität. Die Geschlechtsrolle umfaßt aber viel mehr. Sie bezeichnet ein totales Verhaltensmuster als Mann oder Frau, das jemand sich zutiefst angeeignet hat, eine Arbeitsteilung zwischen Mann und Frau und eine eigene Interpretation des Lebensauftrags. All das wird erlernt. Der Lernstoff wird von der Kultur bezogen, und besonders von den Identifikationspersonen, die dem Betreffenden mit einer bestimmten Auffassung vom Mannsein oder Frausein als Vorbild gedient haben. Darum kann das, was jeder gelernt hat, beim einen völlig anders sein als bei einem anderen. Dieser Unterschied muß nun an ganz bestimmten Situationen, Gefühlen, Kontakten und Relationen entdeckt und angewendet werden. Terman bemerkte 1938: „Was aus einer Ehe herauskommt, ist abhängig von dem, was in sie eingeht. Und als Wichtigstes

gehen in sie ein die Haltungen, Vorlieben, Aversionen, Gewohnheiten und Gefühlsmodelle, die es jemand möglich oder unmöglich machen, mit einem anderen auszukommen" (47, 459).
Einsamkeit gibt es in diesen Jahren mehr als man glaubt: bei denen, die (noch) keinen Lebenspartner gefunden haben; bei der Frau, die ans Haus gebunden ist, oft an einem Ort, wo sie wenige Menschen kennt; zwischen den Ehepartnern, weil wirkliche Kommunikation über die Rollenschwierigkeiten in vielen Fällen nicht erlernt wurde (35, 258).
In der Konfrontation mit all diesen neuen Dingen zeichnet sich im Experiment eine gewisse Vorläufigkeit und unter dem Druck der Notwendigkeit eine erste Skizze des Lebensplanes ab, von dem Bühler spricht. Es sind - in ihrer Terminologie - die expansiven Jahre des Lebens. Die Expansion selbst ist aber noch nicht richtig im Gange. In der ersten Zeit bedeutet das hauptsächlich: den Kopf über Wasser halten und einen Platz in der Reihe finden. Wenn der Plan durch die Ordnung in festen Bindungen deutlicher wird, ist die Phase des Experimentierens vorbei. Dann muß in klarer Verantwortung gelebt werden, und diese Verantwortung muß bejaht werden, nicht nur, weil das Leben sonst vielleicht ‚nein' sagt, sondern weil man ohne das innere ‚Ja' nicht fähig ist, den Lebensplan zu verwirklichen. Bühler hält die Bejahung der Lebensaufgabe für wesentlich. Findet sie nicht statt, dann setzt in diesen Jahren oft eine untergründige Unzufriedenheit ein, die später - in der Krise der Grenzen - den Menschen zu einem Zyniker macht. Eine solche Lebensunzufriedenheit verhindert die Erfüllung (Bühler) und beraubt das Leben seines Glanzes. Wird das ‚Ja' ausgesprochen, so beginnt die selektive Phase des frühen Erwachsenenalters. Man geht in einer bestimmten Richtung weiter. Fortbildung, Ergänzungskurse, neue Funktionen in der gewählten Richtung und der Aufbau eines eigenen Kreises von Beziehungen gehören auch in das Endstadium dieser Phase.
Alle diese Dinge bringen es mit sich, daß der junge Erwachsene äußerst konkret lebt. Das Leben ist erfüllt. Es muß viel getan werden, aber es gibt auch viele neue Dinge, die die Aufmerksamkeit auf sich ziehen. Manchmal überwältigen sie die Person und wecken in ihr neue Bereiche, die bis dahin noch nicht angesprochen wurden. Voraussetzung dafür ist, daß der junge Erwachsene seine Identität gefunden hat. Erikson verbindet mit dieser Lebensphase die Bemerkung von Freud, der auf die Frage, was eine normale Person können müsse, antwortete: „Lieben und arbeiten". Erikson kommentiert: „Es ist der Mühe wert, über diese einfache Formel nachzudenken. Sie geht tiefer, als man glaubt. Denn wenn Freud von ‚Liebe' spricht, meint er eher die expansive Kraft des menschlichen Wohlwollens als die genital-sexuelle Liebe. Und wenn er von Liebe *und* Arbeit spricht, meint er damit eine allgemeine Produktivität im Wirken, von der jemand nicht so sehr ausgefüllt wird, daß er sein Recht und seine Möglichkeit, ein sexuelles und liebendes Wesen zu sein, dabei einbüßt" (8, 208).
Weil der junge Erwachsene mit so vielen konkreten Dingen beschäftigt

ist, spielt das Religiöse im engeren Sinne in diesen Jahren in seinem Leben keine so bedeutende Rolle. G.W.Allport hält diese Zeit für die am wenigsten religiöse des ganzen Lebens (108). Es zeigt sich jedoch, daß mancher junge Erwachsene mit dieser Gleichgültigkeit nicht zufrieden ist. Weil „ein Glaube" (109) fehlt, können leicht Schuldgefühle entstehen.
Es ist nicht schwer einzusehen, daß die Grundtendenzen, von denen Bühler spricht, in dieser Lebensphase wirksam sind. Kreative Expansion und Anpassung durch Selbstbeschränkung müssen hier zum erstenmal in einem lebensverantwortlichen Zusammenhang zur Übereinstimmung gebracht werden. Die Bedürfnisbefriedigung nimmt spezifische, stark von der Kultur bestimmte Formen an. Die Art, auf die diese Grundtendenzen sich bei jemand konkret zueinander verhalten, macht kenntlich, wie der junge Erwachsene sich in dieser Lebensphase einrichtet. Für einen Einblick in die Lebenssituation und für eine eventuelle Prognose und Beratung ist eine entsprechende Diagnose wichtig, denn es geht ja hier um ein „obligatorisches Lebensschema" (Prinzhorn), das als Auftrag fungiert. Wenn der Plan in diesen Jahren mißlingt, oder nicht verwirklicht werden kann, ist eine Krise in der inneren Ordnung nicht ausgeschlossen, vor allem gegen Ende des frühen Erwachsenenalters. Solche Krisen werden hervorgerufen, wenn der Betreffende keinen Lebenspartner, keine feste Arbeit oder keine klare Vorstellung von dem findet, was er werden will. Der Mensch ist dann schlecht auf die folgende Lebensphase vorbereitet, vielleicht vor allem deswegen, weil die seinem Alter eigene Glückserfahrung ausbleibt. Bühler glaubt, daß die Erfahrung der ‚Erfüllung' sich aus vier Komponenten zusammensetzt: der Erfahrung des ‚Glücks', dem Erlebnis, daß man seine Möglichkeiten verwirklicht hat, der Erfahrung, daß man etwas geleistet hat und einem gewissen ethisch gefärbten positiven Urteil über sich selbst (110). Es ist nicht schwer einzusehen, daß gerade diese Komponenten gefährdet sind, wenn es jemand nicht gelingt, das Schema des frühen Erwachsenenalters auf persönliche Weise zu realisieren. Dann muß in der anschließenden Phase, in der das Leben zusätzliche Anforderungen stellt, viel nachgeholt werden, während die Altersgenossen schon weiter sind. Je mehr jemand zurückbleibt, desto schwieriger ist die Wiederherstellung eines gesunden Zustandes. Immer mehr unbewältigte Dinge bleiben liegen. Sie trüben die weitere Entwicklung.
Abschließend noch einige Bemerkungen über ‚konnaturale Möglichkeiten' und ‚konnaturale Abweichungen', die von Calon als ‚spezifische Abweichungsmöglichkeiten' bezeichnet werden. Man kann dabei den Ansatz zu Verhaltensweisen feststellen, die im Augenblick als konnatural erscheinen, die im Hinblick auf die fernere Lebensperspektive jedoch gerade den Sinn des Lebens frustrieren (102, 31-32). ‚Sinn' muß hier im Zusammenhang mit den Hauptthemen des frühen Erwachsenseins gesehen werden. Auch dieses Alter trägt solche Gefahren in sich. Es kann vorkommen, daß junge Menschen im Stadium des Experimentierens steckenbleiben und dadurch nicht zu festen Bindungen an Arbeit, Ort und Lebenspartner kommen, obwohl sie eine feste Arbeit und einen Lebenspartner gefunden

haben. Es geht hier weniger um die Tatsachen als um die Mentalität. In diesen Jahren entwickelt sich auch der Abenteurer; der Freibeuter, der sich nicht engagiert; der Mann, der ständig seinen Beruf wechselt; manche können ihren Lebenspartner nicht finden und haben ein Verhältnis nach dem anderen. Diesem Verhalten liegen oft unbewältigte Dinge aus der voraufgegangenen Lebensperiode zugrunde. Wer seine Identität nicht gefunden hat, kommt nun nicht weiter: er kommt nicht wirklich, nicht innerlich weiter. Von außen her gesehen scheint sich alles normal zu entwickeln, aber das Leben ist ja ein Ganzes.

Menschen können auch im Lebenskampf derart aufgehen, daß er sie völlig mit Beschlag belegt. Dadurch werden manche Werte bedroht. Das Religiöse kann endgültig ins Hintertreffen geraten. Die Ehe kann davon betroffen werden. Vitalität und Freiheitserlebnis können sich so stark auswirken, daß die Realität übersehen wird; in einem solchen Fall setzt sich noch einmal die Jugendsituation durch, nun aber mit den Möglichkeiten, die die Welt der Erwachsenen bietet. Lange Ausbildungsprozesse ohne die Verantwortung des Erwachsenen sind in dieser Hinsicht nicht immer ein Vorteil. Man kann auch so sehr von der Wichtigkeit der Entscheidungen überzeugt sein, die nun für das weitere Leben getroffen werden, daß man die Dinge der Zukunft für bedeutsamer hält als die der Gegenwart. Dann wird keine konkrete Wahl getroffen, und man weiß nicht recht, was man tun soll. Oder man entscheidet aus rein rationalen Gründen, weil man die Gewißheit emotional nicht finden kann.

Möglichkeiten können genauso wie Abweichungen konnatural sein. Jede Lebensphase besitzt ein spezifisches Potential. Physisch und psychisch ist der junge Erwachsene in dieser Periode meist gut ausgestattet. Wenn er seinen Platz im Leben findet, ergeben sich in diesen Jahren starke Motivationen für die Weiterentwicklung. Es ist die Zeit der „growthmotives" (Maslow). Das Leben kann in diesen Jahren viel reicher an Dimensionen werden (Rümke, Bühler). Die Individualität erhält nun ihre erste selbständige Chance. Daher kommen jetzt nicht nur unbewältigte Dinge von früher zum Vorschein, sondern man kann jetzt auch viel dafür tun. Die Verantwortlichkeit kann in diesen Jahren ein klares persönliches Fundament bekommen. Lustgebundenheit und ‚Ichhaftigkeit' werden durch konkrete Verantwortlichkeit mit der Wirklichkeit konfrontiert. „Sachlichkeit" (Künkel), d. h. Realitätsempfinden kann dadurch einen Platz im Leben erhalten.

Ruhe ist offenbar nicht das Merkmal des menschlichen Lebens. In der Fachliteratur ist oft die Rede davon, daß sich gegen Ende der zwanziger Jahre eine gewisse Unruhe bemerkbar macht. Das frühe Erwachsenenalter beginnt mit Unruhe und endet auch mit ihr (33, 108, 71).

*Die Reife*

Wenn wir den Zeitraum etwa vom 30. bis zum 40. Lebensjahr als eine Lebensperiode für sich ansehen, unterteilen wir das Erwachsenenalter stärker, als es durchweg geschieht. Meist spricht man bei der Einteilung des Lebenslaufes mehr global von der Periode von etwa 20 bis zu 40 oder 45 Jahren. In der Literatur findet man jedoch immer wieder das Bestreben, diese lange Lebensphase, in der sich so wichtige Dinge ereignen, stärker zu differenzieren. Wer wollte daran zweifeln, daß der 23jährige ein anderer Mensch ist als der 38jährige? Man arbeitet praktisch zumeist mit einer Zweiteilung, wenn die Autoren auch oft nicht von zwei verschiedenen Lebensphasen sprechen. Ungeachtet dessen gilt es als sicher, daß mit etwa 30 Jahren ein neuer Abschnitt in der Lebensgeschichte beginnt, mit einer eigenen Fragestellung und einem eigenen Thema (vgl. 107, 41).

Für Ch. Bühler und Frenkel-Brunswik beginnt eine neue Lebensperiode bei etwa 28 Jahren. Die definitive Berufswahl, die Anknüpfung von endgültigen persönlichen Beziehungen und die Begründung von Hausstand und Familie leiten den reichsten Lebensabschnitt ein (111, 865; Studie 1936). Es ist eine Periode der zunehmenden Verantwortlichkeit. Bemerkenswert ist eine gewisse Ruhelosigkeit gegen Ende der zwanziger Jahre bei vielen Männern (33, 71). Nach 30 läßt die soziale Mobilität rasch nach. Die Tagträume nehmen bei Männern bis zu etwa 33 Jahren relativ plötzlich zu und verblassen dann bis zur Krise der Lebenswende. Dann werden die Jahre zwischen 25 und 29 von vielen im Rückblick als die glücklichsten Jahre des Lebens angesehen; für die unverheiratete Frau trifft das zwischen 40 und 45 Jahren zu (33, 71).

Diese Phänomene zeigen eine gewisse Übereinstimmung mit denen, die sich in den Jahren der Lebenswende einstellen, also bei etwa 40 Jahren. Als einer der Gründe dafür wird genannt, daß die Person vor der Verantwortung zurückschreckt, die das mittlere Lebensalter mit sich bringt. Man könnte fragen, ob das nicht auch schon bei 30 Jahren zutrifft. Beruf, Familie und Kinder legen die Person ja in einer bestimmten Richtung fest. Pläne, Wünsche und Ideale müssen aus diesem Grunde zurückgenommen oder relativiert werden. Was man gelernt hat, muß man nun in Taten umsetzen und im Alltag an andere weitergeben. „Von allen Lebensperioden ist das frühe Erwachsenenalter am reichsten an Lernmomenten (,teachable moments') und am ärmsten an Lernaufträgen" (,efforts to teach', 35, 257). Das ändert sich von diesem Zeitpunkt ab. Darum sind wir geneigt, die Periode um das 30. Jahr als Übergangsphase zu einer Lebensperiode anzusehen, in der von der Person gefordert wird, die Verantwortungen zu übernehmen, die zum reifen und erwachsenen Menschen gehören. In dieser Periode reift er nicht nur auf diese Verantwortungen zu, sondern er muß sie auch wahrnehmen. Daher nennen wir diese Periode die ‚Reife'. Der Anfang muß ja von der Fortsetzung her verstanden werden. Der Begriff weist dabei auf die tatsächliche Lebensform der

Person und ihren inneren Entwicklungsgang hin, der sie gegen Ende dieser Lebensperiode zur Krise der Lebenswende führt, in der die volle personole Reife zum Durchbruch kommen kann.

## Der mündige Mensch

Hier soll nun diese Lebensperiode (bis zu 40, 45 Jahren) so dargestellt werden, wie sie uns in der Literatur begegnet.
Die Autoren sprechen von der Reife, die in diesen Jahren des Lebenslaufes erreicht wird (Rümke). Nun entsteht der mündige Mensch (Guardini). Das kann erst geschehen, wenn das Vorläufige vorüber ist und der Mensch gewählt hat; damit hat die selektive Phase des Erwachsenenalters begonnen (47, 374). Für Bühler ist dieses selektive, zielgerichtete Verhalten eine der Grundtendenzen des Lebens; es ist in sich lohnend und dadurch auch anregend (13, 23). Sie bemerkt in dieser Phase die stärkste Zunahme an Lebens- und Arbeitsdimensionen. Das Leben gelangt nun zur vollen Blüte. Nun ist der Lebensaufbau nach einem bestimmten Plan durchgeführt, und der Lebensplan wird konkret ausgearbeitet (13, 75). Die Person gelangt nun, was ihre tatsächlichen Möglichkeiten betrifft, zu einem Höhepunkt. Unter diesem Aspekt ist der Slogan ‚Das Leben beginnt mit vierzig' zu verstehen. In dieser Lebensperiode wird am meisten an die Lebenskreativität appelliert. Man spricht auch von der „kreativen Lebensphase" (Stern 105, 51). Es handelt sich um eine persönliche Kreativität, die an konkrete Lebenspläne und -aufträge gebunden ist. Sie kann nur wirksam werden, wenn eine reale Verantwortung übernommen wird. Die Wirklichkeit muß bejaht werden, damit eine solche Lebenskreativität entstehen kann. Sie ist Aktion und Reaktion zwischen innerer Motivation und äußeren Möglichkeiten, die im Hinblick auf das eigene Leben, das zu einer Form gefunden hat, entdeckt werden müssen. Man könnte schematisierend sagen: In der Jugend lernt man die Rollen spielen; im frühen Erwachsenenalter übernimmt man sie; in der Reife müssen sie auf persönliche Weise verwirklicht werden.
In diese Jahre fällt auch in der Lebenshaltung der Übergang vom Wunsch zur Pflicht. Diese Pflicht darf nicht im Sinne Kants verstanden werden. Es geht vielmehr um die Verpflichtung - das ‚Verbindliche' -, das wirkliches Leben mit sich bringt. Charakter bildet sich nur an Werten, zu denen ein Mensch ‚ja' sagt. Das meint Guardini, wenn er bemerkt, daß nun „entsteht, was wir den Mann und die Frau nennen". Das ist erst möglich, wenn die Anpassung an den Status des Erwachsenen sich in den vorausgegangenen Jahren wirklich vollzogen hat. Es geht dabei um eine innere Anpassung (Bühler), d. h. eine innere Umformung der Person. Diese Umformung vollzieht sich im Zusammenwachsen von persönlichen Interessen und konkreten Lebensaufgaben. Daraus ergibt sich eine Einheit zwischen der Person und ihrem Leben. Wenn sie in diesen Jahren nicht zustande kommt, ist das ein Zeichen dafür, daß etwas nicht in Ordnung

ist. Es zeigt sich in der mangelhaften Durchführung der Lebensaufgabe. Wenn sie aber zustande kommt, wird das möglich, was Erikson die ‚Generativität' nennt. Sie ist für ihn das Kriterium der psychischen Gesundheit in dieser Lebensphase. Die Generativität bezieht sich in erster Linie auf „the establishment of the next generation" (8, 209). An anderer Stelle bezeichnet er diese Generativität als „care" (113, 130). Sorge ist das sich ausweitende Sich-Kümmern um das, was in Liebe hervorgebracht wurde, durch Notwendigkeit oder durch Zufall; Sorge besiegt die Ambivalenz, die mit Verpflichtungen verbunden ist, denen man sich nicht mehr entziehen kann (113, 131). Es geht hier nicht nur um die Sexualität im engeren Sinne, sondern vornehmlich auch um Arbeit und Ideen. Der Autor bemerkt, daß die Menschen sich, wenn diese Generativität sich nicht entwickelt, in diesem Lebensalter verhalten, als seien sie selbst ihr eigenes einziges Kind.

Er spricht auch von „irreversiblen Verpflichtungen". Hier kommt ein wesentliches Merkmal dieser Lebensperiode zur Sprache. Man kann nicht mehr zurück. Wer das Steuer jetzt noch herumwerfen will, weiß, daß das schwerwiegende Konsequenzen hat, nicht nur für ihn selbst, sondern vor allem auch für andere. Es ist eine typische Lebensaufgabe in diesen Jahren, mit der Unentrinnbarkeit des Lebens zurechtzukommen. Das kann dadurch geschehen, daß man innerlich auf das eingeht, was das Leben verlangt. Wir erkennen hier deutlich, daß der menschliche Lebenslauf kein Geschehen ist, sondern daß der Mensch sich zu seinem eigenen Lebenslauf verhält. Wenn dieses Verhalten positiv gefärbt ist, kommt es in diesen Jahren zu einer deutlichen Stabilisierung von Lebens-, Arbeits- und Beziehungsmodellen.

Die Bindung an das nicht Umkehrbare ergibt sich fast unvermeidlich aus dem Lebensplan, wie er in unserer Kultur für diese Jahre Gültigkeit besitzt. Wir wollen uns mit dem Plan für diese Periode etwas gründlicher befassen, weil Havighurst nicht besonders darauf eingeht. Er zeigt uns zugleich eine Reihe von Aufgaben, die gelöst werden müssen, wenn die Entwicklung nicht stagnieren soll.


Der Lebensplan

Der Lebensplan wird in dieser Lebensperiode wesentlich von dem bestimmt, was man ‚Karriere' nennt. Soziologisch betrachtet bedeutet das eine mehr oder weniger festgelegte Aufeinanderfolge von Ereignissen, oft im Berufsleben, durch die jemand von der einen Position zur nächsten in aufsteigender Richtung vorankommt. Die Abstände, in denen sich das ereignet, liegen ungefähr fest. Von der Psychologie her kann man diese Geschehnisse auf verschiedene Weise angehen. Sie auszuarbeiten ist nicht allzu dringlich (vgl. 99; 114). Die Motivation des ‚Vorankommens' ist in diesen Jahren meist sehr stark. Das im frühen Erwachsenenalter Begonnene wird weiter verfolgt. Die gesamte Familie wird in diese Motivation

einbezogen, wie auch die Zukunft der Kinder. Für den Mann ist diese Zeit oft mit harter Arbeit verbunden, für die Frau nicht selten mit einer Lebenskrise (115). Die Rollen der beiden unterscheiden sich ihrem Inhalt nach immer deutlicher. Die Frau ist vielfach hauptsächlich ‚home-maker‘; sie sorgt für die konkrete Lebenseinrichtung der Familie. Aufgabe des Mannes ist es, diese Lebenseinrichtung durch seine Arbeit zu ermöglichen. Er ist in diesen expansiven Jahren oft sehr auf Wettbewerb eingestellt. Diese Periode ist für viele eine Periode des Vergleichens mit anderen, um so die eigene Position zu bestimmen.
Dabei darf nicht übersehen werden, daß gewisse Dinge nicht ohne weiteres verallgemeinert werden können; die Situation richtet sich jeweils nach der gesellschaftlichen Situation der Familie. Für viele Arbeitnehmer hat die Arbeit eine ‚instrumentale‘ Bedeutung, d. h. sie fungiert mehr als Mittel der Eigenbewertung und der Anerkennung durch andere und als Mittel zum Geldverdienen, nicht aber ihres inneren Wertes wegen. Das ist der eigentliche Grund dafür, ob die Arbeitszufriedenheit hoch oder niedrig liegt. Nicht die Art der Arbeit, die geleistet wird, ist in erster Linie entscheidend (116). Die meisten Männer in den dreißiger Jahren „like their work, but they don't love it" (117). Recht wenige Menschen können offensichtlich ihre ursprünglichen Berufsabsichten verwirklichen. So findet denn in dieser Lebensperiode auch ein Übergang von den Berufsabsichten zu einem Bedürfnis nach ökonomischer Sicherheit und sozialer Anerkennung statt. Studien über den Sinn der Arbeit sollten das nicht außer acht lassen. Wir haben hier ein Beispiel dafür, wie auf konkrete Weise der Begriff ‚Sinn‘ in der Lebenslaufpsychologie verstanden werden muß.
Ob diese Dinge auch für Männer in gehobenen Berufen und in gesellschaftlich verantwortlichen Positionen gelten, kann nicht eindeutig festgestellt werden. Akademiker, die im Dienst der wissenschaftlichen oder sonstigen Erziehung stehen, benötigen für ihre Arbeit sicherlich mehr Persönlichkeitswerte als Motivation, während für Akademiker in Betrieben die Organisationswerte mehr im Vordergrund stehen. Unter Persönlichkeitswerten verstehen wir hier diejenigen Werte, die jemand vor allem für sein persönliches Leben für wichtig hält, und unter Organisationswerten die Werte, die mehr für die Angehörigen der Organisation von Bedeutung sind. (209).
Hier sollte noch erwähnt werden, daß beim Übergang von den Berufsabsichten zum Bedürfnis nach ökonomischer Sicherheit viele Eltern ihre eigenen, nicht verwirklichten Berufsabsichten auf die heranwachsenden Kinder übertragen (118).
In der Literatur begegnet man immer wieder der Auffassung, daß durch die starke Ausrichtung auf Arbeit und Karriere die Beziehung zwischen Mann und Frau gefährdet werden kann. Das Aktive, Sachliche, Zweckgerichtete und Effiziente droht die Oberhand zu gewinnen. Das Pathische, Persönliche, Entspannende und Expressive kann in den Hintergrund gedrängt werden. Anderseits stellt sich in den Niederlanden und in Ameri-

ka heraus, daß Industriearbeiter die tägliche Arbeit für weniger wichtig zu halten beginnen als andere Lebensgebiete, wie etwa das Familienleben. Man spricht von einer Rückorientierung auf die Familie (116, 10). Ruytenbeek, ein in Amerika arbeitender niederländischer Psychiater, führt seinen amerikanischen Lesern das Beispiel eines Mannes aus Amsterdam vor Augen, der mit seinem Sohn spazierengeht und mit ihm über alles spricht, was ihnen unterwegs begegnet. Die Art, in der er das erzählt, läßt vermuten, daß er das bei einem amerikanischen Vater fast nicht für möglich hält (119, 68).
Diese Rückorientierung auf die Familie schließt nicht aus, daß in mancher Familie der Vater gerade in diesen Jahren nicht genügend zu einem lebendigen Vorbild für die Kinder wird, das Möglichkeiten zur Identifikation bieten würde. Die Klagen über das Verblassen der Vaterfigur sind nicht aus der Luft gegriffen (vgl. u. a. 120).
Die Kinder nehmen jetzt im Lebensplan einen sehr wichtigen Platz ein. Sie beginnen ihren Lebenslauf in der Gesellschaft und müssen durch die Schule und andere Zusammenschlüsse von Kindern (Klubs, Sportvereine, Altersgruppen usw.) darin eingeführt werden. Das verlangt große Aufmerksamkeit. Vielleicht ist das Privatleben des Erwachsenen während seines Lebens nie knapper bemessen als in diesem Lebensabschnitt. Ob die Kinder das Leben meistern werden oder nicht, kündigt sich in der Art und Weise an, auf die sie ihre Entwicklungsaufgaben erfüllen. Je nachdem, ob sie das gut oder weniger gut tun, richtet sich das ‚Erfüllungs'-Empfinden der Eltern. Bettelheim stellt fest, daß die moderne Jugend für die Eltern der gefürchtete Racheengel zu werden scheint. Sie hat die Macht, den Eltern ihren Erfolg oder ihr Versagen gerade als Eltern zu zeigen. Feststeht, daß das ‚Gelingen' oder ‚Nichtgelingen' der Kinder in diesen Jahren den Eltern ein Gefühl der Sicherheit bzw. Unsicherheit und Minderwertigkeit einbringen kann.
Bühler sagt, eine der Komponenten des Glücks sei das Gefühl, etwas zu leisten. Das gilt besonders im Hinblick auf die eigenen Kinder. So wird auch durch die Kinder in diesen Jahren eine erste Selbstbewertung angeregt, eine erste Bilanz des Lebenslaufes. Hochzeitstage, Schulresultate und das soziale Verhalten der Kinder bieten dazu immer wieder Anlässe; auch ihre Persönlichkeitsentwicklung ist eine wichtige Quelle der Selbstkritik oder der Zufriedenheit bei den Eltern.
Die Tatsache, daß die Kultur eine eigene Welt für die Jugendlichen immer früher zu entwickeln beginnt, macht es vielen Eltern schwer, den Lebenskontakt mit ihren Kindern aufrechtzuerhalten. Viele Eltern haben einen Widerwillen gegen das Teenageralter. Manche finden sich damit ab, daß die Kinder dann ihren eigenen Weg gehen. Wo der Mann von seiner Arbeit stark beansprucht wird, wird seine Gestalt als Vater für die Kinder undeutlich, wie in einem Nebel. Muchow zitiert erschreckende Dinge aus den Tagebüchern junger Leute dieses Alters (27, 132 ff.). Vieles fällt dabei auf die Mutter zurück. - Meist stehen die Eltern dann am Anfang des mittleren Alters.

Sehr wichtig ist, daß Mann und Frau bei all diesen Dingen zusammenbleiben. Einen ersten Anlaß für die Divergenz haben wir bereits erwähnt: die eigene Aufgabe, die jeden von ihnen stärker beansprucht. Es ist tatsächlich sehr schwer, sich ununterbrochen für die Arbeit, die Aufträge, Gefühle und Erlebnisse des anderen wirklich zu interessieren. Soddy legt Wert darauf, daß der Mann ‚domestiziert' bleibt. Er darf sich nicht zu sehr von seinen Aktivitäten gefangennehmen lassen und muß ein Interesse für die Lebensgebiete seiner Frau bewahren. Soddy erwähnt ausdrücklich ihr Taschengeld, ihre Entspannung und ihre häuslichen Verpflichtungen (33, 443).

Der zweite Anlaß zur Divergenz kann in einem mehr persönlichen Bereich liegen. Mann und Frau dürften ihre Wechselbeziehung bei der Erfüllung ihres gemeinsamen Auftrages nicht vergessen. Hier liegt die Möglichkeit einer konnaturalen Abweichung, die für die weitere Wechselbeziehung von großer Bedeutung sein kann. Wenn die Beziehung nicht mehr gut ist, kann man sich in die Arbeit oder zu den Kindern flüchten. Aus den verschiedensten Gründen kann man gegenüber dem Bericht über die menschliche Sexualität von Kinsey und seinen Mitarbeitern eine kritische Stellung einnehmen, vor allem, weil er das ‚sexual outlet' zum fast ausschließlichen Kriterium der sexuellen Entwicklung macht. In Wirklichkeit umfaßt die sexuelle Beziehung des Menschen viel mehr, aber dennoch werfen Kinseys Daten einiges Licht auf gewisse Probleme, die andere bereits früher aufgezeigt hatten.

Calon betont, daß der Mann Gefahr läuft, den intimen affektiven Kontakt zu seiner Frau zu verlieren. Der Geschlechtsverkehr ist zur Gewohnheit geworden, und das Gefühlsleben kommt zu kurz. Die Frau besitzt nicht mehr den Charme der Jugend (102, 32). Rümke berichtet aus seiner psychiatrischen Praxis: „Gerade in diesen Jahren (bis etwa 45) ist es eine Aufgabe, die Frau zu verstehen und eine besondere Beziehung zu ihr zu finden. Man kann wohl sagen: Wenn dieses Verständnis im Mannesalter nicht herangereift ist, kommt es nie mehr. Viele Männer sehen die Frau - und dazu geben die Frauen nicht selten Anlaß - als eine weniger geglückte Art Mann. Das Wesen der Frau haben sie nie verstanden. Das findet seinen stärksten Ausdruck im Erlebnis eines Mannes, der plötzlich einsah, daß seine Frau ein Mensch mit eigenem Wesen war. Für dieses Nichterkennen der Frau gibt es viele und tiefe Gründe" (104, 91). Nun könnte man einwenden, dieser Text sei schon sehr alt, denn er stammt aus dem Jahr 1938. Aber Havighurst bezeichnet es viel später und in einer anderen Kultur als eine der Entwicklungsaufgaben für das mittlere Lebensalter, „den Lebenspartner als Person zu sehen" (35, 272). Es empfiehlt sich, hier nicht zu rasch mit ethischen Maßstäben zu messen. Wenn ‚der Mann' und ‚die Frau' erst in diesen Jahren wirklich entstehen und wirklich erst entstehen können (93, 39), d. h. wenn sie sich erst jetzt in ihrem Personsein zeigen können, kann die eigentliche Entdeckung dieser Tatsache auch erst jetzt stattfinden. Wir stehen hier vor einer auffallenden Konvergenz von entwicklungspsychologischen Fakten aus verschiedenen Bereichen. Jung sagt, der Mensch sei in diesen Jahren auf dem Wege zu einer echten Individuation.

Diesen mehr persönlichen Aspekten schenken Kinsey und seine Leute weniger Aufmerksamkeit, obwohl der Vorwurf, sie hätten nur einen Blick für das ‚sexual outlet', sicher nicht berechtigt ist. Sie zeigen immer wieder Verständnis für menschliche Motivationen und Relationen und verweisen auf den lebensanschaulichen und kulturellen Zusammenhang, in dem die menschliche Sexualität steht.*

Ihre Untersuchungen zeigen in sachlicher Form, daß die Sexualität des Mannes von etwa 30 Jahren ab deutlich abzunehmen beginnt. Zahlreiche Faktoren spielen bei „frequency and sources of human sexual outlet" eine Rolle, aber das Lebensalter ist wohl die wichtigste (121, 218). Wir weisen in diesem Zusammenhang darauf hin, daß in den Vereinigten Staaten, wie Soddy berichtet, bei Männern die Neigung zunimmt, sich sterilisieren zu lassen, wenn sie glauben, ihre Familie sei nun vollständig. Er schließt daraus, daß Männer, die in den dreißiger Jahren diesen Schritt tun, sich nicht länger als Väter kleinerer Kinder betrachten (33, 57).

Das Interesse am Sexuellen nimmt bei der Frau von 30 Jahren an schneller ab, aber es erreicht einen neuen Höhepunkt bei etwa 40. Das kann auf verschiedene Weise interpretiert werden; fraglich ist, ob es bei kommenden Generationen auch noch so sein wird. Jedenfalls verweisen die Tatsachen auf die Notwendigkeit einer Vertiefung und Personalisierung der Beziehung. Dadurch kann eine neue Mentalität (Bühler) hervorgerufen werden. Der Lebenslauf kommt nun in einen Bereich, in dem die Sexualität allmählich tiefer integriert und zum Teil auch transzendiert werden

---

*Ihr Forschungsobjekt ist das sexuelle Verhalten im strengen Sinne des Wortes. Sie behaupten, ihre Studie befasse sich mit „allen Aspekten des menschlichen Verhaltens, und nicht mit den biologischen, psychologischen oder soziologischen für sich allein" (121, 8). Wenn man „die Art der Daten" (121, 63 ff.) betrachtet, scheint das tatsächlich der Fall zu sein. Obwohl sie die mehr personalen Aspekte der Sexualität nicht ausarbeiten, wird stets darauf hingewiesen. Ihre Studie will u. a. ein Beitrag zur Behebung der Eheschwierigkeiten sein. Sie behaupten keineswegs, daß „sexuelle Faktoren durchweg das Schicksal einer Ehe bestimmen". Als wichtigsten Faktor für die Erhaltung einer Ehe erwähnen sie „den Willen zur Erhaltung der Ehe". Wo dieser Wille vorhanden ist, entsteht eine Perspektive, innerhalb deren die Unterschiede relativiert werden können; wo der Wille fehlt, können Reibungen von geringer Bedeutung zur Trennung führen" (122, 11-12). In einem anderen Zusammenhang schreiben sie: „Es kann nicht oft genug betont werden, daß der Orgasmus nicht als einziges Kriterium dafür dienen kann, das Maß an Befriedigung festzustellen, das eine Frau aus der sexuellen Aktivität gewinnt." Oft liegt ihre Befriedigung in dem Bewußtsein, daß der andere befriedigt ist. „Wir sind uns dessen sehr wohl bewußt, daß der Orgasmus nicht der einzige wichtige Aspekt für eine befriedigende sexuelle Beziehung ist. Das gilt jedoch mehr für den Mann als für die Frau... Nichtsdestoweniger bestätigen unsere Ergebnisse die klinische Erkenntnis, daß ein ständiges Versagen bei der Frau in dieser Hinsicht einen beachtlichen psychischen Schaden verursachen kann" (122, 371). Gegen den Begriff der ‚Frigidität' wehren sie sich, weil er die Nebenbedeutung von Unwillen oder Unvermögen bekommen hat: „Es ist zweifelhaft, ob es jemals ein völliges Unvermögen gibt" (122, 373).

kann. Wir gehören offensichtlich einer Art an, die nur langsam zu sich selbst findet. Wenn der Lebenslauf einmal diese personale Ebene erreicht hat, muß er keineswegs in einem Niedergang enden, denn auf dieser Ebene sind die Perspektiven unbegrenzt.
Wir haben bereits erwähnt, daß die Literatur ständig Warnungen an den Mann richtet. Friedhan, eine Frau, betont in ihrem ein wenig journalistisch geschriebenen Buch (115), daß die Frau oft selbst die Ursache für eine Entfremdung zwischen sich und dem Mann ist. Die amerikanische Frau hat nach ihrer Meinung ihre Identität viel zu einseitig in die Funktionen verlegt, die mit ihrer Sexualität zusammenhängen. Sie hat als Lebensbild zu sehr die Rolle der Ehefrau und Mutter vor Augen. Wenn die Sexualität in diesen Jahren dann nachläßt und die Kinder sie weniger in Anspruch nehmen, steht sie ohne Motivation und mit leeren Händen da. Sie muß, nach der Meinung von Friedhan, ihre Rolle *von Anfang an* anders definieren. Wir berühren damit eine Thematik, die im Augenblick stärkste Beachtung findet und auf die wir noch zurückkommen werden. Der Unterschied zwischen der mehr auf die Karriere ausgerichteten und der mehr hausfraulichen Frau wird zur Zeit gründlich untersucht (112). Eine dritte Ursache für die Divergenz liegt im unterschiedlichen Interesse an lebensanschaulichen Fragen bei Mann und Frau. Aber das macht sich nicht erst jetzt bemerkbar. Allport nennt das frühe Erwachsenenalter die am wenigsten religiöse Lebensperiode. Doch bei der Frau ist auch im frühen Erwachsenenalter das Interesse am Lebensanschaulichen viel größer als beim Mann. Die Frau ist normalerweise in dieser Hinsicht mit 30 Jahren schon auf einer Interessenebene angelangt, die der Mann erst mit 40 Jahren erreicht. Beim Mann steigt das Niveau im weiteren Verlauf des Lebens ganz allmählich an. Bei der Frau kommt es mit etwa 35 Jahren zu einem Nachlassen. (Das ist genau das Alter, für das Friedhan im Leben der verheirateten amerikanischen Frau eine deutliche Identitätskrise feststellt.)
Wenn es in diesem Alter darum geht, die Beziehung zum Persönlichen zu vertiefen und zu einer mehr persönlichen Lebensinterpretation zu gelangen, muß dieser Punkt unbedingt berücksichtigt werden (P.M.Symmonds in 47, 360, 392-393).
Im Lebensplan einer jeden Periode spielen die dominanten Werte eines bestimmten Zeitabschnittes eine wichtige Rolle. Der Lebensplan ist ja Ausdruck der Mentalität, d. h. der Struktur und der Richtung von Motivationen und Zielsetzungen. Diese werden von dem bestimmt, was als wertvoll erlebt wird.
Wir haben bereits einige dieser dominanten Werte aufgezählt: die Berufsrichtung (Selektion, Karriere), die Sorge um Erziehung und Zukunft der Kinder, bei der Frau das Bedürfnis, als Person anerkannt zu werden, und beim Mann die soziale Anerkennung in der Arbeit und in den beruflichen Beziehungen.
Wir haben noch nicht über die Anerkennung derjenigen Dinge durch andere gesprochen, die Mann und Frau im Leben gemeinsam erreicht

haben. Nach dem Start im frühen Erwachsenenalter werden jetzt die Resultate sichtbar, und man möchte sie auch gerne sehen lassen. Im allgemeinen verbessert sich die finanzielle Lage, wenn die Familie allmählich kleiner wird. In diesen Jahren denkt man an ein eigenes Haus oder an eine neue Wohnungseinrichtung. Man entwickelt eigene soziale Beziehungen auf der erreichten gesellschaftlichen Ebene. Das Maß, in dem ökonomischer und sozialer Wohlstand erreicht wird und auch in Statussymbolen Ausdruck findet, führt nicht selten zur Entfremdung zwischen den Familienangehörigen. Jeder geht deutlicher seinen eigenen Weg, sucht sich die Beziehungen, die dazu gehören, und entwickelt so einen eigenen Lebensstil. Das ist mit Sicherheit einer der charakteristischen Züge dieser Periode. Der Stil ist das Resultat dessen, was Mann und Frau gemeinsam finden. Die zunehmende Individualisierung drückt sich auch in der Lebensform aus. Man sieht die Unterschiede zwischen denen, die aus derselben Familie kommen, an der Größe und Einrichtung des Hauses, an den Entspannungsformen, die sehr stark gesellschaftlich bestimmt sind, an den Urlaubsmöglichkeiten, die man sich aussucht, an Kleidung, Schmuck, Autos, an der Wohngegend usw. In dieser Hinsicht ist das der Zeitabschnitt, in dem die wechselseitigen Familienbeziehungen auf die Probe gestellt werden.

Im Alter von etwa 30 Jahren sind die finanziellen Sorgen meist am größten; danach nehmen sie ab. Dennoch bleibt Geld im Hinblick gerade auf diesen sozialen Zusammenhang sehr wichtig. Man könnte die Reife nach der Formulierung von James das Lebensalter des sozialen Selbstkönnens nennen, soweit es sich in dem realisiert, was man mit Geld kaufen kann (105, 81). In diesen Jahren drückt sich das Gelingen des Lebensplans vornehmlich auf diese Weise aus.

Auch in der hier behandelten Phase kommen deutliche Abweichungen vor. Sie liegen in der Lebenslinie. Werden sie nicht rechtzeitig erkannt, dann verhindern sie die Erfüllungserfahrung in der folgenden Zeit und erschweren eine harmonische Verwirklichung des weiteren Lebensplanes. Einiges haben wir bereits implizit erwähnt: die Entfremdung zwischen Mann und Frau und dadurch ein Sich-selbst-fremd-werden, zu starke Voreingenommenheit für die eigene Rolle und Aufgabe, zu einseitige Betonung der Sorge für die Kinder unter Vernachlässigung persönlicher Bedürfnisse, zu starke Hinwendung zum Materiellen, zu große Abhängigkeit vom sozialen Status, Vernachlässigung der mehr affektiven und expressiven Aspekte des Lebens und zu starke Betonung des Nützlichen. In dieser Zeit entsteht bisweilen Unzufriedenheit im Menschen. Das kann mit der Unfähigkeit zusammenhängen, die Lebensansprüche der Wirklichkeit anzupassen, mit einer unbefriedigenden Verwirklichung des Lebensplanes, mit unbewältigten Dingen aus der vergangenen Periode oder mit den konnaturalen Abweichungen.

Hinzu kommt noch eine unzureichende Hinwendung zur Zukunft, vor allem bei der Frau. Ihr Lebensschema hat sich durch die frühere Ehe-

schließung und durch die geringere Kinderzahl beträchtlich verändert. Wenn sie das mittlere Lebensalter erreicht, nähert sie sich auch dem Zeitpunkt, zu dem ihre Rolle als ‚home-maker' viel weniger Zeit in Anspruch zu nehmen beginnt. Dann müssen neue Motivationen in Kraft treten, wenn das Leben nicht an Sinn verlieren soll. Darum ist es notwendig, der Vorbereitung auf eine ganz andere Lebenseinstellung sowohl psychisch als auch praktisch Aufmerksamkeit zu widmen.
Zum Schluß weisen wir auf die Gefahr hin, daß die Eltern ihren eigenen Lebensplan - insoweit er geglückt, und vor allem, wenn er nicht geglückt ist - in die Kinder hinein projizieren. Dadurch werden die Kinder oft mit Maßstäben gemessen, die nicht die ihrigen sind, und daß Anforderungen an sie gestellt werden, denen sie nicht gewachsen sind, vor allem im Bereich der Schule. Das spielt um so mehr eine Rolle, als die Eltern an ihren Kindern in diesen Jahren oft ein Stück ihrer eigenen Jugend wiedererleben. Es ist dann wirklich nicht einfach, von dem Kind auszugehen, wie es tatsächlich ist.
So zeichnet sich diese Lebensperiode durch Stabilisierung, Individualisierung, Aktivität und Sorge (care) aus. Besonders die Individualisierung regt uns dazu an, vor dem mittleren Lebensalter dem Beachtung zu schenken, was sich innerlich in der Person vollzieht, wenn sich die ‚Lebenswende' ankündigt und der ‚Mittag des Lebens sich nähert'. Das ist eine Wendemarke im Erwachsensein. Das zu erkennen ist sowohl für den Umgang mit sich selbst als auch für das Verhältnis zum eigenen Lebenslauf wichtig. In diesen Jahren meldet sich eine neue psychische Unterströmung, die allmählich nach oben kommt, wenn ihr nicht Widerstand geleistet wird. Die Folgen machen sich in allen Bereichen des Lebens in späteren Jahren bemerkbar, ob sie nun zum Durchbruch kommt oder ausbleibt.

### Die Lebenswende

Die als Lebenswende bezeichnete Lebensperiode beginnt vor dem Übergang von der Reife zum mittleren Lebensalter und erstreckt sich bis in dieses hinein. Dem tatsächlichen Lebensalter kommt hier nur eine relative Bedeutung zu. Wir wissen noch nicht genau, warum solche Reifungsprozesse bei dem einen früher, bei dem anderem später eintreten und warum sie eine unterschiedliche Länge haben. In dieser Hinsicht gleichen die Menschen den Bäumen: manche wachsen schnell, andere langsam. Bühler stellt dazu in ihrem Buch eine Reihe von Vermutungen an (13, Kap. 10).

#### 1. Stellung im Lebenslauf

Vor der Lebenswende liegt die Phase des Mündigwerdens, der fortgesetzten Verantwortlichkeit, der Selektion, der Erfahrung der Unumkehrbarkeit und Unwiderruflichkeit des Lebens. Das ist auch die Phase der Sorge, der Karriere und der Aktivität. Dadurch bildet sich die konkrete Person heraus, die wir kennen, mit konkreten Bindungen, konkreten Verantwortungen, konkreten Beziehungen, konkreten Arbeitszusammenhängen, an einem konkreten gesellschaftlichen Platz; eine Person, die stark vom Sozialen gekennzeichnet ist; dabei sind Arbeit, Rolle und Funktion wichtige Faktoren. Hauptsächlich dadurch entsteht auch die ‚persona' (Jung), also die Verhaltens- und Erlebensform, die Menschen gerade im Hinblick auf ihren Kontakt mit der Außenwelt entwickeln. Diese Form wird wesentlich von all dem bestimmt, was sie nach ihrem eigenen Empfinden für andere sein müssen. Sie ist auch sehr von den Normen der Gesellschaft abhängig, von den Erwartungen, die in die Person gesetzt werden, durch die Funktionen, die sie darin wahrnimmt. Darin steckt viel Einseitigkeit, oftmals viel Unechtheit und auf jeden Fall viel Unfertigsein. Denn die Person umfaßt viel mehr als die persona. Die Phase der Lebenswende könnte man als den Übergang von der persona zum Personsein bezeichnen.

Jenseits der Lebenswende liegt die zweite Lebenshälfte. Sie beginnt mit dem mittleren Lebensalter. Wir werden darauf noch im einzelnen zurückkommen. Hier soll die Lebenswende nur allgemein charakterisiert werden.

Bühler zeigt an Hand vieler Lebensgeschichten, daß in dieser Phase in zunehmendem Maße eine Identifikation mit dem stattfindet, was der Mensch bis jetzt in seinem Leben aufgebaut hat. Die Ausarbeitung dessen, was bis jetzt erreicht worden ist, beginnt „von der Lebensmitte ab". Die Expansion des Individuums setzt sich nun weiter fort (13, 90). Das Leben läuft auf einen Höhepunkt in gesellschaftlicher Hinsicht zu, nicht nur im finanziellen Bereich, sondern auch, was das Prestige und die soziale Anerkennung anbetrifft (123). Mit etwa 40 Jahren *erfährt* der Mensch zum erstenmal, daß seine körperlichen Möglichkeiten geringer werden. Dieser Prozeß hat aber bereits in den zwanziger Jahren begonnen. Jetzt wird er jedoch konkret erfahren. Der Mensch gehört in der zweiten Lebenshälfte nicht mehr zu den Jüngeren. Das Bewußtsein der Vergänglichkeit wird deutlich und klingt manchmal in Gesprächen auf. Eine neue Generation rückt in der Gesellschaft in den Vordergrund, die man selbst großgezogen hat. Obwohl die meisten Autoren behaupten, in diesen Jahren liege der Höhepunkt des Lebenslaufes, haben sie für viele Menschen doch ein negatives Bild. Hier wird deutlich, daß die Autoren einseitige Kriterien ausgewählt haben, wenn sie fast durchweg von einem Höhepunkt sprechen.

Zwischen den beiden Phasen und teilweise noch in ihnen liegt die Lebenswende. Es ist eine Lebensperiode, die mit dem „ungelebten Leben" (210) zu tun hat, mit Möglichkeiten und Realitäten in der Person, die bisher ungenügend zum Zuge gekommen sind. Vieles konnte durch die Aufträge, die mit der Periode der Reife zusammenhängen, nicht verwirklicht werden. Vieles bleibt auch in jedem Leben als unbewältigte Sache liegen.

Vieles *kann* auch noch nicht zum Vorschein kommen, weil der Mensch innerlich noch nicht soweit ist. Damit kommen wir zum Bereich der Innerlichkeit und der Reifung. Es geht dabei um menschliche Dinge, die nicht erlernt und gehandhabt werden können, bevor ein Mensch innerlich dafür reif geworden ist. Das sind zur Zeit zwei sehr umstrittene Gebiete. Die Innerlichkeit des Menschen ist, von der Naturwissenschaft her gesehen, eine sehr umstrittene Sache. Darunter fällt auch die Vorstellung, ein Mensch müsse psychisch reifen, bevor er eine Reihe von typisch menschlichen Dingen erlernen könne. Rapaport bemerkt, unserer Meinung nach mit Recht, die heutige Theoriebildung zur Entwicklung des Menschen trage diesen inneren Faktoren ungenügend Rechnung (63, 820 ff.). Auf *einem* Gebiet wird man ständig auf die Notwendigkeit dieses Reifens hingewiesen: in Psychotherapie, Erziehung, ‚Erwachsenenbildung' und Pastoral. Hier muß man oft warten, bis der Betreffende ‚so weit' ist.
Die Lebenswende steht auch in einem sehr wichtigen Zusammenhang mit der Fortsetzung des Lebens. In den vierziger Jahren wird nämlich deutlich, ‚daß es so nicht weitergehen wird'. Die Expansion kann nicht ständig in einem mehr äußerlichen Ausbau des Lebens gesucht werden. Eine wirkliche Weiterentwicklung kann nur noch in einer Entwicklung der Person selbst gesucht werden. Genau darauf bezieht sich die Lebenswende.

2. Die Lebenswende

Nach Jung liegt sie etwa zwischen 35 und 40 Jahren. Andere (24, 336) setzen einen längeren Zeitraum dafür an (bis etwa 50 Jahre), wofür auch die Tatsachen sprechen. Dieser Unterschied hängt wohl mit der Betrachtungsweise der Lebenswende zusammen. Jung betont stärker die fast unbewußt sich ankündigende Veränderung, weil diese, wie er meint, oft übersehen wird. Andere betonen mehr den tatsächlich sichtbaren Umschlag. Wir sehen, daß sich zwischen 40 und 50 Jahren eine Rollenveränderung vollzieht, und zwar in der Rolle als Vater oder Mutter, in der Arbeit und in den ehelichen Beziehungen. Auch das Verhältnis zu sich selbst ändert sich. Rollenveränderung ist schwierig. Sie bedeutet eine Veränderung des Lebens. Sie ist ein Appell an die Flexibilität, die gerade durch die Identifikation mit dem, was bisher erreicht wurde, nachzulassen droht, besonders dann, wenn bestimmte Rollen einem Menschen in bevorzugtem Maße liegen. Rollenveränderung bedeutet für die Person: „Gefühlskapital von der einen Rolle abheben und in eine andere investieren" (125).
Die Lebenswende beginnt sich um die Mitte der dreißiger Jahre abzuzeichnen. Bisher haben wir mehr die äußeren Aspekte besprochen, vor allem auch, weil diese Periode für den Menschen so wichtig ist. Jetzt widmen wir uns mehr dem inneren Entwicklungsgang, der durch eine

konkret-verpflichtende, selektive und unumkehrbare Wirklichkeit hervorgerufen wird.

1. Die Lebenswende hat verschiedene Namen, die meist sehr bildhaft sind. Das hängt damit zusammen, daß die Lebenswende in der Lebenslaufpsychologie durch die Arbeit von Jung und seiner Schule erneut Beachtung fand. Jung mißt dem Bild als Ansatzpunkt der wissenschaftlichen Reflexion großen Wert bei. In der Literatur finden wir verschiedene Bezeichnungen: ,,Mit der Sonnenwende des Lebens" (,,solstice de la vie", 22, 149) beginnt die ,,Lebensmitte" (126, 260). Der Höhepunkt des Daseins bricht an (,,Scheitelhöhe des Daseins", 124, 322). Der ,,Morgenstern steht jetzt im Zenith" (124, 314/0), und das ,,Schwabenalter" beginnt: die Zeit der gesetzteren Jahre, in denen man keine törichten Dinge mehr tut. Das scheint jedoch nicht der Wirklichkeit zu entsprechen; es hängt vielmehr davon ab, wie jemand die Lebenswende verarbeitet. An anderer Stelle spricht Jung noch vom ,,Übergang des Lebensmorgens zum Lebensmittag" (127, 80). Und nach der Formulierung von Ch.Bühler ist es die ,,Lebensmitte".

Jung schreibt, es müsse möglich sein, eine Psychologie des Lebensmorgens und eine des Lebensmittags zu entwickeln. Das erste haben, wie er sagt, vor allem Freud und Adler getan. Dagegen wundert Erikson sich, daß die abendländische Psychologie sich im allgemeinen so wenig um die Psychologie des Lebensmittags bekümmert hat. Im Osten kennt man die Redewendung ,,In office a Confucian; in retirement a Taoist", in der der gesamte Lebenslauf eingefangen ist (113, 132-33). Das vermißt Erikson in der Lebenslaufpsychologie. Jung kommt ihm zum Teil entgegen; darum ist es verwunderlich, daß Erikson das nicht wahrgenommen hat. Der Freudianer überläßt, ganz einfach ausgedrückt, den älteren Menschen seinem unseligen Schicksal. Jung macht es sich nicht so leicht; er stellt sich bei jeder Person, wie alt sie auch sein mag, immer wieder die Frage: Was kann da nun getan werden? In diesem Sinne begann er die Einleitung zu einer Abhandlung über die zweite Lebenshälfte (22, 148-149). Die dann folgenden Betrachtungen über die Lebenswende stellen eine Anwendung der - übrigens gegenwärtig recht umstrittenen - Auffassung dar, daß der Übergang von der einen Phase zur anderen ein Krisengeschehen ist und dadurch zu einem kritischen Moment im Lebenslauf wird (vgl. 22, 147).

2. Wir wollen nun genauer untersuchen, was in dieser Periode geschieht. Wenn man die Gegebenheiten der Reifungsperiode vom Standpunkt der in der Entwicklung befindlichen Person aus gruppiert, läßt sich erkennen, daß die Person in der Reifungsperiode zum Mittelpunkt zu werden beginnt. Nun entsteht ein Mensch mit eigenem Charakter. Die Lebensbindung zwischen Mann und Frau weckt die männliche und die weibliche Person. Sie appelliert an die schlummernden männlichen und weiblichen Möglichkeiten in einem personalen Zusammenhang. Eine Person entwickelt sich nur an einer Person. Darum konnte Guardini sagen, in diesen Jahren *entstehe* das, was wir ,den Mann' und ,die Frau' nennen (93, 39).

Die Sorge für konkrete Menschen wirkt gleichfalls persönlichkeitsweckend. Das Kind formt die Eltern ebenso wie es umgekehrt der Fall ist. Auch das Verpflichtende und Unumgängliche läßt persönliche Kräfte im Menschen wachsen. Das zunehmende Interesse an einer ‚philosphy of life' ist ebenfalls eine Äußerung der Person. Mit ihrer Hilfe versucht man ja, zu einem eigenen Standpunkt hinsichtlich seines gesamten Lebens zu kommen.

Andererseits haben wir gesehen, daß gerade die Person in diesen Jahren bedroht ist. Wir haben das an der Beziehung zwischen Mann und Frau dargelegt, an ihrer möglichen Flucht voreinander unter dem Vorwand der Sorge für die Familie, und an der Gefahr, zu einseitig von der ‚persona' her zu leben, der sozialen Rolle, die in diesen Jahren der Expansion und der sozialen Geltung in den Vordergrund rückt.

Schließlich sei noch darauf hingewiesen, daß die Beschäftigung gerade mit der Person in dieser Periode ein wichtiger Auftrag ist. Nur so kann das Sexuelle zum Personalen hin vertieft und können die heranwachsenden Kinder als *Personen* mit eigenem Wert anerkannt werden. Auf diese Weise wird verhindert, was Jung ein wenig sarkastisch so beschreibt: daß es ein Ideal des Vaters wird, der Bruder seines Sohnes, und der Mutter, die Schwester ihrer Tochter zu sein. In diesem Appell an die Person liegt eine Möglichkeit, die Rolle des Erwachsenen wieder vollwertig zu übernehmen.

3. Wir haben darauf hingewiesen, daß die persönliche Individualität nicht nur von der Welt bedingt ist, in der jemand lebt. Der Mensch *lernt* nicht nur, sondern er wächst und reift auch.

Der Lebenslauf des Menschen ist etwas Seltsames. Woher bezieht der Mensch seine tatsächliche Lebensform? Wir sind damit vertraut, daß Körperformen a priori gegeben sind. Kopf, Hände und Füße werden erwartet, sie gehören zu ‚dem' Menschen. Es sind *Vor*-gegebenheiten. Damit sind auch eine Reihe von Funktionen vorgegeben. Dabei stellt sich heraus, daß nicht so sehr die Funktion selbst erlernt wird, als die Weise, auf die die Person mit ihren Funktionen arbeitet. So kann man beobachten, daß Kinder genauso laufen wie ihr Vater und ihre Mutter, daß Brüder bisweilen die gleichen Gebärden und Haltungen haben. Die konkrete Form des Funktionierens und Bewegens entsteht im Dialog mit der Außenwelt; sie liegt nicht von vornherein fest und ist individuell höchst unterschiedlich. Das Funktions- und Bewegungsschema ist jedoch vorgegeben und ‚natürlich'. Mit diesen Fakten sind wir vertraut.

Mit der Übernahme psychischer Vor-gegebenheiten haben wir meist mehr Mühe. Es geht hier nicht um die Vererblichkeit psychischer Eigenschaften. Gemeint ist die Gesamtheit von vorgegebenen Bedeutungen, die dem Menschen eigen sind und die zu ihm gehören. Auch hier kann man das Tatsächliche nicht aus dem Möglichen ableiten. Das tatsächlich Psychische erwächst aus dem Dialog mit der Außenwelt. Eine Reihe psychischer Möglichkeiten sind jedoch vorab gegeben. Sie können, wie auch im leiblichen Bereich, erst dann zum Zuge kommen, wenn die Psyche sich ent-

wickelt hat und dafür reif geworden ist. Beispiele sind die Erfahrung der Abhängigkeit von Älteren, die sexuelle Bedeutungswelt, das Verlangen nach innerer Harmonie, die Gerichtetheit auf einen Lebenssinn, das innere Gespaltensein und die Verarbeitung des Todes.
So wie bestimmte Bewegungsmodelle sind auch Verhaltens- und Erlebnismodelle vorgegeben. Sie finden zum Teil Ausdruck in Mythen, Träumen, Legenden, Volkserzählungen, Volksbräuchen, Riten, Symbolen und Lebensanschauungen. Ganz offensichtlich stimmen deren Thematiken bei individuellen Menschen und bei verschiedenen Kulturen miteinander überein, obwohl immer wieder eine andere Form dafür gefunden wird.
Es geht hier mit anderen Worten um psychische Konstanten, die mit der Struktur des Menschen zusammenhängen. Daher können sie so kollektiv erscheinen. Die Entwicklung solcher psychischer Modelle braucht Zeit, genauso wie die körperlichen Modelle. Sie setzen ebenso wie sie ein Reifen voraus. Eigentlich stellt diese Entwicklung die Innenseite des menschlichen Lebenslaufes dar. Sie ist nicht mit der persönlichen Entwicklung identisch, wohl aber liefert sie das innere Material, mit dem die Person im Laufe ihres Lebens arbeitet. Es besteht eine Beziehung zu den großen Themen des menschlichen Lebens. Diese Themen sind nicht klar vorgegeben und werden auch nicht von außen her angelernt. Sie schlummern als ‚Bilder' in uns (imago); sie liegen als Richtungen des Erlebens, der Vorstellung, des Erfahrens und Verhaltens in uns und werden am Leben in konkreten Gefühlen ausgearbeitet. Ihren konkreten persönlichen Inhalt beziehen sie von der Lebensgeschichte. Um solche ‚Bilder in Aktion' kristallisieren sich vornehmlich unsere individuellen Bedürfnisse, Wünsche, Widerstände, Unsicherheiten, Freuden und Konflikte.
4. Dieser Exkurs über die Entwicklung der Vorgegebenheiten des Menschen war nötig für einen Überblick über das, was sich in der Lebenswende vollzieht.
A. Vetter beschreibt dieses Geschehen als eine Grunderfahrung des Lebensgefühls, eine Revision all dessen, was wir bis dahin für wertvoll gehalten haben. Er spricht vom ‚Existenzgefühl' (129, 32).
Das müssen wir erläutern. Es bedeutet zunächst, daß der Mensch in diesen Jahren mit seinem Leben als einer Totalität konfrontiert wird. Er erfährt, daß sein Leben einmal begonnen hat und einmal enden wird, und zwar nicht so sehr durch zufällige Lebensumstände. Diese können solche Erfahrungen schon viel früher bewirken; dafür gibt es in der klinischen Praxis viele Beispiele. Die Erfahrung ist aber eng an innere Gesetzmäßigkeiten im Menschen gebunden. Das ist eine Erfahrung der Person in diesen Lebensjahren. Das bedeutet außerdem, daß ein neues Licht auf die Vergangenheit zu fallen beginnt. Es ist das Licht des Ganzen, und darin ist auch das Ende mit einbegriffen. Das erfordert ein neues Verhältnis der Person zu ihrem eigenen Lebenslauf. Die bisherigen Dinge werden von dieser neuen Perspektive her bewertet.
Dieses Geschehen darf also nicht von der persönlichen Entwicklung losgelöst werden, von der zuletzt die Rede war. Die erwähnte Erfahrung

kommt also nicht zufällig zustande, sondern sie erwächst aus den die Person schaffenden Gegebenheiten der Reifungsphase. Sie ist unter anderem die Frucht der früheren Lebensgeschichte und eine wichtige neue Phase in der Entwicklung der persönlichen Individualität.
Darum ist es notwendig, diesen Begriff der Individualität mit Inhalt zu füllen. Wir sprechen absichtlich von ‚persönlicher Individualität' im Gegensatz zu der Individualität, von der ansonsten oft gesprochen wird. Allport ist z. B. einer der großen Meister auf dem Gebiet der Individualität. Er spricht in all seinen Büchern fortwährend von dem einen, individuellen Menschen, der von der Psychologie zu erforschen sei. Er glaubt, daß die naturwissenschaftliche Methode der Psychologie dem Individuum ständig Gewalt antut. Er will auf die Einzigartigkeit des Menschen hinaus: Kein Mensch ist so wie der andere. Daran kann eine wirkliche Wissenschaft vom Menschen nicht vorübergehen. Das ist zweifellos richtig. Aber darum handelt es sich hier nicht. Auch jedes Kind ist einmalig. Aber das Kind ist nicht in der Lage, sein Selbst zu verwirklichen und zur Person heranzuwachsen, und gerade darum geht es ja bei der Lebenswende. Das Kind ist nicht dieses freimachenden Bewußtwerdens und der persönlichen Integration der besonderen psychischen Vor-gegebenenheiten fähig. Es ist innerlich einfach noch nicht so weit, und man kann es ihm auch nicht beibringen. In der Krise der Lebenswende kehrt das Leben sich nach innen, kommt die Person zu sich selbst, führt sie den Schatten, der in ihr ist, allmählich ins Licht, wenn die Krise einigermaßen normal verläuft. Unter normal verstehen wir hier das, was der weiteren Entwicklung dient (130).
Adler bezeichnete seine Psychologie als ‚Individualpsychologie'. Er entdeckte, daß jedes Leben ein eigenes, individuelles Grundthema hat. Der betreffende Mensch weiß davon oft nichts. Das Grundthema ist einfach in seinem Erleben und Verhalten vorhanden. Daraus ergeben sich zahlreiche Lebensschwierigkeiten: im Bereich der Arbeit, im Bereich der Beziehungen und im Bereich des Verhältnisses zu sich selbst. Die Entwicklung dieser oft unbewußten Thematik wirkt erhellend, löst die Person aus ihrer Ichbezogenheit und lehrt sie, real auf andere und auf ihre Arbeit bezogen zu sein. Dadurch tritt ihre Eigenart konstruktiver zutage, und auch das positive Selbsterlebnis nimmt zu. Diese Bedeutung von Individualität liegt in etwa in der Richtung der persönlichen Individualität, um die es bei der Lebenswende geht. Bei Adler ist die Therapie darauf ausgerichtet, den oft unbewußten Geltungsdrang und die Empfindungen des eigenen Versagens bewußt zu machen und dem Menschen beizubringen, sich dazu positiv zu verhalten. Auch die Individualisierung, die den Anfang der Lebenswende darstellt, führt zu einer tieferen Selbsteinsicht. Aber es geht dabei um viel mehr als Geltungsbedürfnis und Minderwertigkeitsgefühle. Goethes ‚Werde wer du bist' ist eher das Motto, nach dem sich die Lebenswende vollzieht. An sich ist das zu allgemein ausgedrückt, denn es trifft für den gesamten Entwicklungsgang des Menschen zu. Der genaue Sinn, den es gerade in der Lebenswende hat, muß eingehender

untersucht werden. Es geht bei der Lebenswende um dieses Personwerden, und zwar in einem ganz bestimmten Sinne.
Folgende Tatsachen sind hinsichtlich dieser Jahre festzustellen:
1. Viele Menschen schauen dem mittleren Lebensalter, das nun auf sie zukommt, mit gemischten Gefühlen entgegen. Diese Lebensperiode hat für viele offensichtlich ein negatives Vorzeichen. Es ist so, als wolle man nun auf dem Lebensweg nicht weitergehen, da man spürt, daß die zweite Hälfte beginnt. Oft wird sie als der Anfang eines Rückganges empfunden, als erster Schritt auf dem Weg zum Verfall.
2. Auffallend ist dabei, daß in diesen Jahren Verhaltensweisen, die für einen Menschen in der Jugend charakteristisch waren und im Laufe des Lebens zurückgegangen sind, jetzt erneut in Erscheinung treten (126, 231; 22, 149). Ebenso erstaunlich ist, daß sich in diesen Jahren oft eine gewisse Verhärtung der Auffassungen und Überzeugungen bemerkbar macht, als ob man sich auf das, was tatsächlich ist, festzulegen beginne, sich innerlich konsolidiere. Soddy wiederholt mehrmals in seiner Studie, diese „Starre des mittleren Lebensalters" sei wahrscheinlich die Folge eines Druckes, den die Kultur auf die Menschen in diesem Alter ausübe. Er sieht das Phänomen nicht auf der Linie der Lebenswende.
Jung verbindet beide Phänomene miteinander. Ganz im Sinne seiner Auffassung von der Realität des Psychischen, das nach seiner Meinung fast eigenmächtig im Menschen wirkt, stellt er fest, daß viele Menschen mit diesen Regungen in ihrem Inneren nicht zurechtkommen. Sie fürchten sich vor den neuen, noch nicht erwünschten Kräften der Psyche und verstärken darum die im Laufe des Lebens eingenommenen Standpunkte. Wer die Veränderung fürchtet, kann nichts anderes tun als sich selbst zu behaupten. Oft vollzieht sich dieser Prozeß, ohne daß man selbst darum weiß. Wer jedoch in der Lage ist, in sich hineinzuschauen, oder jemand findet, der ihm dabei hilft, der bemerkt, daß da etwas vor sich geht. Jung setzt diese Dinge bei ungefähr 35 Jahren an. Er schreibt: „Je mehr man sich der Lebensmitte nähert und je mehr es einem gelungen ist, sich in seiner persönlichen Einstellung und sozialen Lage zu festigen, desto mehr will es einem scheinen, daß man den richtigen Lauf des Lebens und die richtigen Ideale und Prinzipien des Verhaltens entdeckt habe... Man übersieht dabei eine wesentliche Tatsache, daß die Erreichung des sozialen Zieles auf Kosten der Totalität der Persönlichkeit erfolgt" (126,260).
3. Der Umgang mit Menschen lehrt, daß sich um die vierziger Jahre tiefsitzende unbewältigte Dinge aus der Vergangenheit erneut melden, meist hervorgerufen durch konkrete Ereignisse. Die Person begreift dann oft nicht, warum sie auf eine Begegnung oder ein Geschehen so heftig reagiert und was in ihr so heftig berührt wird. Das führt manchmal zu Verhaltensweisen, die auf den ersten Blick durch fremde Impulse hervorgerufen zu sein scheinen. In Wirklichkeit geht es um Gefühle, die ungenügend verarbeitet werden konnten, um Dinge, die tief eingegriffen haben und für die zwischenzeitlich kein angemessener Platz vorhanden war. Sie treten erneut in der Zeit der Lebenswende auf, weil die Gesamtheit der

Person der Anfang dieser Lebenslaufkrise ist (vgl.73, 302-303). Rümke stellt mit Nachdruck fest, daß dieses Problem des eigenen Seins nicht nur bei entwickelten Menschen auftaucht. Mir ist das Phänomen bei einer Reihe von Menschen aus verschiedenen Bevölkerungsschichten begegnet (104, 93).

4. Auf diese oder jene Weise beginnt das Lebensende eine Rolle im Erleben zu spielen, bisweilen sehr deutlich, vor allem, wenn in diesen Jahren persönliche Schwierigkeiten auftreten, die jemand stark beschäftigen. Bei anderen vollzieht sich das mehr im Hintergrund. Die Psychoanalyse deutet eine Reihe von Träumen um die Lebenswende im Zusammenhang mit dieser Todesproblematik. Jung schreibt, daß der Tod in der Lebenswende geboren wird. Jedenfalls macht sich die Vergänglichkeit des Lebens auf mancherlei Weise bemerkbar (vgl.133, ch.5).

5. Schließlich erhebt sich noch die Frage, ob eine Reihe von Phänomenen, die mit dem mittleren Lebensalter zusammenhängen und sich schon lange angekündigt haben, nicht mit der Lebenswende in Verbindung gebracht werden müssen. Darauf werden wir noch bei der Besprechung des mittleren Lebensalters zurückkommen.

Hier werden nur die Fakten erwähnt, die Fried bei Männern und Frauen in der „Krise des mittleren Lebensalters" (133) festgestellt hat.*
Diese Krise wird von ihr ausdrücklich als eine Entwicklungskrise im strengen Sinne des Wortes aufgefaßt, d. h. als eine innerlich notwendige kritische Phase in der Entwicklung der Person, in der eine bestimmte Lebensperiode endet und eine neue beginnt (133, IX). Fried sieht einen Zusammenhang mit der Krise der Generativität, von der Erikson spricht (s.dort, 133, 2, 116). Es ist nach ihrer Ansicht ein normales Entwicklungsphänomen, das mit dem Eintritt in das mittlere Lebensalter verbunden ist und darum eine Anzahl typischer, altersbedingter Erlebnisse, Gefühle und Verhaltensweisen mit sich bringt. Die Autorin sieht in der ‚Mittelkrise' ein Geschehen, das ebenso notwendig zum Lebenslauf dazugehört wie etwa die Pubertät (133, 8). Wie diese kennt auch die Mittelkrise schwache und extreme Formen. Fried beschreibt den Vierzigjährigen auf dieselbe Weise wie A.Gesell das ein-, zwei- und dreijährige Kind:
„Der 40jährige ist unverkennbar ruhelos, nach innen gekehrt, reizbar, launisch, melancholisch und Stimmungen un erworfen. Der 30jährige ist sonnig, hart arbeitend und pflichtgetreu in den täglichen Dingen. Damit verglichen ist der 40jährige ein Trödler. Er hat gegen alles Einwände und kommt nicht zu den Dingen, die einfach getan werden müssen. Wenn er deswegen angesprochen wird, neigt er dazu, schmunzelnd und herausfordernd zu antworten. Auf die Frage, was er vom Leben hält, antwortet er

---

* Sie stimmen mit einer Reihe von Phänomenen überein, von denen schon seit langem in der Literatur berichtet wurde. Fried hat sie ergänzt und in eine Perspektive gerückt, die deutlich auf die Thematik der Lebenswende verweist, wenn sie sie auch nicht ausdrücklich erwähnt.

mit vagen Äußerungen wie ‚abscheulich', ‚langweilig', ‚dumm' oder ‚deprimierend', ohne genau angeben zu können, warum. Der 30jährige ist zufrieden mit den bekannten Dingen aus seiner unmittelbaren Umgebung und zufrieden mit seinem eigenen Spielzeug, im Gegensatz zum 40jährigen, der statt dessen dauernd auf der Suche nach grüneren Weiden ist und eine Menge Zeit mit Tagträumen vertut, um zwischendurch mit jemand loszuziehen, der ihn wirklich versteht. Der 40jährige neigt dazu, sich Krankheiten vorzustellen (Gehirntumor und Herzleiden sind zwei beliebte Selbstdiagnosen); oder er leidet unter dem Gedanken, daß seine körperlichen und geistigen Fähigkeiten verfallen. Man sagt nicht zuviel, wenn man behauptet, daß es dem 40jährigen gelingt, denen das Leben zu verleiden, die mit ihm zusammenleben. Aufrichtige und liebevolle Sorge wiegt seinen wiederholten, unredlichen und oft unter Tränen geäußerten Protest dagegen, daß man ihn angeblich nicht möge und ihn vernachlässige, nicht auf. Wutausbrüche kommen bei dieser Altersgruppe äußerst oft vor, und es ist traurig, aber wahr, daß Gegenmaßnahmen die Situation nur noch verschlimmern (133, 12-13).

Charakteristisch für die Person in dieser Krise ist eine Grundstimmung der Unzufriedenheit auf allen Lebensgebieten. Sie ist unzufrieden mit sich selbst, mit dem Lebenspartner, der Familie, mit der täglichen Arbeit, mit Gesellschaft, Kirche und dem Leben überhaupt. Diese Unzufriedenheit äußert sich in Kritik, Aufsässigkeit, Verletzbarkeit und Reizbarkeit. Die Person weiß selbst nicht, was der Grund dafür ist, und hängt so ihre Kritik an der Wirklichkeit auf. Sie überlegt, ob sie sich eine andere Arbeit suchen soll (vgl. 26, 291, 295, 310), ob sie das Haus verlassen und sich einen anderen Ehepartner suchen soll (Kinsey stellt für diese Jahre ein erhöhtes Interesse am Sexuellen fest; der Mann beschäftigt sich zumindest in seiner Vorstellung mit anderen Frauen; 121; 122). Der Unzufriedenheit, die für die Krise charakteristisch ist, liegt eine umfassende Langeweile zugrunde (133, 83 ff.). Man kann hier an das ‚ennui' von Sartre denken, das als Grundstimmung die Mittelkrise erfüllt. (Plügge, 83, bringt die Erfahrung der Langeweile mit den Betrachtungen von Pascal über die Zerstreuung in Verbindung.) In diesem Zusammenhang weist Fried auf die bemerkenswerte Entwicklung hin, nach der die „geistige Gleichgültigkeit" (acedia), die früher als Sünde angesehen wurde, jetzt als Symptom aufgefaßt wird. Diese Entwicklung schlägt nach ihrer Meinung von der psychosozialen Seite her eine Brücke zwischen den Themen der Zeit und der Identität. Je mehr die Betonung der eigenen Identität der Person zunahm, desto seltener wurde geistige Gleichgültigkeit im Laufe der Jahrhunderte als sündig angesehen. Der Mensch ‚hat' ja keinen Platz, sondern er muß seinen eigenen Platz selbst finden. Wenn ihm das nicht mehr gelingt, sind Langeweile und Gleichgültigkeit ein Symptom dafür (133, 96). Fried sieht in der Mittelkrise demnach auch eine Identitätskrise (133, 36, 129; s. auch 73, 303), in der der Mensch von 40 Jahren sein Selbst auf allen Gebieten, auf denen sich sein Personsein verwirklicht, neu bewertet (133, 25). In dieser Neubewertung kommen oft ungelöste Spannungen mit den Eltern zum Vorschein (133, 39). Es geht hier also um unbewältigte Dinge aus dem Lebenslauf. Das liegt ganz auf der Linie von Jungs Bemerkungen zur Wiederkehr jugendlicher Verhaltensmodelle. Die Person schaut in dieser Krise auch in die Zukunft. Dabei stellt sich heraus, daß ein Teil ihres Widerstandes gegen das Leben einer Ablehnung der Verantwortungen und der Macht, die auf den Schultern der Menschen im mittleren Lebensalter liegt, zuzuschreiben ist (133, 120-121). Auch dazu muß er zunächst ein Verhältnis finden, bevor das Leben weitergehen kann.

Zusammenfassend stellen wir fest: einen Widerstand gegen den Eintritt in das Alter der Lebenswende; ein Wiedererleben kindlicher und unverarbeiteter Gefühle aus früherer Zeit; eine gewisse Verhärtung der bisherigen Lebensform und Lebensauffassung und ein Sichaufbäumen gegen die Vergänglichkeit des eigenen Lebens und des Lebens von Menschen, die einem teuer sind. Im Lichte des „Werde wer du bist" erlangen diese Dinge Bedeutung: Furcht davor, wirklich das zu sein, was man jetzt ist, nämlich ein Mensch im Übergang zur zweiten, letzten Lebenshälfte; Festhalten an dem, was jetzt ist, mit anderen Worten: sich selbst nicht loslassen können, um sich selbst besser zu finden; eine heimliche Angst vor dem Tod, der zum Leben des Menschen gehört, und vielleicht als Ansatz für eine weitere Entwicklung: Erinnerungen an eine frühere Zeit des Wachstums (die Kindheit) und ein Auflösen dessen, was bisher auf dem Lebensweg liegengeblieben war. So gesehen kann man sagen, daß ein Mensch erst mit etwa 40 Jahren im vollsten Sinne des Wortes erwachsen wird.

## 3. Lebenswende als Personwerden

Die Konfrontation mit dem persönlichen Leben als Ganzes, das beginnt und endet, ist eine der Aufgaben, die das ‚Werde wer du bist' enthält. Die Konfrontation mit sich selbst als Mann oder Frau spielt darin eine so wichtige Rolle, daß wir sie eigens besprechen.

Was Selbstwerden in dieser Hinsicht bedeutet, kann nicht in einer kurzen Definition dargelegt werden. Zwei Dinge erscheinen bei der Lebenswende als wesentlich.

Zunächst einmal kann Personsein nicht von der Männlichkeit oder der Weiblichkeit getrennt werden, die jedem Menschen, als von Natur aus vorgegeben, eigen ist, sowohl in physischer als auch in psychischer Hinsicht. Im Gegenteil, diese Komponenten müssen gerade im Personsein vollauf funktionieren. Demnach kann Personsein nicht mit diesen Vorgegebenheiten gleichgesetzt werden. Wenn wir von einer persönlichen oder einer personalen Beziehung sprechen, meinen wir gerade, daß Menschen, Männer wie Frauen, nicht in ihren natürlichen physischen und psychischen Möglichkeiten und Grenzen befangen bleiben. Wir meinen damit, daß Menschen, Mann und Frau, einander persönlich finden in einem

Kontakt, in dem Freiheit wirklich funktionieren kann. In dieser wirklich freien Beziehung, in der Menschen, Mann und Frau, sich selbst zur Verfügung haben, verwirklichen sich die tiefsten personalen Möglichkeiten. Jung nennt die Entwicklung in dieser Richtung während der Lebenswende ‚Individuationsprozeß‘.

Das ist ein vielsagender Begriff. ‚Individuation‘ bedeutet: innerlich ungeteilt werden. Es bedeutet: die verborgenen Möglichkeiten und Beschränkungen zu ihrem Recht kommen lassen. Es bedeutet, die vergessene, abgewiesene oder verdrängte Realität unser selbst deutlich werden lassen, sie anzunehmen und eine Übereinstimmung mit ihr zu finden. Dadurch wird die Person ganz, ungeteilt, integriert. Er spricht aber auch von einem ‚Prozeß‘. Für ihn ist es tatsächlich ein Prozeß, eine Selbstregulierung der menschlichen Psyche, die um die Lebenswende aus sich selbst und aus einer inneren Gesetzmäßigkeit auf ihre Integrität drängt. Es sieht bisweilen so aus, als ob Jung den Kern des Personwerdens, nämlich die Freiheit, die im Reiche des Geistes liegt, gerade nicht erkennen würde, als sei dieses Personwerden tatsächlich ein *Prozeß* der sich im Reich des Psychischen vollzieht. Wir sagen: ‚*Es sieht so aus*, als ob Jung das tue.‘ Offensichtlich hat er sich hier mit Fragen befaßt, die ihm nicht deutlich geworden sind. Er gibt denn auch zu, daß er mit der Grundfrage, die in der Lebenswende geboren wird, nämlich der Frage nach dem Tod, nicht klar ist. Er glaubt nicht weiter gehen zu können als bis zu der Feststellung, daß die Lebenswende der erste Schritt auf dem Wege zurück in den Schoß der Natur ist. Er schreibt: „Ich bin über mich selbst erstaunt, enttäuscht, erfreut. Ich bin betrübt, niedergeschlagen, begeistert. Das alles bin ich, aber die Summe kann ich nicht ausrechnen. Ich bin nicht imstande, Wert oder Wertlosigkeit festzustellen, ich habe kein Urteil über mich und mein Leben. In nichts bin ich ganz sicher. Ich habe keine definitive Überzeugung... Ich existiere aufgrund von etwas, das ich nicht kenne... Ich hege die vorsichtige Hoffnung, daß der Sinn vorherrschend sein und die Schlacht gewinnen wird" (81jährig, in 131, 326, Schluß des Buches).

Doch das scheint uns nicht alles zu sein. Es sagt aus, daß Jung eine große Achtung vor den Kräften hatte, die im Menschen leben und in ihm wirksam werden, wenn die Stunde gekommen ist, und daß er vor allem diese Kräfte in ihrer Wirksamkeit nicht stören wollte. Er befürchtete, wir könnten durch ein zu starkes Regulieren von einem Aspekt unseres Selbst her, nämlich von unserer Einsicht und unserem Willen her, eigenmächtig vorgegebene Wirklichkeiten in uns übersehen oder behindern. Damit wird das echte Personwerden gefährdet. Denn jemand kann nur Person werden durch den Umgang mit dem ‚Material‘, das ihm mitgegeben wurde. Dem schreiben wir auch seine Betonung des prozeßartigen Charakters des Individuationsgeschehens zu.

Wir besprechen nun weiter die Konfrontation der Person als Mann und Frau mit sich selbst, wie sie sich in der Lebenswende ankündigt und vollzieht. Das Männliche und das Weibliche gehören zu den psychischen

Vorgegebenheiten, über die wir bereits gesprochen haben. Sie sind wie andere ‚Komponenten' des Menschen psychische Konstanten, die in jedem Menschen wirken. Sie liegen als Richtungen des Erlebens, der Vorstellung, des Erfahrens und des Verhaltens - mit anderen Worten: als mögliche Bedeutungen - in uns und werden, was ihre konkrete Form angeht, am Leben der Person ausgearbeitet. Es geht dabei nicht nur und nicht einmal hauptsächlich um das Männliche und Weibliche im engeren, sexuellen Sinne. Es geht vielmehr um die ‚Daseinsweise' von Mann und Frau, wie Buytendijk es ausdrückt. Diese Daseinsweise konkretisiert sich und wird auch anderen zugänglich im Sprechen, im Erleben, in der Vorstellung, im Fühlen, Erfahren und Verhalten. Sie durchdringt alles im Menschen. Auch dieses Durchdringen muß konkret verstanden werden, und zwar in Verbindung mit der individuellen Lebensgeschichte. Das Männliche oder Weibliche ist einem jeden wirksam, wie es im Leben des Betreffenden eine Form gefunden hat. Die Geschichte dieses Faktums reicht weit in den Lebenslauf des Menschen zurück. Welches Verhalten jemand als Mann oder Frau entwickelt, ist zumindest von den folgenden Faktoren abhängig:
- von den Männern und Frauen, zu denen jemand schon früh in seinem Leben Beziehungen hatte, und den Erfahrungen, die er im Kontakt mit ihnen gesammelt hat;
- von den Männern und Frauen, mit denen man im Laufe des Lebens eine innige, gefühlsmäßige Bindung eingegangen ist;
- von der Person, mit der man in der Ehe eine bleibende Verbindung eingeht;
- von dem, was jemand als Ideal von Mann und Frau in sich trägt; das darf nicht zu ‚idealistisch' verstanden werden; es geht mehr um Normen und Erwartungen, die man explizit oder implizit (in seinem Verhalten) gegenüber Mann und Frau hat.

Ein letzter, umfassender Faktor ist das Bild von der eigenen inneren Harmonie, das in einem Menschen wirksam ist. Diese Harmonie hat vielfältige Komponenten. Wenn aber jemand sich ein Bild von *sich selbst* machen will, müssen das Mann-Sein und das Frau-Sein darin eine wichtige Rolle spielen.

Auf diese Faktoren wollen wir hier nicht näher eingehen, weil wir uns ja mit der Lebenswende befassen. Wohl aber müssen wir bedenken, daß die gefühlsmäßigen Bindungen der Person an andere - und eigentlich handelt es sich bei allen erwähnten Faktoren um gefühlsmäßige Bindungen - in hohem Maße von dem abhängig sind, was sie selbst entbehrt und verlangt. Jedes Verlangen sagt etwas über den Menschen aus, nach dem verlangt wird, und über den Menschen, der verlangt. So sagt die Verliebtheit ebensoviel über die verliebte Person wie über die geliebte Person aus. In diesem Sinne sind Verliebtheiten nicht zufällig. Sie haben eine Funktion, sind Äußerungen eines ganz bestimmten psychischen Bedürfnisses, das in einem ganz bestimmten anderen Menschen befriedigt wird. Verliebtheit umfaßt noch viel mehr als das, aber davon soll hier nicht die Rede sein.

So kristallisiert sich viel vom ‚ungelebten Leben' und von dem Leben, das man hinter sich hat, vornehmlich um den Mann oder die Frau, die man für eine Lebensbeziehung sucht. Aus solchen Bedürfnissen heraus wird oft eine Beziehung in Gang gebracht, aber sie kann auch in ihnen steckenbleiben. Mann und Frau passen dann psychisch zueinander; sie sind eigentlich in ihren natürlichen leiblichen und psychischen Möglichkeiten und Grenzen gefangen.
In solchen gefühlsmäßigen Bindungen äußern sich tiefe, im Menschen wirkende Strebungen. Sie sind auf das gerichtet, was er als Ergänzung des eigenen leiblichen und psychischen Seins erfährt. Dabei spielt die gesamte Lebensgeschichte mit. Das macht verständlich, daß in der ‚Liebe' die Menschen oft mehr mit sich selbst als mit dem anderen beschäftigt sind, nämlich mit dem ‚Teil' ihrer selbst, den sie im anderen wiederfinden. Das macht auch begreiflich, daß solche vorgegebenen Bilder, die von unserer eigenen Lebensgeschichte vervollständigt werden, ebenso Möglichkeiten wie auch Hemmnisse beim Personwerden sein können: Möglichkeiten, weil sie ein psychisches Geschehen in Gang bringen, einen neuen Bereich des psychischen Lebens ansprechen und Stücke des ungelebten Lebens erneut ins Leben zurückbringen; Hemmnisse, weil die Person darin gefangen bleiben kann, dieses Psychische nicht in eine echte Relation bringen kann, weil sie, ohne es selbst zu wissen, dem anderen zuschreibt, was von ihr selbst ist. Dann wird in einer gefühlsmäßigen Bindung nicht der andere gefunden, sondern die Person macht sich den anderen nach ihrem eigenen Maß zurecht, als eine Verlängerung ihrer selbst. Damit wird eine personale Beziehung verhindert, und die konkrete Person kommt nicht zustande.
Wenn das aber doch geschieht und die Person dadurch, daß sie sich selbst am anderen entdeckt, dieses rein Psychische übersteigt, findet sie sich selbst klarer und harmonischer wieder. Durch die Zurücknahme dieser Projektionen gelangt sie zu einer größeren und tieferen Verfügbarkeit über sich selbst. Damit kommt sie auch zu einer persönlicheren Individualität.
Von hier aus fällt neues Licht sowohl auf die Lebenswende und den Auftrag zur Selbstwerdung als auch auf die die Person bedrohenden und die Person weckenden Gegebenheiten der Reifeperiode. Deshalb haben wir diese Gegebenheiten im vorliegenden Kapitel über die Lebenswende erneut zusammengefaßt. Einerseits ist mit der Periode der Reife die Gefahr gegeben, daß Mann und Frau ihre Beziehung zueinander vernachlässigen, mit anderen Worten, daß sie ihre Individualisierung zu sehr in ihren sozialen Rollen und Verpflichtungen suchen. Anderseits bietet gerade die Periode der Reife die Möglichkeit, mehr selbst zu werden, wenn nämlich dem Appell an die Person in dieser Periode tatsächlich Folge geleistet wird. Das bedeutet stets eine Konfrontation mit sich selbst.
Wir haben das bisher hauptsächlich mit den gesellschaftlichen und familiären Verpflichtungen von Mann und Frau in Verbindung gebracht. Im Lichte der Lebenswende zeigt sich jedoch, daß hier auch innere Reifungs-

faktoren eine Rolle spielen. Jung nennt die Konfrontation mit sich selbst das ‚Meisterstück' im Lebenslauf des Menschen. Wenn er sie schafft, ist er genügend bei Kräften, um die zweite Lebenshälfte bestehen zu können. Von der Gefahr der Entfremdung zwischen Mann und Frau ist auch der Reifungsprozeß bedroht, der sich in ihnen vollzieht. Dieser Prozeß gewinnt konkret Form und Inhalt auch durch die Beziehung der beiden zueinander. Von hier aus wird diese Reifung auch gesteuert. Man lebt nicht ohne Folgen zusammen. Die Wünsche, Möglichkeiten, Beschränkungen und Forderungen im Hinblick auf das gemeinsame Leben und aufeinander werden deutlicher durch die Forderungen des Lebensweges. Sie wollen auf die eine oder andere Weise honoriert werden, je mehr sich in Mann und Frau neue, auf größere personale Ganzheit drängende Kräfte bemerkbar machen.

Diese neuen Dinge machen den wirklichen Kontakt zwischen Mann und Frau zu einer Aufgabe. Das Verständnis für das, was nun eigentlich geschieht, wird erschwert, wenn die inneren Zeichen des Gefühls nicht durchdringen oder nicht zu einer Kommunikation führen, zumal dann, wenn man in die konnaturale Abweichung gedrängt wird und in der bisher vorherrschenden Lebensform beharrt und erstarrt, wenn man sich auf dem Lebensweg nicht weiterwagt oder die neuen Impulse, die von Jung als kindlich bezeichnet werden, falsch interpretiert.

So entsteht in den Jahren um die Lebenswende durch äußere und innere Faktoren ein kritischer Punkt auf dem Lebensweg. Es wirken jedoch auch äußere und innere Faktoren zusammen, um einen Ansatz dafür zu schaffen, daß die Krise gut überstanden werden kann. Voraussetzung dafür ist, daß man auf das Neue vertraut und sich ihm bis zu einem gewissen Grade überläßt, aber auch, daß man die Zeichen der Zeit versteht und gefühlsmäßig *verarbeitet*. Mit Recht bemerkt Jung, daß ‚sich seiner bewußt werden' nicht dasselbe ist wie ‚selbst werden' (132, 594). Sehr aufschlußreich für die Beziehung zwischen Mann und Frau ist seine Bemerkung, daß im Selbst auch der andere enthalten ist (132, 595).


4. Konklusion

Nachdem wir dies alles überschauen, glauben wir sagen zu dürfen, daß die Lebenswende tatsächlich ein völlig verändertes Lebensgefühl mit sich bringt, und daß sie eine Lebensphase ist, in der dem ‚Werde wer du bist' besondere Bedeutung zukommt. Die zu dieser Lebensphase gehörende Haltung kann umschrieben werden als der Mut, die Dinge so gewähren zu lassen, wie sie im Erleben und Erfahren auf uns zukommen. Das setzt zwei Dinge voraus: ein Vertrauen in die Kräfte der Person - der Gläubige sagt hier: wie sie nach Gottes Ebenbild erschaffen ist - und ein Vertrauen darauf, daß die innere Form während des Lebenslaufes allmählich in dem Leben ausgearbeitet wird, das die Person führt, und durch die Kräfte, die in ihr wirken. Das verlangt außerdem eine gewisse Sympathie mit sich selbst und eine Sorge für sich selbst, die nicht zu ängstlich ist, aber doch beschützend wirkt. Zu dieser Sympathie gehört eine passive Haltung; man kann das auf sich nehmen, was bei einem selbst und beim anderen eintritt, und man wagt es auch. Außerdem verlangt die Krise der Lebenswende, daß die Person mit der Bestimmung des Lebens als Ganzem in Kontakt bleibt (Bühler). Das bewahrt vor absoluter Passivität und weckt die Aufmerksamkeit für die sich zeigenden Grundlinien des Ganzen. Es geht jetzt um die Personalisierung des Lebens und des eigenen Lebenslaufes. Wir sind mit Vetter einig, wenn er behauptet, die Bedeutung, die man der Lebenswende beimesse, sei letztlich entscheidend für das Menschenbild, das man entwickelt (134, 272). Das gilt für Verheiratete wie für Unverheiratete. Auch für die zweite Lebenshälfte der unverheirateten Person ist diese Konfrontation mit sich selbst notwendig; sie ergibt sich aus den konkreten Lebensumständen und aus dem inneren Gesetz.

Es geht bei dieser Krise ja um die Bedeutung des Lebens in seiner Gesamtheit. Die Krise entsteht an der Grenze zur zweiten Lebenshälfte.

Für die Berufe, bei denen es hauptsächlich um den Umgang mit Menschen geht, ist die Bedeutung des personalen Geschehens in der Lebenswende klar. Je mehr man über sich selbst zu verfügen vermag, desto mehr kann sich die Haltung entwickeln, die man für einen solchen Umgang benötigt. Zu dieser Haltung gehören das Vertrautsein mit dem eigenen Schatten, die verarbeitete Zurücknahme mancher Projektionen, eine aufmerksame Passivität, das Gewährenlassen und die Möglichkeiten eines personalen Kontaktes als wesentliche Komponenten. Es geht bei der Lebenswende nicht nur um die Lebensmitte, wie Bühler sagt, sondern ebenso um die ‚Mitte' der Person. Sie hat in diesen Jahren neue Chancen und geht neue Risiken ein. In diesem Sinne sind wir mit White einig, wenn er - in Anerkennung der Verdienste Freuds und besonders Eriksons um unsere Erkenntnisse vom Wachsen der Persönlichkeit - feststellt, daß wir unrecht haben, wenn wir „alles interpersönlich nennen, als ob der Leib und die materielle Welt nicht bestünden" (25, 163). Ergänzend fügen wir noch die Innerlichkeit des Menschen hinzu, die durch das Wort Mitte angedeutet wird. Wir glauben, daß die Lebenshaltung, die Erikson Integrität nennt und die er als das Schlußstück des Wachsens zum Erwachsensein hin ansieht, nicht zustandekommen kann, wenn die Krise der Lebenswende nicht im positiven Sinne verlaufen ist. Das ist keine Arbeit für Kinder, und auch nicht für junge Menschen. „Im allgemeinen braucht man ein halbes Leben, um dieses Niveau zu erreichen, und niemand kommt ohne Kampf dorthin. Dazu ist viel Erfahrung und Enttäuschung notwendig" (135, 134). Der Begriff der inneren Ordnung (Ch. Bühler) gewinnt im Zusammenhang mit der Lebenswende einen tiefen und personalen Sinn. ‚Das Leben beginnt mit vierzig', wenn bestimmte wichtige Voraussetzungen erfüllt sind.

*Das mittlere Alter*

## 1. Allgemeine Beschreibung

Es hat sich - zumindest aus didaktischen Gründen - als nützlich erwiesen, zwischen dem frühen Erwachsenenalter und der Reife zu unterscheiden. Nach Meinung vieler setzt mit der Lebenswende die zweite Phase des Erwachsenenalters ein. Es ist allgemein festzustellen, daß der Lebenslauf des Individuums mit 40 Jahren eine Veränderung durchmacht. Wir sprechen nun vom mittleren Lebensalter, das sich bis etwa zum 55. Lebensjahr hinzieht (vgl. auch 33, ch.1).
Es ist auffallend, daß für diese Jahre allerlei einander widersprechende Gegebenheiten erwähnt werden. Wir begegnen sowohl positiven Äußerungen als auch solchen, die die mehr problematische Seite dieser Jahre bestätigen. Manche jedoch weisen einfach nur auf eine Veränderung hin. Das mittlere Lebensalter ist in unserer Kultur eine schlecht umrissene Lebensphase. Wir wollen sie an Hand der vorliegenden Literatur einzuordnen versuchen und dabei die stark variierenden Äußerungen über dieses Lebensalter berücksichtigen.
Bühler ist mit vielen anderen der Meinung, in den vierziger Jahren werde der Höhepunkt des Lebens erreicht. Sie hält es für wahrscheinlich, daß das in diesem Alter für mehr Menschen zutrifft, als in der vielgepriesenen Jugendperiode (13, 75). Bühler stellt Bill Roberts als den Durchschnittsamerikaner hin. Mit etwa 46 Jahren macht er mit seiner Familie eine große Reise und baut ein neues Haus für die Seinen. Darin „gipfelt Bills Leben" (13, 102). Rümke bezeichnet diese Jahre als „eine psychische Hochebene" (104, 92). Der Mann gelangt nun zur „vollen Reife" (104, 92). Für Guardini ist diese Phase (bis etwa 45) die Lebensphase der größten Kraftentfaltung (93, 41). Voraussetzung dafür ist, daß in den vorhergehenden Jahren die Herausforderungen zur Lebensveränderung, die in diesen Jahren deutlich in Erscheinung treten, hinreichend berücksichtigt worden sind (47, 475). Was diese Veränderung ausmacht, werden wir noch besprechen. Die Ansichten von Bühler, Rümke und anderen sind verständlich, wenn wir sie mit ihrer Auffassung von der Funktion und dem Entstehen des Erlebnisses der ‚Lebenserfüllung' in Verbindung bringen. Dieses Erlebnis ist eng mit greifbaren Lebensresultaten verbunden, in denen erkenntlich wird, daß man nicht ‚umsonst gelebt hat'. Gerade im mittleren Lebensalter zeigen sich, wenn es positiv verläuft, konkrete Resultate auf all den Gebieten, auf denen das Leben im frühen Erwachsenenalter begonnen hat: Arbeit, Eigentum, Kinder, sozialer Status, Lebenssicherheit, persönliche Beziehungen. Trotz der negativen Stereotype, die das mittlere Lebensalter charakterisiert, gibt es doch eine gewisse Erwartung, daß diese Jahre glückliche Jahre sein müssen: „Das Leben beginnt mit vierzig" (Pitkins); vierzig ist ‚the prime of life', d. h. die beste, kräftigste (vigorous) und reifste Periode der Person (Webster). Blanton und Gordon geben ihrem populären Buch über das mittlere Le-

bensalter den Untertitel ‚Möglichkeiten des mittleren Lebensalters' (136).
Sie leiten es mit folgenden Fragen ein: „Liegen die Wachstumsbeschwerden des Lebens endlich hinter Ihnen?" „Liegen die Unsicherheiten des Alters noch in weiter Ferne?" Und die Antworten lauten: „Dann können Sie sich selbst gratulieren." „Sie haben die Blütezeit Ihres Lebens, das herrliche mittlere Alter erreicht." Die Notwendigkeit, die positiven Seiten dieses Alters so nachdrücklich zu betonen, hat sich wahrscheinlich aus der psychiatrischen Praxis der Autoren ergeben.

Die vierziger Jahre werden ferner als ‚age of achievement' beschrieben: Es ist eine Vollendungsphase, in der die Resultate aus dem gewonnen werden, was in den Jahren zuvor an Lebensenergie investiert wurde.

Im folgenden wird sich herausstellen, daß hier gewiß einseitig Akzente gesetzt wurden. Das liegt u. a. an den Kriterien, die für die Beurteilung dieser Lebensperiode gewählt wurden. So entscheidet Bühler sich u. a. für die Leistungen und deren Resultate im Leben als Kriterien, besonders in gesellschaftlicher und sozialer Hinsicht, und auch die Beteiligung an verschiedenen gesellschaftlichen Zusammenschlüssen. Mittels dieses Maßstabes charakterisiert Hurlock diese Periode als ‚peak of achievement', eine Zeit, in die der Höhepunkt der Lebensleistung fällt. Sie schreibt: „Das muß eine Spitzenperiode des Lebens sein, eine Periode des Erfolges nicht nur in finanzieller und sozialer Hinsicht, sondern auch im Hinblick auf Prestige und Autorität." Dabei ist gewiß eine etwas einseitige Berücksichtigung bestimmter Gruppen unserer Gesellschaft mit im Spiel (vgl. 137).

Zur Leistung bemerkt Bühler noch, daß die Arbeit des älteren Menschen durch das Ausreifen der ‚Mentalität' gekennzeichnet ist, durch die Zunahme an Erfahrung, Pflichtbewußtsein und Zuverlässigkeit, die der Jüngeren dagegen durch Vitalität, größeres Sinnesvermögen und Tempo (13, 66).

Jedenfalls geht es in diesen Jahren nicht nur um Leistungen. Ein Blick auf das Entwicklungsschema von Havighurst zeigt, daß besonders die rationalen Aspekte in diesem Alter sehr wichtig sind und mancherlei Veränderung erforderlich machen. Es ist die Zeit der sogenannten Dreigenerationenfamilie: Großeltern, Eltern, große und eventuell schon verheiratete Kinder. Die Erziehung der größeren Kinder (Teenager) scheint vielen Eltern eher die Erfahrung der Sorge als die einer ausdrücklichen Erfüllung einzubringen. Die Besprechung der Lebenswende machte schon deutlich, daß auch die Beziehung zwischen Mann und Frau zu einer neuen Entwicklung kommen muß.

So ist es denn auch nicht verwunderlich, daß wir mancherlei Bemerkungen über den problematischen Charakter des mittleren Lebensalters begegnen. Werner (47, 536) spricht von einem gefährlichen Alter. Die Menschen wollen jetzt nicht die ausgetretenen Pfade verlassen. Die Zukunft bietet, je älter man wird, immer weniger Veränderungsmöglichkeiten. Die Gesundheit scheint immer anfälliger zu werden. Man spricht von einer „kritischen Periode" (138) und von einer Problemperiode in Ehe und Familie (47, 513). Hier gibt es gewiß auch Zusammenhänge mit den Fragen der Lebenswende, die sich im mittleren Alter ergeben. Fried sagt, daß das mittlere Lebensalter auf jeden Fall etwas Unwiderrufliches hat und daß man sich dessen mit etwa 40 Jahren bewußt wird. Jetzt beginnt auch die „Phase des leeren Nestes" (139). Soddy hat die zahlreichen negativen Bilder zusammengestellt, die dieses Lebensalter hervorruft. Sie beziehen sich mehr auf das, was ‚man' im mittleren Lebensalter findet, als auf das, dem die Männer tatsächlich in dieser Periode begegnen. Wir haben schon erwähnt, daß solche Klischees trotzdem das Selbsterlebnis des Menschen beeinflussen. Er erwähnt, daß das Interesse in diesen Jahren ab- und die Introversion zunimmt. Man will sich nicht mehr verändern, und es fehlt die Fähigkeit, zu neuen Zielsetzungen zu kommen. Es ist eine deutliche Neigung zu verspüren, den Status zu behaupten. Psychosomatische Schwierigkeiten nehmen jetzt merklich zu (33, 35-54). In diese Jahre fällt auch die Menopause; sie bewirkt eine Veränderungssituation, die in psychischer Hinsicht nicht ohne Folgen bleibt.

Schließlich bietet die Literatur noch eine Reihe von Merkmalen an, die kein Werturteil enthalten, die auf eine innere Veränderung und auf eine mehr äußerliche Veränderung im Verhalten hinweisen. Oft geschieht das im Zusammenhang mit Betrachtungen über die Lebenswende. Mit etwa 40 Jahren beginnt eine neue Periode in der Identitätsentwicklung; neue Lebensformen müssen erlernt werden („relearning')' Fried bringt diese Identitätsentwicklung mit einer Krise der Intimität und der Generativität in Verbindung, die Erikson beschrieben hat. Wir glauben, daß sie damit Erikson nicht ganz gerecht wird. Wir werden darauf noch zurückkommen.

Das mittlere Lebensalter ist weiterhin eine Periode der Synthese (47, 488). Das Leben des Individuums konvergiert nun durch die Erfahrungen, die bisher am meisten bestimmend gewesen sind, um gewisse zentrale Werte. Diese werden als lebenserfüllend erfahren: sie sind eine Auswahl, die jeder Mensch aus dem trifft, was ihm bisher im Leben begegnet ist. In diesen Werten drückt sich das aus, was befriedigt und worin das Gefühl zur Ruhe kommt. Hier ist die selektive Zweckgerichtetheit wirksam, die Bühler als eine der Grundtendenzen allen Lebens bezeichnet. Je mehr der Prozeß fortschreitet, desto deutlicher wird die Struktur der Person anderen Personen gegenüber. Das Neue ist nicht mehr attraktiv, weil es neu ist. Es wird innerhalb eines persönlichen, im Leben gewachsenen Beziehungsrahmens eingeschätzt und nach seinem persönlichen Wert bewertet. Im mittleren Lebensalter wird nach Kontakten gesucht, die persönlich befriedigen, nach einer zufriedenstellenden Beziehung zu sich selbst und den unvermeidlichen Dingen, die das Leben mit sich bringt. Manchmal ist die so oft erwähnte Starre des mittleren Lebensalters ein substantieller Protest gegen Veränderung um der Veränderung willen (Desmond in 47, 488). Feststeht, daß viele Menschen in diesen Jahren neue Interessen heranbilden und neue Lebensformen entwickeln können, wenn das für *ihr* Leben *zu diesem Zeitpunkt* wichtig ist.

Das alles hängt mit dem Ausreifen der Mentalität zusammen, die Bühler für unser Verständnis des menschlichen Lebenslaufes für wesentlich hält.

Zur Zeit des mittleren Lebensalters beginnt man in der Literatur auch vom ‚Älterwerden' zu sprechen (aging). Psychologisch gesehen hängt das eng mit dem Zeiterlebnis zusammen. Es besteht sicher kein direkter Zusammenhang zwischen den Phänomenen des körperlichen Schwächerwerdens und verschiedenen psychischen Erfahrungen. Soddy meint, die Aufzählung kleinster Details werfe noch kein Licht auf Verhaltensweisen (33, 95). Anderseits ist es eine fruchtbare Erkenntnis, daß das Erleben des eigenen Körpers auch einer der Ausgangspunkte der psychologischen Entwicklung ist. Auf jeden Fall rechnen Versicherungen mit dem Älterwerden in den Jahren nach dem ‚prime of life' (140, 225), und das ist ein sehr gewichtiges Argument aus der Praxis. Über die Art und Weise, auf die sich Menschen des mittleren Alters zu ihrem Lebensalter verhalten, ist wenig Genaues bekannt. Zwar ist es eine allgemein bekannte Tatsache, daß das Bewußtsein des Älterwerdens sich in diesen Jahren einstellt. Hier wirken sicher auch noch Stereotypen aus einem veralteten Kulturmodell mit. Unter einer Großmutter stellt man sich immer noch eine liebenswürdige, ein wenig gebückt gehende Frau mit grauen Haaren vor, also eine alte Frau. In Wirklichkeit aber ist schon manche Frau im mittleren Alter Großmutter. Aber man sollte hier nicht übertreiben. Myrdall und Klein warnen vor Redereien und Gerüchten über die Möglichkeiten des mittleren Alters. Um die 40 wird der Mensch älter, und das verändert in wesentlichem Maße sein Selbstverständnis, also das Bild, das er sich von sich selbst macht, aus dem heraus er empfindet und lebt und das er im Umgang mit anderen praktisch anwendet (141).
So finden wir allerlei Äußerungen über das mittlere Alter, die, unabhängig voneinander, widersprüchlich sind. Deswegen spricht man auch von der am wenigsten erforschten Lebensphase (47, 468).
Um die Vielfalt von Fakten einigermaßen in den Griff zu bekommen, sollte man folgendes berücksichtigen:
1. Das Bild, das ‚man' in unserer Kultur vom mittleren Lebensalter hat, ist zum großen Teil negativ; es werden ihm aber auch positive Züge zugesprochen, vor allem in der wissenschaftlichen Literatur. Es ist nicht ausgeschlossen, daß dieses Bild sich mehr zum Positiven hin verändern könnte, wenn auf Grund der abnehmenden Geburtenziffern der Umfang dieser Altersgruppe relativ stark zunehmen wird.
2. Drei markante Punkte charakterisieren das mittlere Lebensalter:
a) Die Lebenswende als Anfang dieses Lebensabschnittes. Sie kündigt sich schon mit etwa 35 Jahren an. Gerade weil es hier um ein Individualisierungsgeschehen geht, das von jedem Menschen persönlich angenommen werden muß, und weil das ganze vorherige Leben dabei eine wesentliche Rolle spielt, ist der Zeitraum, den die Lebenswende in Anspruch nimmt, höchst unterschiedlich. Er kann sich bis weit in die vierziger Jahre hinein ausdehnen. Die Wende kann auch auf dem einen Gebiet früher eintreten als auf einem anderen.
b) Die Periode der kritischen und wertenden Selbstbetrachtung, die Bühler als Bilanzziehen bezeichnet.

Selbstverständlich kommt es schon früher zu einer Bewertung des eigenen Lebens, sowohl als Teil des gesamten Entwicklungsgeschehens als auch aufgrund von wichtigen Ereignissen und Entscheidungen. Im fortgeschrittenen Stadium der Pubertät wird ständig bewertet. Trotzdem unterscheidet sich die Selbstbewertung von Jüngeren von der der älteren Generation durch eine stärkere Betonung von Persönlichkeitsfragen. Der Mensch im mittleren Lebensalter stellt das Leben, seine Aufgaben und das, was er daraus gemacht hat, in Frage (13, 76). Der Prozeß wird dadurch sachlicher und greift tiefer in das Selbstverständnis ein. Nicht umsonst spricht Guardini von der ‚Krise der Grenzen', die einen „ernüchterten Menschen" zurückläßt. Hurlock spricht von der ‚Testphase' (testingstage), die sie für die erste Periode des mittleren Lebensalters ansetzt, also bei etwa 50 Jahren (47, 465). Das Individuum vergleicht dann seine tatsächliche Leistung mit dem angestrebten Niveau, und es stellt schlußfolgernd Erfolg, Versagen oder teilweisen Erfolg fest.. Ch. Bühler legt diese Bewertung für die ‚klimakterische Lebensperiode' fest (13, 77).

c) Die Selbstanerkennung, soweit man sich konkret mit Möglichkeiten und Beschränkungen, mit Erfolg und Mißerfolg auf einem mehr oder weniger wichtigen Gebiet der Kultur engagiert hat (Allport). Diese Anerkennung ermöglicht die Integrität, von der Erikson spricht, und ist der Ausgangspunkt für eine neue, persönlichere Lebensform.

Auf die Dynamik der beiden letzten Punkte im Lebenslauf werden wir noch zurückkommen. Wir erwähnen sie hier nur als Ordnungsprinzipien, damit wir in der Fülle von Tatsachen den Weg finden können.

In diese Lebensperiode fällt auch das Klimakterium. Fried bespricht es als einen der Aspekte der Krise der Lebenswende. Ein Teil davon ist die Menopause, die etwas später eintritt. Wir werden darüber noch an anderer Stelle sprechen.

Die drei erwähnten Aspekte des mittleren Lebensalters kann man kurz unter folgenden Begriffen zusammenfassen: Lebenswende, Lebensbewertung und Lebensbejahung. Die Lebensbejahung ist zugleich der Übergang zum frühen Alter, das wir als eigene Phase des Lebenslaufes hervorheben möchten.

Mit der Lebenswende bringen wir die Bemerkungen in Verbindung, die auf das Kritische, Gefährliche, Introvertierte und emotional Labile dieser Lebensperiode hinweisen (47, 473), und auch die Neigung, den Status quo zu behaupten (Jung), wo es um das persönliche Leben geht. Einem mehr inhaltlichen Überblick dient die Auseinandersetzung mit der Lebenswende.

Zwischen Lebenswende und Lebensbewertung liegt die psychische Hochebene, der Lebenshöhepunkt, von dem in der Literatur gesprochen wird. Wenn die Bewertung positiv ausfällt, setzt der positive Trend sich im mittleren Alter fort, und es findet ein allmählicher Übergang zum ‚stage of indulgence' statt. In der Bewertung überprüft das Individuum sein Leben. Wenn diese Prüfung negativ ausfällt, können alle kritischen und gefährlichen Aspekte der Lebenswende erneut als unbewältigte Dinge

wirken. Auch das werden wir noch zu gegebener Zeit besprechen.
Diese Bewertung ist ein markantes Beispiel für die Tatsache, daß der Mensch ein Verhältnis zum eigenen Lebenslauf gewinnt. Auch im Hinblick auf sein eigenes Leben steht er unter dem Einfluß von Dürfen, Müssen, Können, Wollen und Sollen. Wenn es ihm gelingt, durch diese bewertende Phase ein konstruktives Verhältnis zu seinem eigenen Dasein als Ganzem zu finden, entsteht die volle Reife, die Synthese zwischen Gegenwart und Vergangenheit, die die Voraussetzung für eine schöpferische und sinnerfüllte zweite Lebenshälfte darstellt. Der Slogan vom Leben, das mit vierzig beginnt, ist auf diese Erfüllung gerichtet. Lebenswende und Lebensbewertung sind der Anlauf dazu. (Pitkins, der den Slogan aufbrachte, hat ihn sicher nicht genau in diesem Sinne verstanden.) Damit beginnt dann auch die Phase der Selbstbejahung, das ‚stage of indulgence'.
Wir glauben, daß diese Begriffe einen Einblick in die diversen Phänomene des mittleren Lebensalters verschaffen können. Dabei ist zweierlei von Bedeutung. Zunächst bedeutet die Anwendung dieser Begriffe, daß der Lebenslauf im mittleren Alter von innen her geordnet wird. Es geht hier mehr um die Entwicklung der Person als um die Bedeutung, die das Leben für sie persönlich gewinnt. Darum muß diese Betrachtungsweise nicht der allgemein festgestellten Tatsache widersprechen, daß das mittlere Alter die Lebensperiode ist, in der der Mensch in unserer Kultur und auf seiner gesellschaftlichen Ebene zu den höchstbewerteten Leistungen in der Lage ist, in sozialer Hinsicht das höchste Ansehen genießt und am meisten in verschiedenen gesellschaftlichen Gruppierungen tätig ist. Diese Dinge wirken sich mehr auf der sozialexternen Seite des Lebenslaufes aus. Wenn sie glücklich entwickelt ist, ergeben sich trotzdem gerade zwischen Lebenswende und Lebensbewertung auf dieser Seite die meisten persönlichen Spannungen.
Außerdem fungieren die erwähnten Lebenswirklichkeiten des mittleren Lebensalters mehr als Kernpunkte, über die sich die individuelle Entwicklung vollzieht, denn als konkret nachweisbare Geschehnisse, die für bestimmte Lebensjahre festzustellen wären. Sie dienen als Wegweiser, an denen Standort und Richtung abzulesen sind. Daher können auch die individuellen Unterschiede sehr groß sein, und aus diesem Grunde dehnen manche Autoren das Geschehen der Lebenswende bis zum fünfzigsten Jahr aus. Sie bringen dann die Nuancierungen, die wir hier vorgenommen haben, weniger deutlich zum Ausdruck.

## 2. Entwicklungsaufgaben

Verantwortlichkeit

1. Die Entwicklungsaufgaben, die in unserer Kultur mit dem mittleren Lebensalter verbunden sind, umfassen vielerlei. Wir haben dargelegt, daß

in diesen Jahren eine wichtige innere und persönliche Entwicklung vollzogen werden muß. Das persönliche Lebensglück der Zukunft steht dabei auf dem Spiel. Außerdem bürdet die Gesellschaft der Generation des mittleren Lebensalters eine große Last auf. Das betonen alle Autoren, die über dieses Alter schreiben, nachdrücklich. Man kann sagen, daß das ‚establishment' in unserer Gesellschaft vor allem von Männern und Frauen des mittleren Lebensalters repräsentiert wird. Sie tragen den größten Teil der Verantwortung; von ihnen erwartet man am meisten, daß sie stabil bleiben und die vordringlichsten Dinge tun (33, 345-346). Fried weist nach, daß auf einem Fünftel der Bevölkerung zwischen 40 und 60 Jahren die Hauptverantwortung dafür liegt, „to carry the world for the other four-fifths" (113, 116). Wenn die Jahre zwischen 35 und 40 - die auch als zweite Latenzphase bezeichnet werden - vorüber sind, wird das Individuum von den tatsächlichen Verhältnissen in der Gesellschaft oft gezwungen, den eingeschlagenen Weg weiterzugehen (33, 319). Vor allem gegen diese Generation richtet sich der Widerstand der Jüngeren. Soddy bringt die Starre, die dem Menschen dieses Alters vorgeworfen wird, gerade damit in Verbindung. Jedenfalls steht fest, daß es vor allem die Aufgabe der Menschen dieser Generation ist, die Kontinuität zu sichern. Wenn das nicht aus persönlich-sozialen Motiven oder aus gesellschaftlichem Engagement geschieht, dann aus mehr persönlichen Gründen: die eigene Zukunft und die Zukunft der Kinder müssen von den Eltern gesichert werden. Darum zählt Havighurst zu den Entwicklungsaufgaben dieses Alters die Aufrechterhaltung eines ökonomischen Lebensstandards und die Hilfeleistung für Teenager, damit sie verantwortungsbewußte und glückliche Erwachsene werden (35, 270-271).
In diesen Dingen stellt sich der Lebensplan auf neue Weise zur Diskussion. Das Definitive der persönlichen Lebensform, wie sie sich bisher herausgebildet hat, rückt im mittleren Alter explizit in den Vordergrund. Die Lebensbewertung spielt dabei eine wichtige Rolle. Rümke weist auf den Kampf hin, der damit verbunden ist (104, 95). Eine klarere Vorstellung vom Sinn, den Grenzen und der Funktion des eigenen Lebens wirkt als stabilisierender Faktor in diesem Abschnitt des Lebenslaufes. Sie gibt auch eine innere Richtung an. Damit fällt vieles weg, was früher eine Veränderung motivieren konnte. Starre und Stabilisierung müssen sorgfältig auseinandergehalten werden.


Rollenveränderung

2. Neben diesen Entwicklungsaufträgen könnte man die große Lebensaufgabe dieser Periode mit ‚Rollenveränderung' umschreiben. Selbstverständlich machen die Kernrollen, die jemand im Laufe seines Lebens übernimmt, eine Entwicklung durch. In diesem Sinne ist das ganze Leben ein Prozeß der ständigen Rollenentwicklung und -veränderung. Jetzt aber macht sich das deutlicher bemerkbar. Offensichtlich gibt es hier Gegen-

sätze. In dieser „Phase der Konsolidierung" (49. 80 f f.) muß diese Konsolidierung ausgerechnet durch Rollenveränderung erreicht werden. Sie erstreckt sich auf folgende Bereiche:
- die Wechselbeziehung zwischen Mann und Frau;
- die Beziehung zu den Kindern und zur Familie;
- die Beziehung zur Arbeitswelt.

Fortan müssen neue Rollen im Verhältnis zu den Eltern gefunden werden, die jetzt abhängiger von ihren Kinder werden, die sie großgezogen haben. Das gilt auch für Schwiegersöhne und Schwiegertöchter. Das ist etwas ganz Neues, das es im bisherigen Lebenslauf nicht gegeben hat und das auch die Enkelkinder betrifft. Die Erfahrung lehrt, daß bei dieser Rollenveränderung derjenige leichter einen Standpunkt finden kann, der in seinem bisherigen Leben viele Rollen auszufüllen hatte. Er kann leichter „Gefühlskapital von der einen Rolle abheben und in eine andere investieren" (125, 309-311).

Wir sehen die Veränderungen infolge der Lebenswende, der Lebensbewertung und des Klimakteriums primär als Veränderungen des Selbstverständnisses. Aber auch diese Rollenveränderungen gehen nicht spurlos an der Person vorbei. Sie bewirken eine Veränderung und eventuell eine Krise in der persönlichen Identität. Die Identität hängt ja sehr eng mit der Auffassung zusammen, die jemand sich hinsichtlich seiner Rolle in der Gesellschaft und innerhalb der menschlichen Beziehungen erworben hat, oder mit der Auffassung, die die Gesellschaft oder andere von dieser Rolle haben. Aus klaren und verinnerlichten Rollen beziehen wir das Empfinden, jemand zu sein. Es ist auffallend, daß die Lebensperiode, die mehr als alle anderen das Klischee der Starre und ‚Seßhaftigkeit' trägt, in Wirklichkeit nach der Pubertät das Alter ist, das am meisten Veränderung verlangt.

a) Die Wechselbeziehung zwischen Mann und Frau in persönlicher Hinsicht haben wir bereits bei der Lebenswende besprochen. Sie ist der Anfang einer Periode, in der Mann und Frau einander als Person sehen *müssen* (102, 32; 35, 272). Havighurst schreibt: „Während der Jahre nach der Hochzeit war der Mann stark von seiner Arbeit in Anspruch genommen; er mußte zu seiner beruflichen Stellung und zu seiner Produktivität finden. Im mittleren Alter ist er meist wieder für die Rolle des Ehegatten bereit." Daß das längst nicht immer der Fall ist, geht aus der Tatsache hervor, daß viele ältere Frauen einige Zeit nach dem Tod ihres Mannes aufblühen. Die Rollenveränderung im mittleren Alter hängt eng mit den Veränderungen in der Familie zusammen. Wenn die Kinder selbständiger werden und allmählich das Haus verlassen, sind Mann und Frau erneut mehr aufeinander angewiesen. Wenn ihr Kontakt zueinander und ihre gegenseitige Offenheit unter dem Druck der bisherigen Entwicklungsaufgaben oder konnaturalen Abweichungen gelitten haben, muß jetzt eine neue Form des Zusammenlebens gefunden werden. Auch wenn solche Schwierigkeiten nicht bestehen, muß eine andere Form entwickelt werden. Das ist deswegen so wichtig geworden, weil sich unter dem Einfluß

kultureller Faktoren 4 Phasen im Erwachsenenalter der Frau herausbilden. Die erste Phase ist die eines - meist vorübergehenden - Einsteigens in den Arbeitsprozeß. Sie liegt im frühen Erwachsenenalter und wird oft durch die Eheschließung oder die Geburt des ersten Kindes beendet.
Die zweite Phase ist die der Rolle als Mutter und ‚home maker'. Sie liegt teils im frühen Erwachsenenalter und teils in der Reifezeit, aber oft auch noch im mittleren Alter.
Die dritte Phase ist die, in der diese beiden Rollen die Frau in viel geringerem Maße beanspruchen.
Die vierte Phase ist die letzte Lebensperiode. Die Zeit des Ruhestandes, die Zeit also, in der der Mann nicht mehr arbeitet, beeinflußt stark den Verlauf dieser Phase.
Im mittleren Alter sieht die verheiratete Frau sich einer Lebensaufgabe gegenüber, die mit der der unverheirateten und kinderlosen Frau zu vergleichen ist: Wie soll sie den Tag sinnvoll und erfüllt verbringen, wenn die Familie viel weniger Anforderungen an sie stellt als bisher? Die Zunahme der Zahl der arbeitenden Frauen in unserer Gesellschaft hängt zum Teil mit dieser Situation zusammen (141).
Wenn sie eintritt, muß die Beziehung zwischen Mann und Frau neu organisiert werden. Das Gelingen dieser Reorganisation ist in wesentlichem Maße von der bisherigen Lebensgeschichte abhängig. Außerdem ist wichtig, wie Mann und Frau ihre Rollen in der Vergangenheit gemeinsam verstanden haben, auch in sexueller Hinsicht.
b) Die Beziehung zu den Kindern ändert in diesen Jahren ihren Charakter. Sie nähern sich dem frühen Erwachsenenalter und sehen sich den Entwicklungsaufträgen gegenüber, die zu diesem Alter gehören. Für die Eltern kommt die Periode, die auch die ‚Phase der verlassenen Eltern' genannt wird. „Es ist vielleicht ein wenig viel verlangt, Dankbarkeit zu erwarten", sagt ein Vierziger zynisch an der Lebenswende, „aber wenn sie schon mein Geld mitnehmen, müßten sie dann nicht wenigstens ein bißchen Respekt vor mir haben?" (133, 122). Für viele Mütter ist es schwierig, von ihrer Mutterrolle Abstand zu nehmen. Eine zu starke Identifikation mit dieser Rolle höhlt nun den Sinn der Zukunft für sie aus (142). Rümke bemerkt: „Wie viele Mütter stehen nicht durch unbewußte Bindungen an ihre Söhne ihren zukünftigen Schwiegertöchtern feindlich gegenüber, und wie viele Väter empfinden es nicht als Unrecht, wenn ihre Tochter das elterliche Haus verläßt?" (103, 104).
Es geht jetzt hauptsächlich darum, die Beziehung so zu verändern, daß an die Stelle des Beschützenden das Begleitende und Kommunikative tritt, und zwar auf der gleichen persönlichen Ebene. Es muß ein Übergang stattfinden von einer gewissen Ungleichheit im Verhalten zu einer Primus-inter-pares-Beziehung (33, 273). Die Eltern müssen dabei eher helfen als abwarten, eher fördern als zulassen. Jetzt findet eigentlich das Umgekehrte von dem statt, was in der früh-ödipalen Entwicklung geschieht. Jetzt sind es die Eltern, die einerseits Distanz gegenüber ihren Kindern einhalten und sie andererseits lehren müssen, als Partner am Erwachsensein

teilzunehmen. Hier ist ‚self-disclosure' wichtig, das Öffnen des eigenen persönlichen Lebens zum anderen hin. Hier liegen viele Möglichkeiten für subtile Rivalität und Konflikte, weil viele Eltern in diesen Jahren die Krise der Lebenswende durchmachen, während einige ihrer Kinder in der Identitätskrise stecken, die sich an der Grenze zum Erwachsenenalter abspielt. Eine Klarstellung der inneren Situation beider ‚Parteien' ist oftmals notwendig, um zu verhindern, daß beide, ohne es zu wissen, ihre jeweilige Problematik gegeneinander ausspielen, oder um zu vermeiden, daß eine Verfremdung oder Selbstverfremdung eintritt. Veränderungen, die sich im Laufe der Jahre im Lebensmodell ergeben haben, verleihen diesen Beziehungsaufgaben noch einen eigenen Akzent. Soddy charakterisiert ihn gut, wenn er fragt: „Was empfindet ein Mann, der selbst mit zwanzig Jahren das erste Mädchen geküßt hat, wenn er sieht, daß sein Sohn schon mit zwölf Jahren einem Mädchen nachsteigt?" (33, 297). Inzwischen hat sich auf vielen Gebieten ein ganz anderes kulturelles Modell herausgebildet. Das wird schon deutlich, wenn die Familien der Schwiegertöchter oder Schwiegersöhne eingeführt werden. Damit bringen die Kinder das Lebensmodell einer anderen Familie in die eigene hinein. Damit gewinnt auch das alte Wort an Bedeutung, daß ‚der Mann Vater und Mutter verläßt und seiner Frau anhängt'. Die Eltern haben dann oft das Gefühl, daß sie auf den zweiten Platz geschoben werden. Doch wird hier meist nicht genügend deutlich, daß es sich um *andersartige Beziehungen* handelt. Das Verhalten der Eltern selbst gibt oft zu diesem Mißverständnis Anlaß. Wenn das geklärt wird, entwickelt das Verhältnis sich oft im positiven Sinne. Dann entsteht die Partnerschaft, die wir eben erwähnten. Eltern *und* Kinder finden darin eine Möglichkeit, ihre eigenen Gefühle zu nuancieren und ihr Selbstverständnis zu verändern, und zwar auf der Linie ihrer Entwicklung. Oft aber schaffen die verschiedenartigen Lebensbilder zwischen den Eltern und den Kindern und Schwiegerkindern unvorhergesehene Schwierigkeiten. Man könnte sagen, daß kleine, aber tiefsitzende Empfindsamkeiten hier vor allem zu Reibereien zwischen Schwiegermutter und Schwiegerkindern führen können. Das wird noch schlimmer, wenn die Kinder nach der Hochzeit weiterhin bei den Eltern wohnen. Das erste Enkelkind ist oft unbewußt Katalysator für diese Spannungen. Die Rolle der Schwiegermutter ist in unserer Kultur schwerer zu erlernen als die des Schwiegervaters (47, 523). Nicht durch Zufall kommt das Negative des Schwiegermutterklischees in mancherlei volkstümlichen Redewendungen zum Ausdruck. Solche Doppel-Empfindungen scheinen oft vorzukommen; sie bleiben oft ungelöst, weil in der vorhergegangenen gemeinsamen Lebensgeschichte keine Basis für einen persönlichen Kontakt vorhanden ist. Oft tut man die Sache leichthin ab: ‚Du heiratest deinen Ehepartner, nicht dessen Familie.'
Fried schreibt dazu ein wenig scherzhaft: „Eine verheiratete Frau im mittleren Alter ist keine attraktive junge Frau und Mutter mehr: ‚She turned into a Mom'; und je mehr ihre Kinder sich der Hochzeit nähern, desto mehr wird sie zur ‚stockfigure in fun, a mother-in-law' " (133, 78).

Sie glaubt, daß die unerfreulichen Bemerkungen über diese Rolle so tief in unsere Folklore eingedrungen sind, daß die Aussicht darauf, daß man selbst diese Rolle übernehmen muß, sogar die tapferste Frau an die Grenze des Wahnsinns treibt. Anderseits macht sich bei den meisten Eltern in zunehmendem Maße Unruhe bemerkbar, wenn die Kinder nicht heiraten, solange sie, die Eltern, noch im mittleren Alter stehen. Etwas Ähnliches findet man auch bei den Kindern im fortschreitenden Stadium des frühen Erwachsenenalters. Im allgemeinen sind die Rollenveränderungen in bezug auf das Familienleben für die Frau in diesen Jahren schwieriger als für den Mann. Der Grund dafür ist sicher zum großen Teil in unserer Kultur ihre zentrale Rolle in der Familie.

Inzwischen wird vom Menschen im mittleren Alter auch die Anpassung an seine Eltern verlangt, die sich in diesen Jahren dem Alter nähern oder alt geworden sind. Es ist die Zeit der Drei-Generationen-Familie. Alle drei Generationen müssen in diesen Jahren die ihrem Alter eigene Krise durchmachen. Das mittlere Alter steht dabei im Mittelpunkt. Es muß die junge Generation einführen und die alte unterstützen. Es ist die Zeit, in der die Mutter sich in der Menopause befindet, die Tochter sich der Menarche und die Großeltern sich dem Alter nähern (33, 288). Zwar ändert sich diese Situation durch das vorverlegte Hochzeitsalter; Menschen im mittleren Alter sind heute oft schon Großeltern. Das kann ihnen zu einer neuen Funktion verhelfen, wie wir gesehen haben. Aber angesichts der Aufgaben, die das mittlere Alter mit sich bringt, ist das vielleicht weniger leicht zu verwirklichen, als Soddy behauptet.

Es geht bei all dem um die Veränderung von Rollen. Das bedeutet natürlich nicht nur, daß man sich anders verhalten muß. Das Bild, das der Mensch sich von sich selbst macht, von seinem Müssen, Dürfen, Wollen, Können und Sollen, muß sich weitgehend verändern. Das bedeutet, daß er für sich selbst andere Gefühle und andere Strebungen entwickeln muß. Damit verändert sich die eigene Lebensinterpretation und die eigenen Lebensaufgaben. Diese Rollenveränderung bedeutet zu einem großen Teil: Abstand von vielem, was man sich in früheren Jahren angeeignet und aufgebaut hat. Der Schwerpunkt des Lebens muß verlagert werden, und zwar mehr nach innen hin. Das ist möglich, weil durch die Krise der Lebenswende neue personale Quellen erschlossen worden sind. „Diejenigen, die die Krise der Vierzigjährigen durchgemacht und gut überstanden haben, können sich glücklich preisen. Sie können das Positive dieser Jahre tiefer erleben, sie können sich innerlich auf das Präsenium vorbereiten" (104, 102). Das beginnende frühe Erwachsenenalter muß mit seinen Entwicklungsaufträgen von den jungen Leuten selbst bewältigt werden. Aber die distanzierte Nähe der reif gewordenen Älteren kann dabei von unschätzbarer Bedeutung sein, vor allem dann, wenn sie durch eine positiv gerichtete Lebensbewertung zu einem reiferen Urteil über die Dinge fähig sind, denen die jungen Erwachsenen sich nun gegenübersehen, vor allem dann, wenn die Älteren durch eine verarbeitete Krise der Lebens-

wende die Freiheit gefunden haben, auch andere in ihrer Art gelten zu lassen und nicht einzugreifen, obwohl sie selbst anders gehandelt hätten.
c) Die Beziehung zur Arbeitswelt macht eine eigene Besprechung notwendig. Wir müssen hier zwischen den Aufgaben von Mann und Frau unterscheiden. Wir haben gerade festgestellt, daß die Frau sich nun anders engagieren muß. Für sie entsteht ein neuer Raum, der gefüllt werden muß, wenn die Sinnerfahrung sich fortsetzen soll, wo jetzt doch durch die erforderlichen Rollenveränderungen so viele Sinnzusammenhänge weniger wichtig geworden sind.
Die persönliche Lebensinterpretation einer jeden Frau spielt hier selbstverständlich eine große Rolle. Die Erfahrung von Sinn, Erfüllung und Glück stellt sich ein, wenn jemand das, was er für sich als wichtig empfindet, wirklich tun kann. So können sich dann die Möglichkeiten, die jemand bei sich für die wichtigsten hält (Selbstverständnis) in konkreten Resultaten ausdrücken.
Tatsächlich entsteht in diesen Jahren, vielfach schon ab etwa 35, für viele Frauen das ‚Problem ohne Namen'. Friedhan beschreibt es, z. T. unter Verwendung der Ergebnisse anderer Autoren, als „etwas, das in der Art und Weise, auf die die amerikanische Frau heute ihr Leben zu führen versucht, völlig in Unordnung geraten ist" (115,9). Nach unserer Meinung kann dieses Problem nicht als ein typisch amerikanisches Phänomen abgetan werden, wenn auch in der Problemstellung, wie Friedhan sie wiedergibt, eine Reihe typisch amerikanischer Komponenten mitspielt. Nach ihrer Meinung ist nach dem Krieg eine Diskrepanz entstanden zwischen der Wirklichkeit der Frau, wie sie ist, und dem Bild, dem sie in der Öffentlichkeit entsprechen muß und auch will. Zu den Zügen dieses Bildes gehört eine starke Betonung der Rolle als Mutter und Ehefrau. Friedhan beschreibt als das höchste Ideal in dieser Hinsicht: ‚to get married; live in a nice house in a nice suburb'. (Das zeigt, daß sie an die Frau auf einer bestimmten gesellschaftlichen Ebene denkt.) Zu diesen Zügen gehören außerdem bestimmte Forderungen, die von außen her an sie gestellt werden. Wenn sie arbeitet, muß das hauptsächlich zu Hause geschehen. Auch dann liegt die Betonung noch einseitig auf ihrer Kreativität im Haushalt und in der Küche. Wenn sie studieren will, dürfen es nur bestimmte Fächer sein. Besonders die exakten Wissenschaften werden für unfraulich gehalten. Das Bild, sagt Friedhan, zeigt manche Übereinstimmung mit einer älteren deutschen Auffassung von der Frau, die für sie nur die Bereiche ‚Kinder, Küche, Kirche' kannte.
Ein solches Bild bietet vielen jungen Frauen zu wenig Raum für die Entfaltung ihrer Möglichkeiten. Ch. Bühler schreibt, daß die Erfahrung von Glück und Lebenserfüllung auch auf dem Gefühl beruht, daß diese Möglichkeiten sich tatsächlich entfalten können. Friedhan glaubt, daß das Problem ohne Namen mit all dem zu tun hat, jedoch mit der Nuance, daß die Frau selbst ihre eigenen Möglichkeiten unter dem Einfluß dieses Bildes zu einseitig nach einer Richtung hin auffaßt und ausarbeitet. Dadurch kapseln Frauen sich selbst in einem vermeintlichen Bild der Frau-

lichkeit ab. Das Resultat sind latente oder offene Gefühle des Unbehagens und der Unzufriedenheit (115, 13), der Leere, „als ob man nicht wirklich existiere", „als ob man nicht ,dabei' sei", ein Gefühl der Ermüdung, der Langeweile, der Reizbarkeit, der Neigung auszugehen, wegzulaufen oder ohne Grund zu weinen. Diese Phänomene werden oft als ,Hausfrauen- Syndrom' bezeichnet. Wenn Hausfrauen, oft ohne es selbst zu wissen, dieses Problem beschreiben, tun sie das durchweg in der negativ gefärbten Aufzählung ihrer täglichen Beschäftigungen. In dem Zitat aus dem Buch von H. Haasse begegnet uns das in literarischer Form wieder. Amerikanische Frauen beschreiben sich selbst (Selbstverständnis) als „a server of food, a putter on of pants, a bedmaker, somebody who can be called upon when you want something" (115, 24-25). Das stimmt genau mit dem erwähnten Zitat aus dem Buch von Haasse überein. Es handelt sich tatsächlich - auch für die Frau - um eine Form der Identitätskrise. Der Unterschied zu den Identitätsfragen des Mannes ist, daß die Frau ihre Identität zu rasch in einer bestimmten Richtung festgelegt hat, eigentlich also um eine konnaturale Abweichung im frühen Erwachsenenalter. Die Folgen zeigen sich nach einigen Jahren. Für viele Frauen - und besonders für diejenigen, die vor ihrer Ehe eine Ausbildung durchgemacht haben - ist der Lebensraum dann nicht ausreichend, um der Grundstrebung die kreative Expansion zukommen zu lassen. Im frühen Erwachsenenalter muß auch die junge Frau ein klares ,Ja' zu dem sagen, was sie will, und auch genau wissen, zu was sie ja sagt. In Wirklichkeit wird im weiteren Verlauf des Erwachsenenalters einem Grundbedürfnis zu wenig entsprochen, um als Person weiterwachsen zu können. Das Problem ohne Namen wird durch die Anpassung an ein Bild hervorgerufen, das der Frau nicht erlaubt, das zu werden, was sie in vielen Fällen jetzt sein könnte (115, 269-270).

Der Einfluß der Kultur beim Entstehen dieses Problems ist deutlich nachweisbar. Wir haben gezeigt, wie die Kultur das Leben der Frau einteilt. Für die Frau der Mittelschicht betont sie stark die Rolle der Frau als Lebensgefährtin des Mannes, als Ehegattin, als Mutter und als ,Hausfrau'. Hausfrau und arbeitende Frau werden in vielen Fällen noch als Gegensätze empfunden. Die Folge der bestehenden Rollenverteilung zwischen Mann und Frau - deren Konsequenzen wir bereits im Kapitel über die Reife besprochen haben - war, daß es für die verheiratete Frau eigentlich nur zwei Möglichkeiten gab, wenn die Kinder ihrer Fürsorge nicht mehr so sehr bedürfen. Sie wird zur ,lady of leisure', oder sie findet die Möglichkeit einer gewissen Selbstentfaltung und zum Zeitvertreib in freiwilligen sozialen Tätigkeiten. Die Kultur füllt ihren Lebensplan also nur teilweise aus, etwa bis zu 40 oder 45 Jahren. Danach muß die verheiratete Frau selbst sehen, wie sie weiterkommt. Damit wird das Problem ohne Namen sehr akut. In Wirklichkeit aber ist es schon früher wirksam und wird von den Autoren auch schon früher erwähnt. Erikson betont, daß die Erfahrung der Identität eng mit einer deutlichen Position in der Gesellschaft verbunden ist und mit einer Kommunikation mit dieser Gesellschaft von der Position her. Viele Mädchen genießen heute eine schulische und berufliche Ausbildung, die viele ihrer Möglichkeiten anspricht (vgl. Ch. Bühler). Mit der Rolle, die sie als Ehefrau, Mutter und Hausfrau übernehmen, hat eine solche Ausbildung oft relativ wenig zu tun. Hinzu kommt, daß die Ehe im Zukunftsplan der meisten dominiert. Die Arbeit, die sie im frühen Erwachsenenalter in der Gesellschaft leisten, wird von vielen auch nur als ein vorübergehender Zustand angesehen. Eine echte Bindung an diesen Bereich der Kultur (Allport) kommt dann nicht zustande. Das ‚Arbeiten' wird nicht ernstlich in den Lebensplan aufgenommen. Es ist für viele junge Frauen sekundär. Damit wird auch eine wichtige Quelle der Identitätserfahrung trockengelegt. Auch beim Mann ist die Arbeit nicht ausschließlich funktional und sogar nicht einmal in erster Linie Einnahmequelle. Er findet darin Identität, d. h. eine klare Position in der Gesellschaft, wobei er z. T. Antwort auf die Frage erhält: Wer bin ich? Friedhan betont, daß dieses Identitätsproblem schon seit Beginn der Erwachsenenperiode wirksam ist, wenn auch nur latent.

Die Kultur arbeitet also auf zwei Wegen: Der erste ist die wirkliche Rollenverteilung zwischen Mann und Frau; der zweite ist eine zu einseitige Identifikation mit diesen Rollen, der durch die vorherrschende Kultur Vorschub geleistet wird. Manche Bücher von Frauen zu diesem Problem versuchen denn auch, diesen Kultureinfluß zu durchbrechen.

Wir erwähnten schon, daß besonders im mittleren Lebensalter dieses Problem akute Formen annimmt, weil sich dann für die Frau ein neuer Raum auftut, den sie selbst ausfüllen muß. Aber es macht sich auch schon früher bemerkbar. Viele Versuchspersonen, die Friedhan untersucht hat, waren zwischen 35 und 40 Jahren. Bei dieser Autorin spielt das Problem ohne Namen eine sehr wichtige Rolle. Das hängt auch mit der Lebenswende zusammen, deren Beginn ja gerade das weitere Personwerden ist. Jung setzt den nicht erkannten Beginn bei 35 Jahren an. Die Persona muß zurückgenommen, zumindest aber stark relativiert werden. Zu dieser Persona gehört zweifellos auch das Bild der Frau, wie wir es gezeichnet haben. Einige Autoren betonen besonders die soziale Isolierung der Frau in diesen Jahren, in denen sie völlig von den innerhäuslichen Sorgen beansprucht wird. Sie führen mit Recht an, daß die Isolierung nicht durch Besorgungen und unverbindliche soziale Kontakte, ja nicht einmal durch freiwillige Sozialarbeit aufgehoben werden kann. Nur wenigen Frauen genügt das. Die Autoren weisen auch mit Recht darauf hin, daß das Problem nicht so sehr in der Tatsache liegt, daß man ‚nichts zu tun hat', denn es gibt immer etwas zu tun, sondern vielmehr im Fehlen einer gesellschaftlichen Verantwortung, die auch gesellschaftlich anerkannt wird. Aber selbst wenn diese soziale Isolierung aufgehoben ist, begegnen uns Krisenerscheinungen, wie sie bei der Lebenswende aufgezählt wurden. Das bedeutet, daß das Problem nicht nur von der Identitätskrise her zu verstehen ist, wie Friedhan sie beschreibt, und auch nicht vom Einfluß der Kultur her, die das Leben der Frau auf eine bestimmte Weise einteilt. Hier sind innere Reifungsfaktoren mit im Spiel. Nicht von ungefähr konnte das ‚Problem ohne Namen' vor allem bei Menschen zwischen 35 und 40 Jahren festgestellt werden. Es hat nach unserer Meinung drei Ursachen: den tatsächlichen Lebenslauf der Frau in unserer Kultur, einen Irrtum in der „Kernwahl" (Fried) in den Jahren des frühen Erwachsenenalters und die Lebenswende, die auf weiteres Personwerden hindrängt.

Im mittleren Alter ändert sich auch die Position des Mannes in der Arbeitswelt. Viele Männer erreichen in diesen Jahren den Höhepunkt ihrer Laufbahn. Das bringt eine zunehmende Verantwortung und eine große Anteilnahme an der Arbeit mit sich. Soddy erwähnt, daß viele Akademiker in diesen Jahren in leitenden Funktionen tätig sind und sich zu ihrem Bedauern immer weiter von ihrem ursprünglichen Fachgebiet entfernen. Das bedeutet, daß manches Zukunftsbild aus dem frühen Erwachsenenalter jetzt endgültig aufgegeben werden muß. Das trifft um so mehr zu, als ein Berufswechsel im mittleren Alter für die meisten nicht mehr möglich ist. Die Mehrzahl der Männer von etwa 40 Jahren findet sich also vor eine entscheidende Wahl gestellt: entweder müssen sie sich jetzt verändern, oder es kommt nie mehr dazu, denn nach diesen Jahren nimmt die Arbeitsmobilität rasch ab. Mit zunehmendem Alter wiegt eine sichere Zukunft mehr als eventuelle neue Chancen (81, 470). Veränderung ist - vor allem für die weniger Begabten - auch deswegen sehr schwer, weil man vom Mann im mittleren Alter zu Unrecht oft ein negatives Bild hat, weil man ihn für weniger produktiv hält. In Wirklichkeit ist er ja auch teurer als jüngere Kräfte. Hurlock bemerkt: „Die Möglichkeit der Entlassung im mittleren Lebensalter und das Bewußtsein, daß es fast unmöglich ist, eine neue Arbeit zu finden, schwebt in diesen Jahren als ständige Drohung über dem Arbeitnehmer. Sie ist eine Quelle des Unfriedens und ein fortwährender Anschlag auf sein Glück in diesem Lebensalter (47, 507). Das ständig wachsende Problem des Arbeitnehmers existiert besonders bei Nicht- oder nur Halbgebildeten (Soddy 33, 91-92). Generationsspannungen, mögen sie objektiv zu Recht bestehen oder nicht, spielen jetzt auch in der Arbeitswelt eine wesentliche Rolle. Oft beeinflussen sie die Moral und die Grundstimmung der älteren Arbeitnehmer negativ. Hinzu kommt noch, daß im mittleren Alter tatsächlich die Arbeitspotenz abnimmt. Die typischen Möglichkeiten dieses Alters, die die jüngere Generation vermißt, werden aber oft nicht erkannt. Forschungsergebnisse lassen deutlich erkennen, daß Verantwortung, Erfahrung, Betriebsbindung, eine ausgereifte Mentalität und innere Stabilität gewiß ebenso produktive Faktoren sind wie die größere Arbeitsfähigkeit der Jüngeren. Eine neue Schwierigkeit ergibt sich hier auch durch die rasche technische Entwicklung. Sie verlangt von vielen Arbeitnehmern nicht nur eine zusätzliche Ausbildung und Fortbildung, sondern sie wirkt auch verfremdend, weil durch die rasche Veränderung von Personen, Methoden, Raumeinteilung, Funktionen und Atmosphäre das Gefühl entsteht, daß die Verbindung zur Arbeitsvergangenheit verlorengeht. Hier macht sich das Bedürfnis nach Kontinuität bemerkbar, das sich wie ein roter Faden durch das ganze menschliche Leben hindurchzieht. Manchmal hört man die Äußerung: ‚Ich werde wohl noch über die Runden kommen.' Damit verschwindet dann nicht nur ein Stück wirklichen Engagements in der Arbeit (‚task involved' ‚ego involved'), sondern es verschwindet zugleich ein Stück innerer Befriedigung und eventuell auch ein Stück Kreativität.

Zusammenfassend können wir sagen: Der große Entwicklungsauftrag für das mittlere Alter ist die Rollenveränderung. In der Jugend lernt man die Rollen kennen, im frühen Erwachsenenalter übernimmt man sie, in der Reife müssen sie auf eigene Weise verwirklicht und im mittleren Alter revidiert werden. Diese Revision erstreckt sich auf die Arbeit, auf die Ehe und auf die Kinder. Auch müssen neue Rollen übernommen werden, in der Gesellschaft, bei den Schwiegerkindern und eventuell bei den Enkelkindern.

Vor allem aber muß, in Abhängigkeit von den konkreten Lebensumständen, ein neues Verhältnis zu sich selbst gefunden werden. Die Möglichkeit dazu bietet die Lebenswende. Wenn die Verinnerlichung und Vertiefung des Lebens sich dort besser vollzieht, ist auch die Basis für einen besseren Vollzug der Rollenveränderungen gegeben.

3. Dominante Werte

Ausreifende Mentalität

Ch. Bühler beschreibt das mittlere Alter als die Periode, in der die Mentalität ausreift. Die Grundmotive und Werte, die dem Lebenslauf der Person Form gaben und geben, werden nun allmählich dominant. Zweifellos spielt hierbei das die Person formende Geschehen der Lebenswende eine Rolle. Auch die Lebensbewertung im mittleren Alter gehört dazu. Die Beschränkungen und Grenzen, die die Person im mittleren Alter zu erfahren beginnt, zwingen außerdem zu einer Selektion, die auf das gerichtet ist, was die Person am meisten befriedigt.

Dieses Ausreifen der Mentalität besteht im Prüfen dessen, was für das künftige Leben deutlich relevant ist. Bill Roberts (im Werk von Ch. Bühler) wurde fast genau auf seinen 49. Geburtstag ernstlich krank. Eine Operation machte ihn für längere Zeit arbeitsunfähig. Nach seiner Rückkehr fühlte er sich weniger leistungsfähig, und er bat um eine Beschäftigung, bei der er selbst sein Arbeitstempo bestimmen konnte. „Während dieser Überlegungen und Entscheidungen stellte ich mir selbst ein Zeugnis aus und sagte mir, daß ich meine Arbeit gut getan hatte" (13, 103). Bill überprüft die Bedeutung seiner Arbeit für ihn persönlich. Er eignet sich einen Arbeitsstil an, der nun besser zu ihm paßt und auch für die Zukunft geeignet erscheint. Die Unabhängigkeit, die für ihn im Verlauf seines Lebens charakteristisch war, findet hier ihre letzte und reife Form. Die Bewertung seines bisherigen Lebens fällt nach seiner Meinung positiv aus.

In den vierziger Jahren hören wir andere Menschen miteinander über die Veränderung von Arbeitsplatz und Wohnstätte sprechen, ‚denn später geht es ja nicht mehr'. In diesen Gesprächen spielt die Zukunft eine deutliche Rolle. Über bisher als wichtig empfundene Dinge wird mehr relativierend gesprochen. In der Bitte um Mitarbeit, die Zeit und Energie verlangt, im Annehmen oder Ablehnen von Nebenfunktionen, im Beibehalten oder Aufgeben von Beziehungen und von Hobbys und im Zeitvertreib: in all diesen Dingen offenbart sich eine prüfende und selektierende Haltung. Das bedeutet daß gleichzeitig eine deutlichere Synthese der Werte stattfindet, die der Person am meisten relevant erscheinen. Das individuelle Wertsystem gewinnt somit klarere Konturen. Es drückt sich in der Wohnungseinrichtung, in der Unterhaltung, in der Lebensform und in der Lebensüberzeugung aus, aber auch in einer geringeren Verfügbarkeit für das, was außerhalb dieses Wertsystems liegt. Oft wird in diesen Jahren gesellschaftlich, kulturell und wissenschaftlich die persönlichste und reifste Arbeit geleistet. Sie ist immer eine Kristallisation persönlicher Werte, die die tiefste Motivierung bilden und in diesen Jahren meist als Ganzes formbildend wirken.

In dieser Synthese und Vereinfachung von Werten verwirklicht sich der Lebensplan in einer neuen und persönlicheren Form. Durch die Prüfung, Selektion und Konvergenz von Werten wird auch die Kontinuität des Lebenslaufes gesichert. Es ist eine Aktivität der Person, die damit einerseits die erste Lebenshälfte festhält und anderseits von daher eine neue Lebensform für die zweite Lebenshälfte findet. Vielleicht liegt einer der charakteristischsten Züge der Person in dieser Lebensphase in ihrer Fähigkeit zu synthetisierendem, realitätsgerichtetem und umformendem Umgang mit Erfahrungen (98, 197). Mehr reflexiv lebende Menschen kommen nun zu einer bewußteren Bestimmung des eigenen Lebens; das Erkennen der eigenen Grundwerte spielt dabei eine wichtige Rolle. Sie bestimmen das Leben durch die Verwirklichung gerade der Werte, für die sie zu leben glauben (vgl. auch Rümke 104, 100, der etwas anders nuanciert).

Wir müssen also beim mittleren Alter von dominanten Werten in einem prägnanten Sinne sprechen. Es geht hier um die persönliche Motivationsgeschichte, die auf einen deutlichen Punkt hinausläuft; von da aus wird das Leben in seiner Gesamtheit betrachtet, die Vergangenheit bewertet und die Zukunft ‚aufgenommen'.

Dieses Phänomen kann auf vielen Ebenen und in vielen Abstufungen auftreten. Persönliche Lebensereignisse wie ein Unfall, die Begegnung mit einem Bekannten aus weit zurückliegender Zeit, der Tod eines Freundes oder eine wichtige Lebensveränderung sind oft der Anlaß dazu; sie färben das Geschehen stark persönlich.

## Dominante Werte

Für die eingehendere Untersuchung bestimmter altersgebundener Werte scheint folgendes sehr wichtig zu sein. Die Forschung hat in diesen Jahren Phänomene festgestellt, die eindeutig damit zusammenhängen, daß die Person sich im mittleren Alter befindet. Andere Phänomene scheinen enger mit dem individuellen Lebenslauf verbunden zu sein. Die ersteren stehen in Verbindung mit der inneren Entwicklung der Person. Sie beziehen sich auf Erfahrungen und Erlebnisse, die nicht so leicht zum Bewußtsein gelangen und sich auch nicht im Verhalten zeigen. Die zweite Gruppe hängt mit den expliziten Zielsetzungen der Person und mit denjenigen Verhaltensweisen zusammen, in denen die Selbstbestimmung der Person vor allem nach außen hin zum Ausdruck kommt. Man spricht hier auch von intrapsychischen bzw. sozialen Anpassungserscheinungen (98, 192). Die innere Entwicklung ist also mehr altersgebunden als die äußere.

An dieser inneren Entwicklung ist die Person in einigen wichtigen Bereichen beteiligt, die sie selbst betreffen. Es sind der eigene Leib und die Sexualität, die persönlichen Beziehungen, das Lebensanschauliche oder Religiöse, die Sicherung des eigenen Lebens und die Selbstbewertung.

## Leiblichkeit

Im mittleren Alter schenken wir dem Leib mehr Aufmerksamkeit als bisher. Er gewinnt für die Person eine ausdrückliche Bedeutung; dadurch muß ein neues Verhältnis zu ihm gefunden werden. Er verlangt Fürsorge, weil er nicht mehr selbstverständlich zur Verfügung steht. Das Erwachsenenalter beginnt mit einer deutlichen Wende in der leiblichen Entwicklung. Während der Leib bisher selbst für sein Gleichgewicht sorgte, scheinen jetzt kleinere Störungen aufzutreten. Vitalität und Energie sind nicht mehr so selbstverständlich und jederzeit verfügbar. Es ist das Ende des ‚prime of life' in leiblicher Hinsicht. Die Sorge um den eigenen Leib drückt sich bei manchen im Interesse an Körpertraining, Sport und Diät aus. Ärztlicher Rat wird eingeholt und auch beherzigt. Das ist ein neues Phänomen im Lebenslauf. Oft wird man in dieser Zeit zum erstenmal ernstlich krank.

Diese Sorge um sich selbst wird bisweilen von stereotypen Bildern für die zweite Lebenshälfte gelenkt, die unsere Kultur geprägt hat. Zwei von ihnen, die sich in der amerikanischen Gesellschaft bemerkbar machen, beschreibt Havighurst: Man muß ein jugendliches Äußeres bewahren und aktiv sein, oder man muß bewußt alt werden und das Leben leichter nehmen. Die letzere Auffassung bezeichnet er bildhaft als „Schaukelstuhl-Philosophie" (143). Jedenfalls spielt die von der Kultur angeregte Sorge um das Äußere eine wichtige Rolle. Das Haar wird lichter und grau, manche Männer bekommen eine Glatze, die Haut wird runzelig und manchmal bleicher, unter den Augen bilden sich Ringe, die Augen ver-

lieren an Glanz und die Zähne werden schlechter. Bei der Frau spielen die biologischen Prozesse, die mit der Menopause zusammenhängen, bei der körperlichen Veränderung eine wichtige Rolle.
Von der Einstellung der Person hängt es ab, wie diese leibliche Veränderung sich innerlich auswirkt. In der Literatur wird bisweilen von einem Widerstand gegen diese Anzeichen des leiblichen Verfalls berichtet, meist aus einer negativen Haltung heraus, die die Gesellschaft dem Älterwerden gegenüber einnimmt, verursacht durch die Furcht oder die Erfahrung, daß der eigene Wert im mittleren Alter nicht anerkannt wird. Das ist auch der Grund dafür, daß die Anzeichen des Älterwerdens oft verschleiert oder kompensiert werden, besonders dort, wo das Milieu dem jugendlichen Äußeren mehr Wert beimißt. Obwohl diese Verschleierungen und Kompensationen Verhaltensweisen nach außen hin sind, zählen wir sie zu den intrapsychischen Erscheinungen; das Verhalten wird ja hauptsächlich von der Innerlichkeit bestimmt, von dem Verhältnis, das die Person zu sich selbst hat.


Sexualität

Mit der Sorge um den Leib ist oft eine Sorge um die eigene Sexualität verbunden. Hier liegen die Dinge bei Mann und Frau unterschiedlich, weil das mittlere Alter bei der Frau durch die Menopause gekennzeichnet ist. Je mehr Untersuchungen vorliegen, desto unwahrscheinlicher wird die Existenz eines männlichen Klimakteriums. Als biologisch begründete Übergangsphase ist es wissenschaftlich nicht nachzuweisen, wie Kinsey und seine Mitarbeiter glauben (121, 484-485). Es wird aber auch nicht eindeutig wissenschaftlich ausgeschlossen. Jedenfalls liegen keine Anzeichen dafür vor, daß der Mann in diesen Jahren plötzlich oder allmählich unfruchtbar würde.
Kinsey und seine Mitarbeiter stellten fest, daß mindestens elf Faktoren die Entwicklung und den Verlauf der Sexualität (im engen Sinne) bestimmen: Geschlecht, Rasse, Alter, Altersabstand zur Pubertät, verheiratet oder nicht, Entwicklungsniveau, Beruf, Beruf der Eltern, Stadt oder Land, religiöse Bindung und Interesse am Religiösen. Sie stellten fest, daß allgemeine Äußerungen zu irgendeinem Aspekt des menschlichen Sexualverhaltens nur dann interpretiert werden können, wenn man sie zu einer Gruppe von Menschen in Beziehung setzt, die an Hand der wichtigsten dieser elf Faktoren klar definiert ist. Nach dem Geschlecht ist das Alter der einflußreichste Faktor. Die Ergebnisse sind durchweg evident, ohne Rücksicht auf die anderen Faktoren (121, 218-219).
Die Untersuchungsergebnisse dieser Forscher zeigen, daß von 30 Jahren ab die sexuelle Aktivität des Mannes in Amerika allmählich und sehr gleichmäßig bis zum Ende des Lebens hin abnimmt. „Das gesamte Material bietet keine Daten, die auf ein allmählicheres Nachlassen hinweisen, als gerade die, die mit dem Alter in Verbindung stehen" (121, 227). Was

der Grund dafür ist, wagen die Autoren nicht zu vermuten. Jedenfalls ist ein männliches Klimakterium offensichtlich kein allgemeines Phänomen. Wo es vorkommt, muß es individuell bedingt sein. Dennoch fürchten sich viele Männer vor einer starken Verminderung der sexuellen Potenz; oft wird diese Furcht unausgesprochen verarbeitet. Sie kann aber auch ernste Folgen haben und eine Angst hervorrufen, die sachkundige Behandlung erforderlich macht. Diese Angst kann sogar zur Impotenz führen (144). Auch imaginäre Lebensphasen haben Einfluß auf den Lebenslauf.

Auch die Entwicklung der Häufigkeit des Geschlechtsverkehrs ist sehr gleichmäßig. Die größte Aktivität ist in den ersten Jahren nach der Eheschließung zu verzeichnen. Danach läßt sie in einer Gleichmäßigkeit nach, die man bei keiner anderen sexuellen Aktivität findet (122, 348). Untersuchungen an Ehepaaren haben gezeigt, daß der Mann dazu neigt, die Häufigkeit eher zu unterschätzen, und daß die Frau sie eher überschätzt (121, 74). Die Untersucher schreiben das einem gewissen Widerstand bei der Frau und einer gewissen Enttäuschung beim Mann zu (122, 349). Das heißt nicht, daß die Sexualität an sich (also unabhängig von der Initiative eines Mannes oder von sozial-sexuellen Kontaktsituationen) bei der Frau an Intensität abnehmen würde. Sie entsteht in der Pubertät und bleibt dann bis zu 60 Jahren etwa konstant, im Gegensatz zum Mann, bei dem die unmittelbaren sexuellen Äußerungen nach der Pubertät sehr rasch ansteigen und vor dem Erreichen des Erwachsenenalters nachzulassen beginnen (122, 714-719). Es ist kaum anzunehmen, daß es bei der Frau zu einem Altern in der sexuellen Fähigkeit kommt (122, 353). Natürlich müssen diese Fähigkeiten von Bedürfnis, Verlangen und Gerichtetheit unterschieden werden, die sich im Laufe des Lebens wesentlich verschieben können. Für unsere Erkenntnis hinsichtlich der Folgen des Klimakteriums sind diese Dinge nicht unwichtig. Die Verminderung des Geschlechtslebens darf nicht als eine Entwicklung zum Klimakterium hin gesehen werden; sie hat andere Gründe. „Eine der Tragödien, denen man in einer Reihe von Ehen begegnet, ist, daß der Mann am meisten in seinen jungen Jahren nach sexuellem Kontakt verlangt. In dieser Periode ist die Reaktion der Frau noch oft unausgereift; vielfach ist sie noch damit beschäftigt, sich von Hemmungen zu befreien, die in der Vergangenheit entstanden sind und ihr eine ungezwungene Hingabe in der Ehe erschweren. Im Laufe der Jahre fallen diese Hemmungen bei vielen Frauen und sie entwickeln ein Interesse am Sexuellen, das sich bis zu 50 oder sogar bis zu 60 Jahren hinziehen kann. Das des durchschnittlichen Mannes ist dann oft so stark verringert, daß sein Verlangen, vor allem dann, wenn die Frau ihm früher vielfach ausgewichen ist, stark abgenommen hat. Viele Männer berichten, daß sie in den ersten Ehejahren mehr Verlangen hatten als ihre Frau. Anderseits äußern viele Frauen in späteren Jahren der Ehe den Wunsch nach mehr sexuellen Kontakten als der Mann" (122, 353-354)*

---

*Ob das alles auch für die heutige Generation zutrifft, ist fraglich.

In diese Jahre fällt bei der Frau die Menopause. Sie ist als ein Teil der ‚Übergangsjahre' anzusehen. Man versteht darunter das letzte Eintreten der Menstruation. In den Niederlanden z. B. liegt sie zur Zeit im Durchschnitt bei 51 Jahren, aber sie verschiebt sich allmählich auf einen späteren Zeitpunkt, während die Menarche immer früher eintritt. (Die Durchschnittswerte für die Menopause lagen 1840 bei 45, 1890 bei 47 und vor dem zweiten Weltkrieg bei 47 Jahren.) Gründe dafür sind nicht zu erkennen (145). Die Menopause ist ein Teil des Klimakteriums, der gesamten Übergangsphase von der Geschlechtsreife zum Alter. Nach Ansicht der Mediziner dauert diese Phase etwa 12 Jahre (145, 64). Ob das auch für die psychologische Seite gilt, müssen wir noch untersuchen. In dieser Periode verlangt der Körper schon eine gewisse Rücksichtnahme. Er ist als ein Beziehungsrahmen anzusehen, dem spezifische Bedeutungen entnommen und auf den gewisse Gefühle und Erfahrungen zurückgeführt werden, um so mehr, als über dieses Lebensalter sehr unterschiedliche Auffassungen vertreten werden. Manche Beschwerden sind offensichtlich nicht charakteristisch für dieses Alter - weder für die Menopause noch für die ÜbergangsjahreBei der Menarche überwiegen Beschwerden im emotionalen, in den Übergangsjahren im physischen Bereich (145, 68-69; 47, 484). Hier zeigt sich erneut, wie das Lebensalter die Erfahrung der Person mitbestimmt und demzufolge auch im Verhalten auf seine Weise als Beweggrund mitwirkt. Das Verhältnis das die Person hier zu ihrem Körper gewinnt, ist von großer Bedeutung für den Verlauf der Übergangsjahre. Man kann sogar sagen, daß das Verhältnis zum eigenen Körper in hohem Maße das Verhältnis zum eigenen Leben bestimmen kann. Damit hängt natürlich auch die gesamte Lebenshaltung zusammen. ,,Wer das Leben schwernimmt und in Angst und Furcht vor allem lebt, was (vielleicht) geschehen wird, und wer sich vor den Übergangsjahren fürchtet, bevor sie da sind, leidet darunter doppelt, wenn sie erst einmal angebrochen sind. Angst vor dem Älterwerden, vor dem Verlust der äußeren Schönheit und davor, daß man der täglichen Arbeit nicht mehr gewachsen sein könnte, treibt die Frau in eine unsichere Zukunft, die stets in einer Depression endet" (145, 77). Stern erwähnt die in diesen Jahren oft vorkommende Angst der Frau, ihr Mann könne sie nicht mehr attraktiv finden (105, 122). Frauen von Arbeitern haben im allgemeinen weniger psychologische Schwierigkeiten als die aus mittleren oder höheren Schichten, trotz der Gleichheit der physischen Beschwerden (47, 274).
Stern, der von seiner medizinisch-psychiatrischen Praxis her vor allem Menschen im Alltagsleben untersucht hat, stellt fest, daß mit dem Eintritt des Klimakteriums das Verlangen nach sexuellen Beziehungen und die Fähigkeit zum Geschlechtsgenuß bei den meisten Frauen aufhört (105, 122-123). Kinsey und seine Mitarbeiter sind in diesem Punkt zurückhaltender. Sie finden es schwierig, bei ihren Stichproben eine Verminderung des sexuellen Kontakts aufgrund der Menopause festzustellen. Bei mehr als der Hälfte der befragten Frauen, die eine normale Menopause hinter sich hatten, stellten sie weder eine Veränderung noch eine

Zunahme fest, und bei etwas weniger als der Hälfte eine Verminderung der sexuellen Aktivitäten. Es geht hier um die subjektive Erfahrung der Frau. In den tatsächlichen Zahlenverhältnissen liegen die Dinge gerade entgegengesetzt. Die Untersucher bemerken, daß die Verminderung bei der Frau eher von der Abnahme beim Mann abhängig ist (122, 735-736). Wenn die Übergangsjahre überwunden sind, tritt der Leib als dominanter Wert bei Mann und Frau wieder in den Hintergrund, zumindest dann, wenn eine Beruhigung im Verhältnis zum nahenden Alter eingetreten ist.

Persönliche Beziehungen

Im mittleren Alter werden vornehmlich solche Kontakte gesucht, die eine persönliche Genugtuung verschaffen. Die Beziehungen zwischen Mann und Frau und zwischen Eltern und Kindern haben wir schon bei den Entwicklungsaufträgen dieser Altersstufe erwähnt. Man könnte sagen, daß entsprechend den Erfordernissen dieser Lebensphase die häusliche Umgebung wieder an Wichtigkeit zunimmt. Ihr gelten nun in erster Linie Arbeit und Sorge, und hier wird auch den Kindern, die sich dem frühen Erwachsenenalter nähern, ein Platz eingeräumt. Auch das bringt ‚Arbeit' mit sich, aber mehr in Form eines Platzanbietens, nicht des Erziehens. Das Bedürfnis nach Begegnung und Beisammensein drückt sich in verschiedenen gesellschaftlichen Kontakten aus. Menschen im mittleren Alter brauchen, um ein Gefühl von Glück und Zufriedenheit zu haben, mehr Kontakte als jüngere. Die Kontakte mit den Menschen in der unmittelbaren Umgebung, also im Haus und in der Straße, nehmen im Vergleich zu früher auffallend zu (26, 524). Man hat nicht mehr soviel für lärmende Feste übrig, oder für ausgelassene Späße (46). Dafür wird der soziale und gesellschaftliche Kontakt stärker. Das wird durch die Abnahme der Sorgen und das Zunehmen der Freiheit möglich. Aber auch dann wird ein ruhiges Gespräch bevorzugt. Man verläßt das eigene Haus, um den anderen zu besuchen, und kommt dann wieder zu sich selbst zurück. Einzelne Menschen, die man sich selbst aussuchen kann, werden oft einer Gruppe vorgezogen; die Familienkontakte nehmen in dieser Zeit vielfach wieder zu. Man sitzt lieber lesend zu Hause statt ins Kino zu gehen. Man sucht mehr den echten Kontakt als die ‚Unterhaltung' mit anderen. Manche möchten jetzt nicht mehr mit ihrem Spitznamen gerufen werden. Man sucht einen kleinen Kreis von guten Bekannten. Die Untersuchungsergebnisse lassen hier Trends erkennen, die teilweise schon im Alter von etwa 25 Jahren begonnen haben. In diesem Alter verlegt Ch. Bühler die definitive Selbstbestimmung der Person. Ausgesprochen werden solche Trends jedoch erst jetzt (26, 522 Strong jr.).
Diese Dinge rufen bei einer jüngeren, aktiveren, sachlicheren und mehr extrovertierten Generation leicht ein negatives Bild dieses Alters hervor. Nicht jeder hat jetzt Gelegenheit, zu einer solchen neuen Lebenseinrichtung zu gelangen. Besonders im Betrieb und im politisch-gesellschaftli-

chen Bereich drängen sich in dieser Phase Spitzenfunktionen auf. Die Konkurrenz ist oft groß; dadurch kommt vom Arbeitsleben her noch ein starker Impuls zum Einsatz. Die Gruppe mit dem höchsten Einkommen und dem höchsten Bildungsniveau verzeichnet auch eine steigende Zunahme am gesellschaftlichen Leben, die jedoch bei Menschen mit niedrigerem Einkommen und geringerer Bildung gerade dann abzunehmen beginnt (147). Das heißt nicht, daß die Tendenz dazu bei der erstgenannten Gruppe nicht vorhanden wäre. Das Wochenende wird für sehr wichtig gehalten, und der Urlaub gilt vor allem als eine Zeit des Beisammenseins. Es ist nicht klar erkennbar, was sich in diesem größeren Interesse an persönlichen Beziehungen in dieser Lebensperiode ausdrückt; vielleicht ist es eine gewisse Verinnerlichung nach der Periode der Extraversion und der kreativen Expansion. Wenn man es so sieht, kann man das Erwachsenenalter in zwei große Phasen einteilen: In der einen wird die Welt in sozialer und psychologischer Hinsicht größer und breiter, in der anderen wird sie kleiner, persönlicher und tiefer. In der letzten Periode wird das Leben dann mehr von der Person selbst und ihren inneren Wünschen bestimmt, vor allem wenn man die Folgen der Lebenswende in Betracht zieht. Pressey und Kuhlen glauben, daß dieses Schema stark von den Faktoren der Reife (maturity), des zunehmenden und abnehmenden Drucks des Zeitfaktors im Leben, der Veränderungen der Vitalität und des wechselnden Statusbedürfnisses abhängig ist. Ohne die Bedeutung lebendiger Kontakte mit der unmittelbaren Umgebung leugnen zu wollen, glauben sie, daß diese Form des ‚Sich-zurückziehens' auf das Nächstliegende im mittleren Alter eher stattfindet, als es eigentlich notwendig wäre (26, 526).

Religion und Lebensanschauung

Daß Religion und Lebensanschauung in diesem Alter zu einem dominanten Wert werden können, hängt eng mit der inneren Entwicklung der betrachtet werden. Bei einer reifen Religiosität, die u. a. durch ihren umfassenden Charakter gekennzeichnet ist, gehen beide leicht ineinander über. Es ist eine Eigenart der reifen Religiosität, wenn sie funktional autonom geworden ist, alle Dinge des eigenen Lebenslaufes und des Lebens in *eine* Perspektive zu rücken. Wenn die Person einmal zu der Überzeugung gelangt ist, daß ihre Religiosität das beste Instrument ist, um mit dem Leben als Ganzem umgehen zu können, beginnt sie alles, was in ihren Gesichtskreis tritt, in diesem Licht zu interpretieren. Ihr Leben erhält dann Beweggründe und Antriebskräfte aus einem Wert- und Bedeutungsrahmen, der für sie wirklich befriedigend ist (108, 64). Religiosität ist dann in der Person als ein Überzeugungssystem wirksam, das ihr Denken, Erfahren und Verhalten wirklich trägt und auf allen Lebensgebieten bestimmt. Diese bindende und motivierende Kraft kommt längst nicht aller Religiosität zu. Oft ist sie kaum mehr als ein Rahmen für bestimmte

Verhaltensweisen, der mit anderen Verhaltensmustern relativ wenig Zusammenhang hat. Diese sind meist auch innerlich weniger miteinander verbunden, als bei der reifen Religiosität. Obwohl sie logisch zueinander in Widerspruch stehen, braucht das in psychologischer Hinsicht nicht der Fall zu sein. Sie dienen nämlich der Person auf ihre Weise dazu, im Leben einen möglichst guten Zusammenhang zustande zu bringen und hängen also funktional eng miteinander zusammen (148, 33).

Für viele Menschen hat die Religion keine oder nur wenig Bedeutung, obwohl sie eine bestimmte Auffassung vom Zusammenhang ihres eigenen Lebens und des Lebens schlechthin entwickelt und dadurch in ihrem Leben eine Einheit schafft. Für sie ist eine Lebensanschauung als definitiver Wert wirksam. Definitiv hat weder bei der Religiosität noch bei der Lebensanschauung die Bedeutung von ‚abgeschlossen'. Bei beiden ist Raum für das Neue, Unvorhergesehene. Charakteristisch für reife Religiosität und reife Lebensanschauung ist, daß der eigene Standpunkt nicht verabsolutiert und der entgegengesetzte Standpunkt nicht völlig relativiert wird. Auch er wird differenziert geprüft, obwohl beim eigenen Standpunkt mehr Differenzierungen vorgenommen werden, weil die Person vor allem vom eigenen Standpunkt her lebt. Eine geschlossene Mentalität zeichnet sich durch wenig Raum für das Neue und besonders für das Andersartige aus. Sie lehnt ab, was nicht in den eigenen Beziehungsrahmen paßt und äußert sich dem Fremden gegenüber undifferenziert in Haltung und Äußerungen (148, 54 ff.).

Eine ausführliche Einleitung in das Gebiet der Religiosität des Erwachsenen bieten G.W. Allport (108) und H.H.M. Fortman (38). Für das zur Diskussion stehende Alter vermitteln die vorliegenden Daten den Eindruck, daß das Interesse am Religiösen von der Lebenswende ab zunimmt. Obwohl es nur wenige genaue Ergebnisse gibt, sieht es so aus, als ob der Übergang von einer geschlosseneren zu einer offeneren Mentalität sich bei vielen gerade in diesen Jahren vollzöge. Dieser Übergang wird von der Egopsychologie als eine der spezifischen Möglichkeiten des Erwachsenenalters erwähnt (149). H. Rümke berichtet 1938 von verschiedenen Phänomenen, die noch immer aktuell zu sein scheinen. Er stellt in diesen Jahren eine auffallend hohe Zahl von ‚Bekehrungen' fest und bemerkt gleichzeitig, daß viele Menschen zeitweise oder endgültig auf das Religiöse verzichten. „In diesem Alter wird vielfach an Überzeugungen gezweifelt, die bisher beibehalten und auch praktiziert worden waren. Es findet eine Konfrontation mit dem definitiven Charakter des Lebenslaufes statt" (104, 93-94). Dieses Interesse am Definitiven ist auch ein typisches Merkmal des Religiösen. Religion und Philosophie wollen Fragen beantworten, die die Wissenschaft kaum zu formulieren wagt (108, 68). Offensichtlich wird für viele Menschen jetzt ein Standpunkt in diesen Dingen so wichtig, daß es zu konkreten Entscheidungen kommt. Rümke findet das Phänomen bei vielen Menschen in verschiedenen Schichten der Bevölkerung (104, 93). Spätere Ergebnisse lassen darauf schließen, daß Menschen im mittleren Alter in ihren religiösen Ansichten weniger dogmatisch sind. Sie sind weniger sicher, daß es nur *einen* wahren Glauben gibt, und skeptischer im Hinblick auf die Existenz von Hölle und Teufel (146; 150).

Das Entwickeln einer Lebensanschauung wird als Entwicklungsauftrag zuerst am Beginn des Erwachsenenalters erwähnt. Das Interesse daran ist besonders dominant während des mittleren Alters. Etwa um das 40. Lebensjahr erscheint es auf dem fünften Platz (in einer Serie von 12 Wahlmöglichkeiten). Mann und Frau äußern sich nun mehr übereinstimmend als bisher (151; die Ergebnisse sind mit Vorsicht zu verwenden, weil es sich hier um eine ausgewählte Gruppe handelt).

Die Überzeugungssysteme, um die es hier geht, müssen nicht per se in ihrer Gesamtheit bewußt werden. Oft wirken sie, ohne als solche explizit zu sein. Konkrete Anweisungen machen vielfach erst deutlich, welche Überzeugungen jemand wirklich hat. Diese impliziten Ansichten üben im Leben der Person eine große, bindende und eine Einheit schaffende Wirkung aus. Sie spielen eine bedeutende Rolle bei der Selbstbestimmung. Stern glaubt, daß es „eine sehr breite Gruppe von Menschen gibt, die stumpf und gleichgültig sind, kaum jemals ernstlich nachdenken und diese (lebensanschaulichen) Fragen fast ganz ignorieren" (105, 85). Die Analyse von Gesprächen mit Menschen verschiedener Altersgruppen macht trotzdem deutlich, daß in jeder wichtigen Lebenssituation tiefe Überzeugungen oder Fragen in dieser Richtung erkennbar werden. Sie waren von Anfang an als stille, organisierende Faktoren im Leben wirksam. Ihre Bedeutung für die persönliche Entwicklung darf nicht unterschätzt werden.

Die Frage, wie das größere Interesse am Religiösen und Lebensanschaulichen gerade in diesem Augenblick des Lebens zu verstehen ist, kann noch nicht befriedigend beantwortet werden. Man denkt natürlich zunächst an die Lebenswende. Pressey und Kuhlen ‚spekulieren' darauf, daß die Sinnfrage sich vor allem in diesem Alter oder in diesen Lebensmomenten stärker aufdrängt, wenn eine andere Zielsetzung für das Leben gefunden werden muß. Dafür kann es nach ihrer Meinung drei Gründe geben: Lange angestrebte Ziele können erreicht sein, die Person kann gezwungen werden, sie aufzugeben, oder die Ziele können ernstlich bedroht werden. Diese drei Dinge werden im mittleren Alter höchst relevant: Man denke etwa an den Auftrag zur Rollenveränderung. Die Autoren glauben, daß es im Leben drei Perioden gibt, in denen das Bedürfnis nach einer Veränderung deutlich spürbar wird: die Pubertät, die vierziger Jahre und das Alter (26, 492-494). Ein anderer Grund ist vielleicht die Synthese und Selektion von persönlichen Werten in dieser Lebensperiode. Das kann dazu führen, daß die Person religiöse und lebensanschauliche Werte, die bisher weniger beachtet wurden, jetzt klarer annimmt oder ablehnt. Bei dieser Synthese und Selektion von Werten denkt man leicht auch an die Bewertungsperiode, die das mittlere Alter mit sich bringt. In dieser Periode denken und sprechen viele Menschen explizit über den Sinn des eigenen Lebens. Sie begeben sich damit auf das Gebiet von Religion und Lebensanschauung.

Die eigene Lebenssicherheit

In vielen Berufen wird zwischen 40 und 55 Jahren das höchste Einkommen erreicht. Außerdem ist ein Arbeitsplatzwechsel bei zunehmendem Alter eine heikle Angelegenheit. Man denkt an die Zukunft und sieht darin meist weniger Möglichkeiten für eine Lebenssicherung als bisher. Daraus ergibt sich eine Lebenshaltung, in der die Bewahrung des bisher Erreichten einer der vorherrschenden Werte wird. Die Erhaltung des Ansehens in den Augen anderer und die Festigung der Lebenssicherheit spielen bei diesem Wert die wichtigste Rolle. Mancher hält die Sicherung des jetzigen Arbeitsmilieus für wichtiger als ein Emporsteigen auf der gesellschaftlichen Stufenleiter (·152). Viele erleben eine gewisse Angst um die Beibehaltung der sozialen Position in psychologischer Hinsicht. Über einige stereotype Bilder für diese Jahre haben wir bereits gesprochen; sie sind durchweg ungünstig und fördern eine Einstellung, die darauf aus ist, das Erreichte zu behaupten. Zur Gesamtentwicklung der Person ist zu sagen: In der Jugendperiode werden die soziale Position und die künftige Lebenssicherheit vorbereitet; im frühen Erwachsenenalter wird eine erste Form der Ausführung sichtbar; in der Reife und im frühen mittleren Alter zeigt sich, ob der Plan geglückt ist oder nicht; danach versucht die Person zu bewahren, was aus ihrem Lebenseinsatz heraus gewachsen ist. Bei Berufen, die eine lange Ausbildung und Einübung erfordern, bevor die Person wirklich schöpferisch und produktiv und finanziell selbständig werden kann, machen sich diese Dinge im Lebenslauf etwas später bemerkbar. Das eine wie das andere hat Folgen für das Selbsterlebnis der Person. Die zuerst genannte Gruppe kann sich früher alt fühlen als die zweite. „Ein Bergmann kann zu einer Zeit das Gefühl haben, seinen Höhepunkt erreicht zu haben, zu dem ein Ingenieur und ein Wirtschaftskaufmann das Gefühl haben, in ihren besten Jahren zu stehen" (33, 78). Die ‚psychische Hochebene', von der gerade im Zusammenhang mit dem mittleren Alter bisweilen gesprochen wird, dürfte denn auch eher bei der letzten Gruppe zu finden sein als bei der ersten.
Die Bedeutung von Geld und Besitz sind ebenfalls dieser Entwicklung unterworfen. Im allgemeinen gibt es in diesen Jahren weniger Geldsorgen, wenn nicht in irgendeiner Familienangelegenheit ausgeholfen werden muß. Für die meisten Menschen ist dann feste Arbeit und Befriedigung in der Arbeitssituation wichtiger als Geld. Auch hier spielt die erwähnte Unterscheidung eine Rolle. Ein Teil der ungelernten oder nur halb ausgebildeten Arbeiter ist seiner Position oft weniger sicher; neue Arbeitstechniken zwingen bisweilen dazu, eine Arbeit zu übernehmen, die weniger einbringt. Wenn dann Geldsorgen auftreten, wird das Geld erneut zum dominanten Wert. Bei den anderen ist es eine gesicherte Voraussetzung.

## Konvergenz von Werten

Am Schluß der Besprechung der dominanten Werte erwähnten wir ein Phänomen, das mehrere Wissenschaftler fesselte, ohne daß sie zu einer eindeutigen Interpretation gekommen wären. Wir haben gesagt, daß es zu einer Synthese von Werten kommt, wenn das mittlere Alter das verlangt. Das Leben wird dadurch weniger widersprüchlich und bewegt sich eindeutiger in eine bestimmte Wertrichtung. Außerdem wurde - zum erstenmal von Terman und Miles (135) - festgestellt, daß die Wertrichtung von Mann und Frau im mittleren Alter zu konvergieren beginnt (etwa bei 40 Jahren). Der Interessenbereich des Mannes verschiebt sich erkennbar zur Richtung des Interessenbereiches der Frau hin. Diese Richtungsveränderung setzt sich bis zum Lebensende fort. Das Phänomen wird der allmählichen Abnahme der Wirkung des männlichen Hormons zugeschrieben, mit der Folge, daß das weibliche Hormon im Mann mehr zur Wirkung kommen kann (144). Wir haben bereits auf ein größeres Interesse für das Lebensanschauliche bzw. Religiöse beim Mann hingewiesen und auch betont, daß Mann und Frau nach dem Weggang der Kinder wieder mehr aufeinander angewiesen sind. Die stärkere Bindung ans Haus und eine gewisse Abwendung vom öffentlichen Leben können eine größere Gemeinschaftlichkeit fördern. Diese Dinge erklären aber noch nicht die Hinwendung des Mannes zum Fraulichen. Terman und Miles erwähnen 1936, daß es deutliche Unterschiede zwischen den Interessenbereichen des Mannes und der Frau gibt. Als männlich werden bezeichnet: Interesse an der Außenwelt, an bedeutenden menschlichen Unternehmungen, an Tätigkeiten, die eine große Anstrengung erfordern und zu hervorragenden Leistungen anregen, an Technik und Werkzeugen, an Wissenschaft, Naturerscheinungen, Handel und Industrie. Als weiblich werden genannt: das Interesse an häuslichen Dingen, am Ästhetischen, an künstlerischen, administrativen und menschenhelfenden Berufen; das Interesse ist mehr nach innen und auf das Menschliche hin gerichtet. Strong kann 1944 diese Erkenntnisse bestätigen (154). Es zeigt sich, daß man die Rollenverteilung durch die Kultur sicherlich als einen der Faktoren für den Unterschied zwischen Mann und Frau ansehen muß. Ob damit alles gesagt ist, bleibt dahingestellt. Kelly (32) kommt zu dem Ergebnis, daß zwischen 20 und 40 Jahren Männer und Frauen in ihrem Interesse mehr männlich sind. Das geht auch aus den Resultaten von Terman und Miles hervor. Die Gründe dafür sind ebensowenig ersichtlich wie in der folgenden Lebensperiode die Konvergenz der Werte zum Fraulichen hin. Eine mögliche Erklärung bietet vielleicht die Krise, die viele verheiratete Frauen in der Periode der Reife durchmachen. Das zu einseitige Bild vom Fraulichen, das sie sich im Laufe des Lebens gemacht haben, wirkt wahrscheinlich bei dieser Krise mit; sie resultiert oft in einer stärkeren Betonung der mehr ‚männlichen' Aspekte im Leben der Frau. Vielleicht ist die Zunahme der mehr fraulichen Seiten im Mann durch den Fortfall der ‚persona' (Jung) in der Krise der Lebenswende zu erklären. Der Mann kann dann mehr aus

sich selbst heraus leben und Interessen pflegen, die die ‚Persona' und die Gesellschaft ihm bisher verwehrten.
Dieser Konvergenz der Werte darf jedoch nicht zuviel beigemessen werden. Pressey und Kuhlen sagen mit Recht, daß ältere Männer ‚ein wenig' mehr fraulich und ältere Frauen ‚etwas' mehr männlich ausgerichtet sind.

## 4. Möglichkeiten und Schwierigkeiten

Vor etwa zwanzig Jahren stellte R. Kuhlen (155) fest, daß die - damals relativ wenigen - Studien über das mittlere Alter vor allem die negativen Aspekte dieser Lebensperiode hervorkehrten. Zweifellos spielte dabei eine oft angewandte Untersuchungsmethode eine Rolle, bei der Altersgruppen miteinander verglichen werden. Wenn das mittlere Alter mit jüngeren Altersstufen verglichen wird, werden diese Jahre sich leicht durch ihre mehr negativen Aspekte von den jüngeren abheben. Länger dauernde Studien an einzelnen Individuen, die das gesamte Leben der Person umfassen, wurden nur selten angestellt\*. Die Arbeitsmethode hat übrigens viele neue Einsichten geliefert, nicht nur auf dem Gebiet der Möglichkeiten der Person (Fähigkeiten, ‚abilities'), sondern auch bei der Feststellung bestimmter typischer Merkmale von Lebensaltern. So leistete z. B. die Analogie zwischen der Pubertätskrise und der Krise der Lebenswende gute Dienste für die Klärung der Fragen, die die Lebenswende aufwirft.
Vielleicht hat die etwas einseitige Betonung der Schwierigkeiten des mittleren Alters Blanton und Gordon dazu angeregt, ein Loblied auf das mittlere Alter zu singen. Damit beginnt nämlich ihre Studie über diesen Lebensabschnitt. Sie schreiben darin u. a.: „Vor Ihnen liegen gewiß noch viele Jahrzehnte hervorragender Gesundheit, in denen die Vitalität so unmerklich und allmählich abnimmt, daß man dem keine Aufmerksamkeit zu schenken braucht. Das hat der Großeinsatz der medizinischen Wissenschaft ermöglicht. Vor hundert Jahren galten Männer und Frauen von 40 oder 45 Jahren schon als verbraucht. Heute beginnen sie in diesem Alter erst richtig zu leben" (136, 7). Daß viele Menschen davon gar nichts erfahren, wurde den Autoren in ihrer psychiatrischen Praxis bewußt. Von daher kam ihnen wahrscheinlich die Anregung zu ihrem Buch ‚Now or never'.
Bisher wurden die positiven Möglichkeiten dieser Lebensphase mehr global besprochen. Sie wurde als eine ‚Hochebene' bezeichnet, auf der

---

\*Bloom stellt in einer vergleichenden Untersuchung einer sehr umfangreichen Literatur zur Entwicklung besonderer Eigenschaften fest, daß nichtsdestoweniger eine starke Übereinstimmung zwischen den Entwicklungskurven besteht, die auf longitudinalen Untersuchungen aufbauen, und den Kurven, die auf ‚cross-sectional'-Untersuchung beruhen. „Die Übereinstimmung ist so groß, daß die eine Kurve praktisch durch die andere ersetzt werden kann" (34, 203). Der Autor spricht aber über besondere Persönlichkeitseigenschaften, nicht über die individuelle Person.

Möglichkeiten für das Erlebnis der Erfüllung in Lebensresultaten zu erkennen sind, wie soziale Anerkennung, eine neue Beziehung zu den eigenen Kindern, zu Schwiegersöhnen und Schwiegertöchtern und zu den Enkelkindern. Es ist eine Periode, in der ein Höhepunkt des Lebens erreicht wird. Man muß bei diesen Dingen mehr an die späteren Jahre denken. Den Höhepunkt bilden nicht ausschließlich das soziale Ansehen, das Einkommen und die Leistungen, die im Leben vieler Menschen nur relativen Charakter haben. Bei den meisten konzentriert sich in diesen Jahren die Erfahrung; große Wertlinien werden in ihrem Leben sichtbar. Wo die Möglichkeit der Kommunikation nicht ins Stocken geriet, konnte man die Wertlinien besprechen und eventuell sogar übertragen. Ch. Bühler würde hier vom ‚Ausreifen der Mentalität' sprechen. Sie weist auf die erweiterte Lebenserfahrung, das größer gewordene Verantwortungsgefühl und die Zuverlässigkeit hin, die jetzt für viele Menschen charakteristisch ist (13, 66). Das wird durch betriebspsychologische Untersuchungen belegt; es spielt aber auch eine wichtige Rolle bei der Einrichtung des Lebens. Das Leistungsvermögen erreicht vor allem qualitativ einen Höhepunkt (152, 134, 163; 104, 92). Das gilt für die Anforderungen der Arbeit, aber auch für die des Lebens. Es gilt auch für Männer wie für Frauen. Die Folgen einer adäquat vollzogenen Lebenswende zeigen sich in diesen Dingen. Wo sich das Gefühl durchsetzt, daß das Leben so sein sollte, und die Person, die mehr sie selbst geworden ist, nun auch mehr aus sich selbst leben kann, wo sie weniger durch Erwartungen von außen her bestimmt und auch weniger bedroht wird, weil ihre eigenen Werte deutlicher werden, da bieten sich große Möglichkeiten für eine Vertiefung des Lebens, der persönlichen Erfahrung und der persönlichen Beziehungen. Zu den typischen Egomöglichkeiten des Erwachsenenalters zählt man: das Entwickeln einer offenen Mentalität, das Finden einer echten Verstandeshaltung gegenüber Eltern und Kindern, das Bewußtsein, daß Freiheit vor allem in persönlicher Verantwortung und Bindung liegt, das Vertiefen der Kenntnis anderer Menschen und eine größere Selbsterkenntnis (149). Bei einer gut vollzogenen Lebenswende bietet das mittlere Alter dafür reiche Perspektiven. Der Kampf um das Dasein stellt jetzt weniger Ansprüche, und die Person kann nun zu tieferen Dimensionen in sich selbst gelangen. Die biologische und die psychologische Entwicklungslinie können sich in diesen Jahren ziemlich weit voneinander entfernen. A. Maslow fand bei einer Gruppe psychisch gesunder Menschen folgende Merkmale vor: Sie zeichneten sich durch ein effizienteres Verhältnis zur konkreten Wirklichkeit aus, durch Selbstanerkennung und durch die Anerkennung anderer, durch Spontaneität, durch Offenheit für Probleme außerhalb ihrer selbst, durch Zurückgezogenheit, durch eine unabhängige Einstellung zu ihrer Umgebung, durch eine Frische der Erfahrung gerade gegenüber den einfachen, guten Dingen des Lebens (Erstaunen) und eine Offenheit für mystische Erfahrungen, in denen sie sich zugleich stärker und hilfsbedürftiger fühlen als je zuvor. Charakteristisch ist auch ein breites soziales Empfinden, Tiefe in den persönlichen Beziehungen,

Respekt gegenüber anderen ohne Rücksicht auf Stand, Rang, Begabung und Rasse, die Fähigkeit, Zweck und Mittel zu unterscheiden, Sinn für Humor, Kreativität und ein innerer Widerstand gegen das ‚Man'. Der Autor stellt fest, daß „diese Art der Selbstverwirklichung, die ich bei den anderen Versuchspersonen vorgefunden hatte, bei jungen Menschen, die in unserer Gesellschaft noch im Stadium der Entwicklung stehen, nicht möglich ist" (20, 200). Obwohl hier kein Alter angegeben wird, denkt man eher an die zweite Lebenshälfte als an die erste.

Die besonderen Möglichkeiten des mittleren Alters scheinen auf dem Gebiet der Kreativität, des Lernens, der Veränderung und der Entspannung zu liegen. Ferner bieten sich dem Mann wie der Frau noch eine Reihe besonderer Möglichkeiten.

Kreativität

Kreativität bezieht sich hier auf das Entdecken des Neuen. Es geht nicht um ‚Schöpfungen', die für andere wichtig sind. Diese Form von Kreativität bezieht sich auf Erfahrungen, Einsichten, Verhaltensweisen und Lebensformen, die für die Person den Glanz des Neuen, des Besonderen und Ursprünglichen tragen. Sie gewinnen dadurch eine ausgesprochen persönliche Tiefe, die hier nach W. Klink als ‚persönliche Bedeutung' zu verstehen ist (156), d. h. daß die Person zutiefst daran beteiligt ist und die Dinge als ihrem Inneren zugehörig erfährt. Das hängt eng mit der Frische der Erfahrung zusammen, von der Maslow spricht. Die Entwicklung der Person verschafft ständig die Erfahrung des Neuen. Wenn der Individuationsprozeß im Sinne von C. Jung sich im mittleren Alter weiter vollzieht, werden neue Erfahrungsdimensionen offengelegt und erscheinen alte Dinge in neuem Licht. Dieser Prozeß hat ja einen typischen Bezug zu latenten Lebens-, Erfahrungs- und Organisationsmöglichkeiten in der Person selbst. Jung berichtet von Erfahrungen, die eng mit dem zusammenhängen, was hier besprochen wird. Auf seiner Reise nach Kenia und Uganda - er war damals 49 Jahre alt - beschreibt er, wie er jeden Morgen bewußt den Sonnenaufgang miterlebte.

„Der Sonnenaufgang in diesen Breiten war ein Ereignis, das mich jeden Tag aufs neue überwältigte. Es war weniger das an sich großartige Heraufschießen der ersten Strahlen, als das, was nachher geschah. Unmittelbar nach Sonnenaufgang pflegte ich mich auf meinen Feldstuhl unter eine Schirmakazie zu setzen. Vor mir in der Tiefe des kleinen Tals lag ein dunkler, fast schwarzgrüner Urwaldstreifen, darüber ragte der jenseitige Plateaurand. Zunächst herrschten scharfe Kontraste zwischen Hell und Dunkel; dann trat alles plastisch in das Licht, das mit einer geradezu kompakten Helligkeit das Tal ausfüllte. Der Horizont darüber strahlte weiß. Allmählich drang das steigende Licht sozusagen in die Körper ein, die wie von innen sich erhellten und schließlich durchsichtig wie farbige Gläser glänzten. Alles wurde zu flimmerndem Kristall. Der Ruf des

Glockenvogels umläutete den Horizont. In diesen Augenblicken befand ich mich wie in einem Tempel. Es war die allerheiligste Stunde des Tages. Ich betrachtete diese Herrlichkeit mit nimmersattem Entzücken oder besser, in zeitloser Verzückung" (131, 271–272).
Was Jung hier beschreibt, stimmt genau mit der Offenheit für mystische Erfahrungen und der Frische der Erfahrung überein, von denen Maslow spricht. Dabei spielt die Kreativität der Person eine wichtige Rolle. Es weist außerdem auf einen Aspekt der Kreativität hin, der gerade für das normale Leben von Bedeutung ist, nämlich die Spontaneität. Kreativität bezieht sich nicht nur auf das ‚Machen', sondern auch auf eine Offenheit für das, was sich zeigt, und auf unerwartete und neue Interpretationen von Dingen, mit denen man im Laufe seines Lebens vertraut geworden ist (s. auch 157, 103). Ein Mangel an Kommunikationsmöglichkeit ist oft der Grund dafür, daß dieses Neue im Erleben und im Leben der Person sich nicht genügend entfalten kann. Beim Zustandekommen der Erfüllungserfahrung ist diese Kreativität von großer Bedeutung. Die kreative Expansion der Person kann sich in diesen Jahren mehr auf die ‚Innenseite' des Lebens ausrichten; mit der inneren Vertiefung der Person vertieft sich dann zugleich die Welt, in der sie lebt. So kann der entstehende Raum jetzt, wo das Leben sich weniger nach außen hin richtet, auf persönlichere Weise ausgefüllt werden. Wo das nicht geschieht, ist die Gefahr der Lustlosigkeit und Flachheit nicht auszuschließen. Es kommt leicht zu einem täglichen Schlendrian. „Ein Lebensstil, der nur aus Wiederholungen besteht, neigt dazu, der Kreativität ein Ende zu bereiten" (33, 117).

Das Lernen und die Veränderung

Das Gegenstück zur Kreativität ist die Starrheit, die viele für eines der charakteristischsten Merkmale des mittleren Alters halten. Wir haben schon erwähnt, daß Starrheit und Stabilisierung streng voneinander zu trennen sind. Erstere hängt zusammen mit der Vielfalt und Regelmäßigkeit ständig wiederholter Handlungen und Verpflichtungen, die im mittleren Alter leicht zur zweiten Natur werden. Sie machen die Person zum fast automatisch handelnden Verlängerungsstück eines festen Lebenszusammenhanges. Wenn weder von der Arbeit noch von der Lebenssituation her ein Ausgleich geschaffen wird, weil auch die anderen im täglichen Leben erstarren, entsteht eine Art Bequemlichkeit, die den einen dazu bringt, den anderen in seinem Lebens-, Denk- und Verhaltensstil ständig zu bestärken (33, 170; 107, 63). Das Verlangen, seinen Status beizubehalten, ein Widerstand gegen das Neue um des Neuen willen, die soziale Erwartung, daß das Leben sich in diesen Jahren stabilisieren sollte, können ebenfalls beim Entstehen dieser Starrheit eine Rolle spielen. Man unterscheidet hier zwischen ‚Rigidität' und ‚Deutero-Rigidität'. Die erstere hängt mit dem festen Verhaltensschema zusammen, das sich aus den aktuellen Umständen und dem sozialen Druck ergibt, der vom Augenblick ausgeht. Sie ist eventuell mit einzelnen Lebensabschnitten verbunden. Unter ‚Deutero-Rigidität' versteht man die Starrheit, die mehr das Individuum charakterisiert. Sie besteht aus festen Verhaltensschemata, die die Person im Laufe ihres Lebens entwickelt hat, weil sie ihr für ihre Selbstbehauptung im Leben brauchbar erschienen. Sobald eine Situation entsteht, die mit anderen übereinstimmt, liegt die Verhaltensantwort in der Person schon bereit. Natürlich kann diese Deutero-Rigidität die Starrheit, von der hier die Rede ist, noch verstärken. Die Stabilisierung dagegen hängt mit der Selektion und der Synthese von Werten zusammen. Dazu gehört, daß die Person ihren Lebensblick definitiv in eine bestimmte Richtung wendet und ihr Leben auch hauptsächlich nach dieser Perspektive einrichtet. Ein Interesse für andere Gebiete gehört meist auch dazu. Diese Gebiete werden mit Vorliebe von der eigenen Blickrichtung her angegangen und bewertet. Auch Entwicklung gehört zur Stabilisierung. Die Erlebniswelt und die Aktivität der Person werden nicht zu einem festen System. Eher spezialisieren und vertiefen sie sich in eine bestimmte Richtung. Starrheit ist eine Lernblockierung, Stabilisierung dagegen eine gerichtete Lernmöglichkeit. So erlebt man auch, daß starre Menschen die neuen Möglichkeiten des mittleren Alters nicht verwirklichen. Stabilisierte Menschen gelangen dagegen in diesen Jahren zu einer mehr spezialisierten und zusammenhängenden Lebensform und Produktivität.

Man kann die persönliche Kreativität, die Starrheit und die Stabilisierung auch vom Gesichtspunkt des Lernens her angehen. Über das Lernen kann man nicht allgemein sprechen. Man muß sich mit dem befassen, was von der Person erlernt werden soll. Wichtig ist auch die Frage, ob für sie eine Notwendigkeit der Veränderung besteht oder nicht. Wenn nämlich durch die Umstände eine Veränderung - und somit ein Lernen - erforderlich wird, zeigt sich bei vielen Menschen des mittleren Alters ein viel größeres Veränderungspotential als man durchweg erwarten sollte. Der wichtigste Faktor beim Lernen ist jedoch die Motivation der Person. Sie steht in engem Zusammenhang mit dem, was sie lernt, und mit der Notwendigkeit, aus der heraus sie lernt. Wenn diese Motivation vorhanden ist, bieten sich im mittleren Alter noch viele Möglichkeiten, und es gibt auch mehr Gebiete, auf denen man etwas lernen kann, als oft angenommen wird. Sensomotorische Fähigkeiten scheinen dabei die größten Schwierigkeiten zu bereiten. Das Wahrnehmungsvermögen - man denke an Musik, Lektüre, Hobbys usw. - kann im mittleren Alter noch beachtlich zunehmen. Die Möglichkeit, sich neue Kenntnisse anzueignen, bleibt bis zu etwa 60 Jahren unverändert (33, 115–124). Voraussetzung dafür ist - wie gesagt -, daß die Dinge, die die Person lernt, sie tatsächlich angehen. Aus den vielen Dingen, die auf mancherlei Gebieten für das Lernen in Betracht kommen, wählt die Person aus, was mit ihrem Wertsystem, wie es sich in diesen Jahren herauskristallisiert, zusammenhängt.

Jetzt nehmen Erwachsene sich die Zeit, sich auf Gebieten zu bilden, die sie bisher vernachlässigt haben. Alte Entspannungsformen werden wieder aufgegriffen, und neue werden entwickelt. Viele Frauen bringen einen Teil ihrer Zeit mit Aktivitäten für die Gesellschaft oder mit stundenweisem Arbeiten zu, teils auf einem Gebiet, auf dem sie schon früher tätig waren. Oft muß jedoch etwas Neues erlernt werden, wobei die auf das Alter abgestimmten Lernmethoden eine gute Hilfe leisten können. Man erwartet, daß 1975 etwa 17 Millionen amerikanischer Frauen im mittleren Alter berufstätig sein werden (47, 503). Viele der in diesem Alter dominanten Werte schaffen zugleich neue Möglichkeiten der Lebensgestaltung; vor allem die persönliche Kreativität ist dabei sehr wichtig. Im Hinblick auf die weitere Entwicklung ist es von großer Bedeutung, daß die Interessengebiete in diesen Jahren auf breiter Basis entwickelt werden. Wenn dann später die Interessenmöglichkeiten durch die äußeren Umstände oder durch das Nachlassen der Vitalität eingeschränkt werden, kann die Person die Möglichkeiten wählen, die für sie noch offenstehen. Pressey und Kuhlen führen das Beispiel des sehr beschäftigten Industriellen an, dessen einziges Hobby die Beschäftigung mit seiner Jacht ist. Wenn er dazu nicht mehr in der Lage ist, bleibt ihm nichts anderes mehr (26, 426).

Wir sprechen hier absichtlich von Interessengebieten, weil es nicht nur um Entspannung im strengen Sinne des Wortes geht. Für viele Menschen ist auch eine andere Form von Arbeit eine merkliche Entspannung. Nach Soddy kann der Kern des modernen Entspannungsproblems am besten umschrieben werden als die Aufgabe, diejenige Zeit am besten auszufüllen, die die Person nicht ihrer Hauptarbeit widmet. „Es erscheint uns zunehmend wichtig, zwischen ökonomisch lohnenden und ‚selbst' lohnenden Tätigkeiten zu unterscheiden" (33, 350). Damit sind diejenigen Aktivitäten gemeint, die die Person zur Entspannung ausübt.

Neben einer Reihe spezifischer Möglichkeiten zeichnet das mittlere Alter sich durch typische Schwierigkeiten aus, die eng mit dieser Lebensphase verbunden sind. Einige Autoren meinen, das mittlere Alter kenne an sich keine altersgebundenen Probleme. In Kulturen, in denen dieses Alter geachtet wird, kämen manche Probleme nicht vor, die in unserer Kultur für das mittlere Alter charakteristisch sind (101). Das erscheint uns zu einfach und zu einseitig. Jedoch hat man den Eindruck, daß die Literatur in unserer Kultur besonders die Schwierigkeiten des mittleren Alters sehr breit behandelt. Um sich ein Bild von den Problemen zu machen, sollte man die Lebenswende als Hintergrund der gesamten Entwicklung während des mittleren Alters nicht aus dem Auge lassen. Dadurch beginnt dieses Alter bei vielen Menschen problematisch. Für Rümke ist der Kern dieser Problematik die Aufgabe, die relativen Werte des eigenen Daseins und ihre Begrenzung zu erleben und zu verarbeiten (104, 93; 33, 139). Mit etwa 55 Jahren haben die meisten Menschen die Schwierigkeiten dieses Alters in etwa überwunden. Die individuellen Unterschiede sind groß (158). In diese Periode fallen die Schwierigkeiten, von denen nun die Rede ist.

Sie hängen mit der Lebenswende, mit den Entwicklungsaufträgen dieses Alters, mit den Werten, die nun dominant werden, und mit dem Älterwerden zusammen. Sie kulminieren bei mehr bewußt lebenden Menschen in der Lebensbewertung. Sie bezieht sich auf den persönlichen Lebenssinn; wir werden darüber noch gesondert sprechen. Einer der wichtigsten Entwicklungsaufträge ist die Veränderung der Rolle in der Arbeitswelt, in der Beziehung zu den Kindern und in der Beziehung zu den Eltern. Das Wichtigste aus diesem Bereich haben wir bereits genannt.

## Die Arbeit

Hier erwähnt die Literatur vor allem physische Beschwerden und leichteres Ermüden, eine abnehmende Motivation infolge der Konkurrenz der jüngeren Generation, die Einführung neuer Arbeitsmethoden und einen klareren Einblick in das, was man noch vom Leben zu erwarten hat und was nicht. Letzteres verursacht manchmal ein für diese Jahre typisches Problem. Wenn ein Mann bisher nicht mit seiner Arbeit und mit dem, was er durch sie erreichte, zufrieden war, kommt ihm jetzt zu Bewußtsein, daß nun eine Änderung eintreten muß, weil sie sonst nie mehr eintreten kann. Das bewirkt innere Unruhe, Unzufriedenheit mit sich selbst (Selbstverständnis) und eventuell einen unverantwortlichen Wechsel des Arbeitsplatzes. Das ist ein Beispiel für die Panik der elften Stunde, die sich im mittleren Alter auch auf anderen Gebieten bemerkbar macht (s. auch 81, 467–468). Die Arbeitsschwierigkeiten werden in beachtlichem Maße dadurch erhöht, daß viele Männer im mittleren Alter mit Recht das Gefühl haben, ihre Arbeit pflichtgetreuer, mit mehr Begeisterung für die Firma und mit ebensoviel Kompetenz zu leisten wie die jüngeren Kollegen. Die persönlichen Probleme des Mannes bei seiner Arbeit können in seinem Verhältnis zu den Kindern eine Rolle spielen, die sich auf den Eintritt in die Arbeitswelt vorbereiten. Hier kann seine negative Haltung störend und hemmend wirken. „Erfolg wird (für die Söhne in diesem Alter) im männlichen Leistungsbereich jetzt notwendig. Selbstbewertung und Selbstvertrauen sind in wesentlichem Maße vom männlichen (väterlichen) Werturteil abhängig" (120, 96). Zwei Dinge liegen hier auf der Hand: daß ein in Schwierigkeiten steckender Mann seinen Kindern keinen Anreiz bietet, sich in der Arbeitswelt einen Platz zu erobern, und daß er von seinen Söhnen gerade das erwartet, wozu er selbst in seinem Leben nicht gekommen ist. J. Bodamer, der in seinem Buch über die Psychologie des heutigen Mannes (159) wohl die strengsten und unbarmherzigsten Urteile fällt, glaubt, daß der Mann nicht einmal mehr um diese Dinge weiß. Das sieht mehr nach einer Behauptung als nach einer Feststellung von Tatsachen aus. Das Wissen um diese Dinge scheint jedoch oft latent vorhanden zu sein; es spielt in der Unruhe eine Rolle, die bei vielen Männern dieses Alters festzustellen ist. Es wird aber nicht aufgegriffen, weil der Mann mit seinen Problemen nicht zurechtkommt.

Die Frau und ihre Rolle

Bei der Frau stellt die Literatur vor allem Probleme in Zusammenhang mit dem Auslaufen der Rolle der fürsorglichen Mutter fest. Sie kann die dadurch geweckten Fragen nicht so leicht mit Älteren besprechen, weil die Phänomene erst in den letzten Jahrzehnten deutlicher werden. Oft äußern sich die Folgen einer zu einseitigen Bindung an die Aufgabe als Mutter in einem Gefühl der Nutzlosigkeit, ja sogar der Verlassenheit. Es ist dann für die Frau schwierig, die neuen Möglichkeiten zu erkennen, die sich ihr nun bieten, vor allem dann, wenn sie versucht, die alte Rolle möglichst lange beizubehalten, statt sich neu zu orientieren. Diese Dinge dürfen aber nicht leichtfertig verallgemeinert werden. Durch die freiere Haltung der Jugend sind viele Mütter mit diesem Phänomen besser vertraut, als manche Autoren es uns einreden wollen.
Manche Frauen können sich mit dem Gedanken an eine Arbeit außerhalb des Hauses noch weniger befreunden, weil sie ihn bisher nicht genügend in Erwägung gezogen haben. Man könnte hier von einer unzureichenden Vorbereitung auf das mittlere Alter sprechen. Bei der Behandlung des Problems ohne Namen haben wir uns damit bereits befaßt, ebenso mit der kritischen Situation, die durch die Menopause entstehen kann. Auch hier hüte man sich vor Verallgemeinerungen.

Veränderung der Beziehungen

Auch im Verhältnis zu den eigenen Eltern muß in diesen Jahren eine andere Rolle gefunden werden, die nun in vielen Fällen der Hilfe bedürfen. Das bringt hauptsächlich für die Frau neue Belastungen mit sich. Um mit der Situation der Drei-Generationen-Familie fertig zu werden, bedarf die Frau „einer Kombination der Qualitäten eines Diplomaten, der Eigenschaften eines Staatsmannes und der Tugenden eines Heiligen" (160). Auch wenn die drei Generationen nicht gemeinsam in einem Haus leben, so leben sie in diesen Jahren dennoch miteinander. Man kann den Lebenslauf nicht einfach in drei Perioden einteilen: die Eltern allein - Eltern und Kinder zusammen - die Eltern wieder allein (161, 42). Gerade im mittleren Alter treten oft die Eltern mit ihrer Situation neben die Kinder mit ihrer Situation. Oft wohnt man zusammen, und meist bestehen lebhafte Beziehungen. Die Frau spielt dabei oft eine zentrale Rolle, und manchmal ist es für sie nicht leicht, sich in dieser Rolle gut zurechtzufinden, vor allem dann, wenn ihre Eltern dazu neigen, sich mit dem Lebensstil und der Lebenseinrichtung ihrer Kinder auseinanderzusetzen. Das Ausmaß der Schwierigkeiten scheint von den Erfahrungen abhängig zu sein, die die Frau früher mit ihren eigenen Eltern gemacht hat.
Die Kinder wachsen während des mittleren Alters ihrer Eltern in das Teenageralter hinein. Ihr Lebensmodell unterscheidet sich in mancher Hinsicht gründlich von dem der Eltern, als diese so alt waren wie sie.

Allein das ist für die Eltern ein nicht unerhebliches Problem. Hinzu kommt, daß manche Werte (Politik, Religion, Ethisches, Ästhetisches, Konventionen, Lebensstil, Formen der Entspannung) von Jugendlichen ganz anders empfunden werden als von den Eltern, bei denen es gerade in diesen Jahren zu einer Synthese der eigenen Grundwerte kommt. So steht das ‚Altmodische' dem ‚Modernen' ständig gegenüber. Es kommt leicht zur Entfremdung zwischen Eltern und Kindern. Auch die Wechselbeziehung zwischen den Eltern kann dadurch leiden, weil oft einer von ihnen, meist die Mutter, eine Art Mittlerrolle übernehmen muß. Die Erziehung der Kinder kommt vielen Menschen im mittleren Alter schwierig vor, zumal es kaum noch solide Gesellschaftsmodelle gibt, auf die die Eltern zurückgreifen können, und viele Jugendliche sich eine eigene Welt schaffen, mit der sie sich von den Eltern distanzieren.

Andere Beschwerden werden durch den Körper hervorgerufen, der in diesen Jahren zum dominanten Wert wird. Über einiges haben wir bereits gesprochen; viele Menschen werden in dieser Zeit zum erstenmal physisch ernstlich krank. Das Verhältnis zum eigenen Körper ist bisher von der Lebenslaufpsychologie kaum untersucht worden, doch es steht fest, daß die körperliche Kondition das Selbstverständnis nachdrücklich bestimmt. Gleichzeitig läßt sich feststellen, daß, wie in der Pubertät, die Übergangsjahre der Frau nicht nur mit körperlichen Veränderungen verbunden sind, sondern auch mit einer darauf beruhenden Veränderung der Daseinsweise, der Stimmung und der Selbstauffassung (162, 193). Bei vielen Männern äußern sich diese Schwierigkeiten in dem Versuch, sich selbst und andere davon zu überzeugen, daß sie noch nicht so alt sind wie sie aussehen, und daß sie noch ebensoviel können wie früher (47, 467); dahinter verbirgt sich die eigentliche Schwierigkeit, der der Mensch im mittleren Alter begegnet, nämlich das Älterwerden. Frauen, deren Selbstauffassung stark von der Zeugungsfähigkeit bestimmt wird, stehen nun vor der Suche nach einem neuen Sinn. Die körperlichen Veränderungen werden damit zum Anlaß für einen inneren Veränderungsprozeß. Diese Beispiele zeigen, daß psychische Veränderungen oft durch physische verursacht werden.

Das Eheleben scheint für viele Frauen nun etwas schwieriger zu werden (138), vor allem dann, wenn die ehelichen Beziehungen bis dahin noch keine wirklich befriedigende Form gefunden haben. Kinsey und seine Mitarbeiter haben in ihren Untersuchungsergebnissen aufgezeigt, daß das an sich nicht notwendig ist. Als tatsächliche Gründe für diese Schwierigkeiten werden genannt: eine gewisse Enttäuschung und ein Schwinden des Interesses für das Sexuelle beim Mann und ein gleichzeitiges Erwachen des Interesses bei der Frau (121, 138). Letzteres ist auf eine größere Freiheit im sexuellen Bereich in der Generation der Frauen zurückzuführen, die von Kinsey befragt wurden. Es wird aber auch mit der Krise der Lebenswende in Verbindung gebracht (133) oder als ein zumeist fruchtloser Versuch angesehen, die weibliche Identität zu verwirklichen (115). Wenn die ehelichen Beziehungen bis dahin nicht befriedigend waren, sieht man die Lösung, wenn das Alter sich nähert, bisweilen außerhalb der Ehe. Die Befürchtung, für den Mann nicht mehr attraktiv zu sein, wird in der Literatur manchmal als eine der Schwierigkeiten der Frau erwähnt. Oft weiß die Frau dann nicht, daß das Interesse am Sexuellen bei ihrem Mann allmählich nachläßt. Wenn diese Gefühle und Erfahrungen nicht ausgesprochen werden können, entstehen mitunter tragische Mißverständnisse.

Das Älterwerden

Obwohl die Erfahrung des Älterwerdens bei den erwähnten Schwierigkeiten zweifellos mitwirkt, ist sie doch eine Lebensschwierigkeit an sich, die besondere Aufmerksamkeit verdient. Das etwas besorgte Interesse an der Zukunft hängt damit unmittelbar zusammen.
Es ist nicht leicht festzustellen, was nun wirklich die Erfahrung des Älterwerdens ist. Die Anlässe dazu werden in der Literatur immer wieder besprochen, obwohl es an systematischen Untersuchungen fehlt. Vom mittleren Alter ab ist sie oft mit körperlichen Erfahrungen verbunden, mit psychischen Beschwerden, mit der Wiederbegegnung mit alten Bekannten oder mit dem Nacherleben von Situationen aus früherer Zeit, mit auffallenden Bemerkungen anderer oder mit ihrem Verhalten, das sich auf das Älterwerden des Betreffenden bezieht. Beispiele dafür sind die Mutter, die ihr Kind für ‚diesen alten Herrn' aufstehen läßt, und der Friseur, der einer Dame sagt, ‚daß sie noch so schönes Haar hat' (157). Diese Anlässe sind übrigens nicht immer negativ. Stern erwähnt die Frau, die glücklich darüber ist, daß die Kinder erwachsen sind und die Enkelkinder nun heranwachsen (105, 62). Eine 53jährige Frau meint im Rückblick auf ihr Leben: „Ich würde sagen, das sind die besten Jahre. Es kommt mir vor, als erntete ich jetzt die Früchte dafür, daß ich jahrelang gearbeitet habe, damit meine Tochter studieren konnte" (137, 28). Im allgemeinen kann man sagen, daß die Erfahrung der Erfüllung im mittleren Alter auch die Erfahrung des Älterwerdens mit sich bringt, die dann einen positiven Beigeschmack hat. In früheren Lebensperioden ist die Erfahrung des Älterwerdens viel seltener mit einer Erfüllung verbunden. In jüngeren Jahren kann das Älterwerden durch die Erfahrung, daß man selbst auch das kann, was die Älteren können, als etwas sehr Positives erlebt werden. Wenn Stern behauptet, Älterwerden sei etwas Negatives und werde stets als solches erlebt (105, 49), so muß das nach unserer Meinung nuanciert werden.
In allen Lebensperioden können Ereignisse eintreten, die die Erfahrung des Älterwerdens hervorrufen. Im jüngeren Alter geht es dabei eher um innere Erfahrungen des Versagens, der Lustlosigkeit und unklarer Gefühle, die mit dem Personwerden zusammenhängen, wobei die Person ja ihren Platz im Leben und in der Welt noch erst finden muß. Im mittleren Alter kann sich das feste Bewußtsein bilden, daß die Welt, die Menschen,

das Leben und die Person vergänglich sind. Hier ist die Erfahrung aber viel mehr auf eine erfahrene Wirklichkeit zurückzuführen. Das impliziert oft, daß die Person sich in diesem Augenblick alt fühlt. Auch wenn die Vitalität aussetzt - etwa bei Krankheit oder in einer schweren Lebenskrise -, kann sich eine solche Erfahrung einstellen. Besonders dann, wenn die Person vom Leben gezwungen wird, auf Werte zu verzichten, die für sie von Bedeutung waren, kann sich das Gefühl einstellen, daß man vom Leben nichts mehr zu erwarten hat, wenn dieser Wert wegfällt; man fühlt sich alt, d. h.: ohne eine Zukunft, in der eine innere Dynamik entstehen kann, und man glaubt, das Leben sei eigentlich schon vorbei.

Darin liegt sicher eine der Schwierigkeiten des Älterwerdens. Visscher spricht vom „Bewußtsein, daß das Leben in seinen weiteren Entwicklungsmöglichkeiten abgeschlossen ist" (157, 28). Diese Erfahrung ist nicht unbedingt an das mittlere Alter gebunden, aber sie ist ein Aspekt, der in dieser Lebensperiode deutlich in Erscheinung tritt. Unter schwierigen Umständen, zumal wenn sie durch die Person mitverursacht werden, wird oft die Erfahrung gemacht, daß man die Dinge nicht mehr wirklich verändern und zum Guten wenden kann. Es ist für die weitere psychische und persönliche Entwicklung äußerst wichtig, daß die Person sich in diesen Jahren darüber klar wird, womit dieses Gefühl zusammenhängt. Oft führt ein Gespräch über die Dinge dazu, daß eine Lebensbilanz gezogen wird, dabei können manchmal alte Schwierigkeiten behoben werden. Somit wird der Weg für eine Weiterentwicklung frei, und auch die positiven Aspekte des Älterwerdens können ihren Platz in der Erfahrung einnehmen.

Ein Punkt kommt bei Kontakten mit Menschen im mittleren Alter immer wieder ins Gespräch, wenn es um das Älterwerden geht: das nicht Voraussehbare der zukünftigen Lebenssituation. Die Gesellschaft als Ganzes und die einzelne Person verfügen bei der raschen Veränderung, die für unser Lebensschema charakteristisch ist, nicht mehr über eine klare Zeitorientierung zur Zukunft hin. Niemand wagt vorauszusagen, wie die Welt in Zukunft wirklich aussehen wird. Diese Unsicherheit betrifft nicht nur das eigene Leben, sondern auch das der Kinder. Es gibt kein festes Modell, nach dem man sich einrichten könnte. Die Erfahrung des Älterwerdens im mittleren Alter verstärkt so leicht das Bestreben, die Zukunft zu sichern. Der Mensch kann sich aber auch im vorgerückten mittleren Alter bei der Suche nach Rat und Hilfe mehr an jüngere als an ältere Menschen wenden, denn sie sind mit raschen Veränderungen vertraut, und die Person erkennt bei ihnen die Fähigkeit, sich gegenüber einer unvoraussehbaren Zukunft positiv zu verhalten. „Im mittleren Alter sucht sie dann Anleitung bei Jüngeren" (33, 297).

Wenn man zu verstehen versucht, was diese Möglichkeiten und Schwierigkeiten im individuellen Lebenslauf bedeuten, drängt sich der Begriff Lebenssinn auf. Die Person wird im mittleren Alter sowohl durch die äußeren Umstände als auch durch die innere Entwicklung zu einer Neuinterpretation ihres Lebens genötigt. Beim Übergang von der ersten zur zweiten Lebenshälfte stellt sich die Frage, wohin es geht und was das alles soll. Diese Frage betrifft das persönliche Leben; die Kontinuität des eigenen Lebenslaufes steht dabei an erster Stelle. Die Grundmotivationen des eigenen Lebens und das Deutlicherwerden dessen, was die Person hauptsächlich bewegt, spielen bei der Antwort auf die Frage nach dem Lebenssinn eine wichtige Rolle. Das Lebensproblem kann dabei eine solche Tiefenwirkung haben, daß ernstliche Desintegrationen nicht ausgeschlossen sind. Wenn sie in diesem Zusammenhang eintreten, handelt es sich insgesamt doch um eine positiv gerichtete Krise. Dennoch bleibt sie ein kritischer und schmerzlicher Zustand. Der Ansatz dazu ist die Suche nach einem Sinn für das weitere Leben, wobei die eigene Vergangenheit erneut interpretiert werden muß. Diese Interpretation ist eine der Funktionen, die der Begriff Sinn im persönlichen Leben hat. E. Weiskopf-Loelsen sagt: „Nur ein interpretiertes Leben kann zu Zielsetzungen führen" (164, 308—327). Gerade diese Neuinterpretation im Hinblick auf neue Zielsetzungen drängt sich im mittleren Lebensalter auf. Die Grundmotivationen dienen dabei als Richtlinien. Sie bilden den Ansatz, mit dem die Person weiterarbeiten kann; nun muß die neue Form gefunden werden.

Der Begriff ‚Lebenssinn" darf dabei nicht mit ‚Zielsetzung' gleichgesetzt werden. Die Offenheit für neue und ursprünglichere Erfahrungen, das Erlebnis der Lebenserfüllung, der kommunikative Kontakt mit Menschen, das Finden einer eigenen Lebensanschauung sind ebenfalls sinnschaffende Faktoren. Auch in ihnen drückt sich der Dominanzwechsel aus; nächst den Zielsetzungen sind auch sie an der Sinnbildung beteiligt.

## 5. Charakteristische Züge

Bei einem Versuch, die charakteristischen Züge des mittleren Alters zu skizzieren, muß man die Krise der Lebenswende, die Lebensbewertung und die Lebensbejahung berücksichtigen. Einen Zeitabschnitt kann man nur als Ganzes charakterisieren, aber man darf auch seine wesentlichen Momente nicht übersehen. Von daher ergibt sich für diese knappe Darstellung eine Zweiteilung: in eine Wiedergabe dessen, was das mittlere Alter als Ganzes kennzeichnet, und eine Aufzählung derjenigen Themen, die bei der Lebensbewertung und der Lebensbejahung weiter ausgearbeitet werden müssen. Die Lebenswende haben wir bereits besprochen.

Wie wir zu Beginn dieses Kapitels erwähnten, wird das mittlere Alter auf sehr unterschiedliche Weise charakterisiert. Wahrscheinlich ist die Ursache dafür, daß die Autoren mehr ein bestimmtes Kernmoment als das mittlere Alter insgesamt betrachten. Es sind auch eine Reihe von Stereotypen im Umlauf, die zu unterschiedlichen Qualifikationen Anlaß geben. So behauptet man, das Leben beginne mit vierzig, man spricht vom gefährlichen Alter, von einer kritischen Periode, einer problematischen Periode; man sagt, die Vierzigjährigen seien gesetzte Menschen, konservativ und zu alt, um noch zu lernen; sie veränderten sich nicht mehr; ihre Persönlichkeit sei endgültig geformt, ihre Lebens- und Denkgewohnheiten seien routinemäßig; in ihrer Meinungsbildung seien sie hinter ihrer Zeit zurück, und die meisten hätten etwas altmodische Auffassungen; ihr Zeiterleben sei prägnanter; sie wollten den status quo beibehalten und zeigten oft wenig Unternehmungslust.

„Mit etwa 40 Jahren muß der normale Mensch so viele Erfahrungen in Erziehung, Fortbildung und menschlichen Beziehungen gemacht haben, daß er in der Lage ist, ein gesundes Urteil zu bilden und gegenüber sozialen Beziehungen eine gesunde Haltung einzunehmen. Er muß ein hohes Maß an Verständnis für andere Menschen entwickelt haben und gegenüber dem Versagen, den Schwächen und Eigenarten seiner Mitmenschen milde und tolerant geworden sein. Er muß eine angemessene finanzielle und soziale Position erreicht haben und sich eine Vorstellung von seiner Zukunft und dem Ziel gemacht haben, für das er arbeitet" (Werner, AA, zit. in 47, 462). In Äußerungen wie diesen wird das mittlere Alter vor allem als Entwicklungsaufgabe umschrieben. Es wird gesagt, was jemand können muß; was diese Lebensphase tatsächlich von den anderen unterscheidet, wird hier weniger klar. Die Literatur erwähnt wiederholt, daß die Person jetzt ihren Höhepunkt erreichen und die Früchte aus der harten Arbeit der vorherigen Jahre ernten muß. Auch das ist eine Annäherung von dem her, was sein *muß* und, wie die Wirklichkeit zeigt, vielfach auch *ist*. Rümke nennt diese Jahre das „Erreichen der vollen Reife", wobei er vor allem vom Mann spricht. Dieser Begriff umfaßt viel mehr als nur die schöpferische Expansion, von der Ch. Bühler hauptsächlich ausgeht, wenn sie diese Jahre charakterisiert. In Wirklichkeit meint Rümke aber doch hauptsächlich „den vollentfalteten Mann, der wie man sagt, in der Kraft seines Lebens steht und dessen Leistungsvermögen vor allem qualitativ den Höhepunkt erreicht" (104, 92).

Bei unserer Darstellung sind wir vom allgemeinen Sprachgebrauch ausgegangen, der den Begriff des mittleren Alters kennt und damit doch andere Dinge meint als kreative Expansion und volle Reife im Sinne von Rümke. Im Anschluß an diesen Sprachgebrauch geht es jetzt darum, die charakteristischen Züge festzustellen, die diese Lebensperiode als Ganzes kennzeichnen. In Anbetracht der vielen Unklarheiten, die hier noch bestehen, kann das nicht mehr als ein Versuch sein.

Aus der Summe der Gegebenheiten heben sich die folgenden fünf charakteristischen Züge hervor: das Älterwerden, die Neuorientierung auf verschiedenen Gebieten (relearning), die Individualisierung im Zusammenhang mit weiterem Personwerden, die innere Konsolidierung und Erfahrung im Zusammenhang mit der Lebenserfüllung.

Das *Älterwerden* wird von der Person und von der Gesellschaft mit dem mittleren Alter in Verbindung gebracht. Es ist ein Veränderungsprozeß, der bereits mit der Geburt beginnt. Im strengen Sinne spricht man von Älterwerden im Zusammenhang mit den körperlichen und psychischen Veränderungen bei der Person, wenn sie das vierzigste Lebensjahr überschritten hat (140, 225). Wir haben das bereits erwähnt. Charakteristisch ist jedoch, daß die *Person* älter wird. Die Erfahrung des Älterwerdens realisiert sich nicht nur in physischen und psychischen Veränderungen. Älterwerden ist auch eine Seinsweise der Person, in der sie gegenüber dem eigenen Lebenslauf und gegenüber sich selbst ein anderes Verhältnis hat als in den voraufgegangenen Jahren und in den Jahren nach dem mittleren Alter. „Älterwerden ist somit eine neue Weise, sich selbst als zeitliches Wesen zu verstehen." (A. Vetter spricht vom ‚zeitlichen Selbstverständnis', in 167.) Das Neue besteht u. a. darin, daß die Person in diesen Jahren von innen her die Erfahrung zu machen beginnt, daß sie vergänglich ist. Sie erlebt, daß Tod und Leben in ihrem persönlichen Dasein aufeinander bezogen sind und zueinander gehören. Das weckt im mittleren Alter bewußt oder auch weniger explizit die Frage nach dem Sinn des eigenen Lebens. Es geht dabei nicht nur um physische, psychische und soziale Veränderungen, die die Person erlebt und verarbeitet. Die Person erlebt selbst, wie sie sich in diesen Erfahrungen auf neue Weise zum eigenen Leben verhält, in dem sie nun von weitem eine unüberschreitbare Grenze auf sich zukommen sieht. Von daher ist verständlich, daß R. Guardini vornehmlich in diese Zeit die Erfahrung der ‚Grenze' verlegt, die in der ‚Krise der Grenzen' resultiert. Damit wird nicht gleichzeitig der Sinn des eigenen Lebens deutlich. Die Frage nach dem Sinn stellt sich in diesen Jahren auf direkte und persönliche Weise. Die Person beginnt sich mit der Sinnfrage im Hinblick auf Anfang und Ende zu beschäftigen, aber die Antwort, d. h. die Art und Weise des weiteren Umgangs mit dem Leben, muß dadurch noch nicht gefunden werden. Im Verhältnis zu dieser Frage ist das mittlere Alter eine tentative Periode. Die Person muß noch ihr Geleis finden. Manche typischen Verhaltensweisen, die man diesem Alter zuschreibt, wie die Panik der elften Stunde, die Neurosen der absteigenden Lebenskurve oder das Festhalten an einem Rollenverhalten, das von der Umgebung nicht mehr akzeptiert wird, sind oft Formen der Beschäftigung mit dieser Sinnfrage, die durch das Älterwerden angeregt wird. Auch wenn die Person an ihrem Jungsein festhalten will, ist sie oftmals - und zwar fruchtlos - mit dieser Frage beschäftigt. Das mittlere Alter ist somit durch das Ringen der Person um die Frage gekennzeichnet, ob die Grenze, die zeitliche Beschränkung, der Tod zur Wirklichkeit des persönlichen Daseins gehören oder nicht. In den vorherigen Jahren wird diese Frage vom Leben weniger drängend gestellt; zwischen 55 und 65, also in den Übergangsjahren zum Alter, weicht man dieser Frage mehr aus als in den Jahren zuvor; in der folgenden Periode steht die Endlichkeit wieder mehr im Mittelpunkt (168). Das ist die Zeit zwischen der vollen Vitalität und der deutlichen Abnahme der Körperkräfte. Jetzt reift die Mentalität aus, und die Grundmotive werden sichtbar, die das Grundmuster des Lebenslaufes ausmachen; der eigenen Endlichkeit muß darin ein Platz eingeräumt werden. Allgemein wird erwähnt, daß die längere Lebensdauer gerade das mittlere Alter vor neue Fragen stellt. Für den Punkt, den wir hier besprechen, bedeutet das, daß die

Geschichte des Verhältnisses der Person zu ihrer Endlichkeit verlängert wird, und für das mittlere Alter, daß die Person nun mit dieser längeren Geschichte einen deutlicheren Anfang macht. Sie befaßt sich mit sich selbst, und zwar gerade hinsichtlich ihres Lebenslaufes. Hurlock bemerkt, daß das mittlere Alter der Anfang der Beschleunigung des Prozesses des Älterwerdens ist. Die Person findet damit ein ausdrückliches Verhältnis zu diesem Prozeß, der seit ihrer Geburt im Gange ist. Eine Zunahme des Interesses an Lebensanschauung und Religion ist von daher verständlich.

Neuorientierung auf verschiedenen Gebieten

Angesichts der Rollenveränderungen, der Vereinfachung der Wertrichtung und der Lebensbewertung gehört die Neuorientierung auf verschiedenen Gebieten zu den charakteristischen Merkmalen des mittleren Alters. Die Folgen werden erst in den späteren Jahren dieser Phase deutlich. Jetzt beginnt der Prozeß der Neuorientierung. Man sagt, die dreißiger Jahre seien mit der Latenzphase zwischen Kindheit und Pubertät zu vergleichen. Dann entspräche der Anfang der vierziger Jahre und die Krise der Lebenswende der Pubertät, dem Teenager der ‚Middelager' (133, 1). Mit dem mittleren Alter beginnt eine Periode der „Identitätsveränderung und des Neulernens" (33, 344, 347; 133, Kap. 2). Wie der Teenager sich auf manchen Gebieten am Erwachsenenalter orientiert, so orientiert sich der Middelager vielfach an der zweiten Lebenshälfte. Die einzelnen Gebiete, für die das zutrifft, haben wir bereits besprochen. Es ist sehr wichtig, daß diese Orientierung sich tatsächlich vollzieht, wenn die Person nicht hinter ihrem Lebensschema zurückbleiben will. Die Folgen lassen sich erst nach und nach in den folgenden Jahren erkennen.

Individualisierung und weiteres Personwerden

Die Individualisierung wird auch als Merkmal der vorausgehenden Lebensperiode genannt. Sie setzt sich im mittleren Alter fort, nimmt nun aber die typische Form des weiteren Personwerdens an. Wenn gesagt wird, daß in den frühen Lebensperioden, der Kindheit und der Zeit der Reifung, die individuellen Unterschiede weniger groß seien als in den späteren Lebensphasen (105, 48–49), so darf nicht vergessen werden, daß die meisten Untersuchungen von der *Übereinstimmung* zwischen den Individuen ausgehen, weniger von den Unterschieden. Bei der Individualisierung geht es hier um die Person, insofern sie aus sich selbst heraus lebt, weniger von ihrer Umgebung bestimmt wird und ihre Selbstbestimmung aus den Quellen heraus vollzieht, die sie als die ihrigen empfindet. Rümke stellt fest, daß der Mensch, der bisher funktional gelebt hat und darin seine Entfaltung suchte, jetzt nicht mehr weiterkommt. Jetzt muß eine Lebensbestimmung gefunden oder bejaht werden (104, 93). Zwar spricht er hier von einem Entwicklungsauftrag, aber die Tatsache, daß dieser Mensch sich diesem Auftrag gegenübersieht, ist ein besonderes Merkmal dieser Lebensphase. Auch wenn er nicht ausgeführt wird, ist deutlicher als früher ein Individualisierungsprozeß zu erkennen. Das Stagnieren der Entwicklung (Erikson) charakterisiert dann mehr und mehr das Erleben und die Mentalität der Person. Bei der Besprechung der Lebensbewertung werden wir darauf noch zurückkommen.

Diese Individualisierung wird stark von den persönlichen Ereignissen während der Lebenswende mitbestimmt, von der Wertsynthese, die sich in diesen Jahren einstellt, und von „der Integration der früheren Produktivität der Person in das Leben des Individuums als Ganzes" (33, 105). Auch die weiteren personalen Begegnungen zwischen Mann und Frau haben einen tiefen Einfluß auf die Selbstbestimmung in diesen Jahren.

Bei einer negativen Entwicklung ist dann die oft erwähnte Starrheit und Unveränderlichkeit im Lebens- und Denkschema zu erwarten. Das hat nichts mit der Konsolidierung zu tun, die auch ein Charakteristikum dieser Jahre ist und mit der Individualisierung eng zusammenhängt. Die Periode der Konsolidierung im Lebenslauf wird in der Literatur global zwischen 35 und 50 Jahren angesetzt (49, 80). Das stimmt mit dem Beginn des Individuationsprozesses (Jung), der Entstehung des ‚Problems ohne Namen' bei der Frau und dem Anfang der Lebenswende überein, aber auch mit dem Zeitraum, in dem im allgemeinen die Lebensbewertung stattfindet. Der Prozeß der Konsolidierung wird - vom Erleben des Mannes her - als die wachsende Überzeugung beschrieben, daß er, wenn er psychisch gesund bleiben will, seine Energie und sein Streben in der Richtung einsetzen muß, die für ihn und seine Familie für den Rest des Lebens am befriedigendsten ist (49, 1). Sie hängt so mit dem Entstehen einer inneren Haltung zusammen, die sich auf die Selbstbestimmung bezieht. Die Folge ist, daß das Leben eine konstantere Form annimmt als in der produktiven Phase des Lebens (33, 106). Damit ist etwas anderes gemeint als die Starrheit und Unveränderlichkeit, die man oft Menschen des mittleren Alters nachsagt.

Erfüllung

Das Erlebnis der Lebenserfüllung ist nicht für das mittlere Alter spezifisch. Sie stellt sich dort ein, wo die Person ihre Möglichkeiten verwirklichen kann und wo ihren Grundtendenzen entsprochen wird. Das ist während des ganzen Lebens möglich. Das mittlere Alter bietet sich jedoch besonders für die explizite Erfahrung der Erfüllung oder des Mißlingens an, weil durch die Lebenswende, das Älterwerden und die Lebensbewertung die Frage nach dem Sinn des Lebens bei der Person ausgeprägter in Erscheinung tritt. In ihrem letzten Werk nennt Ch. Bühler die Sexualität, die Liebe und die Produktivität als diejenigen Gebiete, auf die sich die Selbstbestimmung im Leben vor allem richtet (Sexualität, Liebe und

Leistung, 168, 244). Sie kommt dabei S. Freud sehr nahe, der das psychisch gesunde Erwachsensein mit ‚Lieben und Arbeiten' definiert. Dabei unterscheidet Bühler noch zwischen einer teilweisen und einer wesentlichen Erfüllung. Erstere stellt sich ein, wo die Person nur auf einem dieser beiden Gebiete (Sexualität und Liebe oder Produktivität) volle Befriedigung fand. Sie erwähnt auch, daß es selten zu einer totalen und vollkommenen Erfüllung kommt. In diesem Fall spricht sie, u. E. weniger glücklich, von einer kompensatorischen Erfüllung. Die Person kompensiere dann den Mangel durch andere Dinge (163, 345). Das ist aber nur *eine* Möglichkeit. Eine andere ist die Verarbeitung des Fehlens auf authentische Weise. Das scheint bei vielen Personen möglich zu sein, und dann sind keine Kompensationen notwendig, um ein wirkliches Erfüllungserlebnis zu erreichen. Die vielen positiven Äußerungen über das mittlere Alter hängen mit diesem Merkmal der Erfüllung zusammen. Selbstverständlich gibt es dabei nicht nur positive Seiten. Wenn das mittlere Alter keine psychische Hochebene ist, keine Zeit der vollen Reife und keine Zeit des Höhepunktes, macht sich das in diesen Jahren um so nachdrücklicher in der Erfahrung bemerkbar.

Das Erfüllungserlebnis oder sein Gegenteil bezieht sich hauptsächlich auf die Werte, die im Leben der Person bisher eine wichtige Rolle gespielt haben, auf die Dinge, in denen die Person sich selbst investiert hatte und worauf ihre Wünsche, Erwartungen, Strebungen, Probleme, Konflikte und Erfolge gerichtet waren. Die Erfüllung kann nicht von den Entwicklungsaufgaben losgelöst werden, die sich der Person im Leben stellen. Darum hängt sie auch mit den zentralen Werten der Kultur oder des Kulturkreises zusammen, in denen sie lebt. Die Erfüllung bezieht sich auch auf das Milieu. Im mittleren Alter spielen das soziale Ansehen, das ‚Gelingen' der Kinder und eine positive Zukunftserwartung eine wichtige Rolle. Charakteristisch ist, daß das Selbstverständnis der Person bei dieser Erfahrung deutlich im Mittelpunkt steht. Es geht ja um die Früchte, die *ihre* Arbeit zusammen mit der Arbeit anderer erbracht hat. Auch unter dem Einfluß eines zunehmenden Interesses an Religion und Lebensanschauung ordnet die Person sich oft in ein größeres Ganzes ein (vgl. Erikson).

Beim gläubigen Menschen bildet sich in diesen Jahren vielfach das Bewußtsein, er habe mit einer höheren Macht zusammen gewirkt, die die Dinge lenkt; beim nicht gläubigen Menschen reift oft das Empfinden, das Leben sei ihm günstig gesonnen, oder es entsteht ein Grundgefühl der Dankbarkeit für das, was ihm im Leben zugefallen ist. Wenn das Erlebnis des Scheiterns vorherrscht, ist auch das Entgegengesetzte möglich, oder es entsteht ein Prozeß, in dessen Verlauf die Person damit fertig werden muß. Oft bleiben die Dinge auch liegen, und die Person vertieft ihr Leben in dieser Hinsicht nicht weiter.

Im mittleren Alter nehmen die Erfahrungen, die mit der Erfüllung in Zusammenhang stehen, oft einen wertenden Charakter an. Das ist verständlich, denn die Erfüllung tritt in einer Zeit ein, in der man sich des

Älterwerdens mehr bewußt wird. Auch die Neuorientierung auf verschiedenen Gebieten spielt dabei eine Rolle. Man neigt zu einem Überblick über das, was sich bisher im Leben ereignet hat. Das ist ein wichtiges Geschehen für das weitere Personwerden. Der Überblick verschafft der Person zugleich einen Überblick über sich selbst; dadurch, daß ein Verhältnis zu dem gefunden wird, was ihr Leben bisher erfüllte, findet sie ein Verhältnis zu sich selbst, so wie sie konkret gelebt hat und wie sie jetzt ist. Auch durch das Erfüllungserlebnis wird die Person für sich selbst ein ‚Wert', mit dem sie sich mehr als früher beschäftigt. Deswegen muß sie nicht notwendigerweise egozentrisch werden, aber sie ist mehr mit sich selbst beschäftigt und besinnt sich mehr auf sich selbst. Das macht die Distanz verständlich, die das mittlere Alter mit sich bringt. Die amerikanische Literatur spricht hier von einem ‚dis-engagement'; einer Verminderung der Bezogenheit auf die Dinge außerhalb der Person (s. u. a. 98, 194). Das bedeutet eine ‚Zunahme an Innerlichkeit', die an das Alter gebunden ist und nicht von rein physischen Ursachen (26, 63) oder von sozio-kulturellen Umständen verstanden werden kann (164). Es zeigt sich nämlich, daß diese Verinnerlichung bei der Person schon zu erkennen ist, *bevor* die Abnahme der sozialen Kontakte als Ursache des leiblichen Älterwerdens beginnt. Ch. Bühler schreibt in der ersten Ausgabe ihres Buches ausdrücklich über diese Hinwendung zum Geistigen und ein Lebensgefühl, das auf überpersönliche Werte gerichtet ist. Calon spricht von einer ‚Entsinnlichung und geistigen Vertiefung' (102, 35). Erikson erwähnt dasselbe auf seine Art in seiner Betrachtung über die menschliche Integrität. Man kann diesen ‚Dominanzwechsel' als Folge des Prozesses des Dis-engagements sehen, der zunächst stattfindet. R. Guardini, der sich von einem existential-ethischen Standpunkt aus über den menschlichen Lebenslauf ausläßt, wagt nicht zu behaupten, daß man hier von einer besonderen Phase sprechen kann (93, 40). Er schreibt das größere Interesse der Person an sich selbst und an ihrem Platz im Leben einer gewissen Lebensmüdigkeit zu. Die äußeren Dinge, mit denen sich die Person bisher beschäftigt hat, haben sie ermüdet. Immer mehr zeigt sich, wie relativ das Dasein ist. Man wird von Menschen enttäuscht, auf die man vertraut hatte. Überall stellt man eine Beschränktheit, eine Gleichgültigkeit und sogar eine Bösartigkeit fest, die man früher nicht bemerkt hat. Man schaut hinter die Kulissen, und man sieht, daß die Dinge viel bedenklicher sind, als man gedacht hatte. Es kommt zu einer tiefen Enttäuschung, die nicht mit bestimmten Ereignissen zusammenhängt, sondern sich aus der vollen Breite des Lebens heraus der Person aufdrängt (93, 43). Auch Calon erwähnt eine demütige Bejahung der Unvollkommenheit des menschlichen Daseins im allgemeinen und des eigenen Daseins im besonderen (102, 35).
Neben diesen allgemeinen Merkmalen des mittleren Alters müssen diejenigen erwähnt werden, die insbesondere mit der Periode der Lebensbewertung und der Lebensbejahung zusammenhängen. Wir kommen darauf bei der Besprechung dieser Perioden zurück. Die Lebensbewertung ist die

Periode zwischen der abnehmenden Vitalität und der ausgereiften Mentalität. Damit sind der bewertende Aspekt der Lebenserfüllung, die Synthese von Werten, die zu neuer Beschlußfassung führt, und die Integration dieser Dinge zu einem persönlichen Ganzen verbunden. In diesem Prozeß vollzieht sich zugleich die weitere Personalisierung der Beziehung zwischen Mann und Frau. Wo diese Bewertung hauptsächlich negativen Charakter hat und die Person damit nicht weiterkommt, ist eine nüchternere Perspektive für das weitere Leben zu erwarten.

Mit der Lebensbejahung hängen zusammen: die Verarbeitung des Älterwerdens und das Ausarbeiten der Einsichten und Haltungen der Lebensbewertung. Das Dis-engagement kann hier zu einem gezielteren und spezifischen Engagement führen, in dem die gereifte Mentalität sich konkret verwirklicht. Man denkt dabei an die von E. Erikson als Integrität bezeichnete Lebenshaltung. Das ist tatsächlich eine neue Form des ‚Könnens', die zu einem reichen Quell von Lebenserfüllung werden kann. Bei einer negativen Entwicklung nimmt auch diese Periode der Lebensbejahung eine viel beklemmendere Form an.

## 6. Konnaturale Abweichungen

Bei konnaturalen Abweichungen handelt es sich um spezifische Abweichungsmöglichkeiten, die der Lebensphase eigen sind. Sie hängen mit bestimmten Motivationen zusammen, die in der Lebensphase hauptsächlich wirksam sind und auf die man sich zu einseitig eingespielt hat. Die Zukunft bleibt zu wenig offen, wodurch die Gegenwart - als Vorausentwicklung auf die Zukunft hin - nicht genügend zu ihrem Recht kommt. Der Sinn des Lebensganzen wird dadurch gerade in dem Augenblick frustriert, in dem die Person glaubt, ihn besonders zu begünstigen.

Konnaturale Abweichungen hängen also auch mit den Entwicklungsaufträgen, den dominanten Werten, den Möglichkeiten und Schwierigkeiten einer jeden Altersphase zusammen. Viele konnaturale Abweichungen des mittleren Alters sind von daher unmittelbar verständlich. Unkenntnis der Krise der Lebenswende und ihrer Folgen führt manchen zu Entscheidungen, die er im Augenblick der Krise für allein möglich hält und die er einige Jahre später bedauert. Fried erwähnt hier die Ehescheidungen oder die Ehebrüche, die eine zwanzigjährige Ehe völlig unerwartet beenden (133, 3–5). Bergler schreibt über die „Revolte des Mannes im mittleren Alter"; er stellt sie auf allen wichtigen Lebensgebieten fest: in der Arbeit, in der Ehe und in den Beziehungen. Aus Unruhe, Langeweile und dem Bedürfnis nach einem mehr persönlichen Leben können arbeitende, unverheiratete Frauen die Arbeit, mit der sie lange zufrieden waren, plötzlich aufgeben.

Da das mittlere Alter den Hauptanteil an der gesellschaftlichen Verantwortung trägt und diese Periode außerdem für viele die Hauptperiode ihres Arbeitslebens ist, werden Warnungen vor übermäßigem Arbeiten

leicht in den Wind geschlagen. Dadurch wird auch die Vorbereitung auf bevorstehende Veränderungen, die mit dem Älterwerden zusammenhängen, oft vernachlässigt. Man versäumt es, sich neue und ‚nutzlose' Interessen zuzulegen, und die unvermeidliche Rollenveränderung im eigenen Persönlichkeitsbild wird nicht genügend vorausgesehen. Das Nichtwissen um diese Entwicklungsaufträge spielt bei diesen und anderen konnaturalen Abweichungen durchweg eine sehr große Rolle (47, 468).
Wenn längere Zeit versäumt wird, eine angepaßte Mentalität zu entwickeln, wird das Umschalten schwieriger. Oftmals verbirgt sich unter dieser Vernachlässigung ein Widerstand gegen das Älterwerden. Auch die Ablehnung des oft schmerzlichen weiteren Personwerdens kann sich in diesem Versäumnis ausdrücken. C. Jung erkannte das Festhalten an alten Positionen als eine der Weisen, auf die die Person sich gegen weitere Individuation sträubt. Die Umgebung fördert anfangs oft dieses Sträuben, indem sie ihr bestätigt, wie jung, vital, stark und arbeitsam sie noch sei. Ein Widerstand gegen das Älterwerden kann außerdem noch wesentlich durch das Gefühl bestärkt werden, daß die Gesellschaft den besonderen Wert des älteren Menschen ungenügend erkennt und die Werte des Jungseins zu Unrecht am höchsten bewertet. Beim Mann äußert sich das oft in einer noch intensiveren Hinwendung zur Arbeit, vor allem dort, wo seine Karriere durch einen stärkeren persönlichen Einsatz beeinflußt werden kann. Bei der Frau zeigt es sich im Festhalten an der Mutterrolle, in einer ausgesprochenen Weigerung, sich auf anderen Gebieten der Gesellschaft einzusetzen, oder in schwierigen Situationen, wenn eines der Kinder heiratet. Der Umfang dieser konnaturalen Abweichung, der man in der Literatur öfters begegnet, darf nicht übertrieben werden. Von den 100 Frauen im Übergangsalter, die Neugarten und Kraines befragten, hielten 9 % den Weggang der Kinder für das am meisten gefürchtete Ereignis (169).
Weitere offenkundige konnaturale Abweichungen bringt auch die Menopause mit sich, mit einer zu großen Sorge um die Sicherung der Zukunft, die das Leben in diesen Jahren unnötig verengt; ferner die Stabilisierung des Lebens, die leicht zur Erstarrung führt, die Bezogenheit auf den eigenen Körper, die bei manchen Charaktertypen zur Hypochondrie werden kann, und - im späteren Stadium des mittleren Alters - das Älterwerden, das eine mißtrauische Haltung der Umgebung und besonders den Jüngeren gegenüber bewirken kann (s. dazu auch 105, 197; und für das Alter 171).
Oft geht es dabei nicht in erster Linie um konnaturale Abweichungen, sondern um unbewältigte Dinge aus dem früheren Leben, deren Bewältigung Schwierigkeiten bereitet. Es besteht wenig Grund zu der Annahme, daß das mittlere Alter selbst primär Anlaß für das Entstehen psychischer Krankheiten böte. Wenn sie in dieser Lebensperiode auftreten, liegen die Ursachen oft im früheren Leben. Schlecht geglückte Anpassungen und ungelöste Probleme, die die Entwicklung gehemmt haben, machen es der Person nun schwierig oder unmöglich, mit den Aufgaben fertig zu werden, die das mittlere Alter stellt. Die abnehmende Vitalität *kann* hier eine

Rolle spielen. Auf diesem Gebiet ist noch so vieles unklar, daß man kaum etwas allgemeines darüber aussagen kann (33, 155).

Wir erwähnen nun ausdrücklich einige konnaturale Abweichungen, die besondere Aufmerksamkeit verdienen, jedoch nicht so deutlich in Erscheinung treten. Die Verinnerlichung, die das mittlere Alter durchweg mit sich bringt, bewirkt auch, daß viele Menschen ihre persönlichen Probleme und Sorgen nicht mehr mit anderen teilen, sondern für sich behalten. Sie ‚gehen ihren eigenen Weg' und werden dazu auch noch von ihrer inneren Entwicklung angeleitet. In diesem Alter können die Lebensschwierigkeiten eine tiefe Wirkung ausüben. Die Tatsache, daß man sich dann allein mit ihnen herumschlägt, birgt ein großes Risiko für die weitere Entwicklung in sich. Kommunikation ist hier eine echte Notwendigkeit; sie verhindert, daß es in späteren Jahren zu einer Isolierung kommt. Manches wird noch durch eine größere Empfindlichkeit für das Urteil anderer Menschen verstärkt, die für viele Männer im mittleren Alter bezeichnend ist (172). Oft wird der Alkoholmißbrauch in diesen Jahren auf die Isolierung zurückgeführt, zu der diese Verinnerlichung führen kann. Auf diesem Gebiet liegen aber noch nicht viele brauchbare Ergebnisse vor. Die vorhandenen Studien suggerieren, der Alkoholmißbrauch in diesen Jahren habe eine eindeutige Vorgeschichte in der Vergangenheit der Person.

Wenn diese Verinnerlichung nicht zustande kommt, ist noch eine andere konnaturale Abweichung möglich. Sie hängt mit der größeren persönlichen Freiheit zusammen, die eine der positiven Möglichkeiten dieser Lebensperiode darstellt. Wir haben erwähnt, daß das Feld der sozialen Beziehungen der Person jetzt auf eine neue Weise zugänglich wird. Wenn es ihr nicht in ausreichendem Maße gelingt, den Schwerpunkt ihres Lebens mehr in sich selbst hinein zu verlegen, kann diese neue Möglichkeit des sozialen Kontaktes dazu führen, daß man sich dem eigenen Leben entfremdet. Unhäuslichkeit ist in diesen Jahren kein unbekanntes Phänomen. Entfremdung der Ehepartner oder ein zunehmender Abstand von den Freunden sind bisweilen die Folge. Das Anknüpfen neuer Beziehungen ist oftmals eine Flucht aus den Schwierigkeiten, die sich in diesem Alter ergeben, das darum oft das ‚gefährliche Alter' genannt wird. Der Wunsch, etwas nachzuholen, ist bisweilen auch daran beteiligt, vor allem dann, wenn die Person die vielen Aufgaben der vorausgegangenen Jahre nicht wirklich bewältigen konnte. Dann handelt es sich nicht nur um eine konnaturale Abweichung, sondern auch um unbewältigte Dinge.

Im Zusammenhang mit der Lebensbewertung erwähnt Ch. Bühler noch, daß die Person in die Gefahr gerät, in Niedergeschlagenheit, Tagträumen, Alkoholismus oder Zynismus Zuflucht zu suchen, wenn sie zu dem Schluß kommt, daß sie das Angestrebte nicht hat erreichen können und auch in Zukunft nicht mehr erreichen wird. Wenn sie wirklich den Eindruck hat, daß ihr Leben mißlungen ist, kann eine tiefe Verbitterung entstehen. In diesem Fall spielt man sich zu sehr auf Gefühle des Versagens und der Enttäuschung ein, die bei der Lebensbewertung unvermeidlich auftreten. Bühlers Feststellungen können mühelos mit den Auffassungen von E. Erikson und R. Guardini in Verbindung gebracht werden, die wir schon mehrmals erwähnt haben.

## 7. Unbewältigte Dinge

Bei wenigen Phänomenen im menschlichen Lebenslauf tritt die Bedeutung der Kontinuität so klar in Erscheinung wie bei den unbewältigten Dingen aus dem früheren Leben, die sich später erneut bemerkbar machen. Es geht hier um Entwicklungsaufgaben, die vernachlässigt wurden oder denen die Person nicht gewachsen war. So muß sie den jetzigen Lebensauftrag erfüllen, ohne genügend ausgerüstet zu sein. Das vergrößert die augenblicklichen Schwierigkeiten; es macht es schwer oder gar unmöglich, dem Appell, der nun an die Person gerichtet wird, zu folgen. Manchmal ist es die Ursache für einen neuen Entwicklungsrückstand. Das trifft für alle Entwicklungsperioden zu, besonders aber für das mittlere Alter. Forschungsergebnisse zeigen, daß die Anpassungsschwierigkeiten zwischen 40 und 65 Jahren nicht das Bild einer allmählichen Verminderung zeigen, wie oft behauptet wird. Das läßt darauf schließen, daß der persönliche Lebensstil und die Art, wie die Lebensschwierigkeiten angegangen werden, schon vor dem mittleren Alter ein festes Schema haben. Dieses Schema setzt sich im mittleren Alter fort.\* Die spezifischen Anpassungsschwierigkeiten im mittleren Alter sind also mehr person- als altersgebunden. Wenn sich bei der Person jetzt viele unbewältigte Dinge zeigen, deutet das darauf hin, daß auch vorher schon eine individuelle Unfähigkeit vorlag, mit dem Leben und mit sich selbst fertig zu werden. Hurlock stellt fest, daß viele Menschen, wenn sie das ‚prime of life' beginnen, eine Geschichte des Mißerfolges oder des mittelmäßigen Erfolges hinter sich herschleppen. Wenn die Furcht vor dem mittleren Alter nun auch noch hinzukommt, vertun sie mit Stückwerk die Jahre, die die besten ihres Lebens sein müßten (47, 464).

Obwohl also das Auftauchen von unbewältigten Dingen mehr person- als altersgebunden ist, bringt das mittlere Alter doch eine Reihe von Konfrontationen mit sich, die es zu einer Periode machen, in der an die Person mehr als in anderen Perioden von ungelösten Problemen aus dem Leben appelliert wird. Dieses Alter nimmt im Lebenslauf eine Art Schlüsselposition ein; die Vergangenheit wird taxiert und zum Teil abgeschlossen; die Zukunft wird auf andere Weise entworfen als die Vergangenheit; zugleich ist es die Periode, die ein Personwerden in besonderem Sinne verlangt. Bei der Bewertung des Lebens tauchen auch die Dinge wieder auf, mit denen die Person bisher nicht fertig geworden ist. Das

---

\* Offensichtlich spielt das soziale Niveau hierbei eine Rolle. Ohne die Gründe angeben zu können, stellen R. Peck und H. Berkowitz an Hand ihrer Untersuchungsergebnisse fest, daß die am besten integrierten Menschen vornehmlich der oberen Mittelklasse angehören (137, 42–43).

nun entworfene Zukunftsbild wird von den unbewältigten Dingen mitbestimmt und begrenzt. Das wird besonders deutlich, wenn die Person keine feste Position im Leben gewinnen konnte: Die zukünftige Lebenssicherheit wird dadurch zu einer neuen großen Schwierigkeit. Das weitere Personwerden konfrontiert ebenso unvermeidlich mit den Dingen, die es bisher behindert haben.

Erikson hält es für ein Zeichen psychischer Gesundheit, wenn die Person in der Lage ist, in der folgenden Phase den Rückstand einzuholen, der sich in der vorherigen gebildet hat. Das mittlere Alter ist in dieser Hinsicht mehr als andere Lebensphasen eine Periode der Demaskierung. Wenn die Erfüllung des Lebens jetzt nicht konkret sichtbar wird, liegt ein unverkennbares Lebensversagen der Person vor. Dieses Mißlingen kann vielerlei umfassen: den Aufbau der Arbeitswelt, das Finden einer gesellschaftlichen Position, die Verwirklichung des Ehelebens, die Erziehung der Kinder, das Finden einer Gruppe von Altersgenossen, das Anknüpfen von persönlichen Beziehungen, den Umgang mit sich selbst. Daneben sind die Entwicklungsaufgaben des mittleren Alters ein Katalysator für unbewältigte Dinge aus der Vergangenheit, wie es auch in allen anderen Lebensphasen der Fall ist. Mit folgenden Punkten konfrontiert das mittlere Alter die Person besonders: mit dem Älterwerden, den Grundmotivationen des bisherigen Lebens, dem Selbstverständnis und den persönlichen Beziehungen.

Im Älterwerden wird deutlich, wo die Person wirklich steht, weil sie ihrer Wirklichkeit nicht länger entfliehen kann. Wenn das Leben unerfüllt bleibt, kommt ihr zu Bewußtsein, daß sie nun vor einem ‚Jetzt oder nie' steht. Die Torschlußpanik, der Nachholbedarf und die Verstimmung über Vergangenes, dessen störende Wirkung sich nun bemerkbar macht, hängen mit unbewältigten Dingen zusammen. Sie besagen, daß diese Dinge zwar im Hintergrund gehalten werden können, daß die Person jedoch nicht damit fertiggeworden ist. Das Älterwerden konfrontiert mit der Unwiderruflichkeit und dadurch mit der Vergangenheit, die nicht wirklich vergangen ist.

Im mittleren Alter reift die Mentalität aus. Damit wird auch erkennbar, welche Störungen bei der Motivationsentwicklung von der Person unzureichend verarbeitet wurden. Viele Phänomene der Lebenswende hängen damit zusammen. Mancher entdeckt, daß seine Lebenswahl und sein Lebensplan mangelhaft fundiert waren, als er sich dafür entschied. Diese Entdeckung verletzt nicht nur das Selbstgefühl, sondern sie weckt auch neue evtl. (alte) Wünsche und Probleme. Sie fordert dazu heraus, etwas damit anzufangen. Das Finden eines neuen Gleichgewichts bedeutet, daß man tatsächlich das Liegengebliebene aufarbeitet. Dabei kommt die Person oft in die Versuchung, ihren gegenwärtigen Platz im Leben zu verlassen und ganz neu zu beginnen. Sie vergißt dann, daß ihr Älterwerden eine Realität ist, die ihr in dieser Hinsicht in zunehmendem Maße Beschränkungen auferlegt. Unbewältigte und erneut auftauchende Dinge bewirken so oftmals eine Krise, die zu weiterer Reifung, aber auch zu unüberlegten

Handlungen führen kann. Sie behindern die Beschäftigung mit dem Entwicklungsauftrag der Gegenwart und berauben die Person vieler Möglichkeiten, die ihr jetzt zur Verfügung stehen sollten. Gerade das Bewußtsein, daß es anders hätte sein können, wenn man früher anders gekonnt hätte, macht das Verarbeiten der Irrtümer in der Motivationsgeschichte zu einem schmerzlichen und bisweilen sehr mühsamen Prozeß. Aggression gegen andere und gegen sich selbst, Angst und Verdruß sind oft die Hauptkomponenten.

Wenn alte Dinge erneut auftauchen, bedeutet das für die Person stets, daß sie das Bild von sich selbst revidieren muß. Geht es dabei um einschneidende Dinge - und das ist bei unbewältigten Sachen meist der Fall -, dann ist damit der ganze Lebensplan durcheinandergebracht. Die Person muß dann ein neues Verhältnis zu sich selbst und zu ihrem Leben finden, wenn sie wieder eine akzeptable innere Ordnung erreichen will. Eltern, die jetzt einsehen, daß sie bisher ihre Kinder nicht richtig verstanden haben und auch von ihnen nicht richtig verstanden worden sind, werden in ihrem Bild von sich selbst schwer getroffen. Dasselbe gilt für Menschen, die nun entdecken, daß sie bei ihrer Berufswahl, bei der Sorge um Eltern und Familie oder beim Finden einer Lebenshaltung doch mehr von den Umständen oder ihrer Unfähigkeit bestimmt wurden als von ihrer persönlichen schöpferischen Kraft. Gerade im mittleren Alter tauchen unbewältigte Dinge wieder auf. Das Beziehungsfeld ist breit, wie wir schon angedeutet haben. Es umfaßt die Beziehungen der Eheleute zueinander, zu ihren selbständig werdenden Kindern, zu den eigenen Eltern, den Enkelkindern, den Schwiegereltern, und auch die persönlichen und sachlichen Beziehungen nach außen hin sowie die Beziehungen zur Gruppe der Altersgenossen. In allen trägt die Person im mittleren Alter eine jeweils typische Verantwortung. Wo sich die Kontaktfähigkeit eines Menschen in der Vergangenheit nicht gut entwickeln konnte, zeigen sich nun auf breiter Ebene die Folgen. Wo die Beziehungen problematisch geblieben sind, wird das aufgrund der Verantwortung im mittleren Alter unvermeidlich offenkundig. Viele Schwierigkeiten in diesen Jahren hängen damit zusammen. Dabei wird oft der Fehler gemacht, diese Schwierigkeiten ganz der aktuellen Situation zuzuschreiben. In Wirklichkeit aber macht die aktuelle Situation deutlich, daß die Person mit Dingen nicht klarkommt, die sie gerade zur Bewältigung der aktuellen Situation benötigt.

Das Älterwerden, die Mentalität, das Selbstverständnis und die persönlichen Beziehungen sind im allgemeinen die ‚Plätze', an denen hauptsächlich unbewältigte Dinge in Erscheinung treten, besonders aber in den ehelichen Beziehungen, in der Beziehung zu den Kindern und in der Selbstbejahung.

In diesen Jahren sind Mann und Frau, wenn das mittlere Alter es erforderlich macht, auf eine andere Weise aufeinander angewiesen. Der Prozeß einer anderen Form der Annäherung und das Finden einer neuen gemeinsamen Lebensform kann in hohem Maße erschwert werden, wenn der

Kontakt zwischen den beiden in der vorhergehenden Periode unklar geworden ist. Wenn in den Jahren der Reife eine Übereinstimmung hinsichtlich der Person und der Lebensrolle, aber auch der wechselseitigen Beziehungen erhalten geblieben ist, sind keine besonderen Schwierigkeiten zu erwarten. Über die Rollenveränderungen, die sich in diesen Jahren ergeben, werden Mann und Frau sich meist ohne größere Spannungen einig. Auf jeden Fall kann man dann leicht über diese Dinge reden. Unklarheiten, die in der Vergangenheit entstanden sind, machen sich nun bemerkbar. Th. Lidz bemerkt zu der zunehmenden Zahl von Ehescheidungen im mittleren Alter, sie sei der Tatsache zuzuschreiben, daß beide Partner gewartet haben, bis die Kinder groß genug waren, um sich dann scheiden zu lassen. Nebenbei sei erwähnt, daß den Freunden und Bekannten bei einer neuen Heirat oft auffällt, wie sehr der neue Partner dem früheren gleicht (81, 469).
Unbewältigte Dinge äußern sich auch in der Befürchtung der Frau, ihr Mann möge sie nicht mehr, wo doch jetzt die Verantwortung für die Kinder nicht mehr so schwer ins Gewicht fällt (46, 347). Ferner äußern sie sich in einer gewissen Gleichgültigkeit dem anderen gegenüber. Jetzt zeigt sich wirklich, ob man aus der wechselseitigen Beziehung in die Sorge um die Kinder geflohen ist und die Rollenverteilung zwischen Mann und Frau als Ausrede gebraucht hat. Bei einer positiven Vorgeschichte begegnet man diesen Dingen nicht. Die Schwierigkeiten werden dann besprochen, und beide Partner sind so in ihrer Beziehung engagiert, daß sie mit diesen Schwierigkeiten etwas Konstruktives anfangen können. Auch in der Beziehung zu den Kindern machen sich in diesen Jahren oft unbewältigte Dinge bemerkbar, vor allem dann, wenn die Ehepartner einander ausgewichen sind und sich in der Sorge um die Kinder versteckt haben. Dann wird auch der Kontakt zu den Kindern oft unwirklich, und es schleichen sich Kompensationen für das ein, was in der Beziehung zwischen Mann und Frau fehlt. Die Kinder werden dann als Bundesgenosse gesucht oder als Parteigänger des anderen gemieden. Wenn sie nun größer werden und ihren eigenen Weg gehen, sind Enttäuschungen unvermeidlich, zumal Mann und Frau jetzt auf andere Weise aufeinander angewiesen sind.
Die Kinder stellen in dieser Zeit andere Anforderungen an ihre Eltern, heute oft auf sehr direkte Weise. Außerdem beginnen sie das Leben ihrer Eltern kritisch zu betrachten, und sie greifen sich heraus, was ihnen daran gefällt und was nicht. Ihre Anforderungen und Auffassungen beziehen sie zum Teil von der stark kulturell gebundenen Altersgruppe, in der sie aufwachsen. Wenn den Eltern bisher keine wirkliche Kommunikation mit den Kindern gelungen ist, tritt das jetzt deutlich zutage. Die vielen Faktoren, die in der Vergangenheit der Anlaß dazu gewesen sein können, machen sich jetzt ebenfalls als unbewältigte Dinge bemerkbar. Hierhin gehören besonders die Zusammenarbeit zwischen Eltern und Kindern, die Einstellung zur Gesellschaft, die durch die Eltern explizit oder implizit vermittelt wurde, das Rollenbild von Mann und Frau, das den Kindern

vorgelebt wurde, und die Art und Weise, auf die persönliche Konflikte und Lebensschwierigkeiten behandelt wurden. Wenn die Kinder sich im sozialen Leben schlecht zurechtfinden, sollte das die Eltern zum Nachdenken anregen, vor allem dann, wenn es Kindern von Angehörigen oder anderen Bekannten gelingt. Meist kommen dann gerade die Situationen zum Vorschein, von denen sie schon das Empfinden hatten, versagt zu haben, ohne dadurch eine konstruktive Haltung finden zu können (s. dazu auch 33, 426). Diese Dinge wollen nun - in einer problematischen Situation - verarbeitet werden. Das ist deswegen so schwierig, weil die Jüngeren sich mehr vom mittleren Alter distanzieren und weniger bereit oder in der Lage sind, über diese Dinge mit ihren Eltern zu sprechen. Die Folge sind oft Schuldgefühle und ein Gefühl der Unfähigkeit, die Dinge noch zum Guten zu wenden.

In Verbindung mit den unbewältigten Dingen der Vergangenheit kann die Selbstbejahung im mittleren Alter eine sehr schwierige Aufgabe werden. Darüber haben wir bereits mehrmals gesprochen. In der psycho-hygienischen Literatur wird eine realistische Selbsterkenntnis und ein lebenswirkliches Selbstverständnis als eine der wichtigsten Voraussetzungen für ein gesundes Leben genannt. Wenn die Person sich ungenügend vorbereitet hat, stellen die Anforderungen des mittleren Alters sie unversehens vor die Konsequenzen des Älterwerdens. Die ‚Revolte des Mannes im mittleren Alter' ist zum Teil eine unbewältigte Sache, und ebenso die Spannung, die er in seiner Arbeit empfindet; die Konflikte, die er in seiner Familie weckt, unredliche Anforderungen an Kollegen oder Untergebene und Verherrlichung der Vergangenheit gehen zum Teil darauf zurück (173). Ungenügende Vorbereitung auf die Wirklichkeit des mittleren Alters macht das Finden eines realistischen Selbstverständnisses und die Bejahung der Dinge, wie sie nun einmal sind, zu einer besonderen Lebensschwierigkeit. Auch unangenehme Empfindungen und übermäßige Klagen zur Zeit der Menopause und des Klimakteriums sind manchmal Ausdruck von unbewältigten Dingen in der Vergangenheit. Wenn die Frau in den vorhergehenden Jahren ein reales Verhältnis zu ihrer Fraulichkeit unter diesem Aspekt gefunden hat, braucht der Übergang keine besonderen Schwierigkeiten mit sich zu bringen. Es ist ein Merkmal der psychischen Gesundheit, daß die Person ihren Körper ‚übersteigen' und ihr Gefühl für ‚Ganzheit' und Wohlbefinden vor allem von ihren psychischen und sozialen Möglichkeiten beziehen kann. Personen, die es jedoch hauptsächlich einem leiblichen Wohlbefinden verdanken, sind im Alter äußerst verletzbar (137, 18).

## 8. Die Bewertung des Lebens

Wir haben versucht, die vielumfassende Lebensperiode des mittleren Alters durch eine Dreiteilung zu ordnen: in Lebenswende, Lebensbewertung und Lebensbejahung. Dabei haben wir die Periode der Lebensbewertung vorläufig als eine Periode der kritischen und wertenden Selbstbetrachtung umschrieben. Das soll hier eingehender erläutert werden. Es geht weniger um eine deutlich abzugrenzende Periode als um einen Prozeß, der sich während der zweiten Lebenshälfte, vor allem von etwa 50 Jahren ab, vollzieht. Ch. Bühler schreibt: „Die vierte Phase, das spätere Erwachsenenalter, etwa von 45 bis 60 oder 65 Jahren, wurde als Periode der Selbstbewertung und des Rückblicks auf vergangene Tätigkeiten mit einer modifizierten Zukunftsorientierung definiert" (163, 36). Eine deutlich bewertende Einstellung ist längst nicht bei allen Menschen zu finden. Viele werden sich ihres Lebens als Totalität nicht klar bewußt. Sie sehen es nicht explizit als ein durchgehendes Entwicklungsgeschehen; sie leben ihr Leben stückweise. Manche hoffen dabei auf eine Art glückliches Schicksal, das ihnen zufallen wird, andere betrachten ihr Leben vor allem von den Höhepunkten aus, die es darin gegeben hat (163, 2). Das heißt nicht, daß diese Menschen nie dazu kommen würden, eine gewisse Bilanz zu ziehen, aber das ‚bewertende Verhalten' (174, 948) ist für ihren bewußten Lebensstil weniger bestimmend; so wird man auch in ihrem Leben nicht leicht eine deutlich bewertende Periode feststellen können. Aber anläßlich konkreter Geschehnisse, etwa bei einer Krankheit, einem Familienfest, einem Wohnungswechsel oder einem Wechsel des Arbeitsplatzes begegnet man bei ihnen auch einer Form der Selbstbetrachtung und Bewertung, die auf der Linie dessen liegt, was hier gemeint ist. Sie bestimmt aber dann weniger das Verhalten und geht auch rasch wieder vorbei. Im täglichen Leben kommt es ständig zu bewertendem Verhalten. Der Einfluß der Kultur äußert sich zum großen Teil in ihrer selektierenden Wirkung; die einer Kultur angehörenden Personen treffen fortwährend selbst diese Auswahl an Hand der charakteristischen Werte, die für sie im Augenblick am meisten relevant sind (174, 948). Auch im Lebenslauf ist solch ein selektierendes Verhalten ständig wirksam. Immer wieder prüft die Person die Dinge, die das Leben ihr bringt, auf ihren Wert. Bisweilen nimmt sie sie in ihr Leben auf, bisweilen lehnt sie sie ab; ein andermal lehnt sie sie zwar ab, kann sich ihnen jedoch nicht entziehen, oder sie will sie aufnehmen, und sie entziehen sich ihr - vielfach, weil sie die Dinge nicht durchdacht hat. Es kommt zu einer spontanen Schätzung der Dinge, die die Person in ihrem Leben für wichtig erachtet, und sie verhält sich dann der Schätzung gemäß. Oft muß bewußt gewählt werden, weil die Bedeutung des Neuen nicht klar ist oder weil gegensätzliche Zielsetzungen vorhanden sind. Dann muß die Person untersuchen, was sie am liebsten möchte, d. h. sie muß den Beziehungsrahmen, aus dem heraus sie lebt und den Dingen des Lebens Bedeutung verleiht, näher betrachten. In diesem Augenblick ist sie mit ihrem Leben als Ganzem beschäftigt. Obwohl die Ereignisse, die den Anstoß dazu geben, von Person zu Person unterschiedlich sind, fallen wahrscheinlich doch die großen Enttäuschungen oder Erfolge und die wichtigen Rollenveränderungen im Lebenslauf, die den Beziehungsrahmen zu Bewußtsein bringen, in die Jahre der Pubertät und der Adoleszenz, ins Alter und in die vierziger

Jahre (26, 494).
Für das Alter hat das schon vor langer Zeit Stanley Hall festgestellt (175) und durch neuere Untersuchungen bestätigt gefunden (s. z. B. 49, 85; 170, 69 ff.). Für die vierziger Jahre findet man in der Literatur die psychiatrischen Phänomene der Lebensbilanz (u. a. 176): Melancholie, Schuldgefühle, Bedauern über verpaßte Chancen, Gefühle der Unwiderruflichkeit, das Empfinden, Anlässe zur Freude verpaßt zu haben, Erfüllung und Produktivität, das Bewußtsein, daß die Zeit nicht wiederkehrt, Unzufriedenheit mit sich selbst, Erfahrungen der Sinnlosigkeit, Klagen über das Leben oder bestimmte Personen. Das Negative bei all diesen Phänomenen hat zweifellos damit zu tun, daß diese Einsichten bei Menschen gewonnen wurden, deren Leben festgefahren war. Ch. Bühler hält die Lebensbilanz für ein normales Phänomen im Lebenslauf. Das ergibt sich aus verschiedenen Untersuchungen, die vor allem das Alter betreffen. Für das mittlere Alter wird die Lebensbewertung als besondere und eigenartige Übergangsperiode weniger hervorgehoben. Auch nach Ch. Bühler läßt sich das bewertende Verhalten nicht bei jedem ausdrücklich feststellen. Wo es vorkommt, kann die Selbstbetrachtung zu einem positiven wie zu einem negativen Ergebnis führen. Sie erwartet das Phänomen vor allem von den fünfziger Jahren ab (13, 77, 90). Das hängt nach ihrer Meinung ‚evident' (33, 77) mit drei Faktoren zusammen: mit dem Rückgang der Zeugungskraft, mit der Abnahme der regenerativen Kräfte und der Gerichtetheit auf die Zukunft hin. Mit letzterem ist die Frage nach dem gemeint, was die Person in Zukunft noch tun will und tun kann. Dazu müssen sicher auch das Ausreifen der Mentalität und die Erfahrungen gerechnet werden, die mit dem Eintreten der Erfüllung zu tun haben, außerdem die tiefgreifenden Rollenveränderungen im mittleren Alter. Jede Rollenveränderung ist wie ein Abschied; dadurch tendiert die Person dazu, darüber nachzudenken, ob es in der vergangenen Periode zur Rollenerfüllung gekommen ist.
Menschen, die den Aspekt der Lebensaufgabe und ihrer diesbezüglichen Verantwortung weniger beachten, sind dabei mehr auf ihre ökonomische Sicherheit als auf weitere Zielsetzungen und auf Lebenserfüllung bedacht. Wo sich die Lebensbewertung deutlich bemerkbar macht, hängt sie also mit einem Interesse der Person an ihren eigenen Zielsetzungen und deren Resultaten zusammen. Da es nun zu einer Synthese von Werten kommt und die Person ihre Hauptmotivationen kennenlernt, erwägt sie, wie sie die Aufgaben in ihrem Leben erfüllt hat und was ihr Leben wert war, für sie und für andere. Darin spielt das ethische Moment der persönlichen Verantwortung eine Rolle. Das läßt die Schuldgefühle verstehen, die in der mehr psychiatrisch ausgerichteten Literatur erwähnt werden. Auch die Erfahrung des Endgültigen und Unwiderruflichen hängt mit diesem ethischen Moment zusammen.

Bewertung und Lebenserfüllung

Bei der Lebensbewertung geht es aber nicht nur um Ethik. Das Verlangen nach Lebenserfüllung ist ebenso wichtig. Es hängt mit der Entfaltung der Möglichkeiten zusammen, die die Person als die ihren betrachtet, und mit den Entfaltungschancen, die das Leben ihr eingeräumt hat (s. auch 163, 290). In Verbindung damit ist die Lebensbewertung nicht nur eine Positionsbestimmung hinsichtlich der eigenen Motive und Zielsetzungen, sondern auch des Lebens in seinem tatsächlichen Verlauf. Die Person sucht in diesem Prozeß nach einem Sinn. Aus dieser Suche ergeben sich bei manchen auch Auffassungen über das Leben als Totalität. In diesen Jahren kommt der Person der Gedanke, ihr Leben als ‚Schicksal' aufzufassen, als persönliche Geschichte, als eine Heils- oder Unheilsgeschichte, als ein Geschehen, das sich an ihr als ein Auftrag vollzogen hat, dessen Durchführung ihr gelungen, mißlungen oder nur zum Teil gelungen ist, bisweilen aber auch als ein ihr zugefallenes Geschenk. Ein Beispiel für das Letztere ist die Aussage einer 53jährigen Frau: „Ich besuche meine Tochter einmal im Jahr, da sie nicht nach hier kommen kann... Sie hat ein Haus, zwei nette Kinder und ist glücklich verheiratet. Ich glaube, das ist alles, was eine Mutter verlangen kann" (137, 29). Wenn solche Auffassungen in diesen Jahren zu entstehen beginnen, sind sie durchweg für die weiteren bewertenden Haltungen bezeichnend, die die Menschen im kommenden Alter entwickeln werden. A. L. Visscher führt dazu mehrere anschauliche Beispiele an (157, Kap. 7 u. 8).

Von daher gesehen ist das zunehmende Interesse an Lebensanschauung und Religion verständlich (s. auch 129, 50–51). Es geht bei vielen Menschen weniger um ein begrifflich zusammenhängendes System, als um ein Lebensgefühl und eine Lebenshaltung; das kommt bisweilen in einer einfach formulierten Lebensüberzeugung zum Ausdruck. Ein 50jähriger Mann sagte: „Ich habe eine Stunde lang dagesessen und einfach nur geschaut, nach den Wolken und so. Davon verstehe ich zufällig was. Aber wenn man sich mal die Zeit nimmt, so zu gucken, dann sagt man sich doch: Das ist mehr als nur eine Frage des Verdampfens. Man erkennt da eine andere Wirklichkeit drin. Und dann sieht man mit einemmal, wer man selbst ist, wie man zum Schöpfer steht. Und wenn man dann wieder bei seiner Arbeit ist, kann die Erfahrung schnell wieder verschwimmen. Dann landet man wieder auf seiner alten Straße." In diesem Zitat kommt auch die Tiefe der Erfahrung, über die wir gesprochen haben, konkret zum Ausdruck; die Wolken sind nicht nur die Wolken, sondern man erkennt in ihnen eine andere Wirklichkeit.

Gerade durch dieses Interesse am *Sinn* des Lebens kommt es zu der Vertiefung, die eine Weiterentwicklung der Person möglich macht. Wo diese Sinngebung für das Empfinden der Person negativ ausfällt, sind die Folgen auch für die Tiefe negativ. E. Erikson betont, daß in diesen Jahren die Grundhaltung der Integrität oder der Verzweiflung und des Widerwillens gegen das Leben entsteht. Das ist verständlich, wenn die Lebensbewertung nicht nur als ein Abwägen dessen aufgefaßt wird, was man bisher erreicht hat, sondern als ein Prozeß in Richtung auf die Frage nach dem Lebenssinn. Erikson scheint der Wirklichkeit vieler Menschen nahegekommen zu sein, wenn er diesen Prozeß erkennt, obwohl er nicht explizit erfahren wird. Bei ihm geht es um Grundgefühle, die auch dann wirksam sein können, wenn eine Lebensbewertung im expliziten Sinne nicht eindeutig nachweisbar ist. Auffallend ist, daß R. Guardini in genau denselben Begriffen über den negativen Ausgang der ‚Krise der Grenzen' spricht wie Erikson. Er nennt ihn das „taedium vitae", das „nicht aus einem einzelnen Anlaß, sondern aus der ganzen Breite des Lebens kommt" (93, 43); dann wird die Person zum Skeptiker, der die Verachtung als Grundhaltung demonstriert (93, 44).

Wo die Sinngebung positiv ausfällt, resultiert sie in der Bejahung des Lebens, wie es nun einmal mit Gelingen und Mißlingen gelebt wird, und in einem neuen Lebensplan für die zweite Lebenshälfte. In diesen Plan werden dann vor allem die Werte aufgenommen, die als die wichtigsten empfunden werden. Ein Aspekt der Integrität ist, daß das Leben den Grundton des Endgültigen erhält. Das Vorläufige ist vorbei; es entsteht ein eigener Lebensstil; die Person ist bereit, ihn um jeden Preis zu verteidigen. Sie will die Werte, die sie selbst erfahren hat, auch anderen vermitteln, wenn sie dazu bereit sind. R. Guardini sieht die Lebensbewertung eher aus der zunehmenden Ernüchterung des Menschen im mittleren Alter entstehen. Wenn er sie verarbeiten kann, entsteht durch die Lebensbewertung der ‚ernüchterte Mensch'. Ihn kennzeichnen die Bejahung der Beschränkungen des Lebens und der Menschen. Er tut, was das Leben von ihm verlangt, fühlt sich dafür verantwortlich und hält durch, trotz der Widerstände und Enttäuschungen (93, 44–45).*

Wenn wir von positiv und negativ ausfallenden Lebensbewertungen sprechen, handelt es sich dabei um Extreme. Keine Bewertung ist völlig positiv, und ebensowenig gibt es eine völlig negative. Bei Bühler begegnen wir der Vorstellung einer teilweisen Erfüllung und damit einer Lebensbewertung, die auch das Defizit akzeptieren muß. Auch werden in dieser Lebensperiode tiefgreifende Persönlichkeitsprobleme angepackt und zumindest teilweise gelöst, während die Person keine positive Wende mehr erreichen kann. Ein Beispiel dafür ist die Geschichte eines 50jährigen Mannes, den Ch. Bühler als Bert vorstellt. Er lernte bei einer Therapie zum erstenmal die negativen und destruktiven Züge seiner Motivationen kennen. Seine Lebensgeschichte stand unter dem Einfluß sehr negativer Jugenderlebnisse und war vor allem durch eine Haltung der Abwehr und der Absonderung bestimmt, sowie durch den Entschluß, sich um nichts wirklich zu kümmern und sich aus niemandem etwas zu machen. Er

---

*Wir haben den Eindruck, daß Guardini hier vor allem über die Periode spricht, in der die Person mit diesen Dingen beschäftigt ist und in der es bei ihr zur Bejahung in ihrer ersten Form kommt. Als Charakteristik der ganzen folgenden Lebensphase ist Guardinis Auffassung sicher zu unnuanciert, auch von seinem existentiell-ethischen Standpunkt her.

heiratete zweimal und wurde jedesmal wieder geschieden. Als er mit 50 Jahren zur Therapie kam, wurde er zum erstenmal in seinem Leben so offen, daß er bei einer geschiedenen Frau seines Alters Liebe empfinden und erleben konnte. Er wollte auch erneut die Arbeit wieder aufnehmen, von der er immer gemeint hatte, daß sie allein für ihn geeignet sei: das Schreiben von Kurzerzählungen. Damit hatte er auch hin und wieder etwas erreicht. Leider war er nur innerlich so zerrüttet und gebrochen, daß er sich nur für kurze Zeit konzentrieren konnte. Bühler meint, das Unglück, dem er mit 52 Jahren zum Opfer fiel, sei in gewissem Sinne als eine Art Selbstmord anzusehen.*

In diesem Lebenslauf wird deutlich, daß das mittlere Alter dazu veranlaßt, die Grundmotivationen, die das Leben bisher gelenkt haben, zu entdecken und eventuell zu revidieren, und auch, daß der wirkliche Lebenssinn zum erstenmal durchkommt und einen neuen Lebensplan anregt, der den Rest des Lebens ausfüllen könnte. Bert findet weder die Erfüllung, noch wird er zum Zyniker. Die Neuorientierung erscheint ihm nicht mehr möglich, weil zu viele unbewältigte Dinge liegengeblieben sind, weil zu viele Entwicklungsaufträge in der Vergangenheit nicht realisiert wurden. Die Folgen machen es zu schwer, seinem Leben noch eine Wende zu geben.

Wir haben schon erwähnt, daß das Entstehen einer bewertenden Haltung gerade im mittleren Alter wurzelt. Als Gründe wurden genannt: der Rückgang der Zeugungsfähigkeit, das Abnehmen der regenerativen Kraft des Körpers (Vitalität), die Frage, wie das Leben im Älterwerden sinnvoll ausgefüllt werden kann, das Ausreifen der Mentalität, das Erlebnis der Lebenserfüllung und die tiefgreifenden Rollenveränderungen, die das mittlere Alter mit sich bringt. Ein Aspekt ist dabei nur implizit erwähnt worden, nämlich das Älterwerden. Er ist jedoch wahrscheinlich der wichtigste; damit hängen alle erwähnten Gründe zusammen.

Der Rückgang der Zeugungsfähigkeit läßt uns vor allem an die Menopause und an die körperliche Umschaltung denken, die darin zum Ausdruck kommt. Sie bringt der Frau ein anderes Verhältnis zu sich selbst ein. Aber sie muß nicht unbedingt zu einer Lebensbilanz führen. Man gewinnt den Eindruck, daß die Erfahrung des Älterwerdens und des Abschlusses einer Periode bei der Bilanz doch das Übergewicht hat. Der Rückgang der Vitalität ist ein direkter Hinweis auf das Älterwerden: der Körper wird nicht mehr als selbstverständlich empfunden. Er steht auch nicht mehr ohne weiteres zur Verfügung; er beginnt, das Leben einzuschränken. Ob es dabei gleichzeitig zu ‚Bilanzerlebnissen' (Bühler) kommt, ist nicht klar erkennbar.

---

*Ch. Bühler glaubt, nachdem sie Literatur verschiedener Richtungen zusammengetragen hat: Obwohl das Problem des Selbstmordes sehr komplex sei, gehe es bei jüngeren Menschen doch meist um sehr affektiv geladene Persönlichkeitskonflikte; bei älteren Menschen liegt der Grund mehr in einem Gefühl der Entmutigung, das sich auf das Leben als Ganzes erstreckt. Diese Entmutigung scheint sehr eng zusammenzuhängen mit einer „Beurteilung der eigenen noch verfügbaren Kräfte und Möglichkeiten und der entmutigenden bisherigen Lebenserlebnisse" (13, 76).

Die Frage nach einer sinnvollen Zukunft läßt die Person vorausschauen. Sie ist damit beschäftigt, ihren Lebensraum weiter auszufüllen, der sich nun als begrenzt erweist. Seine vom Leben geformten, bisher erreichten Möglichkeiten drängen noch immer zu einer weiteren Realisierung; die kreative Expansion sucht sich ein neues Gebiet. Es ist selbstverständlich begrenzter als im vorhergehenden Lebensplan, liegt aber durchweg in dessen Verlängerung und vertieft ihn. Verständlicherweise wird dabei auch die Vergangenheit berücksichtigt. Nachdenklichere Menschen schätzen ihren Wert ab. Auch die Rollenveränderungen zwingen Menschen, die ein Empfinden für Kontinuität in ihrem Leben haben, zu einer Besinnung auf die Zukunft.

Lebensbewertung und Älterwerden

Das Älterwerden spielt bei diesen Dingen eine ausschlaggebende Rolle. Das Ausreifen der Mentalität und besonders die Erlebnisse oder das Vermissen der Lebenserfüllung machen eine bewertende Haltung verständlich. Beim Ausreifen der Mentalität wählt die Person aus, was für sie noch wichtig ist und was nicht, und sie entscheidet so zugleich über ihre Zukunft. Dabei wird sie von ihren Grundmotiven gelenkt, sie wird dazu gezwungen durch Rollenveränderungen und durch die Beschränkungen, die die abnehmende Vitalität ihr auferlegt, und sie wird durch den noch vor ihr liegenden Lebensabschnitt gefordert. Wenn eine klare Lebenserfüllung vorhanden ist, fehlt es nicht an entsprechendem Können und Wollen. Dann ist Leben eine gute Sache. Wenn das nicht der Fall ist, steht dieser Lebensabschnitt gegen die Person, und sie läuft Gefahr, im negativen Ergebnis der Lebensbilanz steckenzubleiben. Sie muß sich dann mit dem Altern abfinden, aber ihr fehlen die inneren Beweggründe. Das Ausreifen der Mentalität ist eng mit dem Älterwerden verbunden. Reifwerden braucht seine Zeit. Das Wort Reife ist hier im übertragenen Sinne gebraucht und muß keineswegs bedeuten, daß der Wachstumsprozeß (sowohl physisch als auch psychisch) zum Stillstand gekommen ist (178, 77). Es will im Gegenteil besagen, daß die Person jetzt über gewachsene und verarbeitete Möglichkeiten verfügt, auf neue Weise Frucht zu tragen, und zwar die reifsten Früchte. Diese Fruchtbarkeit bringt das ‚Ausreifen der Motive' im mittleren Alter zum Ausdruck, das nur möglich ist, wenn die Person im Laufe des Lebens viel ‚mitgemacht' hat und dabei von dem geformt wurde, was sie gemacht hat. So weiß sie, wer sie ist und was sie kann. Der Gedanke, daß der Mensch unvollkommen geboren wird und nach seiner Geburt gerade auf den spezifisch menschlichen Gebieten vollendet werden muß, trifft auch hier, und vielleicht gerade hier zu. Wenn wir alt werden, entfaltet sich auf sehr treffende Weise ein allgemeines Merkmal der menschlichen Natur. Unsere Individualität rückt stärker in den Vordergrund, und unsere individuellen Eigenschaften werden pronocierter (177, 124).

Auch das Erlebnis der Erfüllung im mittleren Alter ist an das Älterwerden gebunden, jedoch auf andere Weise als das Ausreifen der Mentalität. Daß das Erfüllungserlebnis gerade im mittleren Alter zu einem zentralen Thema wird, hängt eng mit den Aufgaben zusammen, die die Kultur mit dem mittleren Alter und mit den Ereignissen verbindet, die in dieser Periode in unserer Kultur stattfinden: dem Eintritt der Kinder in die Gesellschaft, ihrer Eheschließung und der Geburt ihrer Kinder, mit dem Höhepunkt verschiedener persönlicher Leistungen und der sozialen Anerkennung – mit allem, was dazu gehört.

So finden wir in der Mentalität und den Erlebnissen, die mit der Erfüllung oder Nicht-Erfüllung zusammenhängen, vornehmlich innere Gründe, durch die die Person dazu angeregt wird, eine Lebensbilanz zu ziehen. Beide stehen in enger Verbindung mit dem Älterwerden und dadurch mit der Endlichkeitserfahrung des mittleren Alters. Wo sie akzeptiert und wirklich ins Leben integriert wird, bildet sich in der Person eine neue Form von ‚offener Mentalität' (148). In dieser Offenheit wird auch etwas, das so sehr im Widerspruch zum Lebensdrang steht wie das Wissen um die persönliche Endlichkeit, für das weitere Leben fruchtbar gemacht. Kennzeichnend ist, daß die offene Mentalität das Leben als lebenswert empfindet; die geschlossene Mentalität sieht in ihm hauptsächlich eine Bedrohung. G. W. Allport meint, für die innerlich reife Person sei die Wirklichkeit auch in ihren düstersten Aspekten nicht unvereinbar mit einem erfinderischen Engagement, das die Kraft besitzt, Verzweiflung in positive Zielsetzung umzuwandeln (108, 74).

So wird das Eintreten der Lebensbewertung in diesem Zeitpunkt des Lebenslaufes verständlich. Die Tatsache selbst ist damit jedoch noch nicht verständlich geworden. Sie ist bedingt durch die Person, wie sie nun einmal ist. Das Tier selektiert, aber es bewertet nicht, weil es sich nicht im vollen Sinne zu etwas bestimmt. Wo die Person das jedoch tut und sich auf das besinnt, was sie zu tun hat, fühlt sie sich verantwortlich für das, was sie getan hat. Sie tritt damit in eine Art Gespräch mit sich selbst. Dabei wird sie von all dem bestimmt, was das Leben sie gelehrt und was es ihr angetan hat. Anderseits sucht sie darin ihre eigene persönliche Verantwortung und ihren Lebenssinn. Die Schlußfolgerungen aus diesem Gespräch tragen denn auch einen allgemeingültigen Charakter. Sie drücken aus, wohin dieser persönliche Lebensweg führen soll. Wahrscheinlich orientieren Mann und Frau sich jeweils anders auf die Zukunft hin, zumal es auch zu einer gewissen Wertkonvergenz kommt. Diese Unterschiede sind bei Mann und Frau nicht vom sozialen Niveau in diesem Alter abhängig (179).

Integration

Wenn wir die Funktion der Lebensbewertung im Gesamtlebenslauf erfassen wollen, drängt sich der Gedanke an einen – eventuell kritischen –

Integrationsprozeß auf. Das hängt damit zusammen, wie die Person sich selbst sieht und bestimmt (Selbstverständnis), und mit der Kontinuität des Lebenslaufes. Integration wird durch die Endlichkeit der Person einerseits und durch die Verantwortung für die Lebensresultate und Lebensmängel anderseits erforderlich. Die Person muß nun ihre Endlichkeit, aber auch ihre Verantwortung deutlicher machen, sie muß sich selbst erneut finden. Mit anderen Worten: Sie muß auf neue Weise sie selbst werden, ohne die Verbindung zur früheren Art ihres Selbstseins zu verlieren. Wie das geschehen wird, ist nicht im voraus festgelegt. Es ergibt sich als Verlängerung der Vergangenheit. Das Material für die Veränderung ist teils vorhanden: in Mentalität, Lebensresultaten, Lebensmängeln, einer konkreten Lebenssituation und konkreten Beziehungen. Es muß aber noch in einem inneren Entwicklungsprozeß aus der Person heraus gewonnen werden. In jeder Lebensbewertung spielt nicht nur das Positive, sondern auch das Versagen eine Rolle. Das verlangt Integration in die Person und ihre Verantwortung. M. Koch spricht die Befürchtung aus, die Lebenslaufpsychologie gehe zu leicht davon aus, daß das Leben in jeder Phase erfolgreich sein müsse. Was der Person nicht gelungen sei, drohe einfach als ‚error' unter den Tisch zu fallen. Er schlägt vor, das ‚Nicht-geglückte' als ein dem Lebenslauf inhärentes Faktum in unser Denken aufzunehmen (180). Die Themen der Hoffnung, der Verzweiflung, der Angst und des Vertrauens, des Engagements, der Verantwortung und der unvermeidlichen ‚schmutzigen Hände' werden nicht umsonst in mehr existentiellen Annäherungen an das menschliche Leben ständig zur Diskussion gestellt. Mit diesen Dingen ist die Person in ihrer Lebensbewertung konkret beschäftigt. Sie spricht in sich selbst neue Dimensionen an und bewirkt dadurch auch neue Dimensionen. So integriert sie in ihr persönliches Leben das Bewußtsein der Endlichkeit, die Grundmotive, die sie geleitet haben, die bisherigen Resultate, die Mißerfolge und die bevorstehende Zukunft. Das aus diesen Erfahrungen gewachsene Selbstverständnis hat eine eindeutig integrierende Funktion: Es verhilft der Person zu einer inneren Ordnung und schlägt eine Brücke von der ersten zur zweiten Lebenshälfte. Es ist auch die Leitlinie für die Form, die das Leben nun annimmt.

Es wäre wertvoll, den Prozeß der Lebensbilanz, wie er sich konkret in Personen vollzieht, genauer zu beschreiben. Aber dazu liegt noch zu wenig Material vor. Wir erwarten, daß die Einsicht in diese Dinge vor allem durch eine gründliche Analyse einzelner Bewertungsprozesse erzielt wird, und zwar bei Menschen auf verschiedenen sozialen Ebenen.

## 9. Das mittlere Alter und andere Lebensabschnitte

Bei einem Vergleich zwischen dem mittleren Alter und anderen Perioden des Lebens fallen einige Übereinstimmungen auf.

Die erste Phase des frühen Erwachsenenalters zeichnet sich oft durch eine Situation der Unsicherheit und der emotionalen Spannung aus: das gilt auch für die erste Phase des mittleren Alters, in der die Lebenswende deutlich einsetzt. Das frühe Erwachsenenalter ist in seinen Anfangsjahren auch eine tentative Periode, in der die Person experimentierend ihre Chancen und Möglichkeiten auf wichtigen Lebensgebieten untersucht. Diese tentative Phase wird durch die Selbstbestimmung zu einem Lebensplan abgerundet, zu dem die Person wirklich ‚ja‘ sagen muß, wenn sie auch innerlich für die Durchführung dieses Planes motiviert bleiben will. Etwas Analoges zeigt sich im späten mittleren Alter. Dort funktioniert die Lebensbewertung als tentative Phase im Hinblick auf die Durchführung des Lebensplanes in der zweiten Lebenshälfte. Auch dann muß eine innere Entwicklung stattfinden, in der die Person zu dem neuen Plan ‚ja‘ sagt, der mit ihrer ausreifenden Mentalität zusammenhängt. Die Ruhelosigkeit am Ende der zwanziger Jahre ist mit der Situation der Lebensbewertung zu vergleichen, in der auch ein neues Gleichgewicht gefunden werden muß. Wie danach in den Jahren der Reife eine Stabilisierung eintritt, so kommt es auch gegen Ende des mittleren Alters zu einer Lebensbejahung, die stabilisierend wirkt und die Ausführung des ‚zweiten‘ Lebensplanes ermöglicht. Für den jungen Erwachsenen spielt der gesellschaftliche Wettbewerb eine wichtige Rolle, wenn er sich einen eigenen Platz in der Gesellschaft erobert; das wiederholt sich im mittleren Alter, dann jedoch, um diesen Platz gegen die jüngere Generation zu verteidigen. Das frühe Erwachsenenalter ist eine Periode großer Rollenveränderungen; die Person muß auf verschiedenen Lebensgebieten zum erstenmal neue Rollen übernehmen. Genauso ist es im mittleren Alter, und zwar zum Teil auf denselben Gebieten.

Auch die Beziehung zwischen Mann und Frau zeigt in dieser Hinsicht auffallende Analogien. Im frühen Erwachsenenalter muß sie gefunden, im mittleren Alter muß sie auf neue Weise wiedergefunden werden. Die Zahl der Ehescheidungen steigt am stärksten zu Beginn der zwanziger und am Anfang der vierziger Jahre. So wie Mann und Frau im frühen Erwachsenenalter miteinander vertraut werden müssen, so muß diese Vertrautheit im mittleren Alter vertieft und auf andere Weise verwirklicht werden. Havighurst bezeichnet es als Entwicklungsaufgabe des mittleren Alters, daß die Partner einander nun als Person sehen müssen.

Das frühe Erwachsenenalter appelliert an die Kreativität von Mann und Frau, damit sie gemeinsam eine eigene Lebensform aufbauen; das mittlere Alter bietet durch die Vertiefung in der Person die Möglichkeit eines ursprünglicheren kreativen Kontaktes mit der Wirklichkeit, mit anderen Personen und mit sich selbst.

Das läßt auch an die Jugendjahre denken, in denen ebenfalls eine Analogie zwischen dem Anfang der ersten Lebenshälfte und dem Beginn der zweiten besteht. Man könnte sagen, daß die Person im mittleren Alter alte Dinge wieder aufgreift, da sie nun von den drängendsten Lebensaufgaben frei geworden ist. Sie sucht erneut den Kontakt mit anderen und mit ihrer Altersgruppe. Sie entwickelt neue Interessen oder greift alte wieder auf. Das Leben wird spielerischer, als es in den vorhergehenden Jahren sein konnte. Ein sozialer Zug wird im Leben dominant. Die Person vertieft sich erneut in die Literatur; sie kann jetzt auch wieder zu einem leidenschaftlichen Sammler werden (47, 494—495). Das Sexuelle verliert an Bedeutung, und das Religiöse oder Lebensanschauliche tritt wieder stärker hervor. Soddy hält die späten dreißiger Jahre in dieser Hinsicht für eine Art Latenzphase, die mit der in der Jugend vergleichbar ist (33, 344). Solche Phasen dürfen nach seiner Meinung (u. E. nicht zu Unrecht) nicht zu einseitig als Perioden angesehen werden, in denen das Sexuelle eine weniger wichtige Rolle spielt. Sie sind vielmehr Phasen der intensiven Entwicklung, in denen viel gelernt oder wiedererlernt wird (33, 347). Die Frage ist, ob man auch die Periode der größeren Freiheit, die am Ende des mittleren Alters einsetzt, als eine solche Phase ansehen muß. Pressey und Kuhlen betonen die Bedeutung von ‚education' im mittleren Alter. Sie sollte nachdrücklichst auf das Älterwerden ausgerichtet sein. Das steht in Analogie zu der Erziehung zur Gesellschaft hin, die in den Jugendjahren stattfindet (26, 167). Bemerkenswert ist, daß die Autoren Wert darauf legen, daß ein persönliches Interesse an nationalen und internationalen Problemen geweckt wird. Das stimmt genau mit dem Bedürfnis der Person überein, sich mit überpersönlichen Werten zu beschäftigen, vor allem vom mittleren Alter an.

*Das frühe Alter*

In der allgemeinen Darstellung des mittleren Alters wurde die letzte Phase dieser Lebensperiode als Periode der Lebensbejahung umschrieben. Man könnte sie als Abschluß des mittleren Alters und zugleich als Übergangsperiode zum frühen Alter ansehen, unter dem wir die Jahre etwa zwischen 55 und 65 verstehen. Weil sie das frühe Alter einleiten, wollen wir sie auch unter dieser Bezeichnung besprechen. Sie sind ein Übergang, in dem die Person die großen Veränderungen des mittleren Alters äußerlich und innerlich vollzogen hat und ihre Neuorientierung nun konkret zu realisieren beginnt. Das frühe Alter ist dann die Lebensperiode, in der der neue Lebensplan weiter ausgearbeitet wird. Wenn es der Person gelingt, ihre Identität zu bewahren und die Kontinuität ihres Lebens zu bewerkstelligen, zeigt sich eine gewisse Übereinstimmung mit dem früheren Lebensplan, der vor etwa 25 Jahren in Angriff genommen wurde. Daß er sich aber auch in mancher Hinsicht davon unterscheidet, soll die Besprechung des frühen Alters zeigen.
Das frühe Alter ist die Periode, in der sich das Absteigen der Lebenskurve in biologischer Hinsicht deutlich und unmißverständlich fortsetzt und das innere Wachsen mit einer neuen körperlichen Entwicklung - eigentlich einer Abwärts-Entwicklung - beginnt. Die Lebenslaufpsychologie stellt dieses Phänomen schon beim Kleinkind und in der Pubertät fest. Jetzt wer-

den Äußerungen der abnehmenden Vitalität, die sich im mittleren Alter noch sehr zurückhaltend zeigten, deutlicher. Hier beginnt die Person sich tatsächlich älter zu fühlen. Stern stellt fest, daß die Jahre zwischen 45 und 55 der Person besonders oft den Beginn des körperlichen Verfalls bewußt machen (105, 61). Dagegen wird eingewendet, daß der erwachsene Mensch mehr von sich selbst abhängt als vom Biologischen und seiner Umgebung, und daß es darum auch von ihm selbst abhängt, wie er das Leben sieht und ob er sich alt oder jugendlich fühlt. Das würde die Frage sinnlos machen, ob man einen bestimmten Lebenszeitpunkt nachweisen kann, an dem der Mensch sich seines Älterwerdens bewußt wird (181, 10). „Ein Mann ist so alt wie sein Handeln", antwortet ein 60jähriger; „er ist so alt wie man ihn sieht", sagt ein anderer; „ein Mann ist so alt, wie er sich fühlt" bemerkt ein dritter (13, 79; 182, 94).

Wenn man den Lebenslauf als Ganzes sieht, scheint die Frage jedoch sehr real zu sein, denn die Gesellschaft betrachtet eine Person dieses Alters als ‚älterwerdend', und dementsprechend behandelt sie sie, überträgt sie ihr Aufgaben und legt ihr Beschränkungen auf. Das kommt in der zweiten Bemerkung zum Ausdruck. Stern behauptet mit Recht, daß das Erlebnis des Alters auf dem Erleben einer Gemeinsamkeit mit anderen (Altersgruppe) beruht, und damit also auf den sozialen Beziehungen zu anderen Menschen (105, 50).

Außerdem scheint die Frage real zu sein, weil die Person tatsächlich in der zweiten Lebenshälfte steht und tatsächlich älter wird. Das wird uns gerade in diesen Jahren klar. Im späten mittleren Alter bringen uns vor allem soziale und gesellschaftliche Erfahrungen zu dem Bewußtsein, daß „old age is just around the corner" (47, 501). Was die Person damit anfängt und wie sie sich demgegenüber einstellt, ist eine zweite Frage. Jedenfalls muß sie eine Position zum Älterwerden einnehmen. Das eigentliche Alterserleben muß von der Erfahrung des Schwächerwerdens und eventueller Krankheit losgelöst werden (105, 62). Das Bewußtsein, älter zu werden, bringt eine Entwicklung in Gang, die die Person verändert. A. Petzelt sagt, vielleicht etwas einseitig, Älterwerden sei keine psychologische Angelegenheit, weil die Person sich vor der Aufgabe sieht, ihre Haltung zu sich selbst neu zu bestimmen, insoweit sie Leib ist und einen Leib besitzt (68, 19).

In welcher Richtung diese innere Entwicklung verläuft, hängt sehr stark vom Ergebnis der Lebensbewertung ab, und davon, wie die Person die großen Umschaltungen des mittleren Alters verarbeitet hat. Je weiter die Person auf ihrem Lebensweg fortschreitet, desto schwerer wird es, von der Person im allgemeinen zu sprechen. Je älter sie wird, desto mehr ist ihre Lebensform von der früheren Entwicklung abhängig. Daher taucht auch das Merkmal der Individualisierung, das schon bei anderen Lebensabschnitten besprochen wurde, im frühen Alter wieder auf. Vielleicht zeigt die Entwicklung zum Erwachsensein hin zu große individuelle Unterschiede zwischen den Personen, und vielleicht ist es in den Jahren der kreativen Expansion etwas leichter, über den Lebenslauf im allgemeinen

zu sprechen. Der Einfluß der Kultur auf Lebensform und Lebensverpflichtungen ist in diesen Jahren besonders groß und trifft auch bis zu einem gewissen Grad für alle zu. Mit dem Älterwerden machen sich die individuellen Unterschiede erneut bemerkbar, und zwar in prononcierterer Form, weil die Person jetzt viel freier ihren eigenen Weg gehen kann. Die Lebensmodelle, die jetzt zum Vorschein kommen, sind das Ergebnis langer Entwicklungen auf verschiedenen Gebieten und drücken deutlicher aus, was die Person gerade als Individuum in ihrem Lebenslauf geworden ist (33, 303). Hier liegt auch der Unterschied zu den größeren individuellen Verschiedenheiten in der Entwicklung *vor* dem Erwachsenenalter. Hier zeigt sich, wie unterschiedlich sich jede heranwachsende Person auf das Angebot von Milieu und Kultur einstellt, was die Person damit angefangen hat, was aus ihr geworden ist und wie sie das verarbeitet hat. Nun stellt sich heraus, was nach der Lebenswende aus ihr werden wird.
Oft wird der Dominanzwechsel mit diesem Alter in Verbindung gebracht. Darunter versteht man, daß die Person den eigenen Bedürfnissen weniger Beachtung schenkt und sich mehr an überindividuellen Interessen ausrichtet. Diese Interpretation des Begriffs ist angesichts Ch. Bühlers Interpretation etwas einseitig. Sie wollte ursprünglich sagen, daß die Person nun mehr von objektiven Forderungen als von subjektiven Bedürfnissen bestimmt wird (165, 322). In den Jahren der Reife zeigt sich dieses Phänomen zum erstenmal deutlich. Im frühen Alter hängt ein neuer Dominanzwechsel nach Bühler mehr mit einer Verminderung der Vitalität zusammen, und mit der Gerichtetheit auf diejenigen Lebensresultate, die nun in einen überpersönlichen Zusammenhang gebracht werden (13, 103). Calon betont dabei die Möglichkeit eines definitiv geistigen, eventuell rein verstandesmäßigen Aufstiegs im Gegensatz zum körperlichen Niedergang (102, 36). So will man z. B. leben für die soziale Besserstellung von Minderbemittelten, für das Glück des Mitmenschen oder der nächsten Umgebung, für die Wissenschaft, für die Kunst usw. Das Leben wird als eine Aufgabe im Dienste von etwas Höherem aufgefaßt. Noch später empfindet man es als ausgesprochenen Mangel, wenn man keine Zeit oder Gelegenheit hat, sich mit Höherem zu beschäftigen (183, 25). Der Dominanzwechsel wird hier ausdrücklich positiv gewertet. Calon sagt mit Recht, das sei nur möglich, wenn die bisherigen Phasen richtig durchlebt worden sind (102, 36). Nur wenn die bisherige Zeit ein positives Lebensresultat erbracht hat kann man diese Periode als ‚Frühling des Alters' (Lacassange) charakterisieren.
Dabei wird ungenügend betont, welche Folgen der ‚Dominanzwechsel' hat, wenn das nicht der Fall ist. Bei der Besprechung einer negativ ausfallenden Lebensbewertung haben wir darauf bereits hingewiesen. Bei der Verwendung des Begriffs Dominanzwechsel muß auch daran gedacht werden, daß es um diejenigen Personen geht, bei denen die Lebensbewertung mehr zu einem bewußten Geschehen wird, die also ein starkes Verantwortungsbewußtsein haben und sich ihrer Lebensaufgabe bewußt sind. Schließlich ist es für das Verständnis vieler ‚gewöhnlicher' Menschen sehr

wichtig, die Begriffe, die im Hinblick auf den Dominanzwechsel im frühen Alter verwendet werden, im konkreten *Verhalten* des Alltags wiederzufinden. Der Dominanzwechsel im positiven Sinne ist bei vielen Menschen nur in ihrem konkreten Tun und Lassen wirksam und feststellbar. Oft finden sie es schwierig, sich darüber zu äußern.

Bei einer Charakterisierung der Verhaltensweise und der inneren Haltung im frühen Alter und den folgenden Jahren kann der Begriff der ‚Viskosität' (33, 103 ff.) behilflich sein. Er bezieht sich auf eine gewisse Verzögerung im Reagieren auf Dinge, die die Aufmerksamkeit der Person in Anspruch nehmen. Die Person kann auch weniger leicht von den Dingen loskommen, mit denen sie sich in einem bestimmten Augenblick befaßt. Sie beschäftigen die Person intensiver, und es bleibt nur wenig Platz für andere Dinge. Eine gewisse Bedächtigkeit im Sprechen und Handeln charakterisiert das Verhalten. Frische und Munterkeit verschwinden; die Person kann nicht mehr zur gleichen Zeit auf der motorischen, der affektiven und der intellektuellen Ebene reagieren. Der alte Mensch bleibt stehen, wenn er unterwegs etwas Wichtiges sagen will oder wenn das Gespräch ihn ganz gefangennimmt. Wenn er von seinem Gefühl beherrscht wird, kann er nicht mehr so gut denken. Zur Viskosität gehört auch das Bedürfnis, die Dinge mehr innerlich zu verarbeiten und mit dem ganzen Gefühl auf die Umgebung zu reagieren. Der Begriff der ‚Viskosität' ergänzt so den des ‚Disengagements', den wir schon besprochen haben.

Disengagement bezieht sich jedoch mehr auf die Lebenshaltung der Person, Viskosität dagegen auf die Art des Sich-bewegens und des Verhaltens und auf ihre Aktions- und Reaktionsweise. Diese Viskosität wird leicht mit Starrheit verwechselt. Soddy behauptet mit Recht, daß sie nicht identisch sind, daß sie einander jedoch gegen Ende des mittleren Alters und allgemein in der zweiten Lebenshälfte verstärken können (33, 104). Die Viskosität prägt das Verhalten der Person im frühen Alter ganz allmählich. Beim alten Menschen ist das noch deutlicher zu erkennen. Bei sehr alten Menschen sieht man wiederholt, daß sie von einer einmal begonnenen Handlung nicht mehr ablassen können. Erst wenn etwa das Einschenken von Tee oder das Auflegen eines Tischtuches ganz abgeschlossen ist, sind sie in der Lage, sich wieder mit den Anwesenden oder mit anderen Dingen zu befassen.

Gegen Ende der Periode des frühen Alters findet der Übergang zum Alter statt. In unserer Gesellschaft kommt in dieser Hinsicht der Vollendung des 65. Lebensjahres besondere Bedeutung zu. Schon einige Jahre vorher beschäftigt dieser Zeitpunkt die Person und ihren Lebenspartner. Manche freuen sich darauf, andere fürchten sich davor. Oft sind ambivalente Gefühle damit verbunden, die der Person selbst nicht klar sind.

Eine Zusammenfassung des Erwähnten zeigt, daß das frühe Alter sich durch eine eigene Form der Individualisierung auszeichnet, wobei die Person unter dem Einfluß des Dominanzwechsels in ihrem Leben ihren Lebensplan auf neue Weise ausarbeitet. Auffallend ist im Gegensatz zum Engagement bei der Anlage des Lebensplanes im frühen Erwachsenenalter nun das Disengagement. Die konkrete Verhaltensform ist durch die Viskosität charakterisiert. Das frühe Alter beginnt mit der Periode, in der das mittlere Alter ausklingt und die Lebensbejahung sich einstellt. Sie endet mit dem Anfang des Alters, für das unsere Gesellschaft die Vollendung des 65. Lebensjahres festgesetzt hat. Viele Menschen fühlen sich dann noch nicht alt und werden auch in stets geringerem Maße als ‚alt' im strengen Sinne des Wortes angesehen.

### 1. Bejahung und Übergang

Dem Begriff der Bejahung begegnen wir in der Literatur immer wieder im Zusammenhang mit dem Ende des mittleren Alters und dem Nahen des frühen Alters. Wir haben ihn auch schon mehrmals erwähnt. In Verbindung mit dem frühen Alter bezieht sich der Begriff meist auf die Enttäuschungen des Lebens. Die Person in dieser Lebensphase wird oft als der Mensch, der hingenommen hat, umschrieben, als der Mensch, der weiß, daß das Neue des Lebens vorbei ist (93, 76, 72), der Mensch, der die Enttäuschung verarbeitet hat, der die eigene Grenze erkannt hat und weiß, was er kann und was er nicht mehr kann, der einsieht, daß er älter wird, daß andere allmählich seinen Platz einnehmen usw.
Nicht nur in diesem Lebensabschnitt wird die Bejahung als wichtiges Lebensthema erwähnt. Auch im frühen Erwachsenenalter wird betont, daß der Lebensplan innerlich bejaht werden muß; in der Reife muß die Person die Tatsächlichkeit ihres Lebens bejahen, das nun in einer bestimmten Richtung verläuft, und bei der Lebensbewertung muß sie die Dinge bejahen, die hinter ihr liegen und die nun auf sie zukommen.
Bei der Behandlung dieser Bejahung ist oft ein gewisser negativer Unterton zu vernehmen. So wird sie auch umschrieben als ein „wohlüberlegtes In-Freiheit-sich-fügen in Umstände, die als unvermeidlich, hinderlich und notwendig angesehen werden" (86, 268).
Die ursprüngliche Bedeutung des Wortes hat diesen negativen Beiklang nicht. Darin überwog viel mehr das Aktive und Unternehmende. Es hängt besonders vom Resultat der Lebensbewertung ab, in welchem Sinne das Wort bejahen als Charakteristikum für die Lebensaufgabe der Person in den Übergangsjahren aufzufassen ist. Bill Roberts sagt mit 49 Jahren von sich selbst: „Während dieser Überlegungen und Entscheidungen stellte ich mir selbst ein Zeugnis aus und sagte mir, daß ich meine Arbeit gut getan hatte" (13, 103). Ein paar Jahre später wird ihm aber klar, daß er selbständig sein und sein Arbeitstempo selbst bestimmen will. Mit 53 Jahren eröffnet er ein Lebensmittelgeschäft (13, 99). Hier hat die Bejahung einen eindeutig positiven Klang. Bei vielen Menschen steht jedoch in diesen Jahren ‚das Unvermeidliche' mehr im Vordergrund. Daher wird dieser Aspekt auch in der Literatur am meisten erwähnt. Die totale Lebenshaltung, die sich im Laufe der Jahre entwickelt hat, ist hier entscheidend. Dasselbe gilt für die Tiefe der Schwierigkeiten, die sich jetzt erge-

ben können. Es hängt vor allem von der Vorgeschichte und von eventuellen einschneidenden Ereignissen ab, ob die Person in den Jahren des Übergangs eine Krise durchmacht oder ob dieser Übergang sich allmählich vollzieht. Im letzteren Fall verarbeitet die Person die Schwierigkeiten ruhig, so wie sie sich ergeben (vgl. 105, 19—20, 33, 55; 47, 486, 501; 145, 166 ff. u. a.). Die konkreten Schwierigkeiten hängen eng mit den Aufgaben zusammen, die unsere Kultur für das frühe Alter vorgesehen hat, mit den damit verbundenen Beschränkungen und mit der abnehmenden Vitalität. Krankheiten, körperliche Beschwerden, Fragen und Unsicherheiten zwischen Mann und Frau bezüglich ihres sexuellen Lebens und ihrer Gefühle für einander, Arbeitsschwierigkeiten wie etwa der Wunsch, nicht mehr zu arbeiten, das Verschwinden einer Perspektive in der Arbeit, weil meist kein weiterer Aufstieg mehr möglich ist (47, 511), abnehmendes Einkommen, Dissonanzen zwischen dem Selbstverständnis und der Meinung der Umgebung, Rollenveränderungen in der Familie und die Orientierung auf die Zukunft hin: auf diesen Gebieten ergeben sich die meisten Schwierigkeiten. *In* diesen Dingen ist die Person damit beschäftigt, mit dem Älterwerden fertig zu werden oder sich dagegen zu sträuben. Jaszman bemerkt mit Recht, daß die oft geäußerte Klage über ‚Müdigkeit' in diesem Lebensabschnitt ganz andere Gründe haben kann als in anderen Lebensphasen. Hier sind die bestimmenden Faktoren die geistige Struktur und die geistige Einstellung der Person sowie die sozialen und kulturellen Umstände (145, 174). Oft kommt in diesen Klagen versteckt zum Ausdruck, daß die Person Schwierigkeiten mit dem Älterwerden hat. In keiner anderen Lebensperiode begegnet man so vielen überarbeiteten, überspannten und zu Exzessen neigenden Menschen wie in der Phase des beginnenden Alters, sagt Stern (105, 50). Mann und Frau haben Schwierigkeiten verschiedener Art: Die Übergangsjahre der Frau schaffen im Klimakterium und besonders in der Umschaltung, die die Menopause mit sich bringt, aber auch im Aufhören der Mutterrolle für sie eine Situation, für die es im Leben des Mannes nichts Vergleichbares gibt. Auch braucht der Mann es in seinen Übergangsjahren nicht zu verarbeiten, daß er nicht mehr Vater werden kann (33, 97). Bisweilen sind diese Schwierigkeiten Anlaß zu Exzessen, die durchweg mit unbewältigten Dingen zusammenhängen. Die klinische Praxis zeigt, daß bei diesen Exzessen bei der Frau das Erotische eine wichtige Rolle spielt, während beim Mann mehr das Berufselement im Vordergrund steht, ohne daß das Erotische vollkommen fehlen würde (105, 101).
Schließlich hängt mit der Übergangsperiode das wichtige Phänomen der offenen oder verborgenen Angstzustände zusammen. Sie sind meist mit der unverkennbaren Veränderung verbunden, deren die Person sich beim Älterwerden bewußt wird. Die Abnahme der Vitalität und der Geschlechtskraft bedeuten für die Person eine unmittelbare Konfrontation mit der Tatsache, daß der Lebensquell zu versiegen beginnt, der den ganzen Lebenslauf bisher spontan gespeist hat. Diese Erfahrung übersteigt das Psychische. Es ist eine Daseinserfahrung, die die Person mit ihrer

fundamentalen Beschränktheit dem Leben gegenüber konfrontiert. Klinische Beobachtungen haben erwiesen, daß viele Menschen in diesen Jahren mit dem Tod beschäftigt sind. Das kann sich u. a. in einer übermäßigen Besorgtheit um die Kinder äußern, aber auch in Schuldgefühlen im Hinblick auf den Tod eigener oder anderer Kinder (33, 146). Auch systematische Untersuchungen bestätigen, daß die Person im frühen Alter mehr mit ihrer Endlichkeit beschäftigt ist als in den folgenden Jahren. Das Alter ist offensichtlich für die Einstellung zum Tod der entscheidende Faktor (182, 145). Auch weicht man zwischen 55 und 65 Jahren der Endlichkeit mehr aus als in früheren Lebensabschnitten. Das gilt erneut für den Zeitraum zwischen 70 und 74 Jahren. Wahrscheinlich gehören diese Altersklassen zu dem Lebensbereich, in dem die Endlichkeit als zentrales Thema erlebt wird (182, 156). Die zuerst genannte Phase ist die Einleitung ins Alter, die zweite führt ins hohe Alter, dessen Beginn für gewöhnlich mit 75 Jahren angesetzt wird. Wichtig ist auch, daß vor allem die Angehörigen der dynamischsten Gruppe dieser Problematik am meisten ausweichen (182, 145, s. auch 184, 115 ff.). Vielleicht ist auch unsere Kultursituation am Entstehen der Angsterlebnisse beteiligt. In ihr lernt die Person ja nur, mit bestimmten Ängsten fertig zu werden, und dadurch ist sie ungenügend auf unvorhergesehene und eventuell ganz zufällige Angstsituationen vorbereitet. Endlichkeit und Tod gehören in unserer Kultur zu den Themen, denen man gerne ausweicht (185). So wird die Person im Laufe ihres Lebens ungenügend auf die Bedrohung vorbereitet, die von der Erfahrung ihrer Endlichkeit ausgeht. Einer dieser Mängel ist die Phantasiearmut. Die Bilder, die mit der Endlichkeit zusammenhängen und auf die man ständig im Leben stößt, gelangen in der Person selbst nicht zur Entwicklung. Sie bildet kein inneres Instrument für den Umgang mit den Endlichkeitserfahrungen heran. Erleben, Denken, Fühlen und Innerlichkeit werden nicht zu einem Gefäß für die Endlichkeit. So stellt sich erneut das zentrale Thema für die Jahre der Bejahung und des Übergangs: das Älterwerden muß von der Person verarbeitet werden.

## 2. Entspannung und Vertiefung des Lebensplans

Diese Überschrift klingt für das frühe Alter sicher sehr positiv. Sie soll vor allem die positiven Möglichkeiten des Lebenslaufes in dieser Periode aufzeigen. Eine gute Charakteristik muß wenigstens die beiden extremen Alternativen einer positiven und einer negativen Entwicklung zeigen. Da Individualisierung und Verinnerlichung jedoch mit den Jahren zunehmen, gibt es auch hier Schwierigkeiten. Die Überschrift ist als eine Thematik aufzufassen, die das frühe Alter durchzieht, mit der Möglichkeit positiver und negativer Varianten. Man vergleiche dazu auch die Kapitel über das Hauptthema des Lebenslaufes. Mit etwa 55 Jahren scheinen für die meisten psychisch gesunden Menschen die größten Schwierigkeiten vorbei zu sein. Man hat ein neues Gleichgewicht gefunden, und das Leben hat neue, deutliche Konturen erhalten. Die ‚Sorgenkurve' verläuft bei Mann und Frau nicht parallel. Mit 30 Jahren liegt sie bei der Frau deutlich höher als beim Mann. Bei 40 Jahren erreicht sie bei beiden einen Höhepunkt. Das bedeutet, daß der Mann während der Reifezeit im Verhältnis zur Frau sorgenvoller lebt. Im mittleren Alter fällt die Kurve bei beiden allmählich, bis zu etwa 50 Jahren. Dann steigt sie wieder leicht an. Die Frau scheint es in diesen Jahren schwerer zu haben als der Mann (158). Über die Art dieser Sorgen und ihre Verarbeitung haben wir schon gesprochen. Im frühen Alter betreffen sie weniger die Entwicklungsaufgaben, die mit der kreativen Expansion zusammenhängen. In dieser Hinsicht wird das Leben ruhiger, und es macht sich eine gewisse Entspannung bemerkbar. Die Grundtendenz der persönlichen Wert- und Bedürfnisbefriedigung kann deutlicher hervortreten; im mittleren Alter sind ja dafür neue Möglichkeiten entstanden, als das Personwerden sich weiter fortsetzte. Daher wird das frühe Alter auch die Periode der Entspannung (indulgence) genannt. Gemeint ist die Zeit, in der die Person Gelegenheit hat, mehr als früher nach ihren eigenen Wünschen zu leben (16). Die ausgereifte Mentalität, die eine Vereinfachung der Strebungen mit sich bringt, gibt die Richtung für diese Wünsche an. Sie ist das Grundmuster für den ‚zweiten Lebensplan', der im frühen Alter ausgearbeitet wird. Das ist auch der Grund dafür, daß wir hier das frühe Alter als eigene Periode zwischen dem mittleren Alter und dem Alter aufgenommen haben. Die weitere Personentwicklung kommt zu kurz, wenn man die Jahre zwischen 55 und 65 hauptsächlich als Übergang und Anpassung an das Alter beschreibt. Gewiß, das Alter muß in diesen Jahren vorbereitet werden. Je länger das Leben dauert und je mehr Einsicht in die Entwicklungsaufgaben der Kultur die Person gewinnt, desto stärker betont die Literatur die Notwendigkeit dieser Vorbereitung. Anfangs wurde noch viel Wert auf die finanziellen Sicherungen des Alters gelegt. Das verschob sich später auf die psychologische Vorbereitung. In der gerontologischen und geriatrischen Literatur nimmt sie im Augenblick einen wichtigen Platz ein. Es ist eine Anwendung des Prinzips der Kontinuität im Lebenslauf: Die Entwicklungsaufgaben dürfen nicht nur im betreffenden Alter ausgeführt werden, sondern müssen schon vorher vorbereitet sein. Wenn die Person in den Übergangsjahren ein Verhältnis zum Älterwerden findet, bereitet sie sich in Wirklichkeit schon auf das Alter vor. Wenn sie in einem neuen Lebensplan das frühe Alter gestaltet, bereitet sie damit auch das Erfüllungserlebnis der späteren Jahre vor. Folgende Dinge erscheinen uns als typisch für diese Vorentwicklung: ein gewisser Abstand von der Arbeit, die man übernimmt; der persönlichen Kreativität Raum geben, in dem Sinne, wie wir es beim mittleren Alter besprochen haben; Vertiefung persönlicher Beziehungen und eine innere Offenheit für die Beschränkungen, die das Leben jetzt bringt. Wo es in dieser Zeit in seinen wirklichen Dimensionen durchlebt wird, sperrt es die Zukunft nicht aus. Stern beobachtet in diesen Jahren bei vielen Menschen eine zunehmende Un-

ruhe und einen erhöhten Arbeitsdrang auf allen Lebensgebieten (33, 90). Wir haben schon erwähnt, daß gerade diese Menschen den Fragen der Endlichkeit am deutlichsten ausweichen.
Im frühen Alter geht es nicht darum, die Aktivität zu erhöhen. Die Entwicklungsaufgabe liegt mehr darin, eine Form für die ausgereifte Mentalität zu finden. Sie muß zwei Anforderungen genügen: Der neue Lebensplan muß den mehr personalen Wünschen und Werten der Person entsprechen, und das Älterwerden muß auf reale Weise darin verarbeitet sein. In der ersten Voraussetzung wird die Kontinuität des Lebenslaufes und die Personbezogenheit gesichert; in der zweiten drückt sich das realistische Selbstverständnis aus, das einen der Kernpunkte der psychischen Gesundheit ausmacht. Wenn diese Voraussetzungen nicht erfüllt werden, trifft Voltaires Ausspruch zu: Wem die Mentalität seines Alters fehlt, dem erwachsen daraus Schwierigkeiten. Im neuen Lebensplan wirken die kreative Expansion und die Befriedigung der persönlichen Bedürfnisse oft harmonischer zusammen als in früheren Jahren. Darin liegt eine der großen Möglichkeiten des frühen Alters.
Wenn die Entwicklung - auch in der Vergangenheit - nicht dieser Linie entsprochen hat, wird das frühe Alter oft zu einer schwierigen und bitteren Periode. Die erwähnten Schwierigkeiten werden dann nicht verarbeitet und blockieren die Person vor allem in ihrer Grundhaltung in zunehmendem Maße. Die Arbeit wird zu einer Last, der man einerseits entflieht, die man aber anderseits aus Furcht vor der Leere nicht aufgibt. In die persönlichen Beziehungen schleicht sich eine Bitterkeit ein, die echte Kommunikation verhindert. Im Verhältnis zum eigenen Körper äußert sich zum Teil die unverarbeitete Enttäuschung über das Leben als Ganzes. Man könnte sagen, daß dann parallel zur abfallenden biologischen Entwicklungslinie auch die psychologische absinkt. Eine der betrüblichsten Erscheinungen ist hier die Unfähigkeit, der jüngeren Generation mitteilen zu können, was Wert hat und das Leben lebenswert macht. Dann gehen geistige und psychische Unfruchtbarkeit Hand in Hand mit der physischen.
Wir haben schon erwähnt, daß das Leben in diesen Jahren für die Frau im allgemeinen etwas schwieriger ist als für den Mann. Wahrscheinlich hängt das auch mit dem viel größeren Raum zusammen, den sie ausfüllen muß, wenn in viel geringerem Maße als bisher an ihre Fürsorge appelliert wird. Darum können Frauen gerade dann vieles für die Gesellschaft leisten. Auch im überpersönlichen Interesse dieses Alters sollte diese Tatsache in den neuen Lebensplan aufgenommen werden.

## 3. Der Übergang zum Alter

Das Alter hat in unserer Kultur das Bild einer schwierigen Lebensperiode erhalten, der viele Menschen mit Unsicherheit, Sorge und gemischten Gefühlen entgegensehen. Mancher braucht Hilfe, um damit fertigzuwerden. Das ist an sich kein Zeichen des Unerwachsenseins. Es beweist eher, daß das Lebensschema des Alters für viele Menschen so schwierig geworden ist, daß die Notwendigkeit der Hilfe ebenso als kulturelles Faktum angesehen werden muß. Die Neigung vieler Menschen, sich abzuschließen und ihre Probleme bei sich zu behalten, macht es schwer, um diese Hilfe zu bitten, aber auch, sie anzubieten.

Die Aufgabe der Person in diesen Jahren ist der Abschied von der Gesellschaft, insofern sie dort einen eigenen Beitrag leistete. Was übrigbleibt, ist ein persönlicher, individueller Lebensplan, dessen Auswirkungen nur noch von einem kleinen Kreis erkannt werden. Somit wird eine wichtige Quelle des positiven Selbstgefühls, des sozialen Kontakts und der Anerkennung abgeschnitten. Das gilt für den Mann vielleicht mehr als für die Frau. Die meisten Frauen dagegen freuen sich darüber, daß sie ihren Mann nun wieder ‚zu Hause haben werden'. Sie verstehen durchweg sehr gut, was dieser Abschied für ihren Mann bedeutet, und für manche von ihnen ist das eine ebenso große Sorge wie für den Mann selbst, wenn auch in einem anderen Sinne.

In den Übergangsjahren zum Alter wird von der Person verlangt, diese Zeit als Übergangsperiode zu erkennen. Das ist der wichtigste Entwicklungsauftrag in den letzten Jahren des frühen Alters. Damit ist auch die eigentliche Vorbereitung auf das Alter verbunden.

Dabei geht die Person mit ihrem eigenen Lebenslauf ein Verhältnis besonderer Art ein: sie nimmt in gewissem Sinne Abschied von sich selbst und - im Hinblick auf die Gesellschaft - von ihrem Leben. Diese Lebenssituation ist der Gegenpol zu der entsprechenden Situation am Beginn des frühen Erwachsenenalters. Das Wichtigste - und für viele Menschen Schwierigste - ist dabei, daß der Übergang so vollzogen werden muß, daß die Person zur Zukunft hin offen wird. Mit zunehmender Lebensdauer wird gerade diese Zukunft einen wichtigeren Platz im Leben einnehmen. Die Orientierung in dieser Richtung ist einer der wesentlichen Aufträge des frühen Alters. Die Art der Ausführung hängt eng mit der Vorgeschichte der Person zusammen. Die beste Hilfe, die man alten Menschen bieten kann, ist die im mittleren Alter und im frühen Alter. Es zeigt sich immer wieder, daß es für viele Menschen schwierig ist, in diesen Übergangsjahren den Abschied zu er*leben*, und daß große Widerstände dagegen bestehen, den Lebensplan für das Alter wirklich ins Auge zu fassen. Fast immer verarbeitet die Person in diesen Fällen das Älterwerden nicht richtig und konnte die positiven Möglichkeiten nicht realisieren. Anderseits ist auch die feste Altersgrenze von 65 Jahren für manche eine „traumatische Amputation" (33, 355), weil sie oft wirklich nichts mit der Leistung innerhalb der Gesellschaft zu tun hat. Das Fehlen von Gruppen, in denen sowohl die Vorbereitung auf das Alter in den vorhergehenden Jahren als auch die direkte Vorbereitung in dieser Übergangszeit stattfinden kann, wird augenblicklich in unserer Gesellschaft als schmerzlicher Mangel empfunden. Der Abschied, um den es hier geht, darf nicht mit dem Disengagement verwechselt werden, das im allgemeinen für älter werdende Personen charakteristisch ist. Letzteres äußert sich in den letzten Jahren des frühen Alters oft in Form einer Beziehung zu einem kleinen Kreis: den Kindern, Enkelkindern und guten Bekannten. Die wichtigsten Gründe dafür sind größere Ermüdbarkeit, eine gewisse Sparsamkeit im Hinblick auf die Zukunft und eine größere Aufmerksamkeit für das, was die Person selbst interessiert. Hier spielt auch eine gewisse Scheu davor mit, sich mit der Lebens- und Denkwelt von Jüngeren, aber auch von ‚ganz Alten' zu befassen. Das Disengagement entwickelt sich in der Person selbst als Äußerung ihres Älterwerdens; der ‚Abschied' und der Eintritt in die Gruppe derer ‚über 65' kommen von außen her auf die Person zu. Sie muß dazu selbst ein Verhältnis finden. Es ist die „Krise der Loslösung", die mit dem Bewußtsein des Endes zusammenhängt (93, 46). Das macht sie zu einer echten Lebensaufgabe. Manche Ärzte stellen fest, daß die Mühe, die ihre Patienten mit dem Abschied haben, sich im Alter von etwa 61 oder 62 Jahren in mancherlei körperlichen Beschwerden äußert. Auch systematische Untersuchungen haben ergeben, daß „nicht die Pensionierung selbst, sondern die Periode kurz davor von entscheidender Bedeutung ist" (184, 117; 186, 45—46).

Unbewältigte Dinge

Wie in allen Zeitabschnitten machen sich auch im frühen Alter unbewältigte Dinge und konnaturale Abweichungen im konkreten Leben der Person bemerkbar. Wir sollten die tatsächlichen Schwierigkeiten der Person in dieser Lebensperiode nicht allzu leicht als unbewältigte Dinge aus der Vergangenheit abtun. Der Eintritt in die zweite Lebenshälfte bringt körperlich, psychisch und existentiell so viel an eigenen Aufträgen, daß von daher viele der auftauchenden Schwierigkeiten zu verstehen sind. Das gilt besonders für die psychosomatischen Beschwerden (33, 155; vgl. 184, 140—141). Umgekehrt dürfen auch die positiven Dinge in diesen Jahren nicht zu einseitig als Produkte der Vergangenheit gesehen werden. Damit tut man der Person unrecht. Sie verändert sich wirklich durch die Entwicklungen in dieser Zeit.
Zu den wichtigsten Situationen, in denen sich unbewältigte Dinge zeigen, gehören Ereignisse und Erfahrungen, die sich zwar im frühen Alter abspielen, der Person jedoch einen Hinweis auf entsprechende Situationen in ihrer Vergangenheit geben. Das kann natürlich auch günstige Folgen haben, wenn z. B. ein 60jähriger sein Enkelkind den gleichen positiven Weg gehen sieht, den sein Sohn gegangen ist. Wenn aber beschwerliche, schmerzliche oder angsterregende Situationen in der Vergangenheit nicht gut verarbeitet wurden und im frühen Alter ähnliche Situationen entstehen, können die frühere Sorge, Angst und Unsicherheit leicht reaktiviert werden. Soddy erwähnt das Beispiel der Person, die in ihrer Jugend schwer durch den Verlust der Eltern getroffen worden war, zu denen sie ein herzliches Verhältnis gehabt hatte. Wenn nun persönliche Beziehun-

gen in Gefahr geraten, ist die Person besonders verletzlich, falls es ihr früher nicht gelungen ist, den Verlust der Beziehung zu den Eltern gut zu verarbeiten. Wenn sie in einer eindeutigen Familienstruktur aufgewachsen ist, die für sie eines der Fundamente des Lebens darstellte, wird das Auseinanderfallen dieser Struktur im frühen Alter spezielle Schwierigkeiten mit sich bringen (33, 257—258).

Diese Beispiele könnte man durch ähnliche Verletzlichkeiten in anderen Bereichen erweitern, etwa durch psychische Schäden aus der Kriegszeit, die bei neuen internationalen Spannungen reaktiviert werden. Oft entsteht auch eine zu große Sorge um die ehelichen Beziehungen der Kinder, wenn in der eigenen Ehe noch unbewältigte Dinge vorhanden sind. Wenn die eigene Erziehung in bestimmten Punkten Mängel aufweist, die nicht gut verarbeitet wurden, ist man im frühen Alter gerade in diesen Punkten bei der Erziehung der Enkelkinder zu sehr besorgt. Die Erinnerung ist dann mehr als nur das Denken an Vergangenes; sie bezieht sich auf die Dinge, die die Person wirklich noch nicht vergessen hat und die nachzuwirken beginnen, sobald entsprechende Situationen entstehen. Depressive Zustände im frühen Alter lassen oft auf unverarbeitete deprimierende Situationen im früheren Leben schließen.

Bei Soddy wird nicht deutlich, warum mit diesen Dingen gerade jetzt zu rechnen ist. (Er spricht vom mittleren Alter, meint aber hauptsächlich die Involutionsperiode, 33, 140.) Wenn man untersucht, was in solchen Situationen geschieht, stellt sich heraus, daß die Person gefühlsmäßig Übereinstimmungen zwischen Situationen in der Gegenwart und in der Vergangenheit erlebt. Dementsprechend kommen übereinstimmende Bedeutungen zustande, d. h. daß die Person sich auf eine Weise verhält, die mit diesen Situationen übereinstimmt. Das kritische Moment von früher ist erneut vorhanden. Das ‚alte' Gefühl ist noch immer wirksam. Warum, so fragt man sich, aber gerade im frühen Alter? Man ist geneigt, das Älterwerden mit allem, was dazu gehört, dafür verantwortlich zu machen. Es ist der wichtigste Punkt in diesem Lebensalter. Wir wagen zu behaupten, daß bei den Menschen, bei denen viele Dinge im Leben unbewältigt bleiben, sich eher ein retrospektives als ein prospektives Zeitbewußtsein entwickelt. Im prospektiven Zeitbewußtsein ist die Zukunftserwartung dominant. Das ‚Noch nicht', die Erwartung und die zukünftigen Dinge werden deutlich betont. Im retrospektiven Zeitbewußtsein ist die Vergangenheit dominant. Der Akzent liegt auf dem ‚Nicht mehr', auf dem, was war, und auf der entfernten Vergangenheit (157, 171 ff.). Wenn ein geliebter Mensch stirbt, überwiegt bei den Hinterbliebenen in diesem Augenblick durchweg das retrospektive Zeitbewußtsein. Bei frohen Ereignissen, die viel Gutes versprechen, rückt das prospektive Zeitbewußtsein oft mehr in den Vordergrund. Je älter die Person wird, desto mehr wird ihre Lebenshaltung durch einen pro- oder retrospektiven Zug charakterisiert. Visscher bemerkt vielsagend, daß „der Gefühls- und Willensbereich unter dem Einfluß der Richtung steht, die das Zeitbewußtsein eingeschlagen hat" (157, 171). Wir haben nun den Eindruck, daß die Gefühls-, Denk-

und Handlungswelt von Personen, in deren Leben es viele unbewältigte Dinge gibt, mit dem nahenden Alter deutlich eine retrospektive Richtung einschlägt. Dadurch werden sie besonders empfindlich für die Situationen, die gefühlsmäßig mit unbewältigten Dingen verbunden sind. Das macht sie gerade in diesen Jahren im Hinblick auf die Vergangenheit verletzlich, und unter dem Einfluß der retrospektiven Einstellung wird das um so schlimmer, je mehr es an einer Gerichtetheit auf die Zukunft fehlt und man vor dem Alter ausweicht. „Der retrospektive Mensch hat kein ‚Land der Verheißung' "; es „geht ihm um das Bewahren und Haltbarmachen" (157, 176). Er ist somit auch ein Mensch, der mit Sorgen die Gegenwart betrachtet und sie festhalten möchte. Dabei ist zu fragen, ob auch eine Unterentwicklung der Kreativität im mittleren Alter, die die Person daran hindert, in der Gegenwart zu einer Selbsterweiterung zu kommen, in dieser Verletzlichkeit eine Rolle spielt. Die Beispiele aus der Praxis von Stern in seinem Kapitel über Vergangenheit und Zukunft (105, 94–108) gewinnen durch die hier ausgesprochene Behauptung an Tiefe. Es handelt sich bei ihm stets um Menschen im frühen Alter. Calon stellt fest, daß Schwierigkeiten psychischer Art, die in den bisherigen Phasen vernachlässigt wurden, zu wirklichen Problemen zu werden beginnen und nicht selten zahlreiche ungelöste Konflikte aus der Adoleszenz, der Pubertät und sogar aus der Krisenperiode mit sechs Jahren und früher reaktivieren (102, 34).

Konnaturale Abweichungen

Auch das frühe Alter kennt typische Abweichungen vom Lebensweg, die den Sinn der zweiten Lebenshälfte frustrieren. Hier sollen einige konnaturale Abweichungen erwähnt werden, die oft in der Literatur vorkommen. Sie hängen mit den drei Lebensbereichen zusammen, die im frühen Alter eine wichtige Rolle spielen: das Ausweichen vor dem Alter oder zu großes Interesse daran, die künftige Lebenssituation und das Verfremden der Möglichkeiten, die das Leben jetzt bietet.
Auf verschiedene Weise kann die Person glauben, auf die Thematik des frühen Alters einzugehen und gerade dadurch an seinem eigentlichen Sinn vorbeigehen. Der zweite Lebensplan, der sich im frühen Alter verwirklicht, verlangt neuen Einsatz und Aktivität. Er appelliert an die Grundwerte, die die Person in ihrem Leben gefunden hat. Das kann sie leicht dazu bringen, ihr Älterwerden zu verneinen, es in einem Übermaß an Aktivität zu überkompensieren oder es durch den Hinweis auf die noch vorhandene Vitalität zu relativieren. Es besteht eine deutliche Gefahr, daß das Bild, das die Person sich in diesen Jahren von sich selbst macht, sich immer weiter von der Wirklichkeit entfernt (33, 141). Viele Männer überarbeiten sich in diesen Jahren; gute Ratschläge zur Mäßigung werden oft nicht ernstgenommen. Die Diskrepanz zwischen Selbstverständnis und Wirklichkeit ist einer der Gründe für Herzkrankheiten im frühen

Alter. Es erscheint etwas übertrieben, diese Phänomene unmittelbar mit einem geheimen Todeswunsch der Person in Zusammenhang zu bringen, wie es bisweilen geschieht, und deshalb von ‚coronarem Selbstmord' zu sprechen.

Auch die schon besprochene ‚Nachholreaktion' hängt mit dem Ausweichen vor dem Älterwerden und oft mit unbewältigten Dingen zusammen. Hier scheint besonders das Erotische und Sexuelle ein besonders kritischer Punkt zu sein. Die Ergebnisse von Kinsey und seinen Mitarbeitern zeigen deutlich, daß die Sexualität bei Mann und Frau in diesen Jahren noch recht lebendig sein kann. Die Person hält es für notwendig, sich auf diesem Gebiet noch zu betätigen. Die Praxis kennt traurige Situationen, durch die die Beziehung zwischen Mann und Frau gerade vor dem Beginn des Alters, wo sie erneut aufeinander angewiesen sind, empfindlich gestört wird.

Es kann mit dem großen Interesse am zweiten Lebensplan zusammenhängen, daß die Person sich auf das nahende Alter zu wenig vorbereitet. Sich auf das gegenwärtige einspielend, nimmt sie zu wenig wahr, daß die Zukunft ebenso ihre Aufmerksamkeit verlangt; damit vernachlässigt sie ein wichtiges Stück *Vor*entwicklung, worüber wir bereits gesprochen haben. Darin wird oft offenkundig, daß sie für das Älterwerden in ihrem Leben keinen Platz finden kann. Eine andere Form des Ausweichens ist ein übertriebener Optimismus in den Jahren des frühen Alters, der sich auf mancherlei beziehen kann: auf das Wohlergehen der Kinder (denen man noch lange genug etwas bedeuten kann); auf die eigene Gesundheit (die hartes Arbeiten noch zuläßt); auf die Firma, für die man arbeitet (die die Person noch dringend benötigt); auf die Möglichkeiten des Alters (mit dem man sich lieber nicht befaßt). Der Kern der konnaturalen Abweichung liegt hier in der Überzeugung der Person, daß diese Dinge wirklich so sind.

Anderseits kann die Person auch so sehr mit dem Thema ihres Älterwerdens beschäftigt sein, daß sie unter ihrem wirklichen Niveau lebt. Auch das kann sich auf verschiedene Weisen äußern. Beispiele findet man in einer zu großen Sorge um die eigene Gesundheit (geregeltes Leben, gesunde Ernährung), in einer übermäßigen Inanspruchnahme ärztlicher Kontrollen, in einer unnötigen Selbstbeschränkung in verschiedenen Aktivitäten, in der Forderung nach Beachtung und Versorgung. Das Leben bringt dann im frühen Alter viel weniger Erfüllung und Befriedigung, als es bringen könnte. Der Raum, in dem die Person lebt, wird zu sehr eingeschränkt. Sie versperrt damit Möglichkeiten in sich selbst, fällt leicht sich selbst und anderen zur Last und bereitet ihr Alter auf verkehrte Weise vor. Das vergrößert die eigentliche Schwierigkeit nur noch mehr.

Eine zu große Sorge um die bevorstehende Alterssituation kann ebenso konnaturale Abweichungen verursachen. Nichts ist in diesen Jahren so vernünftig wie die Vorsorge für das Alter. Wenn etwas eindeutig zu den Entwicklungsaufgaben des frühen Alters gehört, dann dieses. Die Abweichung liegt dann in der Tatsache, daß man so sehr auf die Zukunft zueilt, daß man die Gegenwart zu kurz kommen läßt und sich der Zukunft entfremdet, weil die *Vor*entwicklung darauf hin ungenügend zu ihrem Recht kommt. In diesen Jahren kann das „materiale Selbst" der Person (James) ein zu zentraler Faktor werden, der ihr genau die Freiheit nimmt, die ihr im frühen Alter, nach den schweren Jahren der kreativen Expansion, gegeben wird. Unter dem ‚materialen Selbst' versteht James jenen Aspekt des Bildes der eigenen Person, der in einem typischen Zusammenhang mit den materiellen Möglichkeiten und Beschränkungen eines Menschen zusammenhängt. Eine zu große Sorge um das Alter gerade in dieser Hinsicht kann die Person dazu bringen, sparsam zu leben. Meist wird dadurch auch das Leben derjenigen eingeschränkt, zu denen sie in enger Beziehung steht oder die von ihr abhängig sind. Über die Funktion des Geldes im Lebenslauf haben wir auch bei den anderen Zeitabschnitten gesprochen. Der älter werdende Mensch hängt oft an seinem Besitz. Stern hat festgestellt, daß der Besitz sogar mit dem Ich identifiziert werden kann (105, 82). Er drückt damit aus, was James mit dem materialen Ich meinte. Blanton berichtet, daß ein sehr großer Teil der Menschen, die bei ihm Rat suchen, in Schwierigkeiten sind, weil sie verdrehte Vorstellungen von Geld haben, von ihrem eigenen oder von dem anderer. Der Kern seiner Erörterung über diesen Lebensbereich, auf dem besonders oft falsche Gefühlshaltungen festzustellen sind, ist, daß Geld zum Symbol für etwas geworden ist, von dem die Person sich nicht trennen will, etwas, dessen Verlust sie nicht ertragen kann (136, 98). Damit berühren wir eines der Grundthemen des frühen Alters. Es ist ja auch (nicht nur) eine Periode des Abschieds und der *Vor*entwicklung zum Alter hin. In einem zu großen Interesse am Alter und seiner Sicherung äußert sich manchmal die Unfähigkeit, mit dem Älterwerden fertigzuwerden.

Wenn wir der Bedeutung des Geldes und des materiellen Besitzes während des Lebenslaufes nachgehen, zeigt sich, daß sie im frühen Erwachsenenalter vor allem als Mittel im Kampf ums Dasein dienen. Im Alter der Reife stehen sie mehr mit dem sozialen Ich der Person in Verbindung; sie zeigt damit den anderen, wie ihre Position im Leben geworden ist. Im mittleren Alter kommt öfters der Aspekt des Luxus hinzu, während im frühen Alter Geld und Besitz erneut als Lebenssicherung funktionieren, jetzt aber im Hinblick auf die Zukunft.

Als letzte, dieser Lebensperiode inhärente Gefahr erwähnen wir die Verfremdung der Möglichkeiten, die das Leben jetzt bietet. Die zu große Sorge um die Zukunft und um die eigene Gesundheit sind an sich schon Beispiele für diese Verfremdung. Sie kann durch eine der charakteristischen Erfahrungen beim Älterwerden verursacht sein, daß nämlich alle Dinge schon bekannt sind. In dem Maße, in dem die Lebensgeschichte der Person länger wird und sie anderseits immer mehr auf einem bestimmten und begrenzten Platz im Leben steht und arbeitet, erhalten die Dinge ein bekanntes Gesicht. Der älter werdende Mensch neigt nicht nur dazu, neue Situationen so anzugehen, wie er es bei entsprechenden Situationen in der Vergangenheit getan hat, sondern es ergeben sich für sein

Gefühl auch immer weniger neue Situationen. Vor allem dort, wo das retrospektive Zeitbewußtsein vorherrscht, werden manche, für unsere Zeit charakteristische Merkmale der Person nicht mehr richtig ‚eingehen'. Sie betrachtet sie mehr von außen her, und sie bieten ihr keinen Zugang zu einer Lebenserneuerung. „Das Dasein bekommt den Charakter des Bekannten. Der Mensch weiß Bescheid", bemerkt Guardini (93, 43). Das ist auch eine der Funktionen des frühen Alters im Lebenslauf. Dieses ‚Bescheidwissen' ist ja einer der notwendigen Vorentwicklungen zur ‚Weisheit', die man so gerne vom alten Menschen erwartet. Die Gefahr liegt in einer Haltung, die sich von dieser Flachheit und Bekanntheit des Lebens bestimmen läßt. Dann bemächtigt sich des Menschen leicht die Mutlosigkeit (102, 34). Er muß in zwei Lebenswerten den notwendigen Ausgleich finden. Der erste ist ein neuer Lebensplan, der die Alltäglichkeit durchbrechen kann, weil die Person darin neue Werte erkennt, die sie zum Leben motivieren. Der zweite ist eine weitere Entwicklung der Lebensanschauung oder der religiösen Einstellung zum Leben als Ganzem und zur Funktion der Person in diesem Leben. Das ist nicht nur eine Frage der Entwicklung im Gefühlsbereich. Die ganze Person ist darin einbezogen. Willensentscheidungen sind jetzt viel nötiger als vorher (102, 34); eine Haltung der Disziplin und der festen Entschlossenheit ist erforderlich, wenn die Person hier ihren ferneren Weg finden will (93, 45); die Vernunft wird sie manchmal lenken müssen (102, 36). Es ist eine Periode des „Welkens oder Reifens" (129, 48). A. Vetter fragt sich, ob dieser Aspekt der Personentwicklung nicht am besten als ‚Selbstüberwindung' zu charakterisieren wäre. „Sich dem verborgenen Heilssinn unseres Geschicks innerlich zu öffnen, ist sicherlich um so schwerer, je weniger das Dunkel des Todes durch Hoffnung aufhellbar erscheint" (129, 50).

## *Das Alter*

Die Literatur über das Alter ist unübersehbar geworden. Ein Überblick über das, was in den letzten Jahrzehnten darüber geschrieben wurde, macht deutlich, daß ‚die letzte Lebensphase' auf verschiedene Weise umschrieben wird. Man spricht von senectus, von der abgeschlossenen Saison, der Nachsaison, der endgültig absteigenden Lebenslinie, der dritten Lebensphase, dem Herbst des Lebenslaufes, vom Bejahrtsein, vom Älterwerden, der Periode des Abbruchs und Verfalls, dem Abschluß des Lebens, der Vollendung des Lebens, der senilen\* Lebensphase, der zweiten Kindheit, vom alten Tag, vom bejahrten Lebensalter, vom Lebensabend. Auffallend ist, daß viele Bilder verwendet werden, die dem Naturgeschehen entnommen sind, um die letzte Lebensphase zu charakterisie-

---

\*In unserem Sprachgebrauch ist das Wort ‚senil' negativ gefärbt; es bezeichnet hauptsächlich den Abbauprozeß, „in dem ein mehr oder weniger vollständiger Zusammenbruch eintritt und die Persönlichkeit psychisch zerfällt" (47, 538).

ren. Diese Bilder beziehen sich meist auf die Schlußphase des Naturgeschehens: auf den Abend, den Herbst, das Welken. J. Peck sieht als wichtigstes Thema des Alters einen „neuen Anschluß an die menschliche Rasse" (187). Er berichtet, daß er seine Arztpraxis aufgegeben und versucht habe, mit den 150 Dollars auszukommen, die alte Männer als Pension erhielten. „Ich kaufte einen kleinen Bauernhof und begann im Schweiße meines Angesichts mein Brot zu verdienen. Ich führte genau Buch über meinen finanziellen und sozialen Zustand, damit ich nach Abschluß meiner Untersuchung darüber schreiben konnte und damit diejenigen, die zu mir kamen, von meinen Entdeckungen profitieren konnten. Ich war nicht so entschlossen oder tapfer, wie Sie vielleicht denken mögen, denn ich besaß die Genehmigung, an meinem neuen Wohnort zu praktizieren, so daß ich, wenn etwas geschehen sollte, wieder Arzt werden konnte. Nachdem ich zwei Jahre lang alles gelesen hatte, was ich über das Leben im Ruhestand finden konnte - es war beschämend wenig -, sortierte ich meine Aufzeichnungen und schrieb einen Artikel für die Saturday Evening Post über meine Erfahrungen mit dem Leben von einer Altersrente. Die Reaktion war überwältigend, so daß ich zwei Jahre lang meinen Bauernhof vernachlässigen mußte, um Briefe zu beantworten und mit bejahrten Besuchern zu sprechen, die in einer Krise des Lebens im Ruhestand waren und mit jemand sprechen wollten, der es ausprobiert hatte und wirklich Erfolg gehabt zu haben schien" (187, 7–8). Das Grundthema, das er dem bejahrten Menschen anbietet, ist, daß er sich nicht beiseite schieben lassen darf, sondern unter Anspannung aller Kräfte seinen Platz in der Gesellschaft behaupten muß.

Wenn man die Literatur über das Alter genauer prüft, fallen zwei Dinge auf. Das erste ist die für unsere Kultur charakteristische Einteilung in zwei Phasen. Das zweite ist eine Unterscheidung in der Art und Weise, auf die Menschen alt sind. Diese beiden allgemeinen Merkmale wollen wir nun besprechen.

### Zwei Phasen des Alters

Im Alter beginnen sich heute deutlich zwei Phasen abzuzeichnen. Dafür gibt es offensichtlich zwei Faktoren: die längere durchschnittliche Lebensdauer und die Pensionsgrenze bei 65 Jahren. Die verlängerte Lebensdauer hat einen wesentlichen Unterschied zwischen der Altersgrenze heute und vor einem halben Jahrhundert hervorgerufen (33, 352). Nach 65 lebt der Mann heute durchschnittlich noch 13, die Frau 16 Jahre. Dadurch ist das Alter - zumindest was seine Dauer betrifft - eine viel wichtigere Lebensperiode geworden. Die Gesellschaft, aber auch die betreffende Person müssen ihm eine konstruktive Aufmerksamkeit widmen. In der Literatur wird immer wieder der Gesellschaft vorgeworfen, daß sie so starr an der Altersgrenze festhält, daß sie nur das Geburtsdatum und nicht die Qualitäten, die Funktion und die Situation als Kriterium für

den Zeitpunkt setzt, zu dem die Person sich aus der Gesellschaft zurückziehen muß. Sie berücksichtigt nicht die längere Lebensdauer, sondern verfährt genau so wie bei der Festsetzung der Volljährigkeit, bei der als einziges Kriterium das Geburtsdatum gilt (33, 353 ff.).
Andererseits wird die Pensionierung von den Betroffenen im allgemeinen günstig beurteilt und auch vernünftig ausgenutzt, wenn wenigstens die finanzielle Situation maßvollen Ansprüchen Rechnung trägt (186, 46). Viele Tausende suchen sich jedoch für das Alter eine Nebenbeschäftigung (186, 47). Das läßt darauf schließen, daß nicht nur genug Arbeitskraft, sondern auch noch Arbeitslust vorhanden ist. Viele Bejahrte sind noch bis zum siebzigsten Jahr in der Lage, schwere psychische und körperliche Arbeit zu leisten, manche sogar bis zum achtzigsten (140, 224), und zwar Männer wie Frauen. Das zeigt, daß der ‚Rollenverlust' für den Mann bei der Pensionierung nicht größer ist als für die Frau (188, 22).
Diese beiden Faktoren führen dazu, daß man heute vielfach zwischen der Periode nach der Pensionierung und dem echten oder hohen Alter unterscheidet. Damit hängen eine Reihe von Bezeichnungen zusammen: Senectus, Seneszenz, Nachsaison, Älterwerden, Eintritt des Alters, aber auch Herbst, seniler Mensch, Greis, zweite Kindheit, alter Tag, Verwelken. In der zweiten Lebenshälfte werden bisweilen auch drei Phasen unterschieden: das Älterwerden, das Alter und das hohe Alter (105, 18). Wenn man bei Untersuchungen sicher sein will, daß man es mit wirklich alten Menschen zu tun hat, wählt man solche, die 70 oder 75 Jahre alt sind.
Trotzdem ist die Einteilung des Alters in zwei Phasen sehr global. Sie besagt nicht, daß sie für alle Menschen gilt. Manche werden sehr schnell ‚alt'. Diejenigen, für die die Zweiteilung zutrifft, zeigen eine größere Aktivität, eine deutlichere Ausrichtung auf den zweiten Lebensplan auch nach 65 und umfassendere Interessen an den Dingen, die auf der Linie der ausgereiften Mentalität liegen. Auch die gesamte Lebensgeschichte und besonders das Niveau der Funktion, die jemand im Laufe des Lebens ausgeübt hat, sowie die damit zusammenhängende finanzielle Situation sind hier von Bedeutung (188, 23; 137, 43), und nicht zuletzt das Intelligenzniveau. Calon bemerkt, daß der Verstand am längsten der Person die Treue hält, vorausgesetzt, daß er seine Objekte in der Zeit vorher erworben hat (102, 37).

Psychisches Altsein

Als zweites Merkmal des Alters muß ein Unterschied in der Art des Altwerdens berücksichtigt werden. Es gibt ein Altwerden in körperlicher Hinsicht, das sich vor allem auf die Vitalität und die biologischen Voraussetzungen erstreckt, die die Grundlage des Lebens der Person darstellen. Es gibt aber auch ein Altwerden in sozialer und gesellschaftlicher Hinsicht. Das bezieht sich vor allem auf die Rollen, die die Gesellschaft mit diesem Abschnitt des Lebenslaufes verbindet, und auf das, was die Person in diesem Alter noch von ihm erwartet oder nicht mehr erwartet. Und es gibt ein Altwerden in psychischer Hinsicht. Dieses interessiert uns am meisten, obwohl noch keine Übereinstimmung darüber besteht, was das eigentlich ist. Die Schwierigkeit besteht nicht nur darin, daß das Verhältnis der Person zu ihrem eigenen Leib und zum Alter und auch die Weise, auf die die Person die Vorschriften der Gesellschaft bezüglich des Altseins verarbeitet, in ihrem psychischen Älterwerden eine Rolle spielen. Sie liegt auch in der Undeutlichkeit des Begriffs. An sich ist es möglich, das Verhalten und die Erlebnisse der Person über 65 systematisch zu untersuchen und mit denen der früheren Jahre zu vergleichen. Damit kann ein psychologisches Bild der Person über 65 angelegt werden, wie es in vielen Untersuchungen geschieht. Die Frage jedoch, was diese ‚alten' Verhaltensweisen und Erlebnisse in pschologischer Hinsicht bedeuten, ist damit nur zum Teil beantwortet. Das gilt aber auch für andere Lebensabschnitte. Der Unterschied zwischen ihnen und dem Alter liegt darin, daß die Person im Alter ans Ende gelangt. Kann man bei den früheren Lebensperioden deren Bedeutung noch in etwa angeben, indem man sie zwischen Vergangenheit und Zukunft einordnet, so ist das beim Alter nicht mehr möglich. „Wir können uns ebensowenig eine Jugend ohne Zukunft vorstellen wie ein Alter mit einem ihm folgenden Zeitabschnitt" (181, 4). Das läßt uns die Erfahrung der Person, daß sie endlich ist und am Ende steht, als Kernmoment des Alters in psychologischer Hinsicht sehen. Das ‚Am-Ende-stehen' ist dabei das für das Alter Typische. Die Erfahrung der Endlichkeit stellt sich jedoch schon früher ein. In unserem Gedankengang sind alle Momente, auch die der Jugendjahre, in denen das Endlichsein der Person (nicht die Beschränktheit ihrer Fähigkeiten oder der Situation) wirklich zu einer Erfahrung wird, Momente des Älterwerdens oder Altseins. Sie bereiten auch dessen Verarbeitung in der zweiten Lebenshälfte vor. Kinsey bemerkt mit Recht, daß der 60- oder 80jährige, der plötzlich an den Problemen des Älterwerdens interessiert ist, einen Prozeß beginnt, an dem er eigentlich schon sein Leben lang beteiligt war (121, 226). Mit dem Am-Ende-stehen hängen der definitive Abschied vom Leben und der Tod eng zusammen; sie dürfen aber nicht damit identifiziert werden. So spielt denn auch das Sterben in der Altersperiode für viele alte Menschen eine weniger wichtige Rolle, als oft (von Jüngeren) angenommen wird.

Wo die Person wegen ihrer Senilität nicht mehr in der Lage ist, sich zu vergegenwärtigen, daß sie am Ende steht, kann man sie in psychologischer Hinsicht auch nicht mehr alt nennen, höchstens noch im funktionspsychologischen Sinne, d. h. daß ihre Funktionen (sehen, hören, denken, fühlen) so veraltet sind, daß sie nur noch teilweise funktionieren. Wo die Person dem Am-Ende-Stehen ausweicht, kann man sagen, daß sie ihrem Alter im psychischen Sinne ausweicht; wo sie ein harmonisches Verhältnis dazu gefunden hat, kann man sagen, daß sie psychisch ein alter Mensch ist.

Wenn der Begriff in diesem Sinne verstanden wird, gehören zum Bild des

Alters zwar Beschränkungen im psychischen Funktionieren, eine Vereinfachung im Denken, eine größere Abhängigkeit, eine Verlangsamung des gesamten psychischen Lebens und andere Altersmerkmale, aber ihre eigentliche Altersbedeutung beziehen sie aus den Erfahrungen, die die Person selbst damit macht. Für das Alter im gesellschaftlichen und sozialen Sinne des Wortes sind sie andererseits höchst wichtig.
Uns geht es hier weniger um das Alter in biologischer und gesellschaftlicher Hinsicht. Wir wollen auch nicht das Alter und das hohe Alter getrennt besprechen. Es hängt ja sehr stark von der Person ab, ob eine solche Zweiteilung für ihr Alter angebracht ist. Darum werden auch die Merkmale, Werte, Möglichkeiten, Schwierigkeiten, Entwicklungsaufgaben, unbewältigten Dinge und konnaturalen Abweichungen des Alters und des hohen Alters nicht gesondert behandelt. Sie werden mehr allgemein besprochen, und zwar im Bezug auf die Weise, auf die die Person am Ende steht. Das ist für das Verständnis des alten Menschen und für den Kontakt mit ihm wichtiger als die Tatsache, ob er sich im Alter oder im hohen Alter befindet.

Das Endstadium

Es besteht ein enger Zusammenhang zwischen dem Lebensweg und dem Lebensende. Am Ende wird deutlich sichtbar, wozu der Lebensweg geführt hat und wie die Person die Geschehnisse, die unterwegs eingetreten sind, zu einer eigenen Lebensform verarbeitet hat. Erst vom Endpunkt her kann man sich ein richtiges Bild von der Entwicklung machen. Der Gedanke an die Unwiderruflichkeit der Lebensform, die in mehreren Lebensabschnitten der Person eine wichtige dynamische Rolle spielte, drängt sich vor dem Alter im prägnanten Sinne auf, nicht nur für den Außenstehenden, sondern auch für den alten Menschen selbst. Altsein wird charakterisiert durch die Erfahrung, daß die Dinge nicht mehr verändert werden können und daß das persönliche Leben eine eigene Form erhalten hat, die bleiben wird. Jeder alte Mensch hat denn auch im strengen Sinne seine ‚eigenen' Gedanken, Gefühle und Auffassungen. Sie drücken den Standpunkt aus, zu dem er im Laufe seines Lebens gekommen ist. Sie drücken auch aus, wie er die Dinge erfahren hat und aus welcher Grundhaltung er nun lebt.
Diese Beständigkeit der Lebens- und Erlebensform darf nicht mit Starrheit gleichgesetzt werden. Es geht hier vielmehr um die individuelle Weise, auf die der alte Mensch denkt, fühlt und handelt. Er kann dabei starr, aber auch geschmeidig sein, hauptsächlich in die Vergangenheit schauen, aber ebenso am Leben der Gegenwart beteiligt bleiben, an den Dingen seiner Umgebung und an den kommenden Dingen. Die Art, wie er das tut, ist im Alter individuell verschieden. Hier macht sich seine bewertende Haltung bemerkbar. Bei seinem Urteil über die Dinge sind die besonderen Werte und die besondere Mentalität, die sich im Laufe des Lebens

entwickelt haben, richtungweisend. Diese Beurteilung der anderen ist fast bei jeder einzelnen Person unterschiedlich nach Inhalt, Form und Anteilnahme. Hier sollen nun einige Typen des Altseins besprochen werden. Wie der Typ, so ist auch die Urteilsweise der Person unterschiedlich, und ebenso die angewandten Kriterien und die Freiheit, die die Person dem anderen dabei läßt. Der alte Mensch wird durch sein Am-Ende-stehen ständig genötigt, seine Auffassungen und sich selbst an den Dingen auszurichten, die er bei anderen Menschen sieht oder die im Leben vorkommen. Auch seine Beschränkungen und seine Lebensmängel spielen bei seiner bewertenden Haltung und der Art seiner Selbstausrichtung eine wichtige Rolle. Wo die Entwicklung echt stagnierte, wählt Erikson für die letzte Phase der psychischen Gesundheit die Begriffe Verzweiflung und Widerwillen, um das Grundgefühl der Person zu bezeichnen. Jeder kennt den verbitterten, negativ gestimmten alten Menschen, der über Menschen und Dinge kaum noch wohlwollend sprechen kann und sich immer außerhalb der Gemeinschaft stellt. F. Mauriac hat das in seinem Roman ‚Natterngezücht' eindrucksvoll wiedergegeben. Der Hauptperson gelingt es im Alter schließlich doch noch, etwas von der Identität zu finden, die sie braucht, um wirklich alt sein zu können. Das Finden der Identität im Alter kann, gerade weil ein Zusammenhang zwischen der Alterssituation und der ganzen Vergangenheit besteht, zu einer echten Krise werden (vgl. 189).

Oft wird die Neigung, zu bewerten und sich selbst einzuordnen, als ein Suchen der Person aufgefaßt, die mit den Dingen klarkommen will, in denen sie im Laufe ihres Lebens versagt hat. Schuldgefühle und unbewältigtes Versagen spielen dabei offensichtlich eine Rolle (u. a. 157, 91 ff.; 190). Wenn das der Fall ist, bewertet die bejahrte Person auf eine sehr bestimmte Weise, die sicher nicht für alle Bejahrten zutrifft. Wahrscheinlich ist das bei Personen, bei denen diese Art des Bewertens dominiert, eine Fortsetzung des Verhaltens, das für sie schon länger charakteristisch war (189).

Bei dieser Selbsteinordnung gibt es – wie im gesamten Verhalten – einige Merkmale, die an die Lebensphase des Alters gebunden sind. Zunächst wird bei einer gesunden Entwicklung das Disengagement, ein gewisser Abstand vom Leben, zu einem dominanten Merkmal. Das bedeutet nicht, daß die Person sich vom Leben zurückziehen würde oder sich nicht mehr darin engagieren wollte. Bei einer Reihe alter Menschen ist das tatsächlich der Fall. Aber der Begriff will vor allem ausdrücken, daß die Person nicht mehr so unmittelbar daran beteiligt ist. Zwischen ihr und den Dingen, die auf sie zukommen, steht sie selbst gleichsam als Filter. Sie wählt aus, was in ihren Rahmen und in ihre Situation am besten paßt, sie schätzt die Dinge nach ihrem Wert für ihr persönliches Leben ab, bevor sie sich damit einläßt. Sie steht ja am Ende. Dieser Abstand wird außerdem leicht durch die Aktions- und Reaktionsweise bewirkt, die wir bereits als Viskosität bezeichnet haben. Diese Eigenschaft charakterisiert die Person um so mehr, je älter sie wird. Sie bewirkt, daß die Dinge mehr bedachtsam und weniger direkt verarbeitet werden. Die schwächer werdenden psychomotorischen Funktionen machen sich in der Zunahme der Viskosität bemerkbar. Die Sinnesorgane wie Gehör, Gesichtssinn, rasches Reagieren des Gefühls, Geschmacks- und Geruchssinn vermitteln der Person eine Welt; die Motorik läßt eine sehr bestimmte und gerichtete Handlungswelt entstehen: wer gut zu Fuß ist, hat wesentlich mehr Handlungsmöglichkeiten als derjenige, der das nicht ist. Je weniger lebhaft und stark diese Funktionen werden, desto mehr verliert die Welt an Unmittelbarkeit, und es entsteht ein Abstand zwischen ihr und der Person. Das erfordert eine mehr innerliche Verarbeitung und ein langsameres Tempo. Hier begegnen einander Disengagement und schwächer werdende Leiblichkeit. Beide zusammen können leicht Altersschwierigkeiten hervorrufen: Mißtrauen, starkes Interesse am eigenen Körper, den Wunsch, beachtet zu werden, und Dominanz. Hier sind aber auch noch andere Faktoren im Spiel: unbewältigte Dinge und Verfallsprozesse, die die normale Aufrechterhaltung der inneren Ordnung erschweren.

Viskosität und das Nachlassen mancher Funktionen sind für die Person mehr als nur einfache Tatsachen. Sie haben personale Bedeutung, weil sie auf das Ende hinweisen. Durch die äußerst konkreten Erfahrungen der Person am eigenen Leib - man beachte den gespannten Blick des schlecht Sehenden, die Gesten des schlecht Hörenden, die Vorsicht des schlecht Gehenden –, die mit einer schwer erreichbaren Welt zusammenhängen, wird der Person die Endsituation aufgedrängt. Menschen sagen oft, gerade durch diese Dinge veranlaßt, daß sie alt werden, daß sie verschlissen sind, daß es nicht mehr geht. Die Person kann zwar demgegenüber verschiedene persönliche Haltungen einnehmen, aber in das Alter hineinzuwachsen bedeutet, mit diesen Dingen und dadurch mit dem Ende vertraut zu werden.

Die Individualisierung, in der sich ein ganzes Leben ausdrückt, das Disengagement, in dem sich das Altwerden ausdrückt, und die Verzögerung und Verinnerlichung des Agierens und Reagierens, worin sich die Veränderung ausdrückt, sind im Alter in hohem Maße durch die Ich-Gefühle der Person gekennzeichnet. Stern bemerkt, daß von der Intensität der Ich-Gefühle am längsten erhalten bleibt (105, 83). Er versteht darunter solche, die mit der eigenen Person, dem Ich verbunden sind (105, 80). Sie haben mit zentralen Werten der Arbeit zu tun, mit persönlichen Beziehungen, mit überpersönlichen Werten, mit denen man sich identifiziert hat, mit der Anerkennung durch andere, mit der Person, die sich selbst als einen Wert erlebt, der ihr nicht fremd werden kann. Wir haben schon erwähnt, daß die Vernunft am längsten der Person die Treue hält, vorausgesetzt, daß sie mit den Dingen, um die es geht, vertraut ist.

Die Verbindung dieser Faktoren macht vieles im Erleben und Verhalten alter Menschen verständlich. Auch ihre Beschwerden, ihr Verdruß und ihre Klagen erhalten so eine personale Bedeutung. Bei näherer Betrachtung beziehen sich Klagen, Verdruß und Beschwerden, aber auch Freude, Zufriedenheit und Glück fast immer auf Dinge, die mit der ausgewachsenen Mentalität und mit der höchst individuellen Lebensform, die das Altsein kennzeichnet, zusammenhängen. Die Werte, die für das Leben konstituierend geworden sind, und die Haltung, die der alte Mensch jetzt, mit *seiner* Einsicht und *seinen* Ich-Gefühlen gegenüber Ereignissen und gegenüber anderen, die das verstehen oder nicht verstehen, einnimmt, machen seine Erfahrung verständlich. Man muß im Alter stark das ‚Idiosynkratische' berücksichtigen, das, was die Person individuell charakterisiert (s. u. a. 33, 361). Für die Person ist das ein selbstverständlicher Wert, besonders da sie jetzt am Ende steht. Es ist die Zusammenfassung dessen, was sie mit dem Leben gemacht hat und was das Leben ihr angetan hat. Es ist gewissermaßen ihr Lebenslauf, der sich nun in ihr verdichtet. Für diejenigen, die mit ihr Umgehen, ist das oft die größte Schwierigkeit.

## Zeiterleben, Zeitrichtung, Zeitbewußtsein

Das Am-Ende-stehen verweist unmittelbar auf das Erlebnis der Zeit. Das ist ein schwieriger Begriff, weil das Verhältnis zur Zeit sich sehr gut einstellen kann, ohne daß der Begriff Zeit als solcher im Erleben oder in der Erfahrung auftritt. Wenn das Kind sagt, daß es Monteur werden will, wenn es groß ist, dann ist es mit der Zeitdimension in seinem Leben beschäftigt. Es erlebt dann in der Gegenwart auf eine bestimmte Weise seine Zukunft. So ist es auch beim alten Menschen, der in der Vergangenheit verweilt.

Wir unterscheiden außerdem Zeiterleben und Zeitrichtung. Unter Zeiterleben verstehen wir die Situation, in der die Zeit als solche in der Erfahrung oder im Erleben der Person eine Rolle spielt. Im Zeiterleben ist die Person mit Morgen, Mittag, und Abend, mit Gestern und Heute, mit Vergangenheit, Gegenwart und Zukunft als solchen beschäftigt. Ein solches Zeiterleben kommt etwa in der Bemerkung zum Ausdruck: ‚Wenn es Frühling wird, fühle ich mich wieder besser.' Genauso ist es mit dem Empfinden, daß die Zeit rasch oder langsam vergeht. Unter Zeitrichtung verstehen wir die Bezogenheit der Person auf die Dinge und Ereignisse, die sich in Gegenwart, Vergangenheit oder Zukunft abspielen. Sie ist dann mit dem beschäftigt, was jetzt vor sich geht, was in der Vergangenheit geschehen ist und was sich in der Zukunft ereignen wird. Zeiterleben und Zeitrichtung können Hand in Hand gehen. Wenn das der Fall ist, weiß die Person, daß das, womit sie sich gerade befaßt, vergangen, gegenwärtig oder zukünftig ist. Wenn beides zusammen vorkommt, sprechen wir von Zeitbewußtsein. Wenn das Zeitbewußtsein verlorengeht, ist die Person mit Dingen aus Vergangenheit oder Zukunft beschäftigt, aber es gelingt ihr nicht mehr, sie darin richtig unterzubringen.

Verschiedene Untersuchungen und die Erfahrungen des Alltags zeigen, daß das Zeitbewußtsein des alten Menschen oft auf die Vergangenheit gerichtet ist. Dabei ist oft auffallend, daß die jüngeren Ereignisse, die für die Person unwichtiger sind, leichter vergessen werden als gewisse ältere. Diese oft vorkommende (aber nicht allgemeine) Gerichtetheit auf die Vergangenheit hängt nicht in erster Linie mit dem Intelligenzniveau oder dem Intelligenzverfall der Person zusammen (189). Wir haben schon erwähnt, daß Gerichtetheit auf die Vergangenheit bei einem bestimmten Personentypus mit der Verarbeitung des persönlichen Versagens im eigenen Leben zusammenhängen kann. Das trifft aber sicher nicht allgemein zu. Rapaport erwähnt, daß Gefühle nicht nur eine die Erinnerungen verdrängende, sondern auch eine die Erinnerungen selektierende Funktion haben. Die Erinnerung dient auch dazu, der Person zu helfen, eine Einstellung zu Erfahrungen zu finden, die für sie *jetzt* positiv oder negativ gefärbt sind. So sind wir denn auch geneigt, das Interesse alter Menschen an der Vergangenheit aus der Situation heraus zu verstehen, in der sie sich jetzt befinden, und aus der Art ihres Verhaltens demgegenüber. Die Art und Weise, *wie* der alte Mensch am Ende steht, bestimmt auch, ob er sich hauptsächlich der Vergangenheit zuwendet oder nicht. Wir sagten schon, daß der Gefühls- und Willensbereich unter dem Einfluß der Richtung steht, die das Zeitbewußtsein eingeschlagen hat, und ebenso, daß die Ich-Gefühle am längsten erhalten und am intensivsten wirksam bleiben. Wenn die Endsituation für den alten Menschen auf irgendeine Weise bedrohend, verletzend oder verdrießlich ist, ist das Zurückgehen in die Vergangenheit für ihn ein Weg, um das Grundgefühl, selbst etwas zu bedeuten („personal significance', 189, 70), bewahren zu können. Wenn die Vergangenheit für ihn problematisch geblieben ist, regt sie ihn auch dazu an, zurückzugehen, weil sonst seine Endsituation erschwert und getrübt wird (das kann aber auch ein Anlaß zur Flucht werden); wenn er das Schwierige seines Alters nun gut verarbeiten kann, hat er von daher keinen Grund mehr, sich hauptsächlich auf die Vergangenheit zu richten. Er unterhält dann eine offene Beziehung zur Gegenwart und bewahrt dabei, was er selbst im Leben als wesentlich wertvoll zu erkennen gelernt hat. Die Person, die das kann, wird kein laudator temporis acti und schirmt sich nicht gegen die unangenehmen Dinge des Alters ab; sie durchlebt die Einsamkeit und den Mangel an Kommunikation, die es oft mit sich bringt. Vielleicht hat diese Person die meiste Freude und den geringsten Verdruß.

Im allgemeinen ist die Erinnerung eine Funktion der Person zum Festhalten der Kontinuität in ihrem Leben – und damit ihrer Identität. Im Alter erhält diese Funktion einen besonderen Sinn, weil es dann keine Zukunft mehr gibt, auf die sie noch hoffen könnte. Der Glaube an eine Zukunft nach dem Tod ermöglicht im Alter ein offeneres Verhältnis zur Gegenwart. Die Untersuchungen von J. Munnichs erbrachten in dieser Hinsicht folgende Unterscheidungen: Personen mit einer explizit religiösen Sinngebung von persönlich durchlebter Art; Personen mit einer explizit allgemein menschlichen Sinngebung von persönlich durchlebter Art; implizit gegebene Sinngebung von persönlich durchlebter Art; Ambiva-

lenz gegenüber religiöser Sinngebung; formal religiöse Sinngebung; stereotype Bemerkungen und Fehlen einer Sinngebung (182, 115).
Bei diesen Untersuchungen handelte es sich meist um Bejahrte, die mit der Endlichkeit eine religiöse Sinngebung verbanden und diese auch bejahten, und um Bejahrte, die auf implizite Weise zu verstehen gaben, daß sie mit der Endlichkeit eine religiöse oder allgemein menschliche Sinngebung verbanden und auch bejahten (182, 119). Dabei stellte sich heraus, daß bejahrte Menschen mit einer allgemein menschlichen (also nicht religiösen) Sinngebung „keineswegs mehr, eher weniger Mühe mit der Endlichkeit haben als die, die eine Religion haben" (182, 120). In unserem Zusammenhang ist die wichtigste Schlußfolgerung, daß ein offenes Verhältnis zur Gegenwart für die Bejahrten am schwierigsten zu finden ist, wo Sinngebung fehlt oder nicht persönlich durchlebt wird.
Die Bedeutung eines zusammenfassenden und persönlich durchlebten Lebensbildes, das von den Autoren, die sich mit der psychischen Gesundheit befassen, sehr hoch eingeschätzt wird, tritt hier erneut in Erscheinung (s. auch das Kapitel über Erwachsensein und psychische Gesundheit). Havighurst hält das Entwickeln eines solchen Lebensbildes für einen Auftrag, der zu Beginn des frühen Erwachsenenalters erledigt werden muß (35, 142 ff.). Damit stimmt auch Sterns Auffassung überein. Er bemerkt, daß ein größeres Interesse am Religiösen, an Natur und Metaphysik im Alter viel weniger vorkommt als oft behauptet wird. Das trifft wahrscheinlich nur dann zu, wenn der Keim dazu bereits vorhanden war und während des Lebenslaufes lediglich durch andere Dinge in seiner Entwicklung gehindert wurde (105, 80—81).

Alter und Erfüllung

Das Erfüllungserlebnis wird vor allem mit dem Alter in Verbindung gebracht. Es sei, so sagt man, eine der glücklichen Perioden des Lebens. Die Person könne dann in einer guten Daseinsmöglichkeit die Früchte ihrer Arbeit ernten, denn nun habe sie ja auch Zeit dazu. Es sei eine Periode der Unabhängigkeit, weil sie frei sei von Ambitionen und Arbeitspflichten, und eine Zeit der Bewertung und des Erkennens im Hinblick auf das, was sie im Leben zustande gebracht hat (47, 544). Der Begriff der Erfüllung erhält im Alter wirklich eine markante Bedeutung. Ch. Bühler betont besonders das Erreichen eines ‚Endzustandes', auf den die Person implizit oder explizit gerichtet ist, wenn sie sich selbst durch ihren Lebensplan in eine bestimmte Richtung festlegt. Jeder Mensch hat wohl bei seinem Tun und Lassen mit sich selbst das Beste vor. Bei der Erfüllung geht es besonders um die Endergebnisse, die der Person in ihrem Leben vor Augen stehen (13, 36). Man verbindet mit dieser Erfüllung folgende Begriffe: Genießen, Glück, Kinder, Arbeit, Erfolg, Werk, Wohlstand, Erfahrungsreichtum, mit Lebensschwierigkeiten fertig werden, Verwirklichung von Idealen, Erlangen innerer und äußerer Unabhängigkeit und inneren Friedens (13, 39). Im allgemeinen bewertet man diese Erfüllung höher als die Verbesserung oder Verschlechterung der Funktionen oder Leistungen als solche. In dem Maße, in dem sie bei den genannten Zielsetzungen Erfolg haben, werden bestimmte Lebensperioden oder wird das Leben als Ganzes als ‚erfüllt' empfunden (13, 44). Im Erfüllungserlebnis ist zugleich ein Moment der Selbstbeurteilung enthalten. Die Person glaubt, daß besonders die Art der Formgebung in ihrem eigenen Leben (Selbstbestimmung) zu dieser Erfüllung führte (110, 18). Religiöse Menschen empfinden diese Selbstbestimmung zugleich als eine Form der Gnade.

Jetzt, wo die Person am Ende steht, erhalten diese Dinge eine tiefe Bedeutung. In dem Maße, in dem sie sich zu dieser Endsituation eindeutig verhalten kann, kann auch das Erfüllungserlebnis - ganz oder teilweise - diese Endsituation färben. Dann bestimmt der Gefühlston einer „inneren Zufriedenheit" das Leben (184, 132). Spezielle persönliche Beziehungen und innere Zufriedenheit sind viel bessere Anzeichen der Persönlichkeitsanpassung im Alter als Arbeitsfähigkeit oder materielle Umstände (184, 132). Diese innere Zufriedenheit oder Lebensgenugtuung (‚life-satisfaction') scheint nicht an das gesellschaftliche Niveau gebunden zu sein, auf dem die Person zeit ihres Lebens gewirkt hat. Sie kommt in allen Schichten der Gesellschaft vor (188, 23). Uns scheint, daß die Begriffe von Bühler dem alten Menschen als Person mehr gerecht werden als der Begriff der Anpassung, mit dem in diesem Zusammenhang oft gearbeitet wird.

Von einem ‚gut angepaßten Bejahrten' erwartet man meist eine passable körperliche Gesundheit, eine den Jahren entsprechende Aktivität und geistige Regsamkeit. Er kennt keine Spannungen und ist damit zufrieden, wie die Dinge geschehen (184, 132). Er gibt zu, daß er physisch weniger attraktiv ist, daß seine Kraft nachläßt und daß er einen geringeren sozialen Status hat (47, 551). Er paßt sich der Tatsache an, daß er sich zurückziehen muß, daß er weniger Einkommen hat und daß sein Lebenspartner stirbt (35, 277 ff.). Der nicht angepaßte Bejahrte wird als das genaue Gegenteil beschrieben. Aber die erwähnten positiven und negativen Aspekte bleiben doch wohl zu sehr an der Außenseite der Person. Wenn solche Merkmale mit der Lebenserfüllung oder der Lebensgenugtuung als Furcht der lebenslänglichen Selbstbestimmung der Person in Verbindung gebracht werden, die nun am Ende steht, verschaffen sie uns einen besseren Zugang zum Verständnis des Alters als letzter Lebensphase. Sie gewinnen dann auch einen Zusammenhalt mit dem Sinn dieses Lebensabschnittes für die Person selbst. „Alles in allem kommt es darauf an, daß alte Menschen - wie in allen Lebensabschnitten - ein neues Ich bilden" (104, 115). Bei der Gestaltung dieses Ichs kommt dem Erfüllungserlebnis in allen möglichen Schattierungen eine wesentliche Rolle zu. Im vorwiegend positiven Sinne begegnet man den verschiedenen Aspekten dieses neuen Ichs in folgenden Zitaten aus einem Interview mit einem Mann von 71 Jahren. „Die Pensionierung fand ich nicht schön. Am Mit-

tag vorher habe ich geweint. Mir hat die Arbeit Spaß gemacht. Ich fand es scheußlich, daß ich aufhören mußte. Aber ich bin schnell damit fertig geworden... Wenn ich's noch mal zu tun hätte, würde ich mehr im Haushalt arbeiten. Ich würde mich auch für den Haushalt interessieren. Und daß die Kinder mich mehr sehen würden. Morgens war ich schon weg, wenn sie aufstanden, und abends waren sie schon wieder im Bett. Ich würde es bestimmt anders machen... Ich langweile mich nicht, mache Besorgungen, gehe zu den Kindern, lese die Zeitung und helfe auch meiner Frau im Haushalt; sie hat nämlich Rheuma... An den Tod denkt man ja unwillkürlich. Aber ich drücke mich nicht davor. Und ein religiöses Problem ist das auch nicht. Es ist doch ganz natürlich. Man weiß doch, daß man gehn muß. Dann ist es vorbei. Wir gehen ins Krematorium. Dann ist alles erledigt. Wir müssen dankbar sein, daß wir auf unsere alten Tage so ein gutes Leben haben. Und wenn ich Rechenschaft ablegen muß, habe ich davor keine Angst. Das traue ich mir schon zu. (Seine Frau fügte noch hinzu: „Du hast immer nur für andere gelebt.") Wer morgens nicht mehr wach wird, der hat Schwein gehabt. Kranksein ist scheußlich. Aber ich möchte gern noch ein paar Jährchen leben. Und dann so plötzlich weg... daß man nicht mehr von den Angehörigen Abschied nehmen kann... Wenn man alt wird, weiß man doch, daß man sterben muß. Viel schlimmer war das mit dem kleinen Mädchen (ein Enkelkind war gestorben)... Ich bin doch zufrieden, wenn es auch Enttäuschungen gibt. Man hat getan, was man konnte" (182, 84—85).
Hier geht es um viel mehr als um Anpassung.
Eine typische Möglichkeit, die nur dem Alter eigen ist, liegt in der Tatsache, daß das Erfüllungserlebnis deutlich die Form der ‚Vollendung' annehmen kann. Das ist eine Form des Lebens und Erlebens, die von der Person und von anderen als positives Schlußstück des Lebens angesehen wird, auf das die innere Dynamik des Lebenslaufes als Ganzes gerichtet war. Mit dieser Vollendung werden verschiedene positive Qualitäten verbunden. Dem steht Stern besonders skeptisch gegenüber. Er meint, das würde eine kontemplative Haltung, eine innere Ruhe und eine innere Freiheit voraussetzen, die nur selten vorkomme (105, 76). Wenn man die Vollendung und die Weisheit des Alters, die Stern damit in engen Zusammenhang bringt, so auffaßt, würde das tatsächlich nur für Menschen zutreffen, die wesentlich über dem Durchschnitt liegen. Die Studie von Munnichs (182), die Erfahrung des Alltags und besonders die Art und Weise, auf die Menschen sterben, deuten darauf hin, daß diese Vollendung in einfacherer Form bei Menschen, die psychisch nicht gestört sind und das Alter positiv erleben konnten, doch weniger selten ist, als Stern uns glauben läßt. Auch hier muß man zwischen dem expliziten Erlebnis der Vollendung und einer tatsächlichen Lebenshaltung unterscheiden, in der das Alter sich einfach als Vollendung des Lebens verwirklicht und als solches auch von anderen anerkannt wird. Auch Rümke beschreibt, wie „ein unbekanntes Gefühl des Friedens entstehen kann" und eine „tiefere Ruhe, als man sie je erfahren hat", wenn man die Beschränkungen des

Alters wirklich bejahen kann. Rümke knüpft bei diesen Überlegungen an die Gedanken von Stanley Hall an und bestätigt, daß der alte Mensch, der soweit kommt, „die Echtheit im einfachen Leben sieht, die er früher auf diese Weise nicht sah" (104, 108—109). In den Erfüllungs- und Vollendungserlebnissen spielt damit nicht nur die Vergangenheit eine Rolle. Das erfüllte Alter ist nicht nur eine Frucht des gesamten Lebenslaufes, sondern auch des Akzeptierens und Realisierens der Forderungen und des Sinnes, die mit dem Alter gegeben sind. Bis zum letzten Augenblick des Lebens bleibt die Selbstbestimmung der Person ein richtungweisender Faktor in ihrem Leben; sie muß die besondere Thematik dieses Lebensabschnittes aufgreifen und verarbeiten. Gelingt ihr das, dann hat auch das Alter eigene personalisierende Möglichkeiten, und die Entwicklung geht weiter, sogar bis zum Ende.

Altersbilder

Wenn man die Kontinuität des Lebenslaufes, das Am-Ende-Stehen und das Eintreten oder Ausbleiben des Erfüllungserlebnisses als Ausgangspunkt nimmt und vom Standpunkt der Anpassung her untersucht, scheinen eine Reihe Nuancierungen möglich zu sein, die unseren Einblick in das Alter wesentlich erweitern können. Bei der Besprechung einzelner ‚Altersbilder' gehen wir einerseits von den Kerngedanken dieses Buches aus, und andererseits von den Untersuchungen von Reichard und Peterson (191).
Zu den Kerngedanken dieses Buches gehören:
1. die Kontinuität des Lebenslaufes, die Entwicklung der persönlichen Identität und das Verhältnis der Person zu ihrem eigenen Lebenslauf;
2. das Verhältnis zum Lebensabschnitt, in dem die Person sich befindet;
3. die Art und Weise, auf die die Person mit der Lebenserfahrung umgeht. Sie drückt sich auch in der offenen oder geschlossenen Mentalität aus. Im Zusammenhang mit dem Alter kommt hier das Thema der ‚Altersweisheit' zur Sprache;
4. die Merkmale der psychischen Gesundheit, wie sie von G. W. Allport zusammengefaßt werden. Es sind: persönliches (‚egoinvolved') Engagement auf einem der wichtigen Gebiete der Kultur: Arbeit, Ehe, Familie, Religion, Kunst, Wissenschaft; eine lebhafte Kontaktfähigkeit; ein innerlich stabiles Gefühlsleben; eine Form des Denkens und Handelns, die der Wirklichkeit entspricht und sich selbst relativieren kann; Humor und ein realistisches Selbstverständnis; ein Lebensbild, das Einheit und Ordnung in den Lebenslauf bringt;
5. die Grundtendenzen, die Ch. Bühler genannt hat: Bedürfnisbefriedigung, Selbstbeschränkung durch Anpassung, kreative Expansion und innere Ordnung wie auch die Motivationen (Mentalität), die sich hieraus ergeben.
Die Untersuchung von Reichard und Peterson kommt zu fünf Anpassungsformen, die das Alter annehmen kann:

1. das Alter in konstruktiver Form;
2. das abhängige Alter;
3. das Alter in der Verteidigung;
4. das Alter in feindlicher Haltung;
5. eine Altersform, in der ebenfalls Feindlichkeit vorherrscht, jedoch im Sinne von Selbstverachtung und Selbstmißbilligung.

Für unseren Zweck hat die Untersuchung zwei Nachteile: Sie befaßt sich nur mit Männern und ist wahrscheinlich zu spezifisch amerikanisch. Bromley stellt fest, daß manche alten Menschen in England mit keinem der Untersuchten viel Gemeinsames hatten. Außerdem zeigten eine Reihe von Bejahrten Eigenschaften, die in der amerikanischen Untersuchung nicht vorkamen, und entbehrten einer Reihe von Eigenschaften, die dort erwähnt wurden (184, 121 ff.).

Was den ersten Einwand betrifft, so wissen wir über den alten Mann tatsächlich mehr als über die alte Frau. Eine Untersuchung hat ergeben, daß die Frau zwischen 60 und 80 Jahren wesentlich mehr Probleme mit Geld, Gesundheit, Religion und Tod hat als in den Jahren vorher (111, 873). J. Kunze geht in ihrem Buch über die erwachsene Frau (192) nicht weiter als bis zum beginnenden Alter. M. Leibl (193) widmet ihr zwei Seiten, und die sind noch sehr allgemein gehalten. Sie erwähnt eine zunehmende Ökonomie im Gebrauch körperlicher und psychischer Kräfte, eine weitere Verinnerlichung, das Bedürfnis nach Ruhe, eine ausweichende Haltung gegenüber Emotionen, Störungen und Komplikationen. Auch in ihrer Beschreibung wird deutlich, daß die Frau im Alter mehr Wert auf innere Harmonie und Ruhe als auf Leistungen und Aktivität legt. Freiheit des Geistes und Freude an kleinen und einfachen Dingen werden zu Merkmalen der Frau im Alter; Heiterkeit und Distanz zur eigenen Vergangenheit kennzeichnen sie. Leibl spricht von einem geistigen Ich, das die Oberhand gewinnt, ein Gedanke, den wir auch bei anderen Autoren gefunden haben (193, 353–354). Ihre Beschreibung stimmt im allgemeinen mit Rümkes Auffassungen vom alten Mann überein, die wir kurz erwähnt haben. Man hat den Eindruck, daß hier mehr über die ideale Seite des männlichen und weiblichen Alters gesprochen wird als über die tatsächliche. Untersuchungen lassen darauf schließen, daß Männer und Frauen sich in einer Reihe von Persönlichkeitsmerkmalen beachtlich voneinander unterscheiden: in der gefühlsmäßigen und der geistigen Flexibilität, in der Rollenfähigkeit, in der Leiberfahrung, in den sozialen Gefühlen, im körperlichen Wohlbefinden und in der sexuellen Integration. Dasselbe gilt für die Art und Weise, auf die Mann und Frau im Alter mit dem Leben fertig werden. Beide zeigen eine mehr passive Haltung, ein mehr selbstbezogenes und nicht ganz konsequentes logisches Denken und eine ‚motiviert fehlerhafte Wahrnehmung'. Anderseits laufen die Interessenrichtung und die Art des eigenen Einsatzes im Leben immer mehr auseinander (194, 145). Die Frau kommt dabei mehr für sich selbst auf als der Mann (147). Das zeigt erneut, daß die Wertkonvergenz bei Mann und Frau in der zweiten Lebenshälfte relativ ist.

Zur Ergänzung der Untersuchung von Reichard-Peterson ziehen wir die Arbeit von Neugarten, Crotty und Tobin (195) heran, die auch die ältere Frau berücksichtigt. Danach ist zwischen einem mehr integrierten, einem passiv-abhängigen, einem ablehnenden und sich selbst kontrollierenden und einem nicht integrierten Frauentyp zu unterscheiden. Jeden von ihnen finden wir im frühen Alter und im Alter auf verschiedenen gesellschaftlichen Ebenen. Das Lebensalter ist für diese Typen ein relativ unwichtiger Faktor. Auffallend ist die Übereinstimmung mit den von Reichard und Peterson beim alten Mann erwähnten Anpassungsformen.

Zur zweiten Einschränkung wäre zu sagen: Es ist sehr gut möglich, daß Bromleys Feststellung nicht nur für England, sondern auch für andere Länder zutrifft. In England selbst treten wieder andere Faktoren auf, die die Brauchbarkeit der englischen Untersuchungsergebnisse für andere Länder einschränken. Ein Beispiel sind die viel größeren Schwierigkeiten englischer Männer und Frauen mit dem Pensionsalter (161, 262 ff.; 186, 46). Anderseits sind die Bilder, die Reichard und Peterson zeichnen, für uns recht gut zu erkennen. Sie geben uns auf jeden Fall die Möglichkeit, einige Nuancierungen vorzunehmen und damit einem einseitig positiven oder negativen Bild vom Alter vorzubeugen.

Die Autoren unterscheiden fünf Formen der Anpassung an das Alter. Bei ihrer Besprechung berücksichtigen wir die Grundgedanken, die dieser Einführung in die Lebenslaufpsychologie zugrunde liegen.


### Die konstruktive Form

Etwa ein Drittel der untersuchten Personen verstanden es, mit der letzten Lebensperiode konstruktiv umzugehen. In ihrem Leben hatte es eine regelmäßige Entfaltung gegeben; Krisen konnten sie gut verarbeiten. Sie engagierten sich mit Erfolg und innerer Genugtuung auf einem oder mehreren der großen Gebiete der Kultur, und ihre kreative Expansion im Erwachsenenalter realisierte sich auf eine Weise, die mit ihrer Lebensart im Alter übereinstimmte. Man fand in ihrem Alter kaum unbewältigte Dinge. Das Versagen in ihrem Leben scheint gut verarbeitet zu sein; und sie können ruhig darüber sprechen. Sie haben offensichtlich auch die Thematik der Lebensabschnitte, wie sie hier besprochen wurde, gut verstanden. Sie schauen mit innerer Zufriedenheit auf ihr Leben zurück; in ihrem Alter gibt es eine deutliche Lebenserfüllung. Die Kontinuität drückt sich in verschiedenen Interessen aus, die noch von früher her vorhanden sind und mit dem Lebensplan in Verbindung stehen. Die Identität ist an einem starken Gefühl für den eigenen Wert und einem realistischen Selbstverständnis zu erkennen; sie steht auf ihre Weise hinter den eingenommenen Standpunkten. Verträglichkeit und Humor prägen die Beziehungen zu sich selbst und zu anderen. Es sind gut integrierte Menschen, die auch hinsichtlich der Einschränkungen des Alters ein reales Anpassungsvermögen gefunden haben und innerlich geordnet sind. Diese innere Ordnung äußert sich in Lebensfreude, einer heiteren Atmosphäre (stabiles Gefühlsleben) und dem Wirklichkeitssinn, mit dem sie dem Tod entgegensehen. Das macht es ihnen möglich, die jetzt noch vorhandenen Dinge zu genießen, besonders die positiven persönlichen Kontakte. Der Zeitabschnitt des Alters – den sie bewußt als ein Dasein an einem guten Ende erleben – ist für sie eindeutig prositiv gefärbt. Sie bleiben in ihrem Leben aktiv, sind bereit, zu diesem Zweck noch neue Dinge zu lernen und zeigen sich dazu auch in der Lage, wenn die Lernmethode auf sie abgestimmt wird. Darum suchen wahrscheinlich noch manche Bejahrte eine Arbeit, aber es gibt für sie noch wenig Arbeitsplätze. Wenn die Suche nach Arbeit nämlich auf ein weniger geglücktes Verhältnis zum letzten Lebensabschnitt zurückzuführen ist, wie die Besprechung der Alterstypen es zeigen wird, ist das nicht verwunderlich. Auch erscheint es als nicht ausgeschlossen, daß die Widersprüchlichkeit in den Umschulungsergebnissen bei bejahrten Menschen (33, 357–358) mit der totalen Anpassungsweise der Person an das Alter zusammenhängt.

Die kritischen Bemerkungen, die Stern in seinem Werk ständig über den bejahrten Menschen macht, treffen sicher nicht für den konstruktiven Typ zu. Stern glaubt weder an ein geistiges Aufblühen im Alter (105, 76), noch an die „Weisheit des Alters" (105, 77); das Gefühlsleben stumpft nach seiner Meinung ab (105, 82); es zeigten sich nun mehr oder weniger pathologische Züge (105, 82–83). Vielleicht sind seine Beobachtungen zu sehr an die Menschen gebunden, mit denen er als Arzt Kontakt hatte. Für den konstruktiven Typ ist das Freisein von neurotischen und ängstlichen Zügen charakteristisch. Die Person, wie sie sich hier zeigt, läßt eine ziemliche Übereinstimmung mit der Person erkennen, die die Grundhaltung der Integrität erworben hat, wie sie von Erikson beschrieben wird. In dieser Integrität spielt die Weisheit eine große Rolle, und die wird auch von Erikson genauer definiert. Die Person ist hier tatsächlich „heiter und weise" (102, 37), und das kann sie auf ihre Ebene und, mit ihren Mitteln, vor allem auch in ihr Verhalten übertragen. Das geistige Niveau der Frauen dieses Typs lag auffallenderweise meist höher als das der anderen. Sie hatten ein gutes Gleichgewicht zwischen Aktivität und Passivität gefunden. Ihre Charakteristik stimmt übrigens mit der der eben beschriebenen Männer überein (195, 176–178). Es ist wichtig, die Altersweisheit von Mann und Frau nicht in erster Linie in dem zu suchen, was sie sagen. Es ist in vielen Fällen mehr eine ‚Verhaltens'-Weisheit als eine verbale Weisheit. Sie äußert sich *in der Weise, auf die* der alte Mensch sich zu sich selbst, zu Situationen und zum Mitmenschen verhält. In Augenaufschlag, Haltung und Mimik äußert sie sich oft mehr und expressiver als im gesprochenen Wort. Die Vorstellung, daß Weisheit mehr aus Taten als aus Worten zu erkennen sei, ist übrigens schon alt.

Man kann sagen, daß der konstruktive bejahrte Mensch die Merkmale der psychischen Gesundheit so verwirklicht, wie sie für das Alter Gültigkeit haben. Hier trifft zu, was wir früher in diesem Buch über die offene Mentalität gesagt haben. Das findet in zwei Merkmalen seinen Ausdruck:

in der Erfahrung, daß das Leben auch jetzt noch der Mühe wert ist, und im Fehlen von Vorurteilen, die dem Selbstschutz dienen.
Der ‚autonome Typ' des alten Menschen (Riesman, 196) ist praktisch mit dem konstruktiven identisch.

### Die abhängige Form

Das Alter von etwa 13 % der untersuchten Personen war durch Abhängigkeit gekennzeichnet, die sich vor allem in deiner deutlicheren Passivität, im Erwarten von Hilfe und gefühlsmäßiger Unterstützung von seiten anderer und in einem etwas untergeordneten Verhältnis zu ihrer Frau äußerte. In ihrem Leben ist die Kontinuität offensichtlich gut verwirklicht, aber es zeichnet sich nicht durch eine deutliche und ansprechende kreative Expansion aus. Sie haben in ihrem Milieu und auf ihrem Niveau keine besonderen Dinge gesucht und ihre Arbeit nur einfach gut getan. Jetzt sind sie froh, daß sie es hinter sich haben. In ihrem Alter ist die Bedürfnisbefriedigung dominant. Sie spielt auch in ihrer inneren Ordnung eine wichtige Rolle; gerät sie in Gefahr, so wird das als Bedrohung empfunden. Dabei neigen sie zu gewissen Übertreibungen. - Mit ihrem Leben ist die Person dieses Typs recht zufrieden; Mängel und Versagen stören sie nicht. Die Erfüllung hat hier die Form eines mehr passiven Genießens der Früchte der früheren Arbeit, aber ihr fehlt die Tiefe, d. h. die tiefe persönliche Bedeutung, die ihr in ihrer höchsten Form eigen ist. Die Person steht mit wenig innerer Dynamik am Ende, aber sie ist trotzdem zufrieden. Sie ist zweifellos als psychisch gesund anzusehen, aber bei allen Kennzeichen dieser Gesundheit fehlt das ‚finishing touch'. Die Weise des Altseins stimmt deutlich mit der in den früheren Lebensabschnitten überein. In ihren Beziehungen ist sie vorsichtig und darauf bedacht, sich selbst zu schützen. Sie hält sich gern im geschlossenen Kreis der Familie auf. Sie schließt sich nicht gerne anderen Menschen an. Sich selbst kennt sie recht gut, und mit ihrer Umgebung bekommt sie nicht leicht Schwierigkeiten. Es besteht eine Neigung zur Gefühlsinstabilität, die jedoch im allgemeinen gut kontrolliert wird. Wenn Stern behauptet, daß die Ich-Gefühle im Alter leicht überwiegen, so gilt das besonders für die Person, die auf diese Art alt wird. Havighurst nennt als dominante Werte des Alters: Ruhe, zurückgezogenes Leben, Freiheit im Handeln, die Nähe von Bekannten und Freunden, das Verbleiben in einer Gruppe der eigenen Subkultur, eine nicht zu teure Lebenshaltung und die Nähe von Verkehrsmitteln, Theater, Läden, Kirche usw. (35, 282). Diese Werte gelten vor allem für den hier beschriebenen Typ. Die Person ist für ihr Wohlbefinden in hohem Maße davon abhängig. Die konstruktive Lebensform ordnet sie eher einem Lebensplan unter, der auch das Alter trägt. Die Konvergenz der Werte in der Richtung zum Fraulichen hin findet in dieser Form des Alters deutlicher statt (13, 58). Die abhängige Einstellung der Person macht das verständlich. Dem Tod gegenüber wird eine etwas ausweichen-

de Haltung eingenommen (182, Fall 1110, 94 ist ein Beispiel für diese Alterform). Die Selbstbezogenheit und das Beibehalten des eigenen Lebensschemas können leicht eine etwas übertriebene Form annehmen und sind dann als konnaturale Abweichungen anzusehen.
Bei den Frauen dieses Typs konzentrierte das Selbstverständnis sich stark auf die Rollen der Hausfrau und der Mutter; sie waren von ihrem Ehepartner abhängig, während Männer und Frauen dieses Typs in ihrer Jugend deutlich von ihrer Mutter abhängig gewesen waren (184, 124; 195, 178). Nun haben sie ein gutes Empfinden für Eigenwert und Selbständigkeit. Das Lebensschema der Frau war nicht leicht zu verändern, und sie hatte auch kein Bedürfnis danach. Auch hier war die Übereinstimmung zwischen Mann und Frau groß. Bemerkenswert ist, daß das Stehen-am-Ende die Form eines ruhigen Alters annimmt, aus dem die Dynamik gewichen ist: Die Tage werden mit alltäglichen Dingen ausgefüllt, und diese werden vor Störungen und Konflikten bewahrt. Das Interesse wird allmählich geringer (105, 80). Die wirkliche Weisheit des Alters findet man hier nicht, wohl aber immer wieder das, was die Person hauptsächlich für sich selbst vom Leben gelernt hat. Das Verhältnis zum eigenen Lebenslauf gewinnt hier viel weniger deutlich Gestalt als bei der vorigen Gruppe. Das Leben kommt und geht.

### Die verteidigende Form

Eine andere Gruppe von Bejahrten gerät im letzten Lebensabschnitt stärker in die Verteidigung. Sie besteht eigentlich nur aus Männern (Altersdurchschnitt 73 Jahre); für die Frauen trifft das nicht zu (195, 179). Die Art des defensiven Verhaltens im Alter ist individuell sehr verschieden. Am auffälligsten waren eine große Aktivität, Selbständigkeit und das Bedürfnis, alles möglichst selbst zu tun. Bei der Frau wurde das gleiche Bedürfnis an ‚maximaler Aktivität' (195, 180) festgestellt. Der letzte Lebensabschnitt wird als bedrohend empfunden, man verlangt nach den jüngeren Jahren zurück, und manchmal wird die Jugend beneidet. Der Gedanke an den Tod wird nachdrücklich zurückgewiesen. Verschiedene Dinge rücken bei dieser Form des Altseins in den Vordergrund: das Altwerden selbst ist als unbewältigte Sache liegengeblieben (manchmal wird versucht, die Pensionierung hinauszuschieben); das Stehen am Ende wird dadurch nicht wirklich innerlich verarbeitet, und man flieht in die Aktivität; die Kontinuität des Lebenslaufes zeigt sich auf negative Weise. Bemerkenswert ist, daß diese Bejahrten sich nicht leicht befragen ließen, wenn es um die Beziehungen ging. Auf diesem Sektor war es oft zu großen Empfindlichkeiten und Spannungen gekommen, und das war auch zum Zeitpunkt der Befragung noch so. Bei einigen machte sich eine offenkundige Feindlichkeit bemerkbar. Humor war selten festzustellen; dagegen war das Pflichtgefühl vorherrschend. Obwohl sie im allgemeinen mit ihrem Leben und dessen Resultaten zufrieden waren, kam es nicht zur Erfüllung und zur Ruhe des Alters. Die Befriedigung persönlicher Bedürfnisse in Form des Genießens wurde nicht gefunden. Die kreative Expansion ist bei dieser Altersform zu einseitig auf Verteidigung begründet, um innere Zufriedenheit zu ermöglichen, und die Anpassung durch Selbstbeschränkung wurde eher durch Notwendigkeiten erzwungen als von innen her vollzogen. Viele Bejahrte dieses Typs zeigen deutlich eine Reihe von Merkmalen der geschlossenen Mentalität.

Die Weisheit des Alters trifft man hier nicht an. Diese Bejahrten zeigen eher die Schwächen, die die Literatur erwähnt: Ihre Weisheit läuft auf „billige Gemeinplätze und konventionelle Wahrheiten" hinaus (Grehle, zit. in 105, 75); von einem geistigen Aufblühen kann keine Rede sein. R. Guardini definiert den weisen Menschen als denjenigen, der weiß, daß das Ende kommt und der das auch akzeptiert (93, 49); dieser Typ des Bejahrten tut alles notgedrungen.

Zwischen Vernunft und Gefühl ist eine unzulängliche Integration zustande gekommen (102, 37), und das gerade dort, wo es um das eigentliche Thema dieses Lebensabschnittes geht. Ob es sich hierbei um eine unbewältigte Sache oder um eine konnaturale Abweichung handelt, kann nicht generell gesagt werden. Zufällige Ereignisse, etwa der plötzliche Tod von guten Bekannten oder eine unvorhergesehene Bedrohung des Lebensunterhalts, können bei diesen alten Menschen leicht zu konnaturalen Abweichungen führen.

Auffallend ist auch, daß offene Gefühle bei diesem Typ selten vorkamen; die intentionalen Gefühle, die mit Aktivität und Selbstsicherung zusammenhängen, waren vorherrschend. Auch das ist ein Moment der ungenügenden Integration, das eine ruhige innere Ordnung verhindert. Dadurch ist das eigene Innere für die Person kein gut bewohnbarer Raum mehr, in dem sie bei sich selbst sein kann. Das erschwert auch den persönlichen Kontakt. Er bleibt oberflächlich und hält sich an äußeren Dingen auf. Bei aller Aktivität und allen sozialen Kontakten findet man manchmal doch eine unverarbeitete Einsamkeit. Das ist verständlich: Die Flucht vor dem Eigentlichen des Alters hindert die Person, mit sich selbst und mit anderen in echte Kommunikation zu treten.

Die feindliche Form

Der vierte Typ, den Reichard und Peterson beschreiben, fällt durch eine eindeutig negative, feindliche und anschuldigende Haltung gegenüber der Umgebung und denjenigen auf, die auf seinen Lebensweg einen Einfluß ausgeübt haben. Eine mangelhafte Kontinuität im Arbeitsleben ist bei ihm deutlich nachweisbar, und ebenso eine abfallende Linie in sozial-ökonomischer Hinsicht. Das Verhältnis zum letzten Lebensabschnitt scheint die Folge eines nicht allzu geglückten Lebens zu sein; das Alter wird ausgesprochen negativ empfunden. Es ist für das Gefühl der Person ein Zeitabschnitt des Verfalls, der nicht bejahten Abhängigkeit, so daß auch

die Beziehungen negativ empfunden werden. Altsein ist etwas, das der Person vom Leben angetan wird. Dagegen ist nicht anzukommen. Man muß ihm durch eine möglichst lange beibehaltene Aktivität zu entrinnen suchen. Das Alter kommt nur durch die Beschränkungen zum Ausdruck, die es mit sich bringt (93, 52). Die Zeit der Pensionierung ist darum für die Bejahrten eine bittere Zeit. Die hier auftretende Form der Altersweisheit sieht Stern in unnuancierten Meinungen über mancherlei Dinge, in denen persönlich bittere, aggressive und enttäuschte Gefühle eine Rolle spielen. Junge Menschen werden beneidet; der alte Mensch dieses Typs versteht es nicht, sie ins Leben einzuführen. Das Gespräch über ihn selbst ist sehr mühsam, weil er wenig Selbstkenntnis und wenig Selbsteinblick besitzt. Die eigene Enttäuschung wird in negative Gefühle anderen gegenüber umgesetzt. Man hält starr an den eigenen Denk- und Verhaltensmodellen fest. Diese Menschen lassen hier deutlich die Merkmale der geschlossenen Mentalität erkennen. Das Erfüllungserlebnis kann in dieser Situation nicht erwartet werden. Das Leben ist für die Person immer eine abfallende Linie; ‚die anderen' tun der Person etwas an. Ihr Arbeitsleben war kein Erfolg, und ihre Liebe hat keine befriedigende Form gefunden. Der Begriff der Erfüllung wurde in Untersuchungen folgendermaßen definiert: Befriedigung in den Dingen des Alltags; das Leben wird als bedeutungsvoll empfunden; es wird von der Person realistisch bejaht, so wie es war; die Person hat das Empfinden, daß sie ihre wichtigsten Ziele erreicht hat; sie hat ein positives Selbstverständnis und eine positive Lebenshaltung (197). Keines dieser Kriterien trifft bei dem erwähnten Typ zu.
Das Stehen am Ende wird von der Furcht vor dem Tod geprägt. Der Lebenslauf zeigt, daß diese Menschen sich nicht ständig auf einem Gebiet der Kultur engagieren konnten; damit ist auch eine lebendige Kontaktmöglichkeit durch die ungenügende Kommunikation mit sich selbst und durch eine mißtrauische Haltung anderen gegenüber ausgeschlossen. Im Alter haben sie in ihrem Gefühlsleben keinen Ausgleich gefunden; Angst, Pessimismus und Niedergeschlagenheit kommen oft vor; eine negative Grundstimmung dominiert. Dabei spielen die Mißerfolge des Lebens, ungenügender Wirklichkeitssinn und oft ein unvernünftiges Finanzgebaren eine Rolle. Humor fehlt völlig. - Fast 30 % der Befragten gehörten zu diesem Typ.
Viele der negativen Dinge, die über den Kontakt mit alten Menschen gesagt wurden, treffen für diese Form des Altseins zu. Im allgemeinen besteht ein eindeutiger Zusammenhang zwischen den Gefühlen der Person und den Werten, die in ihrem Leben dominieren. Man könnte sagen, daß der Wert, der hier an der Spitze steht, vom bedrohten Ich, den bedrohten eigenen Interessen und dem ständig bedrohten Leben gebildet wird. Damit hängen viele der erwähnten Gefühle zusammen. Je älter die Person wird, desto mehr beginnen die persönlichen Werte ihr Urteil und ihr Verhalten zu färben (105, 67). Wenn dann in der Lebenshaltung die Feindlichkeit überwiegt, wird sie im Alter in zunehmendem Maße das Bild ganz bestimmen. Auch die Starrheit und Unbeugsamkeit des Ge-

fühls, die bei alten Menschen oft vorausgesetzt wird, ist bei diesem Typ angesichts des Schwankens im inneren Gleichgewicht verständlich. Bei einer negativen Grundhaltung stumpfen bestimmte Gefühle tatsächlich ab. Wir denken hier besonders an die offenen Gefühle, die mit der menschlichen Kommunikation zusammenhängen, an das Genießen, das Verlangen, die Freude, die echte Schuld, den Verdruß, das Erstaunen, das Vertrauen, die Dankbarkeit. Diese Gefühle werden hier selten angetroffen. Ihr Fehlen ist für die Person noch beschwerlicher als für ihre Umgebung. Die ‚Frustrations-Aggressions-Hypothese', die besagt, daß Frustration Feindlichkeit weckt, die sich im Laufe der Zeit auf andere Personen oder Situationen erstreckt als die, die die Frustration verschuldet haben, macht viel vom Verhalten dieser Bejahrten verständlich. Jetzt, wo sie am Ende stehen und nach ihrem Empfinden vom Leben nicht mehr viel zu erwarten haben, ist der Weg zurück sehr mühsam.

Diese Dinge machen die tägliche Erfahrung klarer, die lehrt, daß das positive Bild des Alters mehr Ideal als Wirklichkeit ist. Eigentlich handelt es sich ja hier um Personen, deren psychische Gesundheit unzureichend ist. Wenn im Alter die Selbstkontrolle nachläßt (102, 37; 105, 67), sind große Schwierigkeiten zu erwarten. Groll und Bitterkeit äußern sich auf verschiedene Weise, besonders denen gegenüber, von denen das Leben und die Versorgung - gegen den Willen der Person - abhängt. Manchmal glaubt man, sie wolle sich an ihnen für ihr ganzes Leben rächen. Wir nähern uns hier der Stagnation und der Isolierung. In der Person ist ein Grundgefühl am Werk, das dem Leben und den anderen gegenüber feindlich eingestellt ist; es zeigt sich in allen Aspekten des Lebens, und es zeichnet den Charakter der Person. Mißtrauen, Hypochondrie und Feindlichkeit können pathologische Formen annehmen. Das hier gezeichnete Bild stimmt in seinen Grundzügen mit dem der Frau überein, die als ‚nicht integriert' bezeichnet wird (195, 183–184; s. zum Vergleich auch Fall 2216 in 182, 96–98).

Wenn man das Leben dieser Gruppe von Bejahrten als Ganzes überschaut und dabei vor allem auf ihre Haltung im Alter achtet, dann fällt auf, daß die kreative Expansion bei ihnen nicht echt verwirklicht wurde; die Anpassung wird nur als Beschränkung empfunden; die innere Ordnung entsteht eigentlich nur auf der Basis von Feindlichkeit, und weil das eine unsichere Basis ist, sind Starrheit, Regulierung und Geschlossenheit notwendig, um das Gleichgewicht zu bewahren. Das Verlangen nach Bedürfnisbefriedigung wirkt um so stärker, je mehr es im Leben frustriert wurde; man fürchtet sich vor dem Ende. Hier trifft wirklich zu, daß derjenige, dem der ‚esprit' seines Lebensalters fehlt, allein mit den Schwierigkeiten fertig werden muß.

Selbstablehnung

Bei etwa 10 % der Bejahrten war eine Anpassungsweise festzustellen, die die Untersucher als Selbsthaß und Selbstverachtung bezeichneten. Sie stimmten mit dem zuletzt behandelten Typ ihrer aggressiven und feindlichen Mentalität überein. Der Unterschied liegt in der Verarbeitung dieser Feindlichkeit. In der vorigen Gruppe wurde sie gegen die Umgebung, die Welt und das Leben gerichtet, hier jedoch vornehmlich gegen sich selbst. Diese Menschen sind hauptsächlich Zyniker; sie machen keinen Unterschied zwischen Freund und Feind; sie erinnern uns an den ‚ernüchterten Menschen', der aus der Krise der Lebensbewertung kommt. Bei ihnen nimmt diese Ernüchterung die Form des Zynismus und der Distanz zu allem und jedem an. Nichts ist mehr der Mühe wert, am wenigsten sie selbst. Der Tod ist der positive Schluß eines schlechten Stückes. Der Widerwille gegen das Leben tritt uns aus der Beschreibung dieser Bejahrten entgegen. Die Untersucher stellen einen Zusammenhang zwischen dieser letzten Lebenshaltung und den allerersten Lebenserfahrungen fest. Sie kommen in dieser Hinsicht der Auffassung von Erikson sehr nahe. Er spricht bei einer negativ verlaufenden Entwicklung von ‚Mißtrauen und Widerwillen gegen das Leben' in der letzten Phase der psychischen Gesundheit. Sie füllen die letzten Lebensjahre der Person, die die Beziehung zum anderen und zur Gesellschaft nicht finden und diesen Kurzschluß nicht verarbeiten konnte. In ihrem Lebenslauf hat die Gesellschaft nachweislich keinen festen Platz gefunden; ihr Lebensplan folgte deutlich einer absteigenden Linie; es gelang ihr nicht, die gestellten Entwicklungsaufgaben durchzuführen; der folgende Lebensabschnitt wurde nicht vorbereitet. Auch ihr Lieben fand keine gute Form; viele dieser Menschen waren unglücklich verheiratet. Ihr Verhältnis zum letzten Lebensabschnitt ist ‚realistisch' im nüchternen und ungünstigen Sinne des Wortes; das Alter ist ein Faktum, daran kann man nichts ändern, das ist nun einmal so. Ihre Weisheit ist die der Bitterkeit und der unbarmherzigen Selbstkritik; das Schicksal spielt dabei eine wichtige Rolle. Je mehr sein Einfluß empfunden wird, desto geringer ist die Rolle der Initiative im Leben. Von Erfüllung und Lebensgenugtuung kann hier keine Rede sein, geschweige denn von dem Wunsch, das Leben noch einmal zu wiederholen. Nach Stern haben viele Bejahrte das Gefühl, sie würden die Wende zum Guten nicht mehr erleben (33, 62); über dieses Gefühl sind sie hinweg. Die Zeit fällt ihnen schwer und ist nicht ausgefüllt; es fehlt an Interessen. Das Zeiterlebnis ist im Alter sehr stark von der Stimmung der Person und ihrer aktiven Einstellung zum Leben abhängig. Die Stimmung ist hier negativ, das Leben ist nicht der Mühe wert, und Aktivität ist nicht vorhanden. Dadurch entsteht ein Gefühl der Überflüssigkeit und Nutzlosigkeit; die Zeit ist ein leerer Raum, in dem man niemandem begegnet, und der Tod wird somit zur Befreiung. Dieser Gruppe von Bejahrten fehlt es an allen Kernkriterien der psychischen Gesundheit. In ihrem Alter spielt die kreative Expansion keine Rolle; die Selbstbeschränkung wird

hier zur Selbstausschaltung, die Befriedigung von Bedürfnissen zu einer Art Notwendigkeit; die innere Ordnung wird durch Zynismus aufrechterhalten. Das Unharmonische dieser Lebensform wird auch in Gefühlen der Niedergeschlagenheit, der Nutzlosigkeit und eines fast unpersönlichen Selbstvorwurfs deutlich. Diese Verneinung des Lebens hat für viele die Funktion, sie bis zum Ende aufrechtzuerhalten. Sie ist eine Ausdrucksform für das, was man jetzt sein will und noch sein kann, um mit der Mühe fertig zu werden, die Leben heißt (198).
Das zeigt zwei Extreme in der Haltung der Person ihrer Endsituation gegenüber: eine konstruktive und eine äußerst negative. Dazwischen liegen einige Abstufungen. Sie sind als Bilder zu verstehen, die man noch nuancieren kann. Die beiden Extreme stimmen ungefähr mit den beiden Alternativen überein, die Erikson für die Endphase der psychischen Gesundheit nennt. Sie liegen auch auf der Linie der Ansichten von Ch. Bühler zum Lebenslauf. Der Zusammenhang der Lebensabschnitte rückt deutlich ins Blickfeld. Die Form, die das Alter als Schlußstück des Lebens annimmt, unterstützt ihre Ansicht, daß der Lebenslauf tatsächlich als ein zusammenhängendes Ganzes gesehen werden muß, in dem der Mentalität eine wichtige Rolle zukommt.
Diese Darlegungen werfen auch einiges Licht auf einige allgemeine Schwierigkeiten, die oft in Verbindung mit dem Alter genannt werden. Überall in der Literatur wird die Einsamkeit erwähnt, ebenso die geistige Not der bejahrten Menschen und Gefühle der Überflüssigkeit und Nutzlosigkeit. Dementsprechend muß über diese Dinge ausführlicher gesprochen werden. Auch Fallstudien weisen darauf hin, daß das Alterserlebnis das Resultat einer ‚Lebenslauferfahrung' ist, die in hohem Maße von der Individualität der Person abhängig ist.
Auch müssen einige allgemeine Auffassungen vom Alter im Hinblick auf unsere Darlegungen relativiert werden, z. B. daß der alte Mensch so lange wie möglich leben will, so lange wie möglich am gesellschaftlichen Leben teilnehmen will, Verlangen nach einem Jenseits hat, sich vor dem Tod fürchtet. Wenn man die bejahrte Person verstehen will, muß man einen Zugang zu dem Selbstverständnis finden, das sie im Alter gebildet hat (vgl. 47, 621). Man sagt sogar, daß die Person so alt ist wie ihr Selbstverständnis (199). Vielleicht ist es richtiger zu sagen, daß die Person *so*, d. h. auf die Weise alt ist, wie sie in dem Bild von sich selbst das Altsein verarbeitet hat. Dabei darf dieses Selbstbild nicht zu begrifflich verstanden werden. James sagt, daß nichts so sehr an Gefühle und Strebungen und Verhaltensweisen gebunden ist wie das ‚Ich' der Person. Dieses Selbstbild realisiert sich besonders in Verhaltensweisen, Gefühlen, Strebungen, Lebensform und Lebensstil. Als Beispiel mag folgendes Interview aus dem Werk von J. Munnichs dienen (182, 103–104).
„Fall 1101; Herr R., verheiratet, 73 Jahre.
Nach einigem Plaudern war er mit dem Gespräch einverstanden; gute Zusammenarbeit. Beide, sowohl er als auch seine Frau, stammen aus T. Sein Vater war Kupferschmied, und nach der Volksschule ging er mit

seinem Vater zur Arbeit. Dadurch kam er gelegentlich in Cafés und lernte, ab und zu einen Schnaps zu trinken. ‚Das hat mir immer Spaß gemacht, aber ich habe nie zuviel getrunken.' Später arbeitete er bei N., und noch später als Schlosser bei der Gemeinde. Er war sehr geschickt, tat alles selbst. War nie arbeitslos. Er hat vier Kinder, drei sind verheiratet, zwei gut, eins weniger gut. Wegen des letzteren ziemlich viel Kummer. Der einzige Sohn ist noch zu Hause.
Kontakte: Die Kontakte mit den Kindern sind recht gut. Sie besuchen die Kinder. (Man spricht aber nicht viel darüber.) Manchmal werden sie abgeholt, oder sie fahren mit dem Bus hin. Die meisten Bekannten sind tot. Wenig engere Kontakte.
Jugend: Haben weniger Respekt, sind ausgelassen. Gefällt mir nicht, wie sie mit dem Geld umgehen.
Schönste Zeit:
Schwierigste Zeit:                              Fragen kommen nicht an.
Möglichkeit der Wiederholung des Lebens:
Tagesordnung: ‚Tue nichts. Sitze am Fenster, schöne Aussicht. Man langweilt sich nicht.' Widerwillen gegen Fernsehen. ‚Ich komme noch mit dem Radio aus.' Außerdem liest er Zeitungen und Illustrierte.
Gesundheit: ‚Mir ist die alte Zeit lieber als die heutige. Mit 65 Jahren war ich erledigt.' Er hatte einen Schlaganfall. Infolgedessen ist er gebrechlich und spricht manchmal unverständlich. Dann schaut er sie an, und sie fährt fort oder ergänzt ihn. ‚Meine Pfeife ist leergebrannt.' Er erzählt eine Geschichte nach der anderen: ‚Der geht überhaupt nicht mehr aus, kann nicht mehr laufen.' Er selbst tut es manchmal noch zusammen mit seiner Frau.
Zeit vergeht rascher: ‚Ja, sie fliegt nur so dahin.'
Zukunft und Tod: ‚Laufen lassen, das geht schon in Ordnung; davor hab ich keine Angst.' (Sie sagt: ‚Es wird schon gut sein, denn es kommt keiner zurück, sagt mein Mann.') ‚Vor dem Jenseits hab ich keine Angst, ja, dann ist es vorbei.' (Frage: ‚Glauben Sie an ein Jenseits?') ‚Glaube nicht an den Himmel. Wenn ich wüßte, daß ich morgen weg müßte, gäbe ich da nichts drum. Davor hab ich keine Angst. Macht mir nichts, wie ich sterbe, plötzlich oder anders.' "
Dieses Interview enthält u. E. folgende Implikationen hinsichtlich der Selbstauffassung von R. und seiner Art, sich im Leben einzuordnen:
Er hat stets gerne einen Schnaps getrunken, aber nie zuviel. Er war nie arbeitslos und sehr geschickt. Eines der Kinder bereitet ihm ziemlich viel Kummer. Die Jugend hat nicht seine Sympathie. Er tut nichts mehr und langweilt sich nicht. Seine ‚Pfeife ist zwar leer', aber andere gehen überhaupt nicht mehr aus. Er war immer ein ruhiger Mann, also auch jetzt, aber die alte Zeit war besser. Vor dem Tod fürchtet er sich nicht, denn es ist vorbei. Es macht ihm nichts, wann er stirbt, und einen Himmel gibt es nicht.
Darin werden einige Aspekte seines Persönlichkeitsbildes deutlich. Da das Gespräch aber an sich eine andere Richtung nehmen sollte, bleibt man-

ches unklar. R. hat eine vorwiegend positive Einstellung zu sich selbst: er war geschickt, nie arbeitslos, ruhig, trank nie zuviel, langweilt sich nicht und vermag trotz schwacher Gesundheit mehr als andere. Er findet seine eigene Generation besser als die nachrückende; die Generation seiner Kinder bedeutet für sein Leben nicht allzuviel. Er nimmt in seinem Lebenslauf nicht mehr viele Nuancierungen vor. Er situiert sich nicht mehr in einer Zukunft, er tritt jetzt langsam. Die Zukunft ist neutral: weder bedrohlich noch hoffnungsvoll. Er spricht darüber trotzdem betont. (Nach dem Gespräch legte der Interviewer die Frage vor: „Denken Sie schon einmal ans Sterben?" „Nein, das wär das letzte, was ich täte. Da denk ich nie dran.")
Auffallend sind die positiven Äußerungen über sich selbst, die Schweigsamkeit oder das Unvermögen im Hinblick auf die schönste und die schwierigste Zeit des Lebens und die Möglichkeit einer Wiederholung des Lebens, die mehr formalen Kontakte zu den Kindern, die etwas widersprüchlichen Aussagen im Hinblick auf die Zukunft und schließlich die anfängliche Zurückhaltung, als er über sich selbst sprechen soll (eine Erfahrung, die Interviewer nicht nur bei Bejahrten machen). Viel Gefühl kommt uns bei diesem Gespräch nicht entgegen. Die Gefühle, die mit dem Ich zusammenhängen, zeigen sich nicht deutlich im ersten Kontakt. Für ein wirkliches Verstehen dieser Alterssituation ist ein weiteres Gespräch nötig, das sich mit der Selbstauffassung und den damit verbundenen Gefühlen und Strebungen befaßt. Der Autor schließt im Zusammenhang mit der Zielsetzung seiner Untersuchung: „Herr R. weicht aus, entzieht sich der Konfrontation mit dem Tod, findet in Endlichkeit und Tod keinen Sinn. Obwohl er sich nichts daraus macht, hält er sich am liebsten doch an sein, wenn auch armseliges, Dasein" (182, 109).
R. Guardini kommt zu dem Urteil, daß die Schwierigkeit des Älterwerdens in ethischer Hinsicht in dem Auftrag an die Person liegt, das Älterwerden zu akzeptieren, dessen Sinn zu verstehen und ihn zu verwirklichen (93, 86). Das ist nur möglich, wenn die Person während ihres Lebenslaufes den Auftrag eines jeden Zeitabschnittes zu akzeptieren, dessen Sinn zu verstehen und ihn auf eigene Weise und mit ihren Möglichkeiten zu verwirklichen vermochte.

# Literaturverzeichnis

Die Anmerkungsziffern im Text verweisen auf die Nummern dieses Verzeichnisses.

1. Teirlinck, H., Zelfportret, Amsterdam
2. Jaspers, K., Allgemeine Psychopathologie, Heidelberg, 7. Aufl. 1959
3. Hiltner, S., Pastoral Counseling, New York 1959
4. Langeveld, M. J., Kind und Jugendlicher in anthropologischer Sicht, Heidelberg 1959
5. Klein, V., The feminine character, London 1946
6. James, W., The varieties of religious experience, New York 1961
7. Tuckmann, J. - Lorge, I., Classification of the self as young, middle-aged or old, in: Geriatrics, 1954, 9, 534—536
8. Erikson, E. H., Growth and crises of the healthy personality, in Lazarus, R.S. - Opton, M., Personality, Penguin Modern Psychology UPS 9, 1967, 167—214; ursprüngl. in: Psychol. Issues, vol. I, 50—100
9. Adler, A., What life should mean to you, London 1962
10. Knigge, A. von, Über den Umgang mit Menschen, Frankfurt/M. 1962
11. Boekel, W. van, Mimesis en katharsis, in: Vinken, A., Wij en de jongeren, 's Gravenhage 1964, 192—214
12. Bühler, Ch., Der menschliche Lebenslauf als psychologisches Problem, Leipzig 1933
13. Bühler, Ch., Der menschliche Lebenslauf als psychologisches Problem, Göttingen 2. Aufl., 1959
14. Bühler, Ch., The human course of life in its goal aspects, J. of hum. psychol., 1964, 4, 1—17
15. Bühler, Ch., Theoretical observations about life's basic tendencies, Americ. j. psychoth., 1959, 13, 3, 501—581
16. Bühler, Ch., The curve of life as studied in biographies, J. appl. psychol., 1935, 19, 405—409
17. Allport, G. W., Pattern and Growth in personality, New York—London 4. Aufl. 1966
18. Bühler, Ch., The course of human life as a psychological problem, Human Developm, 1968, 11, 184—200
19. Allport, G. W., Becoming, basic considerations for a psychology of personality, New Haven—London, 11. Aufl., 1963
20. Maslow, A. H., Motivation and personality, New York 1954
21. Cofer, C. N. — Appley, H., Motivation; theory and research, New York—London—Sydney 4. Aufl. 1967
22. Baudoin, Ch., L'Oeuvre de Jung, Paris 1963
23. Menninger, K., E.A. The vital balance, The life process in mental health and illness, New York 6. Aufl. 1966
24. Murphy, G., Human potentialities, New York 1958
25. White, R. W., Competence and the psycho-sexual stages of development, in: 201, 97—141 (auch in 8)
26. Pressey, S. L., — Kuhlen, R. G., Psychological development through the life span, a Harper international student print, New York - Evanston - London u. Tokyo 1965
27. Muchow, H. H., Sexualreife und Sozialstruktur der Jugend, Hamburg 1959
28. Wijngaarden, H. R. van., Hoofdproblemen der volwassenheid, Utrecht 4. Aufl. 1959
29. Erikson, E. H., Identity, Youth and crisis, London 1968
30. Watson, J. B., Behaviorism, 1925

31. James, W., The principles of psychology, London 1890
32. Kelly, E. L., Consistency of adult personality, Americ. Psych., 1955, 10, 659—681
33. Soddy, K. — Kidson, M. C., Men in middle life, Cross cultural studies in mental health n. 3, Tavistock Publications, London 1967
34. Bloom, B. S., Stability and change in human characteristics, New York—Sydney—London, 3. Aufl. 1966
35. Havighurst, R. J., Human development and education, New York 1953
36. Fortman, H., Cultuur en gezondheid, Kath. Artsenblad 1968, 47, n. 2, 42
37. Guardini, R., Welt und Person, Würzburg 4. Aufl. 1955
38. Fortman, H., Als ziende de onzienlijke, 3b: Geloof en geestelijke gezondheid, Hilversum 1968
39. Rümke, H. C., Inleiding in de karakterkunde, Haarlem 4. Aufl. 1956
40. Buytendijk, F. J. J., Over het kennen van de innerlijkheid, Antrittsvorlesung Utrecht 1947
41. Rogers, C., Some observations on the organization of personality, Americ. Psychol., vol 2, 1947, 358—368
42. Haasse, H., Zelfportret als legkaart, Amsterdam 1962
43. Mead, M., Growing up in New Guinea, New York 1930
44. Satir, V. M., Conjoint family therapy, Palo Alto 1964
45. Rümke, H. C., Solved and insolved problems in interval health, Ment. Hygiene, 1955, 39, 178 ff.
46. Trimbos, C. B., De geestelijke gezondheidszorg in Nederland, Utrecht—Antwerpen 1959
47. Hurlock, E., Developmental Psychology, New York—Toronto—London 1959
48. Konopka, G., Groepswerk, Arnhem 1966
49. Brammer, L. M. — Shostrom, E. L., Therapeutic Psychology, Englewood Cliffs 1960
50. Hoeven, J. V.D., Scheel engeltje, Amsterdam 4. Aufl. 1964
51. Vries-Kruyt, T. de., Jan Maarten, Levenskaart van een rank schip, Amsterdam—Antwerpen 1963
52. Strasser, S., Opvoedingswetenschap en opvoedingswijsheid, Nijmeegse Bijdragen, 's Hertogenbosch 1963
53. Have, T. ten., De wetenschap der agogie, Groningen 1965
54. Parreren, C. F. van., Psychologie van het leren, Zeist—Arnhem 2. Aufl. 1963
55. Oerter, R., Moderne Entwicklungspsychologie, Donauwörth 2. Aufl. 1968
56. Mc Fairland, H., Human learning, London 1969
57. Jourard, S. M., Personal adjustment, New York 2. Aufl. 1963
58. Horney, K., Neurosis and human growth, New York 1950
59. Kline, W. E., The acceleration of self-actualization in the structured group; Portland Oregon State System of Higher Education, General Extension Division, Portland Center 1962
60. Groot, A. de., Vijven en zessen, Groningen 4. Aufl. 1968
61. James, W., Psychology, Cleveland, 1948
62. Stevenson, W. H., Early behavior, comparative and developmental approaches, Hrsg. J. Wiley 1967
63. Rapaport, D., Collected Works, Hrsg. M. M. Gill, New York—London 1967
64. Allport, G. W., The person in psychology London 1968
65. Thomae, H., Handbuch der Entwicklungspsychologie, Band 3, Göttingen, 2. Aufl. 1959
66. Allport, G. W., The fruits of electicism, bitter or sweet, Acta Ps., 1964
67. Watson, J. B., — Rayner, R., Conditioned emotional reactions, J. Exp. Ps, 1920, 3, 1—14
68. Petzelt, A., Kindheit, Jugend, Reifezeit, Freiburg i. Br. 1965
69. Foppa, K., Lernen, Gedächtnis, Verhalten, Köln—Berlin 1965
70. Argyle, M., The psychology of interpersonal behavior Pelican A 853

71. Guyer, W., Wie wir lernen, Zürich–Stuttgart 5. Aufl. 1967
72. Hartley, E. L. – Hartley, R. F., Fundamentals of social psychology, New York 1961
73. Herzog-Dürck, J., Probleme menschlicher Reifung, Stuttgart 1969
74. Kluge, F., Etymologisches Wörterbuch, Berlin 1960
75. Wijk, F. van., Etymologisch woordenboek der nederlandse taal, Den Haag 2. Aufl. 1949
76. Spranger, E., Psychologie des Jugendalters, Heidelberg 24. Aufl. 1955
77. Dennis, W. – Dennis, M. G., The effect of crawling practices upon the onset of walking in Hopi children, J. genet. Psych. 1940 56, 77–86
78. Guthrie, K., Psychology in the world today, 1968
79. Hilgard, E. R., Introduction to psychology, New York, 3. Aufl. 1957
80. Maier, H. W., Three theories of child development, New York 1965
81. Lidz, Th., The person, his development through the life cycle, New York–London 1968
82. Heymans, K., Kritische Phasen der Kindheit, Basel 1949
83. Plügge, H., Wohlbefinden und Mißbefinden, Tübingen 1962
84. Rümke, H. C., Aantekeningen over het instinct, de archetypus, de existentiaal; over reductie van het mensbeeld, in: Nieuwe studies en voordrachten over psychiatrie, Amsterdam 2. Aufl. 1958, 144–158
85. Beauvoir, S. de., Les Mandarins, Paris 1954
86. Prick, J. J. – Calon, P. J. A., in: Nederlands Handboek der Psychiatrie, Arnhem 1958
87. Bitter, W., Der Verlust der Seele, Herder Bücherei 333, 1969
88. Binswanger, L., Grundformen und Erkenntnis menschlichen Daseins, München–Basel 1962
89. Gardner Lindzey., Handbook of Social Psychology, 1954
90. Gesell, A. – Ilg, F. L., The child from five to ten, New York 1946
91. Meerten, A. van., in: L. J. Stone en J. Church, The growing person, New York 1967
92. Loevinger, J., The meaning and measurement of ego-development, Americ. Ps. 1966, 21, 195–206
93. Guardini, R., Die Lebensalter, Würzburg 9. Aufl. 1967
94. Langer, J., Theories of development, New York–London 1969
95. Byou, S. – Bear, D., Child development: a systematic and empirical theory, Vol. 1: The universal stage of infancy, New York 1961 (vol. 2: 1965)
96. Byou, S., Ages, stages and the naturalization of human development, Americ. Psych. 1968, 23, n. 6, 419–428
97. Berelson, B., Content analysis, in: 89
98. Neugarten, B. J., u. a., Personality in middle and late life, New York 1964
99. Hershenson, D., Life-stage vocational development system, J. of Couns. Ps. 1968, 15, n. 1, 23–30
100. Simons, J. B., An existential view of vocational development, Personnel and Guidance Journal, 1966, 44, 604–610
101. Slotkin, J. S., Life course in middle life, Social Forces, 1952, 33, 171–177
102. Calon, P. J. A., Ontwikkeling van de menselijke persoon; consequenties voor de christelijke moraal, in De menselijke persoon in de christelijke moraal, Uitg. van het Instituut tot Voorlichting in de zielzorg in het Aartsbisdom Utrecht en Groningen, 1958
103. Odier, Ch., Les deux Sources consciente en inconsciente de la vie morale, Neuchâtel 2. Aufl. 1947
104. Rümke, H. C., Levenstijdperken van de man, Amsterdam 7. Aufl. 1963
105. Stern, E., Der Mensch in der zweiten Lebenshälfte, Zürich
106. Goudsbloem, A., De nieuwe volwassenen, Amsterdam 1959
107. Eliëns, P. A. M., De volwassen man, Haarlem o.J.
108. Allport, G. W., The individual and his religion, New York–London 6. Aufl.

1966
109. Mc Cann, R. V., Developmental factors in the growth of a mature faith, Relig. Educ., 1955, 50, 147—155
110. Bühler, Ch., Psychologische Probleme unserer Zeit, Stuttgart 1968
111. Birren, J. E., Handbook of aging and the individual; psychological and biological aspects, Chicago 1959
112. Gysbers, N. C. — Johnston, J. A. — Gust, T., Characteristics of home-maker and carier-oriented women, J. of Couns. Psychol. 1968, 15, 541—547
113. Erikson, E. H., Insight and Responsibility, New York 1964
114. Havighurst, R. J., Youth in exploration and man emergent, in: H. Borow, Hrsg. Man in a world at work, Boston, 1964, 215—236
115. Friedan, B., The feminine mystique, Penguin 2261, 1965
116. Hoof, J. A. P. van., Over de zin van de arbeid, Antrittsvorlesung, Nijmegen 1966
117. Inlow, C. M., Job satisfaction of liberal arts graduates, J. appl. Ps., 1951, 35, 175—181
118. Palmer, H., Attitudes to work in an industrial community, Americ. J. Sociol, 1957, 36, 17—26
119. Ruytenbeek, H. M., The male myth, New York 1967
120. Beets, N., Volwassen worden, Utrecht 2. Aufl. 1961
121. Kinsey, A. C., u. a., Sexual behavior in the human male, Philadelphia—London 12. Aufl. 1963
122. Kinsey, C. A., u. a., Sexual behavior in the human male, Philadelphia—London 1953
123. Tuckman, J. — Lorge, I., The 'best years' of life, a study in ranking, J. Psychol., 1952, 34, 137—149
124. Tenzler, J., Lebenswende und Individuationsprozess, Jahrb. f. Ps., Psychoth. und Med. Anthropl., 1967 (15), Heft 3/4, 313—337
125. Havighurst, R. J., Flexibility and the social roles of the retired, Americ. J. Sociol., 1954, 59, 309—311
126. Jung, C. G., Seelenprobleme der Gegenwart, Zürich 1931
127. Jung, C. G., Psychologie de l'Inconscient, übers v. R. Cahen, Genf 1952
128. Buytendijk, F. J. J., Algemene theorie der menselijke houding en beweging, Utrecht—Antwerpen 1948
129. Vetter, A., Lebenswende als Reifungskrisis, Osnabrück 1961
130. Perquin, N., Pedagogiek, Roermond—Maaseik 4. Aufl. 1958
131. Jung, C. G., Erinnerungen, Träume, Gedanken, Zürich 1962
132. Jung, C. G., Von den Wurzeln des Bewußtseins, Zürich 1954
133. Fried, B., The middle age crisis, New York—Evanston—London 1967
134. Vetter, A., Natur und Person, Stuttgart 1949
135. Jacobi, J., La psychologie de C. G. Jung, Neuchâtel—Paris 1950
136. Blanton, S. — Gordon, A., Now or never, Englewood Cliffs
137. Peck, R. F. — Berkowitz, H., Personality and adjustment in middle age, Geriatrics, 1960, 5, 124—130 (in 98)
138. Bossard, J. — Boll, E., Marital unhappiness in the life cycle, Fam. Living, 1955, 17, 10—14
139. Briggs, V. — Schulz, R., Parental response to concepts of parent-adolescent relationships; Child develpm. 1955, 26, 279—284
140. Dublin, L. J., Factbook on man; New York—London, 2. Aufl. 1965
141. Myrdall, A. — Klein, V., Women's two roles, London 2. Aufl. 1968
142. Gravatt, A. E., Family relations in middle and old age; a review, J. Geront., 1953, 8, 197—201
143. Havighurst, R. J., Old age, an american problem, J. Geront., 1949, 4, 298—304
144. English, O. S., Climacteric neuroses and their management, Geriatrics, 1954, 9, 139—145

145. Jaszman, L., Op weg naar een nieuwe levensfase; voorlichting over de overgangsjaren, Arnhem 1968
146. Brozek, J., Personality change with age; an item analysis of the MMPI. J. Geront., 1955, 10, 194—206
147. Foskett, J. M., Social structure and social participation, Am. Sociol. Rev. 1955, 20, 431—438
148. Rokeach, M., u. a., The open and closed mind, New York 6. Aufl. 1960
149. Rosen, I. M., Ego psychology of the adult years, J. of Rel. and Ment. Health, 1968, 269—273
150. Zeegers, G. H. L., u. a., Enquete: God in Nederland. Statistisch onderzoek naar godsdienst en kerkelijkheid ingesteld in opdracht van de Geillustreerde Pers. Amsterdam 1967
151. Shuttleworth, F. K., The adolescent period, a graphic atlas, Monogr. Soc. Res. Child Developm., 1949, 49, no. 1
152. Lehman, H. C., Age and achievement, Princeton, N. J., 1953
153. Terman, L. M. — MILES, C. C., Sex and personality, New York 1936
154. Strong, E. K. Jr., Vocational interests in man and woman, Stanford 1944
155. Kuhlen, R., Age differences in personality during adult years, Psychol. Bull, 1945, 42, 333—358
156. Klink, W., Depth perspectives in pastoral work, Englewood Cliffs 1968
157. Visscher, A. L., Gerontologie, Utrecht—Antwerpen 1965
158. Pressey, S. L. — Jones, A. W., 1923—1953 and 20—60 age changes in moral code, anxieties and interests as shown bij the X-O tests, J. Psychol. 1955, 39, 485—502
159. Bodamer, J., Der Mann von heute, Stuttgart
160. Komarowsky, M., Functional analysis of sex roles, Americ. Sociol. Rev. 1950, 15, 508—516
161. Townsend, P., The family life of old people, Pelican A364, 1963
162. Buytendijk, F. J. J., Prolegomena voor een anthropologische physiologie, Utrecht—Antwerpen 1965
163. Bühler, Ch., — Massarik, F., Lebenslauf und Lebensziele, Stuttgart 1969
164. Cummings, E. — Henry, W. E., Growing old, New York 1961
165. Weiskopf—Joelson, E., Der Sinn als integrierender Factor, in: 163, 308—327
166. Zwingman, Ch., Zur Psychologie der Lebenskrisen, Frankfurt a.M. 1962
167. Vetter, A., Das Alter in psychologischer Sicht, in: 166, 195—211
168. Corey, L. G., An analogue of resistance to death awareness; paper read at the 5th congress of the Intern. Ass. of Gerontology, San Francisco 1960
169. Neugarten, B. L. — Kraines, R. J., Menopausal symptoms in women of various ages, Psychosomatic Med., 1965
170. Levin, S. — Kahana, R., Psychodynamic studies on aging, New York 1967
171. Moss, R. E., Aging, a survey of the psychiatric literature 1961—1964, in: 170, 222—321
172. Brozek, J., Personality of young and middle-aged normal man; an analysis of a psychosomatic inventory, J. Geront. 1952, 7, 410—418
173. Billig, O. — Adams, R. W., Emotional conflicts of the middle-aged man, Geriatrics, 1957, 535—541
174. Kluckhohn, C., Culture and behaviour, in: Handbook of Social Psychology, Reading vol. 2, London 3. Aufl. 1959
175. Hall, S., Senescence, the last half of life, New York 1923
176. Kehrer, F., Die krankhaften psychischen Störungen der Rückwandlungsjahre, Z. ges. Neur. Psychiat., 1939, 167 ff.
177. Portmann, A., Biologische Fragmente zu einer Lehre von Menschen, Basel
178. Dooren, W. V., Ethische volwassenheid, in: Volwassenheid, Hilversum 1968
179. Neugarten, B. L. — Gutmann, D. L., Age-sex roles and personality, in: 98, 44—89
180. Koch, M., Die Frage des Sinnes der Entwicklung, in: 65

181. Munnichs, J. M. A., Enige beschouwingen over de psychologie van de ouderdom, in: Herfsttij van de levensloop, Utrecht—Antwerpen 1956
182. Munnichs, J. M. A., Ouderdom en eindigheid, Assen 1964
183. Calon, P. J. A., Priesterschap en celibaat, Uitg. van Katholiek Leven, Nijmegen 1956
184. Bromley, D. B., The psychology of human aging, Penguin Books, 1966
185. Berger, W., Leren bijstaan van stervenden, Openb. Les, Utrecht—Nijmegen 1968
186. Munnichs, J. M. A., Ouder worden en bejaard zijn, Nijmegen—Utrecht 1969
187. Peck, J. H., Let's rejoin the human race, Englewood Cliffs
188. Kooy, G. A., Adequate bejaardenzorg, in: De derde levensfase, Utrecht— Antwerpen 1966, 15—23
189. McMahon, A. W. — Rhudick, P. J., Reminiscing in the aged; an adaptational response, in 170: 64—78
190. Butler, R. N., The life review; an interpretation of reminiscence in the aged, Psychiatry, 1963, 26, 65—75
191. Reichard, S. L. F. — Peterson, P. G., Aging and Personality, New York 1962
192. Kunze, J., De volwassen vrouw, Haarlem
193. Leibl, M., Een vrouw over vrouwen, Amsterdam
194. Gutmann, D. L., An exploration of ego-configurations in middle and later life, in: 98, 114—149
195. Neugarten, B. L. — Crotty, W. J. — Tobin, S. S., Personality types in an aged population, in: 98, 158—187
196. Riesman, D., Some clinical and cultural aspects of aging, Amer. J. Sociol., 1954, 59. 379—383
197. Neugarten, B. L. — Havighurst, R. J. — TOBIN, S., The measurement of life-satisfaction, J. Geront, 1961, 16, 134—143
198. Weisman, A. D. — Hacket, T. P., Denial as a social act, in: 170, 79—110
199. Watson, J. R., The personality of the aged, a review, J. Geront. 1954, 9, 309—315
200. Bierkens, P., Identiteitscrisis volgens Erikson, Gawein 1965, 14, 168—185
201. Jones, M. R., Nebraska Symposion on Motivation, 1960
202. Gruen, W., Adult personality, an empirical study of Eriksons theory of ego development, Geriatrics, 1960, 124—130 (in: 98, 1—14)
203. Erikson, E. H., Childhood and Society, Nowton & Comp. Inc., New York 1963
204. Du Boeuff, C. W. — Kuiper, C. Psychotherapie en zielzorg, Utrecht 1950
205. Buytendijk, F. J. J., Gelebte Freiheit und sittliche Freiheit im Bewußtsein des Kindes, in: Das Menschliche, Stuttgart 1958
206. Sullivan, H. S., Collected Works, New York 1953
207. Stevenson, W. H., Early Behaviour comparative and developmental approaches, London 1967
208. Hilgers, E. M., Over rijpingssituaties bij beroepskeuze-clienten, Gawein 1968, 16, n. 4—5, 232—242
209. Mok, A. L., Waardenorientaties en mobiliteit van academici, Visie, 1969, 1, n. 8, 124—128
210. Shoben, E. J., The examined life as mental health, in: Morality and mental health, O. H. Mowrer, Hrsg. Chicago 1967
211. Rongen, P. H., Over de psychologie der levenstijdperken, Utrecht 1951
212. Chorus, W., Psychologie van de menselijke levensloop, Leiden 1959